DIREITO PREVIDENCIÁRIO

Série
Leituras Jurídicas
Provas e Concursos

LILIAN CASTRO DE SOUZA

Volume
27

DIREITO PREVIDENCIÁRIO

6ª EDIÇÃO

SÃO PAULO
EDITORA ATLAS S.A. - 2011

© 2005 by Editora Atlas S.A.

1. ed. 2005; 2. ed. 2006; 3. ed. 2007; 4. ed. 2009; 5. ed. 2010;
6. ed. 2011

Capa: Leonardo Hermano
Composição: Formato Serviços de Editoração Ltda.

Dados Internacionais de Catalogação na Publicação (CIP)
(Câmara Brasileira do Livro, SP, Brasil)

Souza, Lilian Castro de

Direito Previdenciário / Lilian Castro de Souza. – 6. ed. – São Paulo : Atlas, 2011. – (Série leituras jurídicas: provas e concursos ; v. 27)

Bibliografia.
ISBN 978-85-224-6186-8

1. Direito previdenciário 2. Direito previdenciário – Concursos – Brasil 3. Direito previdenciário – Legislação – Brasil I. Título. II. Série.

05-3220   CDU-34:368.4(81)(079)

Índices para catálogo sistemático:

1. Brasil : Direito previdenciário : Provas e concursos 34:368.4(81)(079)
2. Brasil : Provas e concursos : Direito previdenciário 34:368.4(81)(079)

TODOS OS DIREITOS RESERVADOS – É proibida a reprodução total ou parcial, de qualquer forma ou por qualquer meio. A violação dos direitos de autor (Lei nº 9.610/98) é crime estabelecido pelo artigo 184 do Código Penal.

Depósito legal na Biblioteca Nacional conforme Decreto nº 1.825, de 20 de dezembro de 1907.

Impresso no Brasil/*Printed in Brazil*

Editora Atlas S.A.
Rua Conselheiro Nébias, 1384 (Campos Elísios)
01203-904 São Paulo (SP)
Tel.: (0_ _11) 3357-9144 (PABX)
www.EditoraAtlas.com.br

Sumário

Nota, xi

1 **Origens da Seguridade Social**, 1
    1.1 *Poor Law*, 1
    1.2 Seguros privados, 2
    1.3 Seguros sociais, 2
    Quadro esquemático, 3

2 **Evolução Legislativa da Previdência Social no Brasil**, 4
    Quadro esquemático, 8
    Questões, 12

3 **Seguridade Social na Constituição de 1988**, 14
    3.1 Direitos sociais previdenciários como direitos fundamentais, 15
    3.2 Seguridade Social – conceito e finalidades, 18
    3.3 Assistência social, 19
        3.3.1 Objetivos da assistência social, 19
        3.3.2 Princípios da assistência social, 20
        3.3.3 Organização e gestão da assistência social, 20
        3.3.4 Financiamento da assistência social, 21
        3.3.5 Benefícios e serviços da assistência social, 22
        3.3.6 Benefícios eventuais – auxílio-natalidade e auxílio-funeral, 23
    3.4 Saúde, 24
        3.4.1 Competência do SUS, 25
        3.4.2 Financiamento da saúde – recursos do SUS, 26
    3.5 Previdência social: conceito, 27
    Quadro esquemático, 27
    Questões, 28

4 Objetivos da Seguridade Social, 33
    4.1   Universalidade de cobertura e de atendimento, 33
    4.2   Uniformidade e equivalência dos benefícios e serviços a populações urbanas e rurais, 34
    4.3   Seletividade e distributividade na prestação de benefícios e serviços, 34
    4.4   Irredutibilidade do valor dos benefícios, 34
    4.5   Equidade na participação do custeio, 36
    4.6   Diversidade da base de financiamento, 37
    4.7   Caráter democrático e descentralizado da gestão administrativa, com a participação da comunidade, em especial de trabalhadores, empresários e aposentados, 37
    Quadro esquemático, 38
    Questões, 39

5 Regimes de Previdência Social, 42
    5.1   Previdência complementar, 44
    5.2   Previdência complementar na Constituição de 1988, 44
    5.3   Disposições legais referentes às entidades de previdência complementar aberta e fechada, 46
    Quadro esquemático, 49
    Questões, 50

6 Beneficiários do Regime Geral da Previdência Social, 53
    6.1   Relação jurídica previdenciária: filiação e inscrição, 53
    6.2   Matrícula das empresas, 55
    6.3   Segurados da Previdência Social, 56
        6.3.1   Segurados obrigatórios, 56
        6.3.2   Outras hipóteses de filiação obrigatória, 63
        6.3.3   Segurado facultativo, 63
    6.4   Dependentes da Previdência Social, 64
        6.4.1   Perda da qualidade de dependente, 66
    Quadro esquemático, 67
    Questões, 68

7 Benefícios Previdenciários – Regras Gerais, 72
    7.1   Período de carência, 72
    7.2   Período de graça, 74
    7.3   Salário de benefício e salário de contribuição, 75
        7.3.1   Salário de contribuição, 76
        7.3.2   Salário de benefício, 77
        7.3.3   Salário de benefício em caso de atividades concomitantes, 80

7.4 Renda mensal dos benefícios, 80
7.5 Cadastro Nacional de Informações Sociais (CNIS), 82
7.6 Reajuste dos benefícios previdenciários, 83
Quadro esquemático, 84
Questões, 86

8 Prestações Previdenciárias, 91
8.1 Abono anual, 92
8.2 Seguro-desemprego, 92
    8.2.1 Conceito, 93
    8.2.2 Beneficiários, 93
    8.2.3 Requisitos, 94
    8.2.4 Valor do benefício, 95
    8.2.5 Hipóteses de suspensão, 96
    8.2.6 Hipóteses de cancelamento, 96
Quadro esquemático, 96
Questões, 98

9 Auxílio-doença, Aposentadoria por Invalidez e Auxílio-acidente, 102
9.1 Auxílio-doença, 102
9.2 Prazo de espera, 103
9.3 Ônus da prova da incapacidade, 104
9.4 Atividades concomitantes, 104
9.5 Auxílios-doença sucessivos, 104
9.6 Moléstia preexistente, 105
9.7 Período de carência do auxílio-doença e da aposentadoria por invalidez, 105
9.8 Valor do auxílio-doença, 105
9.9 Cancelamento do auxílio-doença, 106
9.10 Reflexos no contrato de trabalho decorrentes do auxílio-doença, 106
9.11 Auxílio-acidente, 107
9.12 Aposentadoria por invalidez, 108
    9.12.1 Transitoriedade, 109
    9.12.2 Valor da aposentadoria por invalidez, 109
    9.12.3 Cessação da aposentadoria por invalidez, 110
    9.12.4 Reflexos no contrato de trabalho da aposentadoria por invalidez, 110
Quadro esquemático, 110
Questões, 111

10 Aposentadoria por Idade, 116
10.1 Carência da aposentadoria por idade, 117

10.2 Cálculo da aposentadoria por idade, 118
10.3 Reflexos no contrato de trabalho da aposentadoria voluntária, 118
10.4 Aposentadoria requerida pela empresa, 118
Quadro esquemático, 118
Questões, 119

11 Aposentadoria por Tempo de Contribuição e Aposentadoria Especial, 124
11.1 Aposentadoria por tempo de contribuição, 124
    11.1.1 Comprovação do tempo de serviço, 126
    11.1.2 Conceito do tempo de serviço, 128
    11.1.3 Comprovação do tempo de serviço, 129
    11.1.4 Valor do benefício, 133
11.2 Aposentadoria do professor, 133
11.3 Aposentadoria especial, 134
    11.3.1 Conversão de tempo de serviço, 137
    11.3.2 Proibição de retorno à atividade insalubre, data de início e cálculo da aposentadoria especial, 138
Quadro esquemático, 139
Questões, 141

12 Salário-família e Salário-maternidade, 146
12.1 Salário-família, 146
    12.1.1 Beneficiários do salário-família, 146
    12.1.2 Requisitos e generalidades do salário-família, 147
12.2 Salário-maternidade, 148
Quadro esquemático, 151
Questões, 153

13 Auxílio-reclusão e Pensão por Morte, 158
13.1 Pensão por morte: beneficiários e termo inicial do pagamento, 158
13.2 Efeitos da habilitação, 160
13.3 Cálculo do benefício, 160
13.4 Extinção do benefício, 160
13.5 Auxílio-reclusão, 161
Quadro esquemático, 162
Questões, 163

14 Acidente do Trabalho, 167
14.1 Conceito de acidente do trabalho e beneficiários da proteção, 169
14.2 Hipóteses de equiparação a acidente do trabalho, 170
14.3 A comunicação do acidente do trabalho (CAT), 171

Quadro esquemático, 172
Questões, 173

15 Serviço Social e Reabilitação Profissional, 180
Quadro esquemático, 182
Questões, 182

16 Contagem Recíproca por Tempo de Contribuição e Reconhecimento de Filiação, 184
16.1 Reconhecimento da filiação à previdência social, 186
Quadro esquemático, 187
Questões, 187

17 Aspectos Constitucionais do Financiamento da Seguridade Social, 191
17.1 Natureza jurídica das contribuições previdenciárias, 192
    17.1.1 O entendimento do Supremo Tribunal Federal, 194
17.2 Tratamento constitucional das contribuições de Seguridade Social, 195
    17.2.1 Anterioridade nonagesimal, 195
    17.2.2 Vinculação constitucional das receitas decorrentes das contribuições previdenciárias, 196
    17.2.3 Criação mediante lei ordinária, salvo na hipótese do artigo 195, § 4º, da Constituição Federal, 197
    17.2.4 Regras de imunidade distintas dos impostos, 197
    17.2.5 Preexistência de custeio em relação ao benefício, 197
    17.2.6 Remissão e anistia, 198
    17.2.7 Regras constitucionais de distribuição equitativa do custeio da seguridade social, 198
    17.2.8 Financiamento diferenciado dos benefícios dos segurados especiais, 198
    17.2.9 Contribuições previstas no artigo 195 da Constituição Federal, 199
17.3 PIS/PASEP, 204
Quadro esquemático, 205
Questões, 206

18 Contribuições Previdenciárias na Lei nº 8.212/91, 212
18.1 Contribuintes da previdência social, 214
18.2 Contribuições dos segurados, 217
    18.2.1 Salário de contribuição – base de cálculo das contribuições previdenciárias, 217
    18.2.2 Parcelas isentas ou não integrantes do salário de contribuição, 219
    18.2.3 Alíquotas aplicáveis aos salários de contribuição, 220

18.3 Contribuição do empregador doméstico, 222
18.4 Contribuição da empresa, 222
   18.4.1 Contribuições das associações desportivas que mantêm equipe de futebol profissional, 225
   18.4.2 Contribuições da agroindústria, empregador rural pessoa física, do segurado especial e do empregador rural pessoa jurídica, 225
   18.4.3 Entidades beneficentes e Simples, 227
   18.4.4 Contribuições de terceiros, 232
Quadro esquemático, 233
Questões, 236

19 **Arrecadação e Recolhimento das Contribuições Previdenciárias, 245**
   19.1 Da retenção, 248
   19.2 Solidariedade, 249
   19.3 Obrigações acessórias, 250
   Quadro esquemático, 254
   Questões, 255

20 **Fiscalização e Cobrança das Contribuições Previdenciárias, 260**
   20.1 Contribuições não recolhidas até o vencimento – acréscimos legais incidentes, 260
   20.2 Parcelamento do crédito previdenciário, 262
   20.3 Constituição do crédito previdenciário, 264
   20.4 Restituição e compensação das contribuições previdenciárias, 265
   20.5 Da prova de inexistência de débito, 267
   Quadro esquemático, 269
   Questões, 269

21 **Prescrição e Decadência e Acumulação de Benefícios, 274**
   21.1 Prescrição e decadência dos créditos previdenciários, 274
   21.2 Prescrição e decadência dos benefícios previdenciários, 276
   Quadro esquemático, 277
   Questões, 278

Bibliografia, 281

Índice remissivo, 283

Gabarito, 287

Nota

A série *Leituras Jurídicas* foi elaborada com o objetivo de proporcionar ao estudante e ao profissional de Direito um estudo completo, atualizado e didático sobre as diversas áreas jurídicas. Os autores selecionados, com vasta experiência acadêmica e profissional, oferecem ao leitor visão moderna do tema desenvolvido, conforme sua atuação profissional e acadêmica. São especialistas, mestres e doutores com atuação na Magistratura, Ministério Público, Advocacia e Procuradoria, familiarizados com as dúvidas e anseios dos profissionais da área jurídica, estudantes, candidatos a concursos públicos e ao exame da Ordem dos Advogados do Brasil.

Para o desenvolvimento de cada tema, o autor, utilizando-se de linguagem acessível, sem prejuízo de conteúdo, esteve atento às grades curriculares dos cursos de graduação, aos programas e questões de concursos públicos e exame de Ordem, observando as orientações jurisprudenciais dos Tribunais Superiores.

Ao mesmo tempo em que é fonte de consulta para o esclarecimento de dúvidas e revisão da matéria, a obra poderá, também, orientar e direcionar o leitor que está iniciando seus estudos jurídicos.

Boas Leituras!
Editora Atlas

Origens da Seguridade Social

A Previdência Social tem início no momento em que a poupança e a caridade deixam de ser uma preocupação isolada e passam a ser consideradas por grupos de pessoas que se associam em busca de proteção mútua contra os elementos agressivos da natureza ou contra grupos antagônicos.

Surge o princípio da solidariedade, cuja máxima é um por todos, todos por um. A união faz a força.

Aparece também o mutualismo – vários indivíduos, normalmente de uma mesma profissão, se associam para constituir um fundo a ser utilizado na cobertura de certos riscos.

1.1 *Poor Law*

É bem antiga a preocupação da Inglaterra em torno dos problemas sociais. As primeiras leis inglesas sobre assistência pública (1531 e 1536) foram consolidadas em 1601 pelo famoso *Poor Relief Act* (Lei de Amparo aos Pobres), que estabeleceu o princípio de que à comunidade caberia a responsabilidade pela assistência pública.

A partir do século XVIII, as *workhouses* passaram a dar trabalho e abrigo aos necessitados, em vez do auxílio em dinheiro. As instituições de abrigo (*poorhouses, depôts de mendicité*) espalhavam-se pela Europa.

As precárias condições de trabalho, durante o desenvolvimento industrial das nações, ofereciam riscos graves à saúde e à integridade física dos trabalhadores. A doença e os acidentes do trabalho, embora frequentes, não eram reparados. Espontaneamente, alguns empresários estabeleceram um regime de seguros privados em favor dos trabalhadores.

1.2 Seguros privados

O seguro privado se desenvolveu graças à genialidade da teoria do matemático Blaise Pascal sobre o cálculo das probabilidades – tinha por objeto, inicialmente, a cobertura de riscos não relacionados com a segurança dos trabalhadores (mercadorias, transportes marítimos etc.). Essa notável técnica, mais tarde, iria também abarcar o seguro de vida, criação de montepios para a concessão de pensões aos dependentes, além de abrir ao Estado largos caminhos dos seguros sociais.

1.3 Seguros sociais

No último quartel do século XIX, o chanceler Otto Von Bismarck introduziu na Alemanha um programa político novo, que incluía os seguros sociais como medida de estratégia estatal para amenizar a tensão reinante nas classes trabalhadoras. Assim, em 1883, foi editada uma lei que instituía o seguro-doença; em 1884, o seguro contra acidentes do trabalho, devido somente aos trabalhadores, mediante o custeio tripartido.

A partir de então, a evolução da previdência pode ser dividida em quatro grandes fases:

1. Período de formação, de 1883 – Lei do Seguro-doença – e 1884 – Lei do Seguro contra Acidentes do Trabalho até o término da Primeira Grande Guerra em 1918. Nas diversas nações europeias, proliferaram normas sobre a previdência social indicadas abaixo. Encerrado o conflito mundial, o Tratado de Versalhes abriu nova perspectiva à legislação social.

2. Período de expansão geográfica – vai do Tratado de Versalhes (1911) até o fim da Segunda Grande Guerra (1945). Aperfeiçoamento dos sistemas europeus e a "exportação" de seus princípios aos demais continentes, inclusive América Latina.

    a) Lei Norte-americana de Seguridade Social (1935) – *EEUU Social Security Act*: criava a seguridade social nos EUA.

    b) 1942/1944 – Plano Beveridge: projeto inglês que visava à proteção do berço ao túmulo com a adoção da seguridade social, que estendia a todos os cidadãos a proteção social e não só aos trabalhadores.

    c) 1944 – Declaração da Filadélfia: XXVI Sessão da Conferência Geral da OIT: acentuou a necessidade de as nações adotarem programas de previdência.

    d) 1952 – Convenção 102 da OIT sobre norma mínima de seguridade, inclusive para trabalhadores rurais.

    e) Criação de tratados bilaterais e multilaterais.

    f) Criação de associações científicas para estudo da previdência.

3. Transformação da Previdência Social: iniciou-se a partir da Segunda Grande Guerra. Ampliação da previdência para o regime da seguridade social, cujas principais características são: o acréscimo dos riscos cobertos; a melhoria das condições de concessão dos benefícios; a extensão das prestações a todos os

tipos de trabalhadores (todos do povo) e a tendência a transferir para o Estado a responsabilidade global do custeio do novo programa de ação.

4. Reformulação da Seguridade Social: com o fim da Guerra Fria, a globalização da economia, o aumento da expectativa de vida, foram sentidos reflexos na seguridade e na previdência social. Atualmente, a tendência generalizada é não intervencionista. Busca-se a redução do papel do Estado na economia (neoliberalismo). Inexiste a ameaça do socialismo que levou à adoção dos sistemas previdenciários. O Estado de Bem-estar Social dá lugar ao livre mercado sem a intervenção do Estado nas nações globalizadas que buscam a redução de encargos sociais a fim de reduzir custos das mercadorias e maior competitividade nos mercados internacionais, com reflexos na Previdência Social.

Quadro esquemático

Origens da previdência social
- Poupança e caridade
- Século XVII – 1601 – Lei de Amparo aos pobres – Estado como prestador de assistência
- Seguros Privados

Seguros Sociais
1. Período de formação – 1883 – Bismarck até o fim da Primeira Grande Guerra.
2. Período de expansão geográfica – Tratado de Versalhes – (1911) – criação da OIT – até o fim da Segunda Guerra – 1945.
3. Transformação da Previdência Social – 1945 (fim da Segunda Guerra até o final da Guerra Fria).
4. Reformulação da Previdência Social Fim da Guerra Fria – volta ao liberalismo – globalização da economia. Tendência não intervencionista.

Evolução Legislativa da Previdência Social no Brasil

A evolução constitucional e legislativa da Previdência Social brasileira desenvolveu-se gradual e penosamente, como se percebe na análise das constituições brasileiras e ainda nos diplomas legais que instituíram normas de proteção social. Sergio Pinto Martins (2003, p. 32) indica os principais dispositivos constitucionais referentes à previdência social e também as normas legais que trouxeram os avanços previdenciários, como se verá.

A Constituição de 1824 continha breve menção aos socorros públicos, sem, contudo, regulamentação para a implementação de tais socorros.

No âmbito infraconstitucional, o Código Comercial de 1850 instituiu a obrigação do empregador de manter salários por três meses em caso de acidentes e o Regulamento 737, de 1850, regulamentava os salários em caso de acidentes do trabalho.

Em 1888, foi criada a Caixa de Socorros para os trabalhadores das estradas de ferro do Estado e, em 1889, surgiram o montepio para os empregados dos correios e o fundo especial de pensões para os trabalhadores das oficinas da Imprensa Régia.

A Constituição republicana de 1891 não faz menção a direitos previdenciários, exceto aposentadoria por invalidez aos funcionários públicos a serviço da Nação.

O Decreto Legislativo nº 3.724/19 passa a regular novos detalhes na verificação de acidentes do trabalho.

Foi editada a Lei Eloy Chaves (4.682, de 24.1.1923), que criou a Caixa de Aposentadoria e Pensões dos Ferroviários de âmbito nacional, que posteriormente foi estendida a diversas categorias: portuários, marítimos, serviços telegráficos e radiotelegráficos, serviços de força, luz e bondes. A referida lei foi modificada em 1931 pelo Decreto nº 21.081, de 24.2.1932, e pode ser considerada a primeira lei orgânica da previdência social; já continha previsão da aposentadoria por invalidez, aposentadoria por tempo de serviço, pensão por morte e assistência médica.

As Caixas eram estruturadas por empresa e, a partir de 1930, passaram a abranger categorias profissionais, com a criação dos Institutos de Aposentadoria e Pensões que abarcavam categorias conexas e se estendiam por todo o território nacional. Assim, surgiram os seguintes Institutos de Aposentadoria e Pensões: dos marítimos, que passaram, depois, a abranger os trabalhadores de outras categorias, como a dos armadores de pesca, a dos comerciários (IAPC) e a dos bancários (IAPB) (Procurador Federal, 2002).

A Constituição de 1934 é a primeira a utilizar a expressão *previdência*. Estabelecia a competência da União para fixar regras de assistência social e determinava que aos Estados competia cuidar da saúde e assistência públicas. Tratava da assistência médica do trabalhador; descanso da gestante antes e depois do parto, sem prejuízo do salário e emprego. Institui a previdência social para atendimento da velhice, invalidez, maternidade, acidente do trabalho e morte e o custeio tripartido da previdência social, com a contribuição obrigatória de Estado, empregador e empregado.

Foi criado o Regime do Servidor Público, que previa a aposentadoria compulsória aos 68 anos de idade, aposentadoria por invalidez e acidente do trabalho.

No âmbito infraconstitucional, foi criado o Instituto de Aposentadoria e Pensões dos Industriários, reflexo do avanço da industrialização no país.

A Constituição de 1937 não inova em relação à Constituição anterior, mencionando a previdência em apenas duas alíneas do artigo 137, fazendo referência à instituição de seguros velhice, de invalidez e vida e para os casos de acidente de trabalho.

No âmbito infraconstitucional, continua a proliferação de caixas de aposentadorias e pensões, com a criação do Instituto de Aposentadorias e Pensões de Trabalhadores (IAPETC) em trapiches e armazéns, empregados em transportes de cargas, conferentes, consertadores e separadores de carga, estivadores e condutores de veículos terrestres.

Em 1945, Getúlio Vargas fez uma tentativa de unificação da Previdência Social com a edição do Decreto nº 7.526, que cria uma única instituição de previdência social, o Instituto de Serviços Sociais do Brasil (ISSB), que protegia todos os empregados maiores de 14 anos com um único plano de contribuições e benefícios. Não houve a regulamentação do Decreto, sendo que a uniformização legislativa da previdência só veio a acontecer 15 anos mais tarde.

A Constituição de 1946 inicia a sistematização da previdência em seu artigo 157 e utiliza a expressão *previdência social* pela primeira vez. Mantém o custeio tripartido no artigo 157, XVI, e institui a obrigatoriedade de seguro de acidentes do trabalho pelo empregador.

Foram unificadas as caixas das ferrovias e serviços públicos pelo Decreto nº 34.586/53, os IAPs atendiam a trabalhadores urbanos e o IPASE, aos servidores públicos.

Foi editado o Regulamento Geral dos IAPs, Decreto nº 35.558 de 1º.5.1954, que uniformizou os princípios gerais aplicáveis a todos os institutos de aposentadoria e pensões.

A Lei Orgânica da Previdência Social (3.807/60 – LOPS) padronizou o sistema previdenciário, promovendo a uniformização legislativa dos vários sistemas previdenciários existentes. Ampliou os benefícios, criando o auxílio-natalidade, auxílio-funeral e auxílio-reclusão.

Em 1960, surge a Lei nº 3.841/60, que permitia a contagem recíproca de tempo de serviço prestado à União, autarquias e sociedades de economia mista.

A Lei nº 4.214/63 instituiu o FUNRURAL, que inicia a proteção dos trabalhadores rurais de forma assistencial, sem contribuição direta dos trabalhadores.

A Lei nº 4.266/63 instituiu o salário-família.

A **Emenda Constitucional nº 11/65 instituiu o princípio da precedência da fonte de custeio**, que foi repetido nos textos seguintes e que proíbe a criação de benefícios sem a correspondente fonte de custeio total.

Foi criada pelo Decreto-lei nº 66/66 a contribuição da empresa que utiliza os serviços de autônomos.

Com a edição do Decreto-lei nº 72/66, foram unificados todos os institutos de aposentadoria e pensões, centralizando a gestão previdenciária no Instituto Nacional de Previdência Social (INPS), que foi implantado em 1967, exceto o IPASE, dos funcionários públicos federais, o SASSE, que pertencia aos empregados das Caixas Econômicas Federais, e o IAPFESP, que abrangia os ferroviários e servidores públicos.

A Constituição de 1967 não inova em relação à de 1946, exceto com a criação do seguro-desemprego no artigo 158, XVI, regulamentado pela Lei nº 4.923/65, com o nome de auxílio-desemprego. Assegura a aposentadoria à mulher aos 30 anos de serviço, com salário integral.

O acidente de trabalho passa a integrar a previdência social – Lei nº 5.316/67 – e a constituir monopólio da Previdência Social.

Os Decretos-leis nºs 564/69 e 704/69 disciplinam a previdência rural.

A Emenda Constitucional nº 18, de 30.6.1981, instituiu a aposentadoria especial do(a) professor(a), com salário integral aos 30 anos para homem e 25 para mulher.

Foi editada a Lei Complementar nº 11/71, modificada pela Lei Complementar nº 16/73, que estabeleceu a previdência do trabalhador rural. O trabalhador não contribuía e tinha direito a benefícios no valor de meio salário-mínimo. A proteção em caso de acidentes do trabalho veio somente em 1974, com a Lei nº 6.195.

A Lei nº 5.859/72 incluiu os trabalhadores domésticos na previdência social.

Em 1976, foi editada a 1ª Consolidação de Leis da Previdência Social (CLPS – 77.077/76), e com a edição da Lei nº 6.367/76, que regulava acidentes do trabalho da área urbana, foi revogada a Lei nº 5.316/67.

A Lei nº 6.439/77 reorganiza a previdência social, criando o Sistema Nacional de Previdência Social (**SINPAS**), que continha várias autarquias: IAPAS, que cuidava da arrecadação das contribuições; INPS, que concedia e mantinha benefícios previdenciários; o INAMPS, que tinha como competência as questões relativas à saúde; a LBA, responsável pela assistência social; FUNABEM, cuidava do bem-estar do menor DATAPREV, que até hoje é responsável pela informática da Previdência Social; e CEME, Central de Medicamentos.

Os regulamentos da legislação previdenciária foram editados pelos Decretos nºs 83.081/79 – Regulamento do Custeio da Previdência Social – e 83.080/79 – Regulamento dos Benefícios da Previdência Social.

O Decreto nº 89.312/84 trouxe a 2ª Consolidação das Leis da Previdência Social e o Decreto-lei nº 2.283/86 institui o seguro-desemprego.

No âmbito da saúde, foi editado o Decreto nº 94.657, de 20.7.1987, que criou o SUDS – Sistemas Unificados e Descentralizados de Saúde dos Estados.

Finalmente, a Constituição de 1988 consagrou a Seguridade Social, incluindo Previdência, Assistência Social e Saúde, destinando um capítulo inteiro ao tema e desvinculando totalmente o direito previdenciário do direito do trabalho, nos artigos 194 a 204.

O Decreto nº 99.060/90 criou o Ministério da Saúde, desligando a Saúde do Ministério de Previdência e Assistência Social.

A Lei nº 8.029/90 foi regulamentada pelo Decreto nº 99.350/80 e criou o INSS, que resultou da fusão do IAPAS e do INPS.

A regulamentação dos dispositivos constitucionais atinentes à saúde operou-se com a Lei nº 8.080/90 – Lei Orgânica da Saúde.

As Leis nᵒˢ 8.212/91 e 8.213/91 regulamentaram os dispositivos constitucionais referentes ao Custeio e ao Plano de Benefícios da Previdência Social, conforme determinação do artigo 59 do Ato das Disposições Constitucionais Transitórias. A regulamentação dos referidos diplomas legais operou-se pelos Decretos nᵒˢ 356 e 357/91, 611 e 612/92, 2.172 e 2.173/97.

A contribuição do empregador rural foi tratada na Lei nº 8.540/92.

A Assistência Social foi disciplinada na Lei nº 8.742/93 – Lei Orgânica da Assistência Social (LOAS).

As Leis nᵒˢ 8.212 e 8.213/91 sofreram alterações pelas Leis nᵒˢ 9.032/95 e 9.548/97, que extinguem aposentadorias do aeronauta, telefonista, jogador de futebol, jornalista e juiz classista na Justiça do Trabalho, e pelas Leis nᵒˢ 9.701, 9.703, 9.711, 9.715, 9.718, 9.720 e 9.732, de 1998.

Em 1998, a Constituição de 1988 foi modificada pela Emenda Constitucional nº 20/98, denominada Reforma da Previdência Social.

As Leis nᵒˢ 8.212/91 e 8.213/91 foram modificadas pela Lei nº 9.876/99, que, entre outras alterações, instituiu o fator previdenciário, que será analisado mais adiante, e o Decreto nº 3.048/99 veio para regulamentá-las.

A Emenda Constitucional nº 29/00 assegurou os recursos mínimos para a saúde e as Leis Complementares nᵒˢ 108/01 e 109/01 disciplinaram a previdência complementar fechada e aberta.

A Lei nº 10.666/03 torna irrelevante a perda da qualidade de segurado para a concessão das aposentadorias por idade e tempo de contribuição, entre outras alterações.

A Emenda Constitucional nº 41/03 alterou a previdência do servidor público e modificou o teto das prestações previdenciárias do Regime Geral de Previdência Social, fixando-o em R$ 2.400,00.

A Emenda Constitucional nº 47, de 5.7.2005, deu nova redação ao § 12 e incluiu o § 13 ao artigo 201, prevendo regras de inclusão previdenciária, regulamentadas na Lei Complementar nº 123/06.

A Lei nº 11.718/08 alterou as disposições transitórias referentes aos trabalhadores rurais da Lei nº 8.213/91 e da Lei nº 8.212/91.

Os diplomas legais mais importantes foram: a Lei Eloy Chaves, que instituiu o primeiro sistema de previdência social brasileiro de âmbito nacional para os ferroviários, posteriormente estendido a outras categorias. A LOPS, que promoveu a uniformização legislativa dos sistemas previdenciários então existentes e o Decreto nº 72/66 extinguiu os IAPs, criando o INPS, que unificou a Previdência Social brasileira. Finalmente, a Emenda Constitucional nº 11/65 instituiu o princípio da precedência da fonte de custeio para a criação de benefícios previdenciários que se encontra até hoje em nosso regramento constitucional. A Constituição de 1988 instituiu a Seguridade Social, que foi posteriormente modificada pela Emenda Constitucional nº 20/98, a qual promoveu a Reforma da Previdência Social e foi regulamentada pela Lei nº 9.876/99, que modificou as Leis nºs 8.213/91 e 8.212/91, as quais instituíram o Plano de Benefícios e Plano de Custeio da Previdência Social, respectivamente.

Quadro esquemático

Evolução constitucional e legislativa da previdência social brasileira

1. **CONSTITUIÇÃO DE 1824** – breve menção aos socorros públicos
   - Código comercial – 1850 – obrigação do empregador de manter salários por 3 meses em casos de acidentes;
   - Regulamento nº 737, de 1850 – salários em casos de AT.
   - 1888 – Caixa de Socorros para os trabalhadores das estradas de ferro do Estado.
   - 1889 – Criação dos Montepios para os empregados dos correios e o fundo especial de pensões para os trabalhadores das oficinas da Imprensa Régia.

2. **CONSTITUIÇÃO REPUBLICANA DE 1891**
   - Não faz menção a direitos previdenciários, exceto aposentadoria por invalidez aos funcionários públicos a serviço da nação.
   - Decreto nº 221/1890 – aposentadoria para os trabalhadores da Estrada de Ferro Central do Brasil, estendida a todos os demais trabalhadores de ferrovias (Decreto nº 405/1890).
   - Diversos atos legislativos regulamentando fundos de pensão e criando caixas especiais para trabalhadores estavam vinculados aos serviços públicos (Casa da Moeda).
   - Primeira Guerra Mundial – 1914-1918.
   - Decreto legislativo nº 3.724/1919 – regulava acidentes do trabalho.
   - Lei Eloy Chaves – 4.682, de 24.1.1923 – criou a Caixa de Aposentadoria e Pensões dos Ferroviários (nível nacional), que posteriormente foi estendida a diversas categorias: portuários, marítimos, serviços telegráficos e radiotelegráficos, serviços de força, luz e bondes, modificada em 1931 e pelo Decreto

nº 21.081, de 24.2.1932, que pode ser considerada a primeira lei orgânica da previdência social.

- As Caixas eram estruturadas por empresa, e a partir de 1930 passaram a abranger categorias profissionais (os IAPs abarcavam categorias conexas e se estendiam por todo território nacional). Assim, surgiram os seguintes Institutos de aposentadoria e pensões: o dos Marítimos (que passaram depois a abranger os armadores de pesca, pescadores e indivíduos em profissões conexas à pesca), o dos Comerciários (IAPC) e o dos Bancários (IAPB).

3. **CONSTITUIÇÃO DE 1934**
   - É a primeira a utilizar a expressão "previdência".
   - Estabelecia a competência da União para fixar regras de assistência social e aos Estados competia cuidar da saúde e assistência públicas.
   - Tratava da assistência médica do trabalhador; descanso da gestante antes e depois do parto, sem prejuízo do salário e emprego.
   - Institui a previdência social para atendimento da velhice, invalidez, maternidade, acidente do trabalho e morte.
   - Custeio tripartido. Contribuição obrigatória – Estado, empregador e empregado.
   - Regime do Servidor público: aposentadoria compulsória aos 68 anos de idade, aposentadoria por invalidez e acidente do trabalho.
   - Criação do IAPI (industriários).

4. **A CONSTITUIÇÃO DE 1937**
   - Não evoluiu em relação à anterior, mencionando a previdência em apenas duas alíneas do artigo 137, onde menciona a instituição de seguros velhice, de invalidez e vida e para os casos de acidente de trabalho.
   - No âmbito infraconstitucional continua a proliferação de caixas de aposentadoria e pensão (trabalhadores em trapiches e armazéns, empregados em transportes de cargas, conferentes, consertadores e separadores de carga, estivadores e condutores de veículos terrestres (IAPETC).
   - Decreto nº 7.526, de 1945 – cria uma única instituição de previdência social, o Instituto de Serviços Sociais do Brasil (ISSB), que protegia todos os empregados maiores de 14 anos, tendo um único plano de contribuições e benefícios. Não houve a regulamentação do Decreto, sendo que a unificação da previdência que só veio a acontecer 15 anos mais tarde.

5. **A CONSTITUIÇÃO DE 1946**
   - Inicia a sistematização da previdência (art. 157). Utiliza a expressão previdência social pela primeira vez.
   - Foi mantido o custeio tripartido (art. 157, XVI).
   - Obrigatoriedade de segurado de AT pelo empregador.
   - Foram unificadas as caixas das ferrovias e serviços públicos (Decreto nº 34.586/53).

- IAPs atendiam trabalhadores urbanos e Ipase os servidores públicos.
- Regulamento Geral dos IAPs, Decreto nº 35.558, de 1.5.1954, uniformizou os princípios gerais aplicáveis a todos os IAPs.
- Lei nº 3.807/60, Lei Orgânica da Previdência Social (LOPS), padronizou o sistema previdenciário, promovendo a uniformização legislativa dos vários sistemas previdenciários existentes. Ampliou os benefícios, criando o auxílio-natalidade, auxílio-funeral e auxílio-reclusão.
- Lei nº 3.841/60 – permitia a contagem recíproca de tempo de serviço prestado à União, autarquias e sociedades de economia mista.
- Lei nº 4.214/63 – cria o Funrural.
- Lei nº 4.266/63 – instituiu o salário-família.
- Emenda Constitucional nº 11/65 – instituiu o princípio da precedência da fonte de custeio, que foi repetido nos textos seguintes.
- Decreto-lei nº 66/66 – instituiu a contribuição do autônomo e a contribuição da empresa que utiliza seus serviços.
- Decreto-lei nº 72/66 – unifica todos os institutos de aposentadoria e pensões, centralizando a gestão previdenciária no Instituto Nacional de Previdência Social (INPS), que foi implantado em 1967.

6. CONSTITUIÇÃO DE 1967

- Não inova em relação à CF 1946.
- Seguro-desemprego – artigo 158, XVI, regulamentado pela Lei nº 4.923/65, com o nome de auxílio-desemprego.
- Assegura a aposentadoria à mulher aos 30 anos de serviço, com salário integral.
- O acidente de trabalho passa a integrar a previdência social – Lei nº 5.316/67.
- Decretos-leis nºs 564/69 e 704/69, disciplinam a previdência rural.
- Decreto-lei nº 959/69 – empresas passam a recolher sobre o trabalho do autônomo.

7. EMENDA CONSTITUCIONAL Nº 1/69 – não inova.

8. EMENDA CONSTITUCIONAL Nº 18, DE 30.6.81 – instituiu a aposentadoria especial do professor(a), com salário integral aos 30 anos homem e 25 mulher.

- Lei Complementar nº 11/71, modificada pelo LC nº 16/73 – instituiu a previdência do trabalhador rural. O trabalhador não contribuía, mas somente o empregador e tinha direito a benefícios no valor de meio salário-mínimo. A proteção em caso de AT veio somente em 1974, com a Lei nº 6.195.
- Lei nº 5.890/73 – incluiu os domésticos na previdência.
- CLPS nº 77.077/76 – 1ª Consolidação de Leis da Previdência Social.
- Lei nº 6.367/76 – Regulava acidentes do trabalho da área urbana – revogou a Lei nº 5.316/67.

- Lei nº 6.439/77 – Sistema Nacional de Previdência Social (SINPAS) – reorganiza a previdência social criando Iapas, INPS, Inamps, LBA, Funabem, Dataprev e CEME.
- Decreto nº 83.080/79 – regulamento dos benefícios da previdência social.
- Decreto nº 83.081/79 – regulamento do custeio da previdência social.
- Decreto nº 89.312/84 – 2ª Consolidação das Leis da Previdência Social.
- Decreto-lei nº 2283/86 – institui o seguro-desemprego.
- Decreto nº 94.657, de 20.7.1987 – cria os Sistemas Unificados e Descentralizados de Saúde dos Estados (SUDS).

9. **CONSTITUIÇÃO DE 1988**
   - Instituiu a Seguridade Social – Previdência, Assistência Social e Saúde – arts. 194 a 204.
   - Desvinculou a saúde do MPAS.
   - Lei nº 8.029/90 e Decreto nº 99.350/80 criou o INSS (fusão do Iapas e INPS).
   - Lei nº 8.080/90 – Lei Orgânica da Saúde.
   - Leis nºs 8.212/91 e 8.213/91 – regulamentam os dispositivos constitucionais (art. 59 ADCT).
   - Decretos regulamentadores das Leis nºs 8.212/91 e 8.213/91 – 356 e 357/91, 611 e 612/92, 2.172 e 2.173/97 e 3.048/99.
   - Lei nº 8.540/92 – contribuição do empregador rural.
   - Foram extintos o Inamps, LBA e a Ceme.
   - Lei nº 8.742/93 – Lei Orgânica da Assistência Social (LOAS).
   - As Leis nºs 8.212 e 8.213/91 sofreram alterações pela Lei nº 9.548/97 – extingue aposentadorias do aeronauta, telefonista, jogador de futebol, jornalista e juiz classista na Justiça do Trabalho e Leis nºs 9.701/ 9.703, 9.711, 9.715, 9.718, 9.720, 9.732 de 1998,

10. **EMENDA CONSTITUCIONAL Nº 20/98**
    - Leis nºs 8.212/91 e 8.213/91 – Decreto nº 3.048/99.
    - Lei nº 9.876/99 – regulamenta a reforma da previdência e cria o fator previdenciário entre outras alterações.
    - Emenda Constitucional nº 29/00 – dispõe sobre os recursos mínimos para a saúde.
    - Leis Complementares nºs 108/01 e 109/01 – regulam a previdência complementar.
    - Lei nº 10.666/03 – torna irrelevante a perda da qualidade segurado para as aposentadorias por idade e tempo de contribuição entre outras alterações.
    - Emenda Constitucional nº 43/03 – altera a previdência do servidor público.
    - Emenda Constitucional nº 47/05 – altera o art. 201 da Constituição.
    - Lei nº 11.718/08 – alterou as disposições transitórias da Lei nº 8.213/91.

Questões

1. Em relação ao Instituto Nacional do Seguro Social, a seu histórico e estrutura, julgue os itens a seguir. (CESPE UNB 2005)

    a) As gerências executivas são órgãos descentralizados da estrutura administrativa do INSS; entretanto a escolha e a nomeação dos gerentes executivos são feitas diretamente pelo ministro da Previdência Social sem necessidade de observação a critérios especiais de seleção.

    b) A fusão da Secretaria da Receita Federal com a Secretaria da Receita Previdenciária centralizou em apenas um órgão a arrecadação da maioria dos tributos federais. Contudo, a fiscalização e a arrecadação das contribuições sociais destinadas aos chamados terceiros – SESC, SENAC, SESI, SENAI e outros – permanecem a cargo do INSS.

    c) O Instituto Nacional do Seguro Social, autarquia federal atualmente vinculada ao Ministério da Previdência Social, surgiu, em 1990, como resultado da fusão do Instituto Nacional de Assistência Médica da Previdência Social (Inamps) e o Instituto de Administração Financeira da Previdência e Assistência Social (Iapas).

2. Assinale V ou F nas questões:

    a) No Brasil, durante a Era Vargas, houve a edição de leis que instituíram a proteção previdenciária em favor tanto de trabalhadores urbanos como de trabalhadores rurais. (Procurador Federal/CESPE/UNB/2002)

    b) Constituição de 1934 foi a primeira a estabelecer, em texto constitucional, a forma tripartite de custeio: contribuição dos trabalhadores, dos empregados e do Poder Público. (V Procurador Federal/CESPE/UnB/2002)

    c) No que concerne à evolução legislativa, à organização e aos princípios constitucionais que regem a seguridade social, julgue os itens a seguir:

    Em relação à gestão das instituições, é possível identificar três fases na previdência social brasileira:

    a) as caixas de aposentadoria e pensão (CAPS), autorizadas pela Lei Eloy Chaves, com natureza privada, caráter voluntário, organizadas por empresas;

    c) os institutos de aposentadoria e pensões (IAPs), a partir do início da era Vargas, autarquias organizadas por categorias profissionais, com atuação nacional;

    b) e o INPS, atual INSS, criado a partir da fusão dos IAPs, que permitiu a cobertura e a extensão dos benefícios e serviços a categorias que ainda não haviam sido alcançadas até aquele momento, iniciando o processo de universalização da proteção pela previdência social. (Auditor Fiscal da Previdência Social CESPE/UnB/2003)

    d) O falecimento recente de Leonel Brizola recordou uma das correntes ideológicas mais importantes na história brasileira: o trabalhismo, resultante da política adotada pelo governo Vargas a partir de 1930 e cujo ideário constituiu um conjunto de políticas no fortalecimento do sindicalismo, na criação da justiça do trabalho e na política previdenciária caracterizada pela organização de caixas de aposentadoria e pensão segmentadas por empresa e de natureza privada. (Defensoria Pública da União, CESPE Unb/2004)

3. Dadas as alternativas a seguir, assinalar a resposta correta. (Magistratura Federal, XIII Concurso, 4ª Região)

    I – O modelo previdenciário brasileiro comporta o sistema de repartição como base, mas admite o regime de previdência complementar, facultativo, mediante sistema de capitalização.

II – A doutrina majoritária nega à Lei Eloy Chaves a condição de marco inicial da Previdência Social no Brasil, pois que, antes de sua publicação, já havia um sistema previdenciário baseado em complexos estudos atuariais.

III – É possível que detenha a pessoa física condição de segurado obrigatório, mesmo que a condição laboral se dê no exterior, quando a contratação tenha ocorrido no território nacional, ou em virtude de tratados ou acordos internacionais firmados pelo Brasil.

IV – Entre o trabalhador em alvarenga (embarcação utilizada para carga e descarga de navios) e o ensacador de cacau não existe diferença de tratamento previdenciário, pois que são trabalhadores avulsos.

a) Estão corretas apenas as assertivas I e III.

b) Estão corretas apenas as assertivas I, III e IV.

c) Estão corretas apenas as assertivas II, III e IV.

d) Estão corretas todas as assertivas.

5. A seguridade social deve ser compreendida como um sistema que procura solucionar riscos sociais que evidenciam necessidades específicas capazes de provocar graves desequilíbrios que comprometam a ordem social. Com relação à seguridade social brasileira, assinale a opção correta. (CESPE – 2008 – PGE-CE – Procurador de Estado)

a) A Lei Eloy Chaves é apontada como o marco inaugural da previdência social no Brasil, por ter sido a primeira iniciativa do poder público que visava amparar os trabalhadores contra os riscos sociais. Ela foi criada como seguro social e de acordo com o modelo bismarquiano.

b) As instituições privadas têm livre acesso à prestação de serviços de assistência na área de saúde, e participam de forma complementar ao sistema único, sendo vedada, entretanto, a destinação de recursos públicos para auxílios ou subvenções para essas instituições.

c) Em obediência ao princípio da igualdade, corolário da dignidade da pessoa humana, não é possível a adoção de requisitos diferenciados para concessão de aposentadoria aos beneficiários do regime geral de previdência social.

d) A previdência social pública brasileira organiza-se basicamente em regimes próprios, destinados aos servidores públicos titulares de cargos efetivos, e regime geral, de caráter contributivo e de filiação obrigatória para os demais trabalhadores. Este, entre outros riscos sociais, dá cobertura aos eventos de doença, invalidez, morte, idade avançada e desemprego involuntário.

e) O legislador constituinte originário, com objetivo de dar maior abrangência e cuidado possíveis à questão dos riscos sociais, estabeleceu que as ações presentes no Título da Ordem Social, da Constituição Federal, corresponderiam às iniciativas dos poderes públicos e da sociedade para proteção do direito ao bem-estar e da justiça social, representados pelas ações que integram a seguridade social.

6. Em relação ao Instituto Nacional do Seguro Social, a seu histórico e estrutura, julgue o item a seguir. (CESPE – 2008 – INSS – Técnico do Seguro Social)

O Instituto Nacional do Seguro Social, autarquia federal atualmente vinculada ao Ministério da Previdência Social, surgiu, em 1990, como resultado da fusão do Instituto Nacional de Assistência Médica da Previdência Social (Inamps) e o Instituto de Administração Financeira da Previdência e Assistência Social (Iapas).

Seguridade Social na Constituição de 1988

A Constituição Federal disciplina a Seguridade Social em diversos artigos, estabelecendo a competência legislativa concorrente entre União, Estados e Distrito Federal em matéria de previdência social e proteção e defesa da saúde (art. 24, XII). Embora o referido artigo não estenda a competência aos Municípios, o artigo 149 da Constituição Federal estabelece em seu parágrafo único que os Estados, o Distrito Federal e os Municípios poderão instituir contribuição, cobrada de seus servidores, para o custeio, em benefício destes, de sistemas de previdência e assistência social.

Assim, conferida competência legislativa para os entes políticos instituírem regimes de previdência social, no Brasil existem múltiplos regimes de previdência social, sendo que o objeto do nosso estudo recairá sobre o Regime Geral de Previdência Social, previsto no artigo 201 da Constituição Federal, que é o maior e mais abrangente deles.

Existe, ainda, o Regime dos Servidores Públicos com regras gerais previstas no artigo 40 da Constituição Federal, recentemente alteradas pelas Emendas Constitucionais nos 41/03 e 47/05, aplicáveis também aos militares, conforme dispõe o artigo 42, § 1º, da Constituição Federal. O Congresso Nacional possui plano próprio para os congressistas, previsto na Lei nº 9.506, de 30.10.1997.

As regras gerais relativas à Seguridade Social são de competência exclusiva da União Federal, que ditará regras gerais aos demais regimes de previdência. Atualmente, a Lei nº 9.717/98 estabelece as regras gerais para a organização e o funcionamento dos regimes próprios de previdência social dos servidores públicos da União, dos Estados, do Distrito Federal e dos Municípios, bem como dos militares dos Estados e do Distrito Federal (Auditor Fiscal/CESPE/UnB/2000).

A proteção social não se esgota com a Previdência Pública e poderá ser complementada pela Previdência Complementar tratada no artigo 202 da Constituição Federal, que será analisada mais adiante, e regulamentada pelas Leis Complementares nos 108 e 109/01.

Antes de entrarmos no estudo dos dispositivos referentes à Seguridade Social, cumpre examinar qual o papel das normas inseridas na Ordem Social da Constituição, consubstanciadas nos artigos 193 e seguintes.

3.1 Direitos sociais previdenciários como direitos fundamentais

A evolução dos direitos fundamentais demonstra que não mais se pode falar em liberdade e igualdade sem a existência dos pressupostos materiais que viabilizem tais direitos, surgindo a necessidade de assegurar meios que possibilitem seu exercício, o que ficou plenamente reconhecido com a Declaração dos Direitos Fundamentais do Homem de 1948, que influenciou os Estados Modernos a incluir os direitos sociais entre o rol dos direitos fundamentais da pessoa humana.

A inclusão dos direitos sociais nas Constituições foi sentida nos países que adotavam novas Cartas; passou-se então a adotar o modelo do Estado Social da Alemanha e do México, sendo que os reflexos dos novos textos se fizeram sentir no Brasil.

Gradativamente, o Direito à Previdência Social foi ganhando importância na legislação infraconstitucional, sendo reconhecido plenamente na Constituição de 1934, chegando ao patamar da Seguridade Social somente com o advento da Constituição de 1988.

Inegavelmente, desde 1934, as Constituições passaram a inserir normas relativas a direitos sociais, instituindo o Estado Social em substituição ao modelo liberal antes existente, como afirma Paulo Bonavides (1997, p. 339), que reconhece, nos direitos sociais básicos, instituídos na Constituição de 1988, a espinha dorsal do Estado social brasileiro.

A Constituição cidadã inclui o rol de direitos sociais de seguridade entre os direitos fundamentais, significando estes a linha mestra do Estado, cujos fins confundem-se com a realização das prestações sociais, para garantir a erradicação da pobreza, a diminuição das desigualdades sociais e a realização da dignidade da pessoa humana.

Nesse sentido, as normas de seguridade, acompanhadas das garantias que possibilitem seu efetivo cumprimento, desempenham importante papel, assegurando distribuição de renda e promovendo a justiça social, na ocorrência dos riscos sociais da vida.

Entre os princípios fundamentais que norteiam o Estado Democrático de Direito, instituídos no artigo 1º da Constituição Federal, encontram-se a cidadania, a dignidade da pessoa humana, sendo que a República Federativa do Brasil tem como objetivo fundamental, entre outros, a construção de uma sociedade livre, justa e solidária e a erradicação da pobreza e da marginalização, assim como a redução das desigualdades sociais (art. 3º, I e III).

No dizer de José Afonso da Silva (1997, p. 106), "dignidade da pessoa humana é um valor supremo que atrai o conteúdo de todos os direitos fundamentais do homem, desde o direito à vida". A respeito do tema, Gomes Canotilho e Vital Moreira (1997, p. 58-59) esclarecem:

> "Concebido como referência constitucional unificadora de todos os direitos fundamentais, o conceito de dignidade da pessoa humana obriga a uma densificação valorativa que tenha em conta seu amplo sentido normativo-constitucional e não uma qualquer ideia apriorística do homem, não podendo reduzir-se o sentido da dignidade humana à defesa dos direitos

pessoais tradicionais, esquecendo-a nos casos de direitos sociais, ou invocá-la para construir 'teoria do núcleo da personalidade individual, ignorando-a quando se trate de garantir as bases da existência humana'."

Os enunciados contidos entre os princípios fundamentais são vagos, mas ganham significado quando lidos em conjunto com as normas referentes à ordem econômica e à social. Consequentemente, a ordem social deverá propiciar a todos uma existência digna, visando à realização de justiça social, conforme determina o artigo 193 da Constituição, que dispõe: "Art. 193. A ordem social tem como base o primado do trabalho, e como objetivo o bem-estar e a justiça sociais."

No que se refere aos objetivos da República ou do Estado brasileiro, contidos no artigo 3º da Constituição Federal, verificamos que o mesmo se pode dizer, "uma vez que valem como base das prestações positivas que venham a concretizar a democracia econômica, social e cultural, a fim de efetivar, na prática, a dignidade da pessoa humana".

Posicionada a questão das normas referentes à ordem social, como concretização dos fins do Estado Democrático, a Seguridade Social tem ainda o papel de realizar a justiça social.

O que se entende por justiça social? No dizer de Evaristo de Moraes Filho (1984, p. 31), a noção de justiça social compreende:

> "Ao lado da justiça comutativa que regula os contratos, da justiça distributiva que regula os encargos e as vantagens sociais, importa dar o seu lugar à justiça social ou legal, que vela pelo bem comum e da qual a autoridade é gerente e a que todo o indivíduo membro do corpo social é obrigado a servir e corroborar. Beneficiários do bem comum, o indivíduo tem-no, de certo modo a seu cargo, muito embora os governantes sejam os primeiros responsáveis por ele. A justiça social deve penetrar as instituições e a vida toda dos povos. A sua eficácia deve manifestar-se, sobretudo pela criação de uma ordem jurídica e social que informe toda a vida econômica."

Nos termos do artigo 193 da Constituição Federal, a justiça social deve informar toda a ordem social que não compreende somente o trabalho, que por certo não a esgota, mas também as hipóteses em que este não é possível, impondo a tutela do Estado por meio dos direitos sociais outros.

Nesse sentido, a Seguridade Social é um instrumento de realização de justiça social, uma vez que tem como finalidade primordial a distribuição de renda, devendo proporcionar o acesso de todos aos bens materiais indispensáveis para a subsistência, quer seja através da previdência social, de caráter contributivo, quer seja pela assistência social, não contributiva, ou ainda, garantindo o direito à saúde.

Vale salientar que a Ordem Econômica e Financeira, nos termos do artigo 170 da Constituição, é fundada na valorização do trabalho humano e na livre iniciativa, buscando assegurar uma existência digna, devendo atender aos ditames da justiça social, encontrando-se entre seus princípios a redução das desigualdades regionais e sociais e a busca do pleno emprego, entre outros.

Contudo, como é notório, as taxas de desemprego têm crescido por motivos vários, com o aumento das desigualdades sociais e regionais, tornando-se ainda mais importante a noção de Seguridade Social, que contempla, entre os riscos sociais protegidos, o desemprego (art. 201, IV).

A seguridade assume papel de relevo ao proteger a velhice, uma vez que, a partir de certa idade, os indivíduos estarão excluídos do mercado laborativo, o que torna inoperante o prestígio conferido pelo constituinte ao trabalho, o mesmo se verificando em razão de doença.

Se, de um lado, a Constituição estabelece o primado do trabalho, para a realização da justiça social, garante, de outro, a atuação estatal na impossibilidade de seu exercício, ou o não trabalho, na feliz expressão de Marly Cardone (1990, p. 8), que assinala:

> "O não trabalho é a matéria ou realidade disciplinada pelo Direito da Segurança Social, em oposição ou complementação ao Direito do Trabalho que regula o trabalho (subordinado). Em outras palavras, é a ausência da capacidade de trabalho ou de ganho, ou seja, a inexistência de trabalho, que desencadeia a proteção do Direito e a Segurança Social."

Deve ser ressaltada a importância das normas constitucionais previdenciárias enquanto direitos fundamentais da pessoa humana e considerando que se trata de definir as finalidades do Estado Democrático de Direito.

Não se contentou a Constituição Federal com a mera enunciação da Seguridade Social e de seus objetivos, instituindo o modelo da repartição das fontes de custeio, encargo de toda a sociedade, para garantir o cumprimento de suas finalidades, no que se refere ao pagamento das prestações e dos serviços, como se vê no artigo 195 e seus incisos e no § 4º do mesmo dispositivo.

No que se refere à saúde, foi sancionado o papel do Estado como responsável pela sua promoção, proteção e recuperação. Ou seja, a ação do Estado deve ser preventiva e curativa, e em ambos os casos deve haver acesso universal (todos os cidadãos brasileiros) e igualitário (sem distinção de qualquer ordem), sem prejuízo da participação complementar da livre iniciativa (arts. 196 e 199).

No tocante à previdência social, a Constituição foi minuciosa ao tratar das prestações devidas, chegando a indicar a forma de cálculo da aposentadoria e das parcelas integrantes do salário de contribuição, elevando ao nível constitucional matérias antes tratadas pela legislação ordinária e assegurando de forma clara e inequívoca quais os eventos cobertos e as respectivas prestações.

A Assistência Social, por seu turno, foi contemplada nos artigos 203 e 204, tendo como objetivos a proteção à família, à maternidade, à infância, à adolescência e à velhice; o amparo a crianças e adolescentes carentes; a promoção da integração ao mercado de trabalho e a habilitação e reabilitação das pessoas portadoras de deficiência, bem como sua integração à comunidade.

Desse modo, conclui-se que os direitos sociais previdenciários podem ser considerados direitos fundamentais da pessoa humana. A principal consequência da inclusão dos direitos previdenciários nesse rol, sem embargo de opiniões contrárias, é a autoaplicabilidade das normas que os consagram, exceto quando a própria Constituição indica a necessidade de regulamentação e também incidência da vedação contida no artigo 60, § 4º, que estabelece: "não será objeto de deliberação a emenda tendente a abolir [...] IV – os direitos e garantias individuais".

3.2 Seguridade Social – conceito e finalidades

No dizer de Almansa Pastor (1989, p. 72), a Seguridade Social é o conjunto de regras que tendem a atuar "como instrumento protetor, que garantiza el bienestar material, moral y espiritual de todos los individuos de la población, aboliendo todo estado de necessidad social en que estos puedan encontrarse".

Não há consenso sobre o conceito de Seguridade Social, a começar pela expressão *seguridade*, que para alguns autores consiste num espanholismo, quando a língua portuguesa contempla a palavra *segurança*, que melhor expressa o significado de seus propósitos.

A Segurança Social visa à libertação de todo indivíduo e de cada família das preocupações decorrentes das vicissitudes da vida, do nascimento à morte, garantindo a todos os membros da população, por meio das próprias prestações, sejam elas previdenciárias ou assistenciais, ou, ainda, por meio de serviços de saúde, a eliminação, total ou parcial, dos efeitos decorrentes dos danos causados pelo desequilíbrio entre necessidade e renda, independentemente dos eventos que os provocam.

Nesse quadro, o modelo adotado pela Constituição não é tão abrangente, pois a Previdência atua preventivamente e depende de contribuições pagas pelos beneficiários, antes que os danos possam determinar o estado de indigência; a Assistência Social atua após a ocorrência do dano social e na própria verificação da indigência ou privação que ela deve combater, enquanto perdurarem seus efeitos.

A saúde, por sua vez, atua preventivamente, buscando eliminar a redução de riscos de doença ou, ainda, proporcionando ao indivíduo uma exposição menor às contingências que lhe impossibilitem auferir renda.

A definição legal de Seguridade Social está contemplada no artigo 194 da Constituição Federal, que dispõe:

> "A seguridade social compreende um conjunto integrado de ações de iniciativa dos Poderes Públicos e da sociedade, destinadas a assegurar os direitos relativos à saúde, à previdência e à assistência social."

Nota-se considerável avanço na Constituição de 1988, que manteve a ideia do Seguro Social (Previdência), baseada no direito privado, em que somente são beneficiados aqueles que contribuem, ampliando-o para a Seguridade Social, que visa proporcionar a garantia de um rendimento mínimo e o acesso à saúde a todos que necessitarem, independentemente do pagamento de contribuições, por meio da Assistência Social.

Vê-se, portanto, que foi significativamente ampliado o universo de sujeitos protegidos, em busca de se atingir o objetivo do Estado Democrático de Direito, de erradicar a miséria, utilizando como instrumento a Seguridade Social, que se faz presente justamente quando os indivíduos se veem privados de seu meios de subsistência, pela verificação de contingências (riscos sociais), que os impedem de exercer a atividade laborativa, acarretando-lhe a perda ou a diminuição da renda familiar.

A Seguridade Social é uma técnica de proteção social pública que visa garantir uma existência digna do cidadão ao longo da vida, em situações em que ocorre a perda ou a diminuição do rendimento familiar, integrando num só todo as medidas de previdência social e assistência social e oferecendo também serviços de saúde.

A Constituição de 1988 em seu artigo 194 define a Seguridade Social como "o conjunto integrado de ações de iniciativa dos Poderes Públicos e da sociedade, destinadas a assegurar os direitos à saúde, à previdência e à assistência social".

Verifica-se que o modelo brasileiro de seguridade abrange a previdência e a assistência social e também o conjunto de ações destinadas à saúde, que é direito de todos e dever do Estado, garantido, mediante políticas sociais e econômicas, que visem à redução do risco de doença e de outros agravos, o acesso universal e igualitário a ações e serviços para sua promoção, proteção e recuperação (art. 196 da CF), que serão examinados adiante.

3.3 Assistência social

A assistência social é o sistema de que se utiliza o Estado para cuidar de *situações atuais*, prestando o auxílio *independentemente de qualquer pagamento prévio ou direto por parte da pessoa assistida*. Defluem dessas definições as três principais características da assistência social: (1) atualidade das situações de necessidades atendidas pelo Estado; (2) clientela indefinida; (3) ausência de contribuição por parte do assistido.

Em termos legais, a assistência social pode ser definida

> "como política de Seguridade Social não contributiva, que provê os mínimos sociais, realizada através de um conjunto integrado de ações de iniciativa pública e da sociedade, para garantir o atendimento às necessidades básicas do cidadão" (art. 1º, LOAS).

Wladimir Novaes (1992, p. 99) define a assistência social como:

> "um conjunto de atividades particulares e estatais direcionadas para o atendimento dos hipossuficientes, consistindo os bens oferecidos em pequenos benefícios em dinheiro, assistência à saúde, fornecimento de alimentos e outras pequenas prestações, não só complementando os serviços de previdência social, como ampliando, em razão da natureza da clientela e das necessidades providas. Trata-se de técnica de proteção social que deflui da solidariedade pessoal e social, como exigência do bem-estar comum de fundamental importância na Seguridade Social. O sistema é custeado pela coletividade, mediante o qual se confere o direito à prestação a um grupo de pessoas que não dispõem de meios particulares de subsistência".

3.3.1 *Objetivos da assistência social*

A Constituição de 1988 deu tratamento particularizado à assistência social, estabelecendo seus objetivos, diretrizes e indicando, genericamente, as formas de financiamento nos artigos 203 e 204. Dispõe o artigo 203 que será prestada a quem dela necessitar, independentemente do pagamento de contribuição, tendo por objetivos:

> I – proteção à família, à maternidade, à infância, à adolescência e à velhice;
>
> II – amparo a crianças e adolescentes carentes;
>
> III – a promoção e a integração ao mercado de trabalho;

IV – a habilitação e a reabilitação das pessoas portadoras de deficiência e a promoção de sua integração à vida comunitária;

V – a garantia de um salário mínimo de benefício mensal à pessoa portadora de deficiência ou aos idosos que comprovem não possuir meios de prover à própria manutenção ou tê-la provida por sua família, conforme dispuser a lei.

Quanto aos recursos das ações governamentais na área de assistência social, eles derivam do orçamento da seguridade social e são previstos no artigo 195; há ainda outras fontes que deverão organizar-se com base nas seguintes diretrizes: a descentralização político-administrativa, cabendo a coordenação e as normas gerais à esfera federal, a coordenação e a execução dos respectivos programas às esferas estadual e municipal, bem como às entidades beneficentes e de assistência social, com participação da população através de organizações representativas, tanto na formulação das políticas, como no controle das ações em todos os níveis.

3.3.2 Princípios da assistência social

Os dispositivos constitucionais atinentes à assistência social foram regulamentados pela Lei Orgânica de Assistência Social (LOAS), de nº 8.742, de 7.12.1993, que reconheceu a assistência social como política pública (direito do cidadão e dever do Estado), garantindo a universalização dos direitos sociais.

A Lei Orgânica, em seu artigo 4º, estabelece cinco princípios que devem orientar as políticas e as ações de assistência social, que podem ser considerados seus preceitos fundamentais. São os seguintes:

I – supremacia do atendimento às necessidades sociais sobre as exigências de rentabilidade econômica;

II – universalização dos direitos sociais, a fim de tornar o destinatário da ação assistencial alcançável pelas demais políticas públicas;

III – respeito à dignidade do cidadão, à sua autonomia e ao seu direito a benefícios e serviços de qualidade, bem como à convivência familiar e comunitária, vedando-se qualquer comprovação vexatória de necessidade;

IV – igualdade de direitos no acesso ao atendimento, sem discriminação de qualquer natureza, garantindo-se equivalência às populações urbanas e rurais;

V – divulgação ampla dos benefícios, serviços, programas e projetos assistenciais, bem como dos recursos oferecidos pelo Poder Público e dos critérios para sua concessão.

3.3.3 Organização e gestão da assistência social

A assistência social antes mantida pelo Ministério do Bem-Estar Social integrava o Ministério da Previdência e Assistência Social. Atualmente, a assistência social é responsabilidade do Ministério do Desenvolvimento Social e do Combate à Fome.

A LOAS, dando cumprimento à Constituição Federal, estabelece entre as diretrizes da assistência social que as ações governamentais para sua implementação devem ser organizadas de forma descentralizada e participativa, definindo a participação das três esferas de governo, a prática da cidadania participativa por meio da criação de conselhos de assistência social nas três esferas de governo e transferindo as responsabilidades pela execução dos serviços, programas e projetos para os municípios, devidamente acompanhados do correspondente repasse de recursos.

No âmbito Federal, foi instituído o Conselho Nacional de Assistência Social (artigo 17 da LOAS), incumbido de coordenar a política nacional de assistência social, cuja competência vem traçada no artigo 18 da LOAS, incluindo a aprovação da política nacional de assistência social; normatização das ações de natureza pública e privada no campo da assistência social, a fixação de normas para a concessão de registro e certificados de fins filantrópicos às entidades privadas prestadoras de serviços e assessoramento de assistência social, concessão de atestado de registro e certificado de entidades de fins filantrópicos na forma do regulamento a ser fixado, devendo a entidade comprovar sua inscrição junto ao Conselho Municipal.

À União compete responder pelos benefícios de prestação continuada definidos no artigo 203 da Constituição Federal, apoiar técnica e financeiramente serviços, programas e projetos de enfrentamento da pobreza em âmbito nacional e atender, em conjunto com Estados, Distrito Federal e Municípios, às ações assistenciais de caráter de emergência.

No âmbito estadual e municipal, devem ser criados os Conselhos Estadual e Municipal, sendo que os Estados devem encaminhar aos Municípios recursos financeiros para o financiamento do auxílio-natalidade e funeral, apoiando técnica e financeiramente os programas de enfrentamento da pobreza, atender, junto com os Municípios, às ações de caráter emergencial, estimular e apoiar técnica e financeiramente as associações e os consórcios municipais na prestação de serviços de assistência social e prestar os serviços assistenciais cujos custos ou ausência de demanda municipal justifiquem uma rede regional de serviços, desconcentrada, no âmbito do respectivo Estado.

Finalmente, aos municípios compete custear o auxílio-natalidade e o auxílio-funeral e efetuar os pagamentos, e executar os projetos de enfrentamento da pobreza e os serviços assistenciais cujas ações voltadas para as necessidades básicas observem os objetivos e os princípios da LOAS.

Vê-se, portanto, que a competência da União é traçar as regras gerais, sem prejuízo das políticas estaduais e municipais, devendo arcar com o pagamento do benefício do idoso e do deficiente. Os municípios que tiveram sua competência ampliada estão encarregados de executar as políticas e os projetos de assistência, com o auxílio técnico e financeiro dos Estados, além de efetuar o pagamento do auxílio-natalidade e funeral. Tais benefícios serão financiados por União, Estados e Municípios.

3.3.4 Financiamento da assistência social

A Lei Orgânica da Assistência Social criou o Fundo Nacional de Assistência Social (ex-Funac – Fundo de Ação Comunitária), que foi regulamentado pelo Decreto nº 1.605, de 25.8.1995. É gerenciado pelo Ministério de Combate à Fome, desde a edição da Lei nº 10.869/04.

A Constituição dispõe genericamente sobre o financiamento da assistência social, sendo que a LOAS especifica que as receitas do FUNAC serão constituídas pelas dotações orçamentárias da União, doações e contribuições em dinheiro, contribuição social dos empregadores sobre o faturamento e o lucro, recursos provenientes dos concursos de prognósticos, entre outras, devendo o Tesouro Nacional repassar os recursos destinados à execução dos programas de assistência. No que se refere aos recursos da União para a manutenção dos benefícios de prestação continuada do idoso e do deficiente, deverão ser repassados pelo Ministério do Combate à Fome diretamente ao INSS, órgão responsável pela sua concessão e manutenção.

Disciplina, ainda, a legislação, a destinação dos recursos, que deverão ser aplicados no pagamento do benefício de prestação continuada devido ao deficiente e ao idoso, no apoio técnico e financeiro a serviços e programas de assistência social aprovados pelo Conselho Nacional de Assistência Social, priorizando-se os serviços assistenciais destinados à infância e adolescência em situação de risco pessoal e social, definidos no artigo 227 da Constituição Federal e na Lei nº 8.069/90 (ECA).

3.3.5 *Benefícios e serviços da assistência social*

A contar da edição da Lei Orgânica foi instituído o benefício previsto pelo artigo 203, V, da Constituição Federal, ao portador de deficiência e ao idoso, cujos requisitos encontram previsão no artigo 20 da LOAS, que estabeleceu a garantia de um salário-mínimo mensal à pessoa portadora de deficiência e ao idoso, assim considerado o maior de 65 anos, que comprove não possuir meios de prover a própria manutenção nem tê-la provida por sua família. O requisito da idade foi reduzido, a contar de janeiro de 1998, para 67 anos e modificado pelo Estatuto do Idoso – Lei nº 10.741/03 –, que em seu artigo 34 prevê:

> "Aos idosos, a partir de 65 (sessenta e cinco) anos, que não possuam meios para prover sua subsistência, nem de tê-la provida por sua família, é assegurado o benefício mensal de um (um) salário-mínimo, nos termos da Lei Orgânica da Assistência Social – LOAS.
>
> Parágrafo único. O benefício já concedido a qualquer membro da família nos termos do *caput* não será computado para os fins do cálculo da renda familiar *per capita* a que se refere a LOAS."

Primeiramente, a LOAS definiu família como a unidade mononuclear, vivendo sob o mesmo teto, cuja economia é mantida por seus integrantes. Posteriormente, a Medida Provisória nº 1.599-38, de 11.11.1997, alterou o conceito de família, passando a designá-la como o conjunto de pessoas arroladas no artigo 16, da Lei nº 8.213/91, que trata dos dependentes para fins previdenciários, arrolando o cônjuge, a companheira, o companheiro e o filho não emancipado, de qualquer condição, menor de 21 anos ou inválido, os pais, o irmão emancipado de qualquer condição, menor de 21 anos ou inválido, o enteado, o menor sob guarda e o menor sob tutela.

Vê-se, portanto, que a adoção de novos critérios ampliou o leque de beneficiários da garantia constitucional, uma vez que a legislação estabelece, também, o requisito de a renda *per capita* ser inferior a 1/4 do salário mínimo, para fins de aferir a incapacidade de manutenção do deficiente ou do idoso (art. 20, § 3º). O requisito da renda *per capita* foi objeto de ADIN e o STF declarou constitucional a exigência. A renda mensal da família deve ser declarada pelo próprio dependente, ou seu representante legal.

No caso do portador de deficiência, esta deve ser de porte a incapacitar a vida independente e o trabalho, devendo a avaliação médica realizar-se pela perícia médica do INSS.

Os benefícios de prestação continuada serão revistos a cada dois anos, para avaliação da continuidade das condições que lhes deram origem, sendo cancelados quando se constatar irregularidade na sua concessão ou utilização; se forem superadas as condições que ensejaram sua concessão, ou em caso de morte do beneficiário, não gerando o direito à pensão por morte, não poderão, também, ser acumulados com outros benefícios mantidos pela Seguridade Social ou outro regime, salvo o da assistência médica (art. 20, § 4º).

Os benefícios de prestação continuada serão devidos após o cumprimento pelo requerente de todos os requisitos legais e regulamentares para sua concessão, devendo seu pagamento ser efetuado em até 45 dias após o cumprimento das exigências previstas na legislação, sendo devida a correção monetária se ultrapassado este prazo.

O Decreto nº 6.214/07, com redação dada pelo Decreto nº 6.564/08, regulamenta os benefícios do idoso e do deficiente físico previstos na Lei Orgânica.

3.3.6 Benefícios eventuais – auxílio-natalidade e auxílio-funeral

O benefício do auxílio-natalidade encontrava previsão no artigo 140 da Lei nº 8.213/91, sendo devido à gestante ou ao segurado pelo parto da esposa ou companheira não segurada, com remuneração igual ou inferior a Cr$ 51.000,00 (cinquenta e um mil cruzeiros), após o cumprimento do período de carência de 12 contribuições mensais, dispensada no caso dos segurados especiais.

O auxílio deveria ser pago pela empresa, caso contasse com mais de dez empregados, até 48 horas após a apresentação da certidão de nascimento, sendo que o ressarcimento à empresa seria efetuado por ocasião do recolhimento das contribuições previdenciárias, mediante compensação.

Em se tratando de empresa com menos de dez empregados e ainda dos segurados doméstico, empresário, avulso e especial, o pagamento seria efetuado diretamente pelo Posto de Benefícios.

No que se refere ao auxílio-funeral, encontrava previsão no artigo 141 da Lei nº 8.213/91 e consistia no pagamento de importância não excedente a Cr$ 17.000,00 (dezessete mil cruzeiros) em razão de morte do segurado com rendimento igual ou inferior a R$ 51.000,00 (cinquenta e um mil cruzeiros). Se o beneficiário fosse dependente do segurado, receberia o valor máximo.

Com o advento da LOAS, foram extintos os dois benefícios previstos na legislação previdenciária, transferindo-se a responsabilidade de seu pagamento aos Municípios (art.15 da LOAS), com financiamento dos Estados e Municípios (arts. 13, 14 e 15).

A previsão dos benefícios citados deu-se pelo artigo 22 da Lei Orgânica, que os trata como benefícios eventuais às famílias cuja renda mensal *per capita* seja inferior a ¼ do salário-mínimo, deixando a critério dos Conselhos Estaduais e Municipais estabelecer os critérios de concessão e o valor das prestações, nos prazos a serem estabelecidos pelo Conselho Nacional de Assistência Social (CNAS).

Poderão ser criados outros benefícios eventuais, para atender a necessidades advindas de situação de vulnerabilidade temporária com prioridade para a criança, a família, o idoso, a pessoa portadora de deficiência, a gestante, a nutriz e nos casos de calamidade pública e também benefícios subsidiários no valor de até 25% do salário-mínimo para cada criança até seis anos de idade, nos termos da renda familiar *per capita* descrita no *caput* do artigo 22, atendidas as disponibilidades orçamentárias das três esferas de governo.

A LOAS estabelece em seu artigo 23 serviços assistenciais, assim consideradas as atividades continuadas que visem à melhoria de vida da população e cujas ações, voltadas para as necessidades básicas, observem os objetivos, princípios e diretrizes estabelecidos nesta lei. Na organização dos serviços da Assistência Social, a prioridade será dada à infância e à adolescência em situação de risco pessoal e social, objetivando cumprir o disposto no artigo 227 da Constituição Federal e na Lei nº 8.069, de 13.7.1990, e às pessoas que vivem em situação de rua, de acordo com a alteração introduzida pela Lei nº 11.258/05.

3.4 Saúde

A Constituição Federal trata da Saúde nos artigos 196 a 200, estabelecendo que é direito de todos e dever do Estado, garantido mediante políticas sociais e econômicas que visem à redução do risco de doença e de outros agravos e ao acesso universal e igualitário às ações e aos serviços para sua promoção, proteção e recuperação (MPT/2004).

As diretrizes que devem nortear o Poder Público na organização da saúde são: o acesso universal e igualitário; as ações e os serviços devem ser providos por rede regionalizada e hierarquizada, integrados em sistema único; a descentralização, com direção única em cada esfera de governo; o atendimento integral, com prioridade para as atividades preventivas; a participação da comunidade na gestão, a fiscalização e o acompanhamento das ações e serviços de saúde; a participação da iniciativa privada de forma complementar.

A assistência à saúde é livre à iniciativa privada. As instituições privadas poderão participar de forma complementar do Sistema Único de Saúde, tendo preferência as entidades filantrópicas e sem fins lucrativos, sendo vedada a destinação de recursos públicos para auxílios ou subvenções às instituições privadas com fins lucrativos. Não será admitida a participação direta ou indireta de empresas ou capitais estrangeiros na assistência à saúde

Anteriormente à Constituição Federal de 1988, a saúde vinha disciplinada pela Lei nº 6.229/75, revogada posteriormente pela Lei nº 8.080, de 19.9.1990.

Antes mesmo da CF de 1988, o Decreto nº 94.657, de 20.7.1987, criou os Sistemas Unificados e Descentralizados de Saúde nos Estados (SUDS), com o objetivo de descentralizar as ações governamentais de Saúde. Entretanto, no âmbito federal havia o INAMPS, autarquia federal existente desde o SINPAS, que somente foi extinta pela Lei nº 8.689/93. Suas funções, competências e atividades foram absorvidas pelas instâncias federal, estaduais e municipais gestoras do Sistema Único de Saúde, de acordo com as competências estabelecidas pela Lei nº 8.080, de 19.9.1990, e 8.142, de 28.12.1990 (parágrafo único do art. 1º da Lei nº 8.689/93).

3.4.1 Competência do SUS

O papel do Estado no Sistema Único de Saúde encontra-se descrito no artigo 200, que estabelece que compete a esse sistema, além de outras atribuições, nos termos da lei:

I – controlar e fiscalizar procedimentos, produtos e substâncias de interesse para a saúde e participar da produção de medicamentos, equipamentos, imunobiológicos, hemoderivados e outros insumos;

II – executar as ações de vigilância sanitária e epidemiológica, bem como as de saúde do trabalhador.

Entende-se por vigilância sanitária um conjunto de ações capazes de eliminar, diminuir ou prevenir riscos à saúde e de intervir nos problemas sanitários decorrentes do meio ambiente, da produção e circulação de bens e da prestação de serviços que se relacionam direta ou indiretamente com a saúde, abrangendo:

a) o controle de bens de consumo que direta ou indiretamente se relacionem com a saúde, compreendidas todas as etapas e os processos da produção ao consumo;

b) o controle da prestação de serviços que se relacionem direta ou indiretamente com a saúde.

Considera-se vigilância epidemiológica um conjunto de ações que proporcionem o conhecimento, a detecção ou a prevenção de qualquer mudança nos fatos determinantes e condicionamentos da saúde individual ou coletiva, com a finalidade de recomendar e adotar medidas de prevenção e controle de doenças ou agravos.

A proteção da saúde do trabalhador abrange, além das ações de vigilância epidemiológica e sanitária, a recuperação e a reabilitação da saúde daqueles submetidos a riscos e agravos advindos do meio ambiente do trabalho, que compreendem:

a) assistência ao trabalhador vítima de acidente do trabalho ou portador de doença profissional;

b) participação, no âmbito de competência do SUS, em estudos, pesquisas, avaliação e controle de riscos e agravos potenciais à saúde existentes no processo do trabalho;

c) participação, no âmbito de competência do SUS, de normatização, fiscalização e controle das condições de produção, extração, armazenamento, transporte, distribuição e manuseio de substâncias, dos produtos, de máquinas e equipamentos que apresentam riscos à saúde do trabalhador;

d) avaliação do impacto que as tecnologias provocam à saúde;

e) informação ao trabalhador, à sua respectiva entidade sindical sobre os riscos de acidente do trabalho e doença profissional;

f) participação na elaboração de normas, fiscalização e controle dos serviços de saúde do trabalhador nas instituições públicas e privadas;

g) revisão periódica da listagem oficial das doenças originadas no processo de trabalho, com participação dos sindicatos na sua elaboração;

h) garantia ao sindicato dos trabalhadores de requerer interdição de máquina, ou de setor de serviço ou de todo o ambiente de trabalho, quando houver exposição a risco iminente à vida ou à saúde do trabalhador.

III – ordenar a formação de recursos humanos na área da saúde;

IV – participar da formulação da política e da execução das ações de saneamento básico;

V – incrementar em sua área de atuação o desenvolvimento científico e tecnológico;

VI – fiscalizar e inspecionar alimentos, compreendido o controle de seu teor nutricional, bem como bebidas e água para o consumo humano (MPT/SP/2003);

VII – participar do controle e fiscalização da produção, transporte, guarda e utilização de substância e produtos psicoativos, tóxicos e radioativos;

VIII – colaborar na proteção do meio ambiente, nele compreendido o do trabalho (MPT/SP/2003).

Como se vê, a reabilitação profissional prevista na legislação previdenciária, desde 1988, encontra-se entre as atribuições do SUS. No entanto, o INSS mantém o serviço, a fim de evitar solução de continuidade em prejuízo dos segurados.

3.4.2 Financiamento da saúde – recursos do SUS

O sistema de saúde será financiado pela seguridade social, União, Estados, Municípios e Distrito Federal, além de outras fontes, nos termos do artigo 198, § 1º da Constituição Federal, que remete ao 195, sendo que a iniciativa privada poderá auxiliar de forma supletiva, sendo vedada a participação de empresas ou capital estrangeiro na saúde do país.

Integrava, também, o orçamento do SUS a Contribuição Provisória sobre Movimentação ou Transmissão de Valores e de Créditos e Direitos de Natureza Financeira (CPMF) instituída pela Emenda Constitucional nº 12, de 15.8.1996, prorrogada pelas Emendas nºs 21/99, 37/02 e 42/03, que preveem a cobrança da referida contribuição até 31.12.2007, quando se extinguiu.

A Emenda Constitucional nº 29/00 determina que a União deverá aplicar anualmente recursos mínimos em ações e serviços públicos de saúde, em percentuais a serem fixados em lei complementar. No caso dos Estados, o § 2º do artigo 198 estabelece que o percentual deverá recair sobre o produto da arrecadação dos impostos a que se refere o artigo 155 e dos recursos de que tratam os artigos 157 e 159, inciso I, alínea *a*, e inciso II, deduzidas as parcelas que forem transferidas aos respectivos Municípios. Para os Municípios e o Distrito Federal, o percentual mínimo a ser investido na saúde deverá incidir sobre o produto da arrecadação dos impostos a que se refere o artigo 156 e dos recursos de que tratam os artigos 158 e 159, inciso I, alínea *b* e § 3º.

3.5 Previdência social: conceito

A previdência social é a forma de atendimento das contingências sociais *mediante captação prévia de recursos*. As principais características da previdência social são: (1) ao *objeto*: obrigação de garantir determinadas prestações quando se verifica um determinado evento; (2) ao *campo de aplicação*: clientela definida (pessoas que exerceram ou exercem atividades remuneradas); (3) aos *recursos*: fixação das contribuições prévias de responsabilidade do segurado, do empregador e do Estado. A Constituição Federal estabelece que a Previdência Social será organizada sob a forma de regime geral, de caráter contributivo, de filiação obrigatória, observados critérios que preservem o equilíbrio financeiro e atuarial, devendo atender às seguintes contingências: doença; invalidez; morte e idade avançada; proteção à maternidade, especialmente à gestante; proteção ao trabalhador em situação de desemprego involuntário; salário-família e auxílio-reclusão para os dependentes dos segurados de baixa renda e pensão por morte do segurado, homem ou mulher, ao cônjuge ou companheiro e dependentes.

Quadro esquemático

– **SEGURIDADE SOCIAL – conceito** – artigo 194 da Constituição Federal – compreende previdência social, saúde e assistência social.

  – **Competência legislativa** concorrente entre União, Estados e Municípios – artigo 24 XII, em matéria previdenciária. Em se tratando de Seguridade Social, a competência legislativa para regras gerais é exclusiva da União Federal.

  – **Direitos sociais previdenciários são direitos fundamentais** – consequências: limitações ao poder de reforma das regras constitucionais e, em alguns casos, aplicabilidade imediata das normas instituidoras de direitos.

– **SEGURIDADE SOCIAL** – independe de contribuição prévia pelos beneficiários, mas exige fonte de financiamento.

  – **Objetivos da Assistência Social** – artigo 203 da Constituição Federal.

  – **Princípios da Assistência Social** – Lei Orgânica da Assistência Social (LOAS), Lei nº 8.742/93, art. 4º.

  – Organização e gestão da Assistência Social – Ministério do Desenvolvimento Social e Combate à Fome

  – União responde pelo pagamento dos benefícios do idoso e deficiente físico – artigo 203 da Constituição Federal.

  – Financiamento da Assistência Social – Fundo Nacional de Assistência Social – regulamentado pelo Decreto nº 1.605/95 e dotações orçamentárias da União

  – Benefícios e Serviços da Assistência Social – Benefício do idoso e do deficiente físico – art. 203, V, da Constituição Federal – requisitos: idade 65 anos e renda *per capita* inferior a 1/4 do salário-mínimo. O deficiente físico deve ser incapaz para a vida independente e para o trabalho.

- **SAÚDE** – artigos 196 a 200 da Constituição Federal regulamentados pela Lei nº 8.080/90.
    - Competência do SUS – artigo 200 da Constituição Federal.
    - Financiamento da Saúde – recursos da seguridade social, União, Estados e Municípios e Distrito Federal, além de outras fontes – artigos 198, § 1º e 195 da Constituição Federal. Emenda Constitucional nº 29/00 – recursos mínimos devem ser aplicados na saúde, conforme dispuser a lei complementar. No caso dos Estados – artigo 198, II; Municípios – o percentual deverá incidir sobre os impostos dos artigos 156, 158 e 159, I, "a", alínea "b" e § 3º, todos da Constituição Federal.
    - Previdência Social – conceito – artigo 201 – contributiva, compulsória observando regras de equilíbrio financeiro e atuarial.
    - Contingências cobertas – artigo 201 da Constituição Federal.

Questões

1. Segundo dispõe o art. 196, da CF/88, a saúde é direito de todos e dever do Estado. Diante dessa premissa, assinale a opção que está correta. (Auditor da Receita Federal, Cespe UnB, 2005)

    a) O acesso universal igualitário às ações e serviços para sua promoção, proteção e recuperação constitui garantia constitucional.

    b) As ações e serviços públicos de saúde integram uma rede regionalizada e hierarquizada e constituem um sistema único, sem a participação da comunidade.

    c) O sistema único de saúde será financiado, nos termos do art. 195, da CF/88, com recursos exclusivamente do orçamento, da seguridade social, da União, dos Estados, do Distrito Federal e dos municípios.

    d) As ações e serviços de saúde não são de relevância pública, cabendo ao Poder Público dispor, nos termos da lei, sobre sua regulamentação, fiscalização e controle, com a execução inclusive através de terceiros.

    e) Independe de lei complementar a instituição de normas de fiscalização, avaliação e controle das despesas com saúde nas esferas federal, estadual, distrital e municipal

2. Assinalar a alternativa correta. (Magistratura Federal, 4ª Região, 2005)

    Mário, que não possui familiares conhecidos, ingressa em 2004 com ação ordinária pleiteando a concessão de aposentadoria por invalidez, pois se encontra impossibilitado de desenvolver sua atividade profissional (pedreiro) e não tem condições de aprender novo ofício; está com artrose lombar degenerativa, em grau avançado, e tem setenta anos de idade; tendo sempre trabalhado como autônomo, mas jamais recolhendo contribuições previdenciárias.

    a) Mário tem direito à postulada aposentadoria por invalidez.

    b) Mário tem direito ao benefício assistencial.

    c) Mário teria direito ao benefício assistencial, mas como a lide previdenciária está limitada pelo pedido expresso de aposentadoria por invalidez, nenhum benefício receberá.

    d) Mário tem direito à renda mensal vitalícia.

3. A partir da análise da ordem social delineada pela Constituição Federal de 1988, formulam-se as seguintes considerações (Magistratura Federal – 5ª Região, 2002)

I – A previdência e a seguridade social se confundem, porque têm como objetivo o bem-estar e a justiça sociais.

II – A equidade na forma de participação no custeio é exclusiva da previdência, por impor a observância de critérios que lhe preservam o equilíbrio financeiro atuarial.

III – A irredutibilidade do valor dos benefícios, como forma de proteção aos direitos adquiridos, não contraria a ordem social erigida com base no primado do trabalho.

IV – O direito à saúde é garantido pela assistência social, porque, para torná-lo efetivo, é exigida a participação da comunidade.

Assim considerado, assinale, dentre as listadas abaixo, a única alternativa correta no que concerne às considerações acima feitas:

a) Todas são falsas.

b) São verdadeiras as de números II e III.

c) Apenas a de número IV é verdadeira.

d) Apenas a de número III é verdadeira.

4. Assinale a alternativa incorreta: (Magistratura Federal, XII Concurso, 1ª Região, 2006)

   a) A Seguridade Social compreende um conjunto integrado de ações de iniciativa dos poderes públicos e da sociedade, destinado a assegurar o direito relativo à saúde, à previdência e à assistência social, segundo princípios e diretrizes previstos em lei, entre eles a universalidade de cobertura e do atendimento, equidade na participação do custeio, uniformidade e equivalência das populações urbanas e rurais.

   b) A Previdência Social tem por fim assegurar aos seus beneficiários meios indispensáveis de manutenção, por motivo de incapacidade, idade avançada, tempo de serviço, desemprego involuntário, encargos de família e reclusão ou morte daqueles de que dependiam economicamente.

   c) A Assistência Social é política social que provê o atendimento das necessidades básicas, traduzidas em proteção à família, à maternidade, à infância, à adolescência, à velhice e à pessoa portadora de deficiência, independentemente de contribuição à Seguridade Social.

   d) A Seguridade Social é financiada de forma direta e indireta, nos termos da Constituição e de lei específica, mediante recursos provenientes exclusivamente da União, dos Estados, do Distrito Federal, dos Municípios e contribuições sociais.

5. Assinale a alternativa correta: (Magistratura Federall, VIII Concurso, 3ª Região)

   a) A assistência social é prestada aos que dela necessitam e que tenham sido filiados à previdência social, em qualquer época, no mínimo por doze meses.

   b) A previdência social é sistema dependente de contribuição dos segurados, destinado à proteção dos beneficiários nas contingências prevista em lei.

   c) A assistência à saúde é direito exclusivo das pessoas de baixa renda.

   d) Os objetivos de universalidade da seguridade social compreendem a satisfação total das necessidades individuais dos beneficiários.

6. O benefício da assistência social é devido: (Magistratura Federal, IX Concurso, 3ª Região)

   a) A quem dele necessitar, desde que comprove a idade legalmente prevista ou a situação de portador de deficiência e que nenhum de seus familiares possa prover-lhe o sustento.

   b) A quem ainda não tenha direito a nenhum dos benefícios do regime geral e nem possa prover o próprio sustento.

c) A quem seja considerado segurado de baixa renda e não teha cumprido os requisitos para a aposentadoria por tempo de contribuição.

d) Ao que deixou de perceber o seguro-desemprego e não faz jus à aposentadoria por idade.

7. Dentre as proposições que seguem, assinale a **correta**: (Magistratura Federal, 14º Concurso, 3ª Região)

I – A proteção do meio ambiente do garimpo não é atribuição do SUS.

II – A assistência à saúde do educando, no ensino fundamental, é financiada com recursos do salário-educação.

III – Está desvinculado do orçamento da Seguridade Social, até 31 de dezembro de 2011, 25% do produto da arrecadação das contribuições sociais sobre a receita, faturamento e sobre o lucro.

IV – As ações e serviços voltados ao atendimento à saúde das populações indígenas é realizado com o orçamento da Seguridade Social e complementado com recursos de outros entes estatais.

a) Todos os enunciados, I, II, III e IV estão corretos.

b) Apenas os enunciados I, II e IV estão corretos.

c) Apenas os enunciados I, III e IV estão corretos.

d) Todos os enunciados I, II, III e IV estão incorretos.

8. Dentre as proposições que seguem, assinale a correta: (Magistratura Federal, 14º concurso, 3ª Região)

Entende-se como família do idoso ou da pessoa portadora de deficiência, para efeito de apuração da renda familiar "per capita":

a) A filha divorciada, a neta e o marido dela; os avós; a sobrinha de irmão falecido, residentes sobre o mesmo teto.

b) O companheiro da filha; os tios; os sobrinhos, residentes sobre o mesmo teto.

c) A filha e o marido dela, os netos; residentes sobre o mesmo teto.

d) Os pais; o cônjuge, os filhos do casal, menores de 18 (dezoito) anos residentes sobre o mesmo teto.

9. Com relação ao benefício da prestação continuada (art. 203, inc. V, da Constituição Federal) é correto afirmar que: (Magistratura Federal, XIII Concuro, 3ª Região)

a) é devido ao maior de 65 anos e às pessoas portadoras de deficiência, nacionais e estrangeiros naturalizados e domiciliados no Brasil, desde que não amparados pelo sistema previdenciário do país de origem.

b) é devido ao maior de 60 anos e às pessoas portadoras de deficiência, nacionais e estrangeiros naturalizados e domiciliados no Brasil, desde que não amparados no país de origem.

c) é devido ao maior de 65 anos e às pessoas portadoras de deficiência, excluídos os estrangeiros naturalizados e domiciliados no Brasil, mesmo que não amparados pelo sistema previdenciário do país de origem.

d) é devido ao maior de 60 anos e às pessoas portadoras de deficiência, excluídos os estrangeiros naturalizados no Brasil, mesmo que não amparados pelo sistema previdenciário do país de origem.

10. No que tange ao benefício mensal de prestação continuada previsto no artigo 203, inciso V, da Constituição Federal, é incorreto afirmar que: (Magistratura Federal, XII Concurso, 3ª Região)

   a) O legislador ordinário considera incapaz de prover a manutenção da pessoa portadora de deficiência a família cuja renda mensal "per capita" seja inferior a 1/4 do salário-mínimo.

   b) Por força da Lei nº 10.741/2003, o benefício pago ao marido idoso não será computado no cálculo da renda familiar *per capita* para efeito de outro benefício assistencial à sua esposa, maior de 65 anos e que não possui meios de prover sua subsistência nem tê-la provida por sua família.

   c) Com a morte do beneficiário, o pagamento do benefício é transferido aos seus dependentes, entendidos como tais aqueles arrolados no artigo 16 da Lei nº 8.213/91, desde que vivam sob o mesmo teto e continuem a manter a condição de miserabilidade.

   d) O benefício não pode ser acumulado com qualquer outro no âmbito da Seguridade Social, salvo o da assistência médica.

11. Em se tratando do benefício da assistência social, assinale a alternativa incorreta: (Magistratura Federal, X Concurso, 3ª Região)

   a) Consiste na garantia de um salário-mínimo mensal para a pessoa portadora de deficiência e ao idoso que comprove não possuir meios de prover a própria manutenção ou de tê-la provida por sua família.

   b) O benefício pode ser acumulado somente com o decorrente de pensão por morte.

   c) A condição de segurado não é requisito para sua concessão.

   d) Falecendo o titular do benefício de assistência social, não há transferência aos seus dependentes.

12. Considere as seguintes proposições relativas à seguridade social: (PUC-PR – 2007 – TRT – 9ª REGIÃO (PR) – Juiz – 1ª Prova – 2ª Etapa)

   I – A seguridade social compreende um conjunto integrado de ações de iniciativa dos Poderes Públicos e da sociedade, destinadas a assegurar os direitos relativos à saúde, à previdência e à assistência social.

   II – A organização da Seguridade Social, de competência do Poder Público, conforme disposto em lei, tem por princípio, dentre outros, a unidade da base de financiamento.

   III – A gestão administrativa da seguridade social, de caráter democrático e descentralizado, far-se-á mediante gestão tripartite, com participação dos trabalhadores, dos empregadores e do Governo nos órgãos colegiados.

   Assinale a alternativa **correta**:

   a) Todas as proposições estão correta.
   b) Todas as proposições estão incorretas.
   c) Apenas a proposição I está correta.
   d) Apenas as proposições I e II estão corretas.
   e) Apenas a proposição III está correta.

Entendimento dos Tribunais Superiores

AGRAVO REGIMENTAL NO RECURSO ESPECIAL. LOAS. BENEFÍCIO DE PRESTAÇÃO CONTINUADA. ASSISTÊNCIA SOCIAL. PREVISÃO CONSTITUCIONAL. BENEFÍCIO RECEBIDO

POR MARIDO DA AUTORA NO VALOR DE UM SALÁRIO-MÍNIMO. POSSIBILIDADE DE AFERIÇÃO DA MISERABILIDADE POR OUTROS MEIOS PELO TRIBUNAL LOCAL.

1. Este Superior Tribunal pacificou o entendimento no sentido de que o critério de aferição da renda mensal previsto no § 3º do art. 20 da Lei nº 8.742/93 deverá ser observado como um mínimo, não excluindo a possibilidade de que o julgador, ao analisar o caso concreto, lance mão de outros elementos probatórios que afirmem a condição de miserabilidade da parte e de sua família.

2. No caso concreto, as instâncias ordinárias consideraram a autora hipossuficiente. "A limitação do valor da renda *per capita* familiar não deve ser considerada a única forma de se comprovar que a pessoa não possui outros meios para prover a própria manutenção ou de tê-la provida por sua família, pois é apenas um elemento objetivo para se aferir a necessidade, ou seja, presume-se absolutamente a miserabilidade quando comprovada a renda *per capita* inferior a 1/4 do salário-mínimo" (REsp 1.112.557/MG, Rel. Ministro NAPOLEÃO NUNES MAIA FILHO, TERCEIRA SEÇÃO, julgado em 28.10.2009, *DJe* 20.11.2009).

3. Agravo regimental a que se nega provimento.

Súmula 23 do TRF 1ª Região – São autoaplicáveis as disposições constantes dos §§ 5º e 6º, do art. 201, da Constituição Federal.

4

Objetivos da Seguridade Social

A Constituição elenca no artigo 194 alguns princípios que o Poder Público deve levar em conta na organização da Seguridade Social, que denomina objetivos. São eles:

4.1 Universalidade de cobertura e de atendimento

Este princípio significa que toda a população de um país deve ter assegurada uma renda mínima no caso de incapacidade de trabalho ou de ganho ou de morte do provedor da família e um suplemento pecuniário pelo aumento de despesas que desequilibrem ou possam desequilibrar o orçamento familiar.

Como a previdência social não é universal, porque só atende àqueles que contribuem para o sistema previdenciário, só pode haver seguridade social se toda a população tiver direitos a pleitear do Estado.

Somente com a assistência social, que concede direitos subjetivos àquelas pessoas não cobertas pela previdência e só as socorre em caso de ocorrer a indigência, não restam dúvidas de que apenas uma cobertura universal pode dar segurança. Esta cobertura corresponde à outorga de direitos subjetivos públicos a serem pleiteados do Estado, que administra a seguridade social.

A universalidade de cobertura tem, portanto, um aspecto subjetivo, isto é, ligado aos sujeitos protegidos que são aqueles atingidos por uma contingência humana que lhes retira a capacidade de trabalhar ou a diminui, lhes prejudica a saúde, ou acarreta um aumento das despesas.

A universalidade de atendimento trata de outro aspecto, objetivo, que se refere às contingências a serem cobertas ou tuteladas. Essas contingências podem levar à indigência se não forem protegidas por uma renda substitutiva, colocando a pessoa sob o risco de cair em um estado de necessidade.

4.2 Uniformidade e equivalência dos benefícios e serviços a populações urbanas e rurais

A uniformidade é igualdade quanto ao aspecto objetivo, isto é, no que se refere aos eventos cobertos. A equivalência refere-se ao valor das prestações.

Como se sabe, anteriormente à Constituição de 1988, os rurícolas tinham regime distinto dos trabalhadores urbanos, não fazendo jus às mesmas prestações, sendo certo, ainda, que os benefícios concedidos equivaliam a 50% do salário-mínimo (Procurador Federal, 2002).

Assim, somente com a Constituição de 1988 é que foram equiparados os trabalhadores urbanos e rurais para fins previdenciários.

4.3 Seletividade e distributividade na prestação de benefícios e serviços

O princípio da seletividade é um desdobramento do princípio da igualdade, no sentido de que devem ser tratados desigualmente os desiguais. Vale dizer que deve ser feita uma seleção pela lei quanto à outorga de benefícios ou serviços às pessoas, visto que pode acontecer de um risco social não acarretar dano a uma pessoa, que, apesar da contingência verificada, pode continuar subsistindo sem o socorro da Seguridade Social.

Em outras palavras, o que a Constituição determina ao legislador é que a legislação ordinária utilize o sistema da prova da necessidade para a outorga das prestações, tanto de previdência como de assistência, o que se dá por meio da medida da renda da pessoa no momento em que é pleiteada uma prestação.

Em alguns casos, o legislador presume que a verificação do risco não acarreta o dano, como, por exemplo, no caso da pensão, que é indevida ao maior de 21 anos.

Este princípio decorre do princípio da solidariedade, que informa que todos devem usufruir as prestações na medida de suas necessidades. Só assim se pode chegar à distributividade, que nada mais é que a distribuição de renda.

O fim da previdência é atender às necessidades, mas sua função precípua é distribuir renda. E a distribuição somente pode ser feita com a outorga de prestações a quem dela necessita, para dessa forma melhorar o nível dos benefícios àqueles que realmente precisam.

4.4 Irredutibilidade do valor dos benefícios

A razão da instituição deste princípio, também contemplado no artigo 201, § 4º, da Constituição Federal, tem origem na defasagem que corroeu os benefícios, em razão dos critérios de cálculo da renda mensal inicial adotados pela CLPS revogada e também pelos índices de reajustamento adotados que eram editados por Portaria Ministerial, que não refletiam índices oficiais de inflação. É um imperativo lógico, porque, se não forem preservadas as prestações, o indivíduo cairá em estado de indigência ou de necessidade, que é justamente o que a Previdência deve evitar.

A antiga legislação determinava que o valor do salário de benefício da pensão, auxílio-reclusão, auxílio-doença e aposentadoria por invalidez correspondesse a 1/12 dos 12 últimos salários de contribuição imediatamente anteriores ao afastamento das atividades, sem qualquer correção. Para as aposentadorias por idade, por tempo de serviço, o cálculo levava em conta 1/36, sendo que nesta hipótese somente os 24 meses mais antigos eram corrigidos. Assim, o valor da aposentadoria decrescia brutalmente em relação ao salário da ativa, sendo este o primeiro fator de defasagem do valor dos benefícios, o que veio a ser corrigido pelo artigo 202 da Constituição de 1988, que foi mantido na Emenda Constitucional nº 20/98 (art. 201, § 4º, da CF), ganhando regulamentação no artigo que determina a correção dos salários de contribuição, para fins de cálculo do valor dos benefícios.

O reajuste dos benefícios, em face do processo inflacionário que assolava o país, dificilmente preservava seu valor real, sendo que os índices utilizados não refletiam a perda do poder aquisitivo. Eram adotados os mesmos índices da política salarial e nas épocas de variação do salário mínimo, não podendo o valor do benefício ultrapassar 90% do maior valor-teto em vigor na data do reajuste. Enfim, os critérios legais adotados pulverizavam o valor das prestações, o que gerou uma pressão social a fim de serem recompostas as perdas ocorridas.

A Constituição de 1988 corrigiu as perdas ocorridas no período anterior à sua promulgação, determinando a revisão de todos os benefícios mantidos na data de sua vigência, como se vê no comando contido no artigo 58 do Ato das Disposições Constitucionais Transitórias, de modo a restabelecer o poder aquisitivo expresso em número de salários-mínimos que tinham na data de sua concessão, obedecendo-se a este critério até a implantação do Plano de Custeio e de Benefícios, o que deveria ocorrer em 18 meses após a promulgação da Constituição. E, para evitar novas perdas, o novo texto constitucional determinou a correção dos últimos 36 meses utilizados para fins de cálculo da renda mensal do benefício, consagrou o princípio da irredutibilidade dos benefícios, determinando, ainda, o reajuste de forma permanente das prestações, a fim de preservar seu valor real.

Discute-se, atualmente, qual o alcance do princípio da irredutibilidade e da preservação do valor real dos benefícios, considerando as inúmeras ações judiciais questionando os índices de reajustamento adotados para sua recomposição.

Primeiramente, adotando-se a interpretação literal da Constituição, afirmava-se que os índices a serem utilizados na preservação do valor dos benefícios não estavam ao alvedrio do legislador, devendo refletir os índices reais da inflação.

Wladimir Novaes Martinez (1995, p. 178) defende a preservação dos benefícios pelo valor real. Menciona em sua obra *Princípios do direito previdenciário*:

> "O princípio da irredutibilidade do valor dos benefícios não foi criado, mas expresso na Constituição Federal. Embora o Poder Judiciário tivesse demorado a perceber a diferença entre o direito formal a determinada importância e o poder aquisitivo de seu valor, a ideia de diminuir, em termos reais, o poder de compra dos benefícios arrostava e arrosta o princípio do direito adquirido. Com ele, porém, insculpido no texto constitucional, fica mais claro não pode a legislação ordinária reduzir o valor dos benefícios. Quando a Carta Magna fala em 'conforme critérios definidos em lei', não outorga ao legislador ordinário poder de oferecer índices inferiores ao da inflação e, sim, estabelecer datas-base, critérios variados de compensação, sempre submetida a distinção entre remuneração e aposentadoria: o nível

de alimentaridade desta última, superior a dos ingressos do trabalhador na atividade não autoriza descumprir a mensalidade dos benefícios. Pouco servirá aos aposentados receber atrasados ou valores acumulados; não há, diferentemente do mundo civil ou laboral, possibilidade de compensação nos últimos anos de vida. Nessa compreensão das coisas, não faz sentido proceder a reajustes periódicos, somando-se a inflação do período e nada repondo relativamente aos meses entremeados às datas base. No mínimo, o princípio significa duas coisas: 1) os benefícios não podem ser onerados; e 2) devem manter o poder aquisitivo do valor original, através de parâmetro a ser definido segundo a lei ordinária e com vistas às circunstâncias de cada momento histórico."

Convém salientar, entretanto, que o salário-mínimo não poderá ser utilizado como indexador para fins previdenciários, nos termos do artigo 7º, IV, da Constituição Federal, entendimento esse pacificado no Supremo Tribunal Federal. Inexiste, portanto, autorização legal para indexar os benefícios em número de salários-mínimos, nem mesmo para aferir se foi preservado o valor real da aposentadoria (Juiz Federal Substituto da 1ª Região/2001).

Por outro lado, o entendimento predominante da jurisprudência é no sentido de que o comando constitucional determina a preservação do valor **nominal** e não do valor real do benefício, competindo ao legislador determinar o critério que garanta a irredutibilidade (nominal) do valor dos benefícios, de forma a preservar-lhes os valores reais. De outra parte, a Constituição outorgou ao legislador a escolha dos índices e, uma vez existente norma legal regulamentando o reajuste de benefícios previdenciários, descabe ao Poder Judiciário substituir os índices por outros que melhor reflitam a inflação observada no período, sob pena de ofensa ao princípio da reserva legal. Em outros termos, não cabe ao Judiciário, que não tem função legislativa, a escolha do índice de inflação, quando a lei expressamente dispôs sobre a recomposição do valor do benefício (Juiz Substituto da 5ª Região, 1999).

Sergio Pinto Martins (2003, p. 79) esclarece que a irredutibilidade do valor dos benefícios é a nominal e não a real, dependente da lei ordinária. Caso a lei ordinária não adote métodos ou índices para verificar a variação real da inflação, haverá perdas ao segurado, mas esse critério não poderá ser acoimado de inconstitucional.

O STF pôs fim à controvérsia ao estabelecer que o reajustamento dos benefícios de prestação continuada que constitui norma típica de integração reclama, para efeito de sua integral aplicabilidade, a necessária intervenção concretizadora do legislador (*interpositio legislatoris*). A existência da Lei nº 8.213/91, que dispõe sobre o reajustamento dos benefícios no artigo 41, atende ao princípio da preservação do valor real dos benefícios. Em outros termos, predomina o entendimento de que a preservação é do valor nominal e não do valor real, embora com argumentos distintos.

Atualmente, o artigo 41-A da Lei nº 8.213/91, com redação dada pela Lei nº 11.430/06, estabelece que o índice de reajuste dos benefícios é o INPC – Índice Nacional de Preços ao Consumidor, apurado pelo IBGE.

4.5 Equidade na participação do custeio

A palavra *equidade* em direito possui vários significados, sendo o mais utilizado o de justiça fundada na igualdade. No texto constitucional, é utilizada como sinônimo de equânime ou igualdade de ânimo. De qualquer modo, refere-se ao princípio da igualdade que se traduz em tratar desigualmente os desiguais. O princípio é dirigido principalmente ao legislador que deve observá-lo na elaboração da lei (Procurador Federal, 2002).

Isto significa que cada um deve contribuir na medida de suas possibilidades, quer seja pelo lucro do empregador, quer seja pelos salários dos empregados. Apenas aqueles que estiverem em igualdade de condições poderão contribuir da mesma forma.

Em razão disso, as normas previdenciárias estabelecem contribuições diferenciadas, seja entre as empresas, seja entre os empregados. As instituições financeiras, por exemplo, pagam um adicional de 2,5% sobre a folha de salários. Para as microempresas, existe a previsão do Sistema Integrado de Pagamento de Impostos e Contribuições das Microempresas e das Empresas de Pequeno Porte (SIMPLES). Para os empregados, as alíquotas de contribuição são diferenciadas conforme as faixas salariais em que se encontrem, a fim de assegurar tratamento isonômico entre eles.

4.6 Diversidade da base de financiamento

O sentido da expressão do texto constitucional é de que haja diversificação dos contribuintes, para que o financiamento da Seguridade não recaia apenas sobre um grupo de contribuintes. A lei ordinária deverá prever diversas maneiras de financiamento. Tal dispositivo ganha relevo considerando as rápidas mudanças na economia. A automação e a globalização obrigam o Estado a estabelecer a possibilidade de diversificar os mecanismos de financiamento da seguridade social para que toda a população contribua.

4.7 Caráter democrático e descentralizado da gestão administrativa, com a participação da comunidade, em especial de trabalhadores, empresários e aposentados

A primeira parte do dispositivo refere-se à participação da sociedade na gestão da seguridade. Essa participação na gestão da coisa pública é inerente à democracia.

Trata-se de reivindicação sindical de empregados, inspirada no regime dos antigos IAPs, que eram administrados com a colaboração dos segurados e empresas que participavam de um conselho administrativo ou fiscal (ex.: IAPM, IAPB, IAPI e IAPC).

O referido artigo complementa o disposto no artigo 10 da Constituição, que assegura a participação de trabalhadores e empregadores nos colegiados dos órgãos públicos em que seus interesses profissionais ou previdenciários sejam objeto de discussão e deliberação.

A Lei nº 8.213/91 regulamenta a participação democrática, ao instituir o Conselho Nacional de Previdência Social (CNPS), que é o órgão superior de deliberação colegiada da Previdência Social, com sua competência definida no artigo 4º da mesma lei, podendo estabelecer as diretrizes gerais e apreciar as decisões políticas aplicáveis à Previdência Social, participar, acompanhar e avaliar sistematicamente a gestão previdenciária; apreciar e aprovar os planos e os programas da Previdência Social; apreciar e aprovar as propostas orçamentárias da Previdência Social, antes de sua consolidação na proposta orçamentária da Seguridade Social; acompanhar e apreciar, através de relatórios gerenciais por ele definidos, a execução de planos, programas e orçamentos no âmbito da Previdência Social; acompanhar a aplicação da legislação pertinente à Previdência Social; apreciar a prestação de contas anual a ser remetida ao Tribunal de Contas da União, podendo, se for necessário, contratar auditoria externa; estabelecer os valores mínimos em litígio, acima dos quais será exigida anuência prévia do Procurador-Geral ou do Presidente do INSS para formalização de desistência ou transigência judiciais, nos termos do artigo 132 do mencionado diploma legal (MPT/SP/2003); e, finalmente, elaborar e aprovar seu regimento interno.

O Conselho Nacional de Previdência Social (CNPS) é composto por seis representantes do governo federal; três dos aposentados e pensionistas; três dos trabalhadores em atividade e três representantes dos empregadores (Auditor Fiscal da Previdência Social/CESPE/UNB/2001).

Verifica-se que a descentralização é outro comando do preceito que se materializa na existência do INSS, autarquia federal criada pelo Decreto nº 99.350, de 27.6.1990, com base na Lei nº 8.029, de 12.4.1990, ligada ao Ministério da Previdência Social, que tem como atribuição a administração do Regime Geral de Previdência Social. Desse modo, competem ao INSS a concessão e a manutenção dos benefícios previdenciários previstos na Lei nº 8.213/91 e, ainda, do benefício assistencial contemplado no artigo 203, V, da Constituição Federal e regulamentado na LOAS – Lei Orgânica da Assistência Social.

A Lei nº 11.098/05, que resultou da conversão da Medida Provisória nº 222, de 4.10.2004, atribuiu ao Ministério da Previdência Social competências relativas a arrecadação, fiscalização, lançamento e normatização de receitas previdenciárias e autorizou a criação da Secretaria da Receita Previdenciária no âmbito do referido Ministério. Assim, a competência para arrecadar as contribuições previdenciárias previstas no artigo 195, I, *a* e II, da Constituição Federal, antes afeta à autarquia previdenciária – INSS –, estava a cargo da Secretaria da Receita Previdenciária, vinculada diretamente ao Ministério da Previdência Social.

Com a criação da Receita Federal do Brasil pela Lei nº 11.457, de 16.3.2007, foi extinta a Secretaria da Receita Previdenciária do Ministério da Previdência Social, e suas atribuições foram transferidas para o novo órgão, vinculado ao Ministério da Fazenda.

Em atendimento ao referido preceito constitucional, haverá, ainda, a participação dos Estados e Municípios nas tarefas referentes à Seguridade Social, seja na área da previdência, seja da saúde, seja da assistência social.

Quadro esquemático

- **OBJETIVOS E DEFINIÇÃO DA SEGURIDADE SOCIAL** – artigo 194 da Constituição Federal.
    - Definição de Seguridade Social – art. 194 – "caput".
    - Objetivos da Seguridade Social:
        - I – universalidade de cobertura e de atendimento;- aspectos objetivo e subjetivo;

II – uniformidade e equivalência dos benefícios e serviços às populações urbanas e rurais;

III – seletividade e distributividade na prestação dos benefícios e serviços (princípio da essencialidade);

IV – irredutibilidade do valor dos benefícios – cálculo da renda mensal inicial e reajustamento periódico das prestações – art. 201, § 4º; discussão valor real ou nominal;

V – equidade na participação do custeio – igualdade, percentuais diferenciados para trabalhadores (8%, 9% e 11%), SIMPLES, adicional de 2,5% para instituições financeiras;

VI – diversidade da base de financiamento – artigo 195 da CF;

VII – caráter democrático e descentralizado da administração, mediante gestão quadripartite, com participação dos trabalhadores, dos empregadores, dos aposentados e do governo, nos órgãos colegiados. CNPS – composição definida no artigo 3º, da Lei nº 8.213/91 – governo federal, aposentados e pensionistas, trabalhadores da ativa e empregadores. Competência: art. 4º da Lei nº 8.213/91. Atenção: revogado o artigo 6º da Lei nº 8.212/92 e artigos 7º e 8º da Lei nº 8.213/91 MP nº 1.911-8/99;

VIII – igualdade;

IX – legalidade;

X – precedência do custeio.

Questões

1. Considerando os objetivos que a Constituição preconiza para a Lei Orgânica da Seguridade Social, afirma-se:

    I – a diversidade de sua base de financiamento torna impossível a universalidade da cobertura e do atendimento dos direitos a que se destina a seguridade social;

    II – a uniformidade e equivalência dos benefícios e serviços às populações urbanas e rurais não se aplicam à garantia do direito à saúde, porque prestada mediante serviço descentralizado;

    III – a seletividade e distributividade na prestação de benefícios e serviços são inconciliáveis com a regra de sua uniformidade e equivalência para as populações urbanas e rurais;

    IV – o princípio da seletividade e distributividade na prestação de benefícios e serviços não ofende o postulado da isonomia.

    À vista dessas afirmações, assinale, dentre as abaixo, a única alternativa correta:

    a) São verdadeiras as de números II e IV.
    b) Apenas a de número IV é verdadeira.
    c) Apenas a de número II é verdadeira.
    d) São verdadeiras as de números I e III.

2. Assinale a alternativa correta: (Magistratura Federal, IX Concurso, 3ª Região)

a) O reajustamento de benefícios para preservar-lhes em caráter permanente o valor real obedece ao critério da equivalência em número de salários-mínimos.

b) A gratificação natalina das aposentados e pensionistas tem por base a média dos proventos recebidos ao longo do ano.

c) O princípio da precedência do custeio não engloba os benefícios compreendidos na assistência social.

d) É admitida a filiação de qualquer pessoa à previdência social, mediante contribuição, independentemente do exercício de atividade remunerada.

3. O caráter democrático da gestão da seguridade social está sendo imprimido no Brasil com o funcionamento dos seguintes órgãos, dos quais fazem parte representantes dos trabalhadores, aposentados, empresários e Governo: (Magistratura Federal, IX Concurso, 3ª Região)

a) do Conselho Nacional de Seguridade Social; do Conselho Nacional de Saúde; do Conselho Nacional de Previdência Social e do Conselho Nacional de Assistência Social;

b) do Conselho Nacional de Saúde; do Conselho Nacional de Previdência Social e do conselho Nacional de Assistência Social;

c) do Conselho Nacional de Previdência Social; do Conselho Superior dos Serviços de Saúde e Segurança Social e do Conselho do Programa da Comunidade Solidária;

d) do Conselho Nacional de Seguridade Social; do Conselho Nacional de Seguros Privados e do Conselho Nacional de Saúde.

4. A igualdade de direitos previdenciários significa (Magistratura Federal, IX Concurso, 3ª Região)

a) que trabalhadores com vínculo empregatício, inclusive os domésticos, e trabalhadores avulsos, fazem jus aos mesmos benefícios e serviços;

b) que todos os trabalhadores, inclusive empresários, domésticos, avulsos e especiais terão direito aos mesmos benefícios, calculados do mesmo modo, do regime geral de previdência social;

c) que aos trabalhadores avulsos são devidos os mesmos benefícios a que fazem jus os trabalhadores com vínculo empregatício;

d) que aos trabalhadores domésticos são devidos os mesmos benefícios a que fazem jus os trabalhadores vinculados às empresas.

5. A Seguridade Social obedece aos princípios e diretrizes abaixo relacionados, exceto: (TRT 8R – 2005 – TRT – 8ª Região (PA e AP) – Juiz – Prova 1 – 2ª etapa)

a) universalidade da cobertura e do atendimento;

b) uniformidade e equivalência dos benefícios e serviços às populações urbanas e rurais;

c) seletividade e distributividade na prestação dos benefícios e serviços;

d) redutibilidade do valor dos benefícios;

e) equidade na forma de participação no custeio.

6. A receita da seguridade social não está adstrita a trabalhadores, empregadores e Poder Público. Essa assertiva relacionada a receita da seguridade social está baseada, especificamente, ao princípio da: (FCC – 2007 – TRF-2R – Analista Judiciário – Área Judiciária – Execução de Mandados. Disciplina: Direito Previdenciário – Assuntos: Seguridade Social)

a) natureza democrática e descentralizada da administração;

b) diversidade da base de financiamento;

c) universalidade da cobertura e do atendimento;

d) equidade na forma de participação no custeio;

e) seletividade e distributividade na prestação dos benefícios.

7. Contribuem para a seguridade social, da mesma forma, aqueles que estão em iguais condições contributivas. As empresas NÃO contribuem da mesma forma que os trabalhadores, em conformidade, especificamente, com o princípio da (FCC – 2007 – TRF-2R – Analista Judiciário – Área Judiciária)

   a) universalidade;

   b) seletividade na prestação de benefícios e serviços;

   c) equidade na forma de participação no custeio;

   d) irredutibilidade do valor dos benefícios;

   e) natureza democrática e descentralizada da administração.

8. A respeito da seguridade social, assinale a alternativa INCORRETA: (PGT – 2006 – PGT – Procurador do Trabalho. Disciplina: Direito Previdenciário – Assuntos: Seguridade Social)

   a) Destina-se a assegurar os direitos relativos à saúde, à previdência e à assistência social.

   b) Um de seus objetivos é o caráter democrático e descentralizado da administração, mediante gestão tripartite, com participação dos trabalhadores, dos empregadores e do governo nos órgãos colegiados.

   c) Estão incluídas como fontes de recursos para a seguridade social as contribuições sociais da receita de concurso de prognósticos e do importador de bens ou serviços do exterior, ou de quem a lei a ele equiparar.

   d) A seguridade é um conjunto integrado de ações de iniciativa dos Poderes Públicos e da sociedade.

   e) Não respondida.

5

Regimes de Previdência Social

A Previdência Social brasileira é constituída por três regimes de previdência, como se observa nos artigos 40, 201 e 202 da Constituição Federal: (1) Regime Geral de Previdência Social; (2) Regimes Próprios da União, Estados e Municípios, público e obrigatório; e (3) Regime de Previdência Complementar, operado pelas Entidades Fechadas (sem fins lucrativos) e por Entidades Abertas (com fins lucrativos), todos autônomos e harmônicos entre si.

O Regime Geral de Previdência Social operado pelo INSS, autarquia federal criada pelo Decreto nº 99.350/90, é regido pelas Leis nos 8.212/91 e 8.213/91. É o mais amplo regime de previdência e está voltado para os trabalhadores em geral e inclusive aqueles regidos pela Consolidação das Leis do Trabalho (CLT) (empregados, trabalhadores avulsos, trabalhadores rurais, empregadores, autônomos e empregados domésticos) e, nos casos em que o ente da federação não tenha instituído regime próprio de previdência, engloba também os servidores públicos.

Os Regimes Próprios de Governos dos Servidores Públicos protegem os servidores públicos, cujo ente da federação tenha instituído regime próprio de previdência. A instituição desses regimes decorre da competência legislativa concorrente para legislar em matéria de previdência social. A União traçou as regras gerais para a instituição de regimes próprios na Lei nº 9.717, de 27.11.1998.

O Regime dos Servidores Públicos foi modificado pelas Emendas Constitucionais nos 41/03 e 47/05. Os servidores públicos tinham direito à aposentadoria com valores iguais aos recebidos na atividade. Com a edição da Emenda Constitucional nº 41/03, a aposentadoria passará a ser limitada ao teto máximo estabelecido para os benefícios do Regime Geral de Previdência Social, desde que os entes instituam Regime de Previdência Complementar para os seus servidores, conforme dispõe o artigo 40, § 13, da Constituição Federal. A Emenda estabeleceu também a contribuição de inativos e pensionistas que supere o teto dos benefícios do RGPS e disposições transitórias para aqueles que estavam em vias de se aposentar.

De outro lado, a Emenda Constitucional nº 47/05, conhecida como PEC Paralela, possibilitou aos servidores públicos da União, dos Estados, do Distrito Federal e dos Municípios, incluídas suas autarquias e fundações que ingressaram anteriormente a 16.12.1998, o direito de opção à aposentadoria pelas normas estabelecidas pelo artigo 40 da Constituição Federal ou pelas regras estabelecidas pelos artigos 2º e 6º da Emenda Constitucional nº 41, de 2003, assegurando proventos integrais, desde que preencham, cumulativamente, as seguintes condições: I – trinta e cinco anos de contribuição, se homem, e trinta anos de contribuição, se mulher; II – vinte e cinco anos de efetivo exercício no serviço público, quinze anos de carreira e cinco anos no cargo em que se der a aposentadoria; III – idade mínima resultante da redução, relativamente aos limites do artigo 40, § 1º, inciso III, alínea *a*, da Constituição Federal, de um ano de idade para cada ano de contribuição que exceder a condição prevista no inciso I do *caput* deste artigo, entre outras alterações.

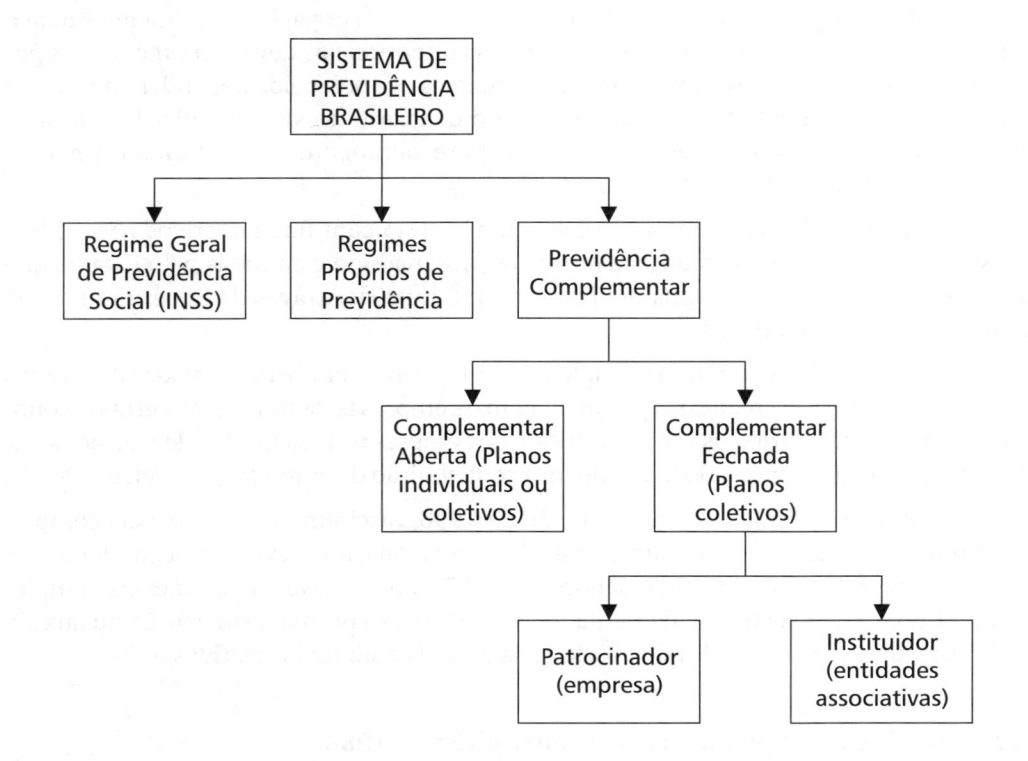

```
                    SISTEMA DE
                    PREVIDÊNCIA
                    BRASILEIRO
         ┌──────────────┼──────────────┐
         ▼              ▼              ▼
    Regime Geral     Regimes      Previdência
    de Previdência   Próprios de  Complementar
    Social (INSS)    Previdência
                             ┌──────────┴──────────┐
                             ▼                     ▼
                       Complementar          Complementar
                       Aberta (Planos        Fechada
                       individuais ou        (Planos
                       coletivos)            coletivos)
                                          ┌──────┴──────┐
                                          ▼             ▼
                                    Patrocinador   Instituidor
                                    (empresa)      (entidades
                                                   associativas)
```

O regime complementar, por seu turno, está constituído pelos segmentos aberto e fechado e encontra-se disciplinado no artigo 202 da Constituição Federal; será analisado na seção seguinte.

5.1 Previdência complementar

Como já mencionamos, a proteção social não se esgota com os diversos regimes previdenciários públicos, possibilitando à Constituição Federal a instituição de forma facultativa para os interessados, de planos de previdência complementar, de caráter privado.

A Constituição Federal, em seu artigo 202, traçou as regras gerais para o funcionamento dos planos de previdência complementar, encontrando-se a regulamentação do tema nas Leis Complementares nos 108 e 109, de 2001.

Primeiramente, cumpre fixar qual a definição de previdência privada. Trata-se de um método de proteção social, de caráter facultativo, que objetiva complementar, implementar ou suplementar o benefício previdenciário oficial.

Qualquer pessoa com capacidade para contratar poderá participar da Previdência Complementar Aberta, que tem fins lucrativos. Seus planos são elaborados por companhias seguradoras ou sociedades anônimas de previdência. Os planos podem ser livremente escolhidos pelo participante, que estipula qual o valor a ser pago mensalmente e qual o valor do benefício que irá receber no futuro. Tais importâncias devem ser recolhidas por um tempo ajustado em contrato e o valor da renda a ser percebida dependerá do capital acumulado durante esse período de tempo. Ao contrário do sistema oficial ou básico, em tais planos há liberdade quanto ao valor do recolhimento e existe uma estimativa quanto ao valor a ser recebido no futuro.

As entidades de previdência complementar aberta com fins lucrativos não podem ser subvencionadas pelo Estado. Em outros termos, não são garantidas pelo Estado, que tão somente fiscaliza o funcionamento destas instituições através da Superintendência de Seguros Privados (SUSEP).

As entidades de Previdência Complementar Fechadas, também chamadas de Fundos de Pensão, são aquelas mantidas por uma ou mais empresas de um mesmo grupo econômico, sendo beneficiários os funcionários de tais empresas. Nos fundos de pensão, além da contribuição do empregado, há também a contribuição da empresa (ex.: Petrus, Previ).

A Emenda Constitucional nº 20, de 16.12.1998, disciplinou a previdência complementar no artigo 202. O constituinte originário mencionava a previdência complementar em dois parágrafos do artigo 201, sendo que o § 7º, que tratava da previdência complementar pública, jamais foi regulamentado. No § 8º, ficava proibida subvenção ou auxílio do Poder Público às entidades de previdência privada com fins lucrativos.

5.2 Previdência complementar na Constituição de 1988

O artigo 202, com redação dada pela Emenda Constitucional nº 20/98, esclarece que a previdência complementar será de caráter privado, complementar (ao regime público), facultativo e organizado de forma autônoma em relação ao regime geral de previdência social, devendo, ainda, constituir reservas que garantam o benefício contratado, além de ser regulado por lei complementar. Adiante, analisaremos as características mencionadas no texto constitucional.

a) caráter privado: como já visto, a previdência complementar pública, prevista no texto de 1988 e não regulamentada, desapareceu do ordenamento jurídico. A Emenda Constitucional nº 20 deixa clara a natureza jurídica da previdência complementar, que deve ser tratada no campo do direito das obrigações, no direito privado, inclusive no que se refere à aplicação das normas de defesa do consumidor. Para reforçar tal entendimento, foi editada a Súmula 321 do STJ: "O Código de Defesa do Consumidor é aplicável à relação jurídica entre a entidade de previdência privada e seus participantes." O caráter privado das relações permite autonomia de vontade na contratação e a opção de aderir aos planos privados de previdência;

b) complementar: o benefício previsto no regime de previdência complementar parte do pressuposto de que o benefício básico é o do regime geral de previdência social, o que não impede que os planos possam contemplar prestações que estejam acima do patamar recebido pelo trabalhador na ativa ou importância intermediária. Poderão existir, também, prestações que independem do benefício concedido pela previdência pública, especialmente nas entidades abertas;

c) autonomia ou não subsidiariedade: o benefício complementar poderá ter regras distintas do regime público, podendo ser estabelecidas condições de concessão de benefícios livremente fixadas no contrato. Além disso, os benefícios do regime complementar poderão ser concedidos independentemente da concessão dos benefícios previstos no RGPS;

d) reservas técnicas: o dispositivo obriga os planos de previdência privada ao sistema de capitalização, com contribuições definidas e com reservas técnicas que garantam o pagamento dos benefícios;

e) lei complementar: a previdência complementar é regida atualmente pela Lei Complementar nº 109, de 29.5.2001.

A Emenda Constitucional nº 20/98 estabeleceu, ainda, os princípios norteadores da previdência privada, entre os quais se encontra o da transparência dos atos de gestão, nos termos do § 1º do artigo 202 da Constituição Federal.

Os planos de previdência complementar devem assegurar ao participante a absoluta transparência, assegurando-lhe pleno acesso às informações relativas à sua gestão.

Embora o direito à informação esteja garantido na Constituição Federal, no artigo 5º, XIV e o direito de petição, no que se refere aos órgãos públicos (art. 5º, XXXIV, *b*), o dispositivo detalha melhor o direito, especificando que os atos de gestão devem ser claros, permitindo o acompanhamento pelos participantes na forma a ser disciplinada em lei complementar.

O § 2º da referida norma constitucional desvincula a previdência complementar do salário, ao estabelecer que as contribuições vertidas pelo empregador e benefícios e condições estabelecidas nos planos de previdência privada não integram o contrato de trabalho ou a remuneração dos participantes, exceto os benefícios concedidos, nos termos da lei.

A Constituição Federal, no artigo 202, § 3º, **proíbe o aporte de recursos** (subvenções) pelos entes políticos às entidades de previdência privada, a não ser como patrocinadoras, determinando que a contribuição, neste caso, não poderá exceder a do *segurado* (termo impropriamente utilizado); a terminologia correta seria *participante*.

A Emenda nº 20/98 consagrou, também, a paridade entre a contribuição da patrocinadora e do participante dos Fundos de Pensão mantidos pelas entidades públicas e sociedades de economia mista, devendo os planos existentes ajustar-se às novas regras no prazo de dois anos a contar da publicação da emenda ou a contar da publicação de lei complementar que deverá ser editada sobre o tema, adequando seus planos de benefícios a seus ativos, sob pena de intervenção e responsabilidade civil e criminal dos dirigentes, em caso de descumprimento (art. 6º da EC nº 20/98).

Encontram-se abrangidas pela regra as empresas concessionárias ou permissionárias de serviço público, quando patrocinadoras de previdência complementar (entidades fechadas), no que couber.

A Constituição assegurou a participação dos participantes dos planos de previdência privada, sendo que a lei complementar referida no § 3º deverá estabelecer requisitos para a designação dos membros das diretorias das entidades fechadas de previdência complementar, assim como a representação dos participantes, em colegiados e instâncias de decisão em que seus interesses sejam objeto de discussão e deliberação.

5.3 Disposições legais referentes às entidades de previdência complementar aberta e fechada

Embora as entidades de previdência complementar sejam de caráter privado, compete ao Estado:

I – formular a política de previdência complementar;

II – disciplinar, coordenar e supervisionar as atividades das entidades de previdência complementar, compatibilizando-as com as políticas previdenciárias e de desenvolvimento social e econômico-financeiro;

III – determinar padrões mínimos de segurança econômico-financeira e atuarial, com fins específicos e preservar a liquidez, a solvência e o equilíbrio dos planos de benefícios, isoladamente de cada entidade de previdência complementar, ao conjunto de suas atividades;

IV – assegurar aos seus participantes e assistidos o pleno acesso às informações relativas à gestão de seus respectivos planos de benefícios;

V – fiscalizar as entidades de previdência complementar, suas operações e aplicar penalidades; e

VI – proteger os interesses dos participantes e assistidos dos planos de benefícios.

Além disso, a normatização, a coordenação, a supervisão e a fiscalização e o controle das atividades das entidades de previdência complementar serão realizados por órgão ou órgãos regulador e fiscalizador previstos na MP 233.

A Secretaria da Previdência Complementar desenvolve atribuições de uma secretaria, no sentido convencional, e também de fiscalização dos fundos e de políticas para o sistema de previdência complementar. Com a publicação da MP 233, de 30.12.2004, desmembrou-se a SPC e criaram-se a Secretaria de Políticas de Previdência Complementar (SPPC), o Conselho Nacional de Previdência Complementar (CNPC) e a PREVIC. Ocorre, entretanto, que a MP 233/04 perdeu a eficácia em 14.6.2005, permanecendo a estrutura anterior da Secretaria prevista no Decreto nº 4.678/03, revigorado pelo Decreto nº 5.469/05.

Tramita no Congresso Nacional o projeto de Lei nº 3.962/08, que novamente institui a Previc, autarquia encarregada da supervisão e licenciamento dos fundos de pensão.

Referido Decreto dispõe que "ao Conselho de Gestão da Previdência Complementar – CGPC, órgão colegiado integrante da estrutura básica do Ministério da Previdência Social, cabe exercer as competências de regulação, normatização e coordenação das atividades das entidades fechadas de previdência complementar, estabelecidas na Lei Complementar nº 109, de 29 de maio de 2001".

O CGPC, além de suas atribuições de regulação e normatização, funcionará como órgão de caráter recursal, cabendo-lhe apreciar e julgar, em última instância, com base no *caput* e no § 2º do artigo 65 da Lei Complementar nº 109, de 2001, os recursos interpostos contra as decisões da Secretaria de Previdência Complementar, órgão fiscalizador das entidades fechadas de previdência complementar. O *quorum* mínimo das sessões do CGPC é de cinco membros. O Presidente das sessões do Conselho de Gestão da Previdência Complementar terá, além do seu próprio voto, o de desempate.

Integram o Conselho de Gestão representantes dos ministérios da Previdência Social, do Planejamento e da Fazenda e representantes de entidades, patrocinadores, participantes e assistidos. O Conselho será presidido pelo Ministro da Previdência Social.

As entidades de previdência complementar somente poderão instituir e operar planos de benefícios para os quais tenham autorização específica, segundo as normas aprovadas pelo órgão regulador e fiscalizador na forma disposta pela Lei Complementar nº 109/01.

A nomenclatura daqueles que estiverem vinculados à Previdência Complementar diverge da utilizada pela Previdência Pública, que utiliza as expressões *participante* para a pessoa física que aderir aos planos de benefícios e *assistido*, que designa o participante ou seu beneficiário que estiver em gozo de benefício de prestação continuada.

No tocante aos benefícios, os planos das entidades de previdência complementar fechada deverão prever: (a) benefício proporcional diferido em razão da cessação do vínculo empregatício com o patrocinador ou associativo com o instituidor antes da aquisição do direito ao benefício pleno, a ser concedido quando cumpridos os requisitos de elegibilidade; (b) portabilidade do direito acumulado pelo participante para outro plano; (c) resgate da totalidade das contribuições vertidas ao plano pelo participante, descontadas as parcelas do custeio administrativo, na forma do regulamento; (d) faculdade de o participante manter o valor de sua contribuição e a do patrocinador, no caso de perda total ou parcial da remuneração recebida, para assegurar a percepção dos benefícios nos níveis correspondentes àquela remuneração ou em outros definidos em normas regulamentares.

Os planos de previdência complementar deverão observar de forma obrigatória o regime financeiro de capitalização (poupança) para o pagamento dos benefícios, observando os critérios que preservem o equilíbrio financeiro e atuarial. As reservas técnicas, provisões e fundos dos planos de benefícios deverão atender permanentemente à cobertura dos compromissos assumidos pelo plano de benefícios, ressalvadas as especificidades previstas na Lei Complementar nº 109/01.

As contribuições dos fundos de pensão classificam-se em *normais*, aquelas destinadas ao custeio dos benefícios do respectivo plano, e *extraordinárias*, aquelas destinadas ao custeio de déficits, serviço passado e outras finalidades não incluídas na contribuição normal. Quando houver superávit dos planos de benefícios, será constituída reserva de contingência, para garantia dos benefícios, até o limite de 25% do valor das reservas matemáticas.

Caso ocorra déficit, este será equacionado por patrocinadores, participantes e assistidos, na proporção existente entre as suas contribuições, sem prejuízo de ação regressiva contra os dirigentes ou terceiros que deram causa a dano ou prejuízo à entidade de previdência complementar. Para cobrir o déficit, tanto podem ser majoradas as contribuições, como podem ser instituídas contribuições adicionais ou, ainda, haver redução dos benefícios *a conceder*, observadas as normas estabelecidas pelo órgão regulador e fiscalizador. Os benefícios em manutenção pelo Plano de Previdência Complementar não poderão ser reduzidos, sendo que, nesse caso, deverá ser instituída contribuição adicional para cobertura do acréscimo ocorrido em razão da revisão do plano.

As entidades fechadas de previdência complementar podem ser qualificadas de acordo com os planos que administram. Nesse caso, podem instituir *plano comum*, quando administram plano ou conjunto de planos acessíveis ao universo de participantes ou *multiplano*, quando administram plano ou conjunto de planos de benefícios para diversos grupos de participantes, com independência patrimonial. Também podem ser qualificadas de acordo com os seus instituidores, sendo *singulares*, quando estiverem vinculadas a apenas um patrocinador ou instituidor e *multipatrocinadas*, quando congregarem mais de um patrocinador ou instituidor (Auditor Fiscal da Previdência Social/CESPE/UNB/2002).

Poderá ser decretada a intervenção nas entidades de previdência complementar para resguardar o direito dos participantes e assistidos, caso se verifique, isolada ou cumulativamente, a irregularidade ou insuficiência na constituição de reservas técnicas, provisões e fundos, ou na sua cobertura por ativos garantidores; aplicação dos recursos de custeio de forma inadequada ou em desacordo com as normas expedidas pelos órgãos competentes; descumprimento de disposições estatutárias ou de obrigações previstas nos regulamentos dos planos de benefícios, convênios de adesão ou contrato de planos coletivos; situação econômico-financeira insuficiente à preservação da liquidez e solvência de cada um dos planos de benefícios e da entidade no conjunto de suas atividades; situação atuarial desequilibrada; outras anormalidades definidas em regulamento. A intervenção será temporária estando sujeita ao prazo necessário ao exame da situação da entidade e encaminhamento do plano destinado à sua recuperação, cessando com a aprovação deste ou com a decretação da liquidação extrajudicial.

As entidades fechadas não poderão solicitar concordata e não estão sujeitas à falência, mas somente à liquidação extrajudicial, que poderá ser decretada quando reconhecida a inviabilidade de recuperação da entidade ou na ausência de condição de funcionamento da entidade de previdência complementar, assim entendida como o não atendimento às condições mínimas estabelecidas pelo órgão regulador e fiscalizador.

Decretada a liquidação extrajudicial, será nomeado interventor, com a perda do mandato dos administradores e membros dos conselhos estatutários das entidades, sejam eles titulares ou suplentes. Os diretores dos patrocinadores serão responsabilizados por danos e prejuízos causados às entidades de previdência complementar, especialmente pela falta de aporte das contribuições a que estavam obrigados ou pelo não recolhimento das contribuições dos participantes, sujeitos à indisponibilidade de seus bens, exceto os alienáveis ou impenhoráveis.

Os administradores de entidade, os procuradores com poderes de gestão, os membros de conselhos estatutários, o interventor e o liquidante responderão civilmente por danos ou prejuízos que causarem, por ação ou omissão, às entidades de previdência complementar. Além destes, serão responsáveis os administradores de patrocinadores ou instituidores, os atuários, os auditores independentes, os avaliadores de gestão e outros profissionais que prestem serviços técnicos à entidade, diretamente, ou por intermédio de pessoa jurídica contratada.

Em caso de descumprimento das disposições da Lei Complementar nº 109/01 ou de seu regulamento, para o qual não haja penalidade expressamente cominada, poderão ser aplicadas as seguintes penalidades administrativas: I – advertência; suspensão do exercício de atividades em entidades de previdência complementar pelo prazo de até 180 dias; II – inabilitação, pelo prazo de dois a dez anos, para o exercício de cargo ou função em entidades de previdência complementar, sociedades seguradoras, instituições financeiras e no serviço público; e III – multa de dois mil a um milhão de reais, devendo esses valores ser reajustados desde a edição da Lei Complementar nº 109/01, de forma a preservar seus valores reais. A multa poderá ser aplicada ao agente responsável, responsável solidariamente à entidade de previdência complementar, assegurado o direito de regresso e podendo, ainda, ser aplicada cumulativamente com as penalidades anteriormente citadas.

A Lei nº 11.196/05 dispõe sobre a tributação de planos de benefício, seguros e fundos de investimento de caráter previdenciário.

Quadro esquemático

A Constituição Federal prevê três regimes distintos de previdência: regime dos **servidores públicos, regime geral de previdência complementar** e **regime geral de previdência social.**

PREVIDÊNCIA COMPLEMENTAR:

Características:
- previdência complementar aberta (fins lucrativos) e fechada (fins mutualistas);
- legislação aplicável – Leis Complementares nºs 108 e 109/01;
- fiscalização – previdência aberta – Susep – Previdência Fechada – MPAS – SPC – Secretaria de Previdência Complementar e Conselho Geral de Previdência Complementar;
- Emenda Constitucional nº 20/98 – artigo 202 – Principais características:
    - caráter privado;

- complementar (diferença entre o benefício pago pelo Estado e o salário da ativa), o que não impede que sejam fixados valores diferentes no caso da previdência aberta;
- autonomia em relação ao RGPS – as regras podem ser distintas e os benefícios independem da concessão do benefício público;
- reservas técnicas que garantam o benefício contratado;
- lei complementar.

PRINCÍPIOS CONSTITUCIONAIS DA PREVIDÊNCIA COMPLEMENTAR:

- transparência dos atos de gestão – artigo 201, § 1º – acesso à informação (CF, art. 5º, XIV e XXXIV, "b");
- desvinculação da previdência complementar do salário;
- proibição de subvenções estatais;
- princípio da paridade entre a contribuição da patrocinadora e do participante (fundos de pensão) – os fundos existentes deverão adequar-se às novas regras sob pena de intervenção e responsabilidade civil e criminal dos dirigentes, em caso de descumprimento (EC/20, art. 6º);
- requisitos para designação dos membros de diretorias das entidades fechadas de previdência complementar, assim como a representação dos participantes, nos colegiados e instâncias de decisão em que seus interesses sejam objeto de discussão e deliberação.

Questões

1. Com relação à previdência complementar brasileira, julgue os itens a seguir. (Procurador Federal 2004 – CESPE UnB)

    a) As entidades de previdência complementar devem constituir reservas técnicas, provisões e fundos, de acordo com a legislação regente, a fim de cumprir as obrigações assumidas com os participantes e assistidos. A aplicação desses recursos deve observar os limites mínimos estabelecidos pelo Conselho Monetário Nacional.

    b) Na formatação de um plano de benefícios, é obrigatória a previsão dos seguintes institutos: benefício proporcional diferido, portabilidade, resgate e faculdade de autopatrocínio.

    c) Historicamente, as entidades fechadas de previdência complementar sempre foram acessíveis, exclusivamente, aos empregados de uma empresa ou grupo de empresas, denominados patrocinadores. De acordo com a atual legislação, também são consideradas entidades fechadas as que se organizam em razão do vínculo associativo, como é o caso dos sindicatos e entidades de classes, denominados instituidores.

    d) A portabilidade não caracteriza resgate, sendo admissível, inclusive, a transferência de recursos entre as entidades abertas e fechadas.

    e) Nas entidades de previdência complementar, cada plano de benefício constitui personalidade jurídica própria. Por essa razão, ao final de cada exercício, coincidente com o ano civil, devem ser elaboradas as demonstrações contábeis e as avaliações atuariais desses planos, devendo os resultados ser encaminhados ao órgão regulador e fiscalizador e divulgados aos participantes e aos assistidos.

f) A fiscalização e o controle dos planos de benefícios das entidades fechadas de previdência complementar cujos patrocinadores sejam entidades da administração pública federal, direta ou indireta, competem ao TCU.

g) As entidades abertas de previdência complementar são constituídas unicamente sob a forma de sociedades anônimas e, por essa razão, estão sujeitas à falência, caso os recursos acumulados não sejam suficientes para o pagamento das obrigações assumidas.

2. Com relação aos objetivos constitucionais do regime de previdência privada complementar, assinale a opção incorreta. (Auditor Fiscal da Previdência Social 2002 – Esaf)

   a) Serem baseados na constituição de reservas que garantam o benefício contratado.
   b) Garantir o pleno acesso às informações relativas à gestão de seus respectivos planos.
   c) Benefícios não integram a remuneração dos participantes.
   d) Os benefícios integram, em regra, a remuneração dos participantes.
   e) A contribuição das entidades públicas para o fundo não pode exceder à do segurado.

3. De acordo com a noção de participante, beneficiário e assistido presentes na Lei Complementar 109/01, é correto afirmar que: (Auditor Fiscal da Previdência Social – 2002 – Esaf)

   a) Participante é a pessoa jurídica que adere aos planos de benefícios.
   b) Participante é a pessoa física que adere aos planos de benefícios.
   c) O assistido só pode ser participante.
   d) Participante e assistido são conceitos idênticos.
   e) Um beneficiário não pode ser assistido, sendo somente participante.

4. Não é passível de responsabilidade civil, com relação ao regime disciplinar da previdência complementar: (Auditor Fiscal da Previdência Social – 2002 – Esaf)

   a) Os membros de conselhos estatutários.
   b) Os administradores da entidade.
   c) Qualquer procurador com poderes de gestão.
   d) O interventor.
   e) O liquidante.

5. Com relação ao patrocínio estatal das entidades de previdência complementar fechada e à sua diretoria executiva, assinale a alternativa correta: (Auditor Fiscal da Previdência Social – 2002 – Esaf)

   a) Os membros da diretoria executiva deverão comprovar experiência no exercício de atividades na área financeira, administrativa, contábil, jurídica, de fiscalização, atuarial ou de auditoria.
   b) Aos membros da diretoria executiva é permitido integrar concomitantemente o conselho deliberativo.
   c) Aos membros da diretoria executiva é permitido exercer simultaneamente atividades no patrocinador.
   d) Os membros da diretoria executiva podem ter sofrido penalidade administrativa por infração da legislação da seguridade social.
   e) A diretoria executiva é órgão responsável pela fiscalização da entidade.

6. Com relação ao regime disciplinar da previdência complementar e as penas administrativas referentes à infração, assinale a resposta incorreta: (Auditor Fiscal da Previdência Social 2002 – Esaf)
   a) Advertência.
   b) Suspensão do exercício de atividades em previdência complementar.
   c) Inabilitação para o exercício de cargos em atividades de previdência complementar.
   d) Multa.
   e) Prisão simples.
7. Pedro Luís, servidor público estadual concursado, deseja se filiar ao regime geral de previdência. Assim, entra com requerimento na Secretaria de Administração do Estado pedindo que não seja mais descontado o valor da contribuição para o sistema estadual de previdência própria pública decorrente do cargo público efetivo que exerce na repartição estadual. Com relação ao pedido formulado por Pedro Luís, é correto afirmar que: (Esaf – 2009 – Receita Federal – Analista Tributário da Receita Federal – Prova 2)
   a) Pedro Luís não pode participar do Regime Geral de Previdência Social, pois já participa de Regime Próprio de Previdência Social como servidor ocupante de cargo efetivo.
   b) Pedro Luís pode participar do Regime Geral de Previdência Social como segurado facultativo.
   c) Pedro Luís pode participar do Regime Geral de Previdência Social como segurado obrigatório contribuinte individual.
   d) Pedro Luís pode participar do Regime Geral de Previdência Social como segurado obrigatório empregado.
   e) Caso haja compensação das contribuições já pagas, Pedro Luís pode participar do Regime Geral de Previdência Social.

Orientação dos Tribunais Superiores – STJ

Súmula 289 – A restituição das parcelas pagas a plano de previdência privada deve ser objeto de correção plena, por índice que recomponha a efetiva desvalorização da moeda.

Súmula 290 – Planos de Previdência Privada – Devolução da Contribuição Efetuada pelo Patrocinador.

Nos planos de previdência privada, não cabe ao beneficiário a devolução da contribuição efetuada pelo patrocinador.

Súmula 291 – A ação de cobrança de parcelas de complementação de aposentadoria pela previdência privada prescreve em cinco anos.

Súmula 321 – O Código de Defesa do Consumidor é aplicável à relação jurídica entre a entidade de previdência privada e seus participantes.

6

Beneficiários do Regime Geral da Previdência Social

Os destinatários das ações de previdência social são chamados de beneficiários do sistema de previdência social. Classificam-se em **segurados**, que são as pessoas físicas que exercem atividade remunerada e/ou contribuem, relacionando-se diretamente com a Previdência Social, e **dependentes**, que são as pessoas físicas que possuem um liame jurídico com o segurado que permite que a proteção previdenciária lhes seja estendida, relacionando-se com a Previdência Social por via oblíqua.

6.1 Relação jurídica previdenciária: filiação e inscrição

O segurado da previdência é contribuinte direto do sistema. Diz-se que é *filiado* ao Regime Geral de Previdência Social. Segundo o artigo 20 do Decreto nº 3.048/99, filiação é o vínculo que se estabelece entre pessoas que contribuem para a Previdência Social, do qual decorrem direitos e obrigações. Para os segurados obrigatórios, o vínculo se estabelece com o exercício da atividade laborativa descrita na norma previdenciária, que faz nascer a relação jurídica previdenciária, com direitos e obrigações daí decorrentes. A filiação é automática para os segurados obrigatórios e decorre da inscrição formalizada com o pagamento da primeira contribuição para o segurado facultativo.

O ingresso no Regime Geral de Previdência Social ocorre através da filiação do segurado. Russomano (1979, p. 107) define a filiação como o momento em que o segurado passa a integrar, como possível beneficiário, o sistema de previdência. Trata-se, na verdade, de condição para que possa ser beneficiário, dependendo só e unicamente da integração da situação fática a que a lei se refere.

Destaque-se que para o segurado não é necessário o recolhimento de contribuições para que a relação jurídica se instaure. A filiação precede a contribuição, sendo a própria razão de ser desta. Nesse sentido, Feijó Coimbra (1996, p. 76) esclarece que "o que define, propriamente o segurado, não é o fato de que tenha recolhido as contribuições, [...], mas a situação declarada na lei como deferindo-lhe este *status*. Apurado que, relativamente a este cidadão, tal situação se configura, desde então é ele um segurado, pois a norma jurídica incide, de maneira automática, no suporte fático descrito pelo texto legal, como hipótese".

Esse vínculo se aperfeiçoa no momento mesmo em que tais situações fáticas se têm por configuradas, com o exercício de atividade laborativa descrita na legislação previdenciária, independentemente de quaisquer outras circunstâncias, como tempo de serviço ou recolhimento de contribuições, que para essa relação jurídica são indiferentes, exceto no caso de segurado facultativo. Tais circunstâncias poderão ser levadas em conta para apurar-se o direito às prestações devidas ao beneficiário, conforme a lei que as disciplina tiver instituído. Mas, antes dessa verificação, é necessário constatar se é de beneficiário que se cuida, se o postulante ostenta este *status*.

Não se trata de relação contratual, em face da obrigatoriedade da vinculação. No dizer de Feijó Coimbra, trata-se de um aspecto da intervenção do Estado no sentido de proporcionar amparo, mediante serviços públicos para esse fim criados e mantidos, do que resulta para o cidadão, assim contemplado pela letra da lei, não uma situação de parte contratante, mas de *status* de segurado. São segurados todos aqueles que a lei indica e apenas estes.

No caso de empregado e trabalhador avulso, a autarquia exige documentos que os habilitem ao exercício da atividade, formalizada pelo contrato de trabalho, para o empregado, e cadastro e registro no sindicato ou órgão gestor de mão de obra, para o avulso, devendo ser efetuado diretamente na empresa ou no referido órgão.

Para o doméstico, é necessário documento que comprove a existência de contrato de trabalho (CTPS); para o contribuinte individual, documento que caracterize a sua condição ou o exercício de atividade profissional, liberal ou não.

Para o segurado especial, exige-se documento que comprove o exercício de atividade rural e a inscrição será feita de forma a vinculá-lo ao grupo familiar respectivo, devendo conter, além das informações pessoais, a identificação da propriedade em que desenvolve a atividade e a que título, se nela reside ou o Município onde reside e, quando for o caso, a identificação e inscrição da pessoa responsável pela unidade familiar. Se não for proprietário ou dono do imóvel rural, deverá informar o nome do parceiro ou meeiro outorgante, arrendador, comodante ou assemelhado, conforme o caso. A Lei nº 11.718/08 criou para esta espécie de segurados um Cadastro Específico, expedido simultaneamente com a inscrição do segurado especial, que será atribuído ao grupo familiar, para fins de recolhimento de contribuição à Previdência Social.

Para o segurado facultativo deverá ser apresentado documento de identidade e declaração de que não exerce atividade que o enquadre na categoria de segurado obrigatório.

Exige-se, ainda, para a inscrição perante a Previdência, a idade de 16 anos, que é a idade mínima para o exercício da atividade laborativa, nos termos do artigo 7º, XXXIII, da Constituição Federal, com redação dada pela Emenda Constitucional nº 20/98, exceto para o menor aprendiz, assim considerado aquele que esteja sujeito à formação profissional metódica em que exerça seu trabalho, conforme preconiza a Lei nº 10.097/00. Nessa hipótese, será considerado segurado empregado.

A norma exige, também, a inscrição em relação a todas as atividades exercidas pelo segurado da previdência, quando ocorrem de forma concomitante (Fiscal INSS/00 e Defensor Público da União/01).

A inscrição deve ser feita, em regra, quando do início do exercício das atividades laborativas. A lei excepciona o segurado especial, admitindo a inscrição *post mortem*.

Estabelece, também, que a exigência dos documentos que comprovem a qualidade de segurado pode se realizar quando do requerimento do benefício, mediante documentos que comprovem sua condição de beneficiário.

A anotação na Carteira Profissional ou Carteira de Trabalho e Previdência Social vale como prova de filiação à Previdência Social, relação de emprego, tempo de serviço e salário de contribuição, gozando de presunção *juris tantum*. Em caso de dúvida, podem ser exigidos os documentos que serviram de base às anotações.

Com a edição da Lei nº 10.403, de 8.1.2002, as informações constantes do Cadastro Nacional de Informações Sociais (CNIS), que contém as informações prestadas pelas empresas por meio da Guia de Recolhimento do Fundo de Garantia do Tempo de Serviço e Informações à Previdência Social (GFIP), serão consideradas como prova para fins previdenciários, dispensando o segurado de produzi-la. Porém, não constando do CNIS informações sobre contribuições ou remunerações, o vínculo não será considerado, podendo o segurado requerer a retificação das informações do aludido cadastro, com a apresentação dos documentos comprobatórios dos dados divergentes. Saliente-se que o artigo 19, § 2º, do Decreto nº 3.048/99, com redação dada pelo Decreto nº 4.079, de 9.1.2002, que determina se desconsidere o vínculo caso as informações não constem do CNIS, avança o texto legal, que não autoriza tal interpretação.

A inscrição a que se refere o artigo citado é o ato administrativo que identifica o segurado perante o órgão previdenciário. Segundo Russomano (1979, p. 107), "é ato de natureza administrativa pelo qual se opera, no âmbito interno do INSS, o registro do segurado".

O artigo 18 do Decreto nº 3.048/99 define a inscrição de segurado para efeitos de previdência social como "o ato pelo qual o segurado é cadastrado no Regime Geral de Previdência Social, mediante comprovação dos dados pessoais e de outros elementos necessários e úteis a sua caracterização" (Fiscal/INSS/2000).

A filiação faz nascer a relação jurídica previdenciária. O exercício da atividade laborativa é que determina a filiação ao sistema, sendo a inscrição mera formalização da filiação, exceto para o segurado facultativo, que não exerce atividade que determine a vinculação obrigatória ao sistema.

6.2 Matrícula das empresas

Assim como os contribuintes individuais devem formalizar a filiação à previdência social, as empresas devem cadastrar-se perante o órgão previdenciário, na forma prevista no artigo 49 da Lei nº 8.212/91. A matrícula da empresa será efetuada nos termos e condições estabelecidos pela Secretaria da Receita Federal do Brasil (*Redação dada pela Lei nº 11.941, de 2009*). A execução de obra de construção civil também deverá ser matriculada segundo as disposições contidas na Instrução Normativa 971/2009 RFB. A ausência de matrícula no prazo de trinta dias sujeitará o responsável à pena de multa, prevista no artigo 92 da Lei nº 8.212/91.

A execução de obra de construção civil também deverá ser matriculada segundo as disposições contidas na Instrução Normativa SRP nº 3, de 14.7.05.

O Departamento Nacional de Registro do Comércio (DNRC), através das Juntas Comerciais, bem como os Cartórios de Registro Civil de Pessoas Jurídicas, prestará, obrigatoriamente, à Receita Federal do Brasil todas as informações referentes a atos constitutivos e alterações posteriores relativos a empresas e entidades neles registradas.

A matrícula atribuída pela Secretaria da Receita Federal do Brasil ao produtor rural pessoa física ou segurado especial é o documento de inscrição do contribuinte, em substituição à inscrição no Cadastro Nacional de Pessoa Jurídica (CNPJ), a ser apresentado em suas relações: com o Poder Público, inclusive para licenciamento sanitário de produtos de origem animal ou vegetal submetidos a processos de beneficiamento ou industrialização artesanal; com as instituições financeiras, para fins de contratação de operações de crédito; e com os adquirentes de sua produção ou fornecedores de sementes, insumos, ferramentas e demais implementos agrícolas.

Para fins de recolhimento das contribuições previdenciárias, a matrícula será atribuída ao grupo familiar no ato de sua inscrição.

A matrícula expedida pela Secretaria da Receita não se aplica ao licenciamento sanitário de produtos sujeitos à incidência do IPI ou ao contribuinte cuja inscrição no CNPJ seja obrigatória.

O artigo 49 da Lei nº 8.212/91 estabelece que, para fins de fiscalização, o Município, por intermédio do órgão competente, fornecerá relação de alvarás para construção civil e documentos de "habite-se" concedidos.

6.3 Segurados da Previdência Social

Os segurados dividem-se em **segurados obrigatórios** e **facultativos**. Os primeiros estão compulsoriamente vinculados ao Regime Geral de Previdência Social, bastando para tal que exerçam as atividades laborativas descritas na norma previdenciária. Já os segurados facultativos ingressam no Regime por opção, não existindo qualquer obrigatoriedade na filiação ao sistema.

Os segurados obrigatórios compreendem cinco grupos de trabalhadores: I – empregado; II – empregados domésticos; III – contribuinte individual; IV – trabalhador avulso; e V – segurado especial.

6.3.1 Segurados obrigatórios

São segurados obrigatórios as seguintes pessoas físicas:

I – a) – o empregado

Seja ele rural ou urbano, inclusive como diretor empregado.

O conceito de empregado encontra previsão no artigo 3º da CLT, do qual não discrepa o conceito previdenciário, que prevê no artigo 11, I, da Lei nº 8.213/91 os traços característicos da relação de emprego: a pessoalidade, a onerosidade, a subordinação e a habitualidade.

No que se refere ao diretor empregado, a lei o distingue daquele que for acionista ou quotista da empresa. Aquele que for promovido ao cargo de direção sem que sejam afetadas as características da relação de emprego, ainda que participe do risco econômico, será considerado empregado.

b) Trabalhador temporário

O trabalhador temporário é regido pela Lei nº 6.019/74, e é conceituado como

> "aquele que, contratado por empresa de trabalho temporário, definida em legislação específica, presta serviço para atender a necessidade transitória de substituição de pessoal regular e permanente ou a acréscimo de serviços de outras empresas".

Nessa hipótese, o vínculo de emprego se estabelece com a empresa de trabalho temporário e não com a tomadora dos serviços.

c) O brasileiro ou estrangeiro domiciliado no Brasil e contratado para trabalhar como empregado em sucursal ou agência de empresa nacional no exterior.

d) Aquele que presta serviço no Brasil a missão diplomática ou a repartição consular de carreira estrangeira e a órgãos a ela subordinados, ou a membros dessas missões e repartições, excluídos o não brasileiro sem residência permanente no Brasil e o brasileiro amparado pela legislação previdenciária do país da respectiva missão diplomática ou repartição consular.

e) O brasileiro civil que trabalha para a União no exterior, em organismos oficiais brasileiros ou internacionais dos quais o Brasil seja membro efetivo, salvo se segurado na forma da legislação do país do domicílio, e o auxiliar local de que tratam os artigos 56 e 57 da Lei nº 11.440, de 29.12.06, este lá domiciliado e contratado e desde que, em razão de proibição legal, não possa se filiar ao sistema previdenciário local (Auditor Fiscal da Previdência Social/1997, adaptada).

f) O brasileiro ou estrangeiro domiciliado e contratado no Brasil para trabalhar como empregado em empresa domiciliada no exterior, cuja maioria do capital votante pertença à empresa brasileira de capital nacional.

As quatro últimas alíneas contemplam situações de aplicação do princípio da territorialidade. A legislação previdenciária é informada pelo princípio da solidariedade e da proteção. Nas hipóteses citadas a lei alcança os cidadãos brasileiros quando estes exerçam atividade laborativa fora do território nacional, ou, ainda, os estrangeiros residentes no Brasil que não tenham proteção previdenciária do país representado pela missão diplomática. Excepcionalmente, a lei brasileira é aplicada fora do território nacional para conceder proteção previdenciária.

As alíneas *c* e *f* levam em consideração a nacionalidade da empresa (empresa brasileira) e o local da contratação (Brasil) para fins de enquadramento como empregado.

g) O servidor público ocupante de cargo em comissão, sem vínculo efetivo com a União, Autarquia, inclusive em regime especial, e Fundações Públicas Federais.

h) O exercente de mandato eletivo federal, estadual ou municipal, desde que não vinculado a regime próprio de Previdência Social (Juiz Federal Substituto da 5ª Região, 1999).

A alínea *h* foi declarada inconstitucional em controle difuso perante o STF. Os principais argumentos da ação referem-se à exigência de lei complementar para a criação de nova espécie de segurado/contribuinte da Previdência Social, considerando que o pagamento de subsídios desconsidera o risco. A importância recebida pelo exercício de mandato legislativo não é salário, não podendo ser exigida contribuição previdenciária por lei ordinária, mas por lei complementar, nos termos do artigo 195, § 4º, da Constituição Federal. A Lei nº 10.887/04, editada após a Emenda Constitucional 20/98, incluiu novamente os exercentes de mandato eletivo.

i) O empregado de organismo oficial internacional ou estrangeiro em funcionamento no Brasil, salvo quando coberto por regime próprio de previdência social.

O bolsista e o estagiário que prestam serviços a empresa em desacordo com a Lei nº 11.788/08 serão considerados empregados.

O trabalhador rural contratado por produtor rural pessoa física, na forma do artigo 14-A da Lei nº 5.889, de 8 de junho de 1973, para o exercício de atividades de natureza temporária por prazo não superior a 2 meses dentro do período de um ano, foi incluído no rol dos empregados.

II – **Empregado doméstico**

O conceito de empregado doméstico encontra previsão na Lei nº 5.859/72, que considera empregado doméstico "aquele que presta serviço de natureza contínua a pessoa ou família, no âmbito residencial desta, em atividades sem fins lucrativos". Desse modo, não é o local da prestação dos serviços o traço essencial para a caracterização do serviço doméstico, mas a inexistência de lucro (Juiz Federal substituto da 1ª Região, 2001).

III – **Contribuinte individual**

Anteriormente à Lei nº 9.876/99, que alterou a nomenclatura e criou o atual grupo de segurados genericamente designados contribuintes individuais, havia os equiparados a autônomos, os empresários e os autônomos. Para fins didáticos, a antiga designação continua útil, porém enseja questionamentos jurídicos que a atual legislação corrigiu. Além de beneficiários, todos devem necessariamente contribuir para a Previdência Social.

As alíneas *a* a *d* contemplam os denominados "equiparados a autônomo":

a) A pessoa física, proprietária ou não, que explora atividade agropecuária, a qualquer título, em caráter permanente ou temporário, em área superior a 4 (quatro) módulos fiscais; ou, quando em área igual ou inferior a 4 (quatro) módulos fiscais ou atividade pesqueira, com auxílio de empregados ou por intermédio de prepostos; ou ainda nas hipóteses dos §§ 9º e 10 do artigo 11 da Lei nº 8.213/91.

b) Pessoa física que explora atividade de extração mineral – garimpo com ou sem auxílio de empregados (Juiz Federal Substituto da 5ª Região, 1999).

Na primeira hipótese citada, é importante ressaltar que a pessoa física deverá ter empregados, para que não se confunda com o segurado especial, que trabalha em regime de economia familiar, como se verá.

Em se tratando de garimpeiros, é irrelevante o fato de haver ou não empregados. Este sempre será considerado contribuinte individual, ainda que trabalhe em regime de economia familiar. Após a edição da Emenda Constitucional nº 20/98, o garimpeiro deixou de ser considerado segurado especial, muito embora a legislação infraconstitucional não o incluísse nesse rol, o que consistia em inconstitucionalidade. A dificuldade residia na cobrança de contribuição previdenciária sobre ouro extraído no garimpo, sujeito à tributação exclusiva, conforme previsão do artigo 153, § 5º da Constituição Federal.

c) O ministro de confissão religiosa e o membro de instituto de vida consagrada.

Para o enquadramento nessa categoria, é necessário que o religioso seja mantido por uma ordem religiosa ou instituto de vida consagrada. Este não é empregado, mas recebe importância para exercer seu mister, que não é considerado salário. Entretanto, a lei não dispensa proteção previdenciária, devendo ser exigida a contribuição respectiva (Fiscal de Contribuições Previdenciárias, 1997).

d) Revogada.

e) O brasileiro civil que trabalha no exterior para organismo oficial internacional do qual o Brasil é membro efetivo ainda que lá domiciliado e contratado, salvo quando coberto por outro regime de previdência social.

Ressalte-se que essa hipótese não se confunde com a do brasileiro que trabalha para a União, situação que o classifica como empregado.

Empresários:

f) O titular de firma individual urbana ou rural, o diretor não empregado e o membro do conselho de administração de S.A.; o sócio solidário, o sócio de indústria, o sócio-gerente, bem como o sócio-cotista que recebam remuneração (pró-labore) decorrente de seu trabalho em empresa urbana ou rural; o associado eleito para o cargo de direção em cooperativa, associação ou entidade de qualquer natureza ou finalidade; e o síndico ou administrador eleito para exercer atividade de direção condominial, desde que recebam remuneração.

O traço marcante na categoria dos empresários é o fato de receberem remuneração. Assim, o sócio-cotista da sociedade limitada e o síndico do condomínio que não recebam qualquer remuneração não serão considerados contribuintes individuais. Não há previsão legal para a cobrança de contribuição previdenciária nessa hipótese.

g) **O trabalhador eventual**.

Para fins trabalhistas, o trabalhador eventual é aquele que presta serviço de natureza urbana ou rural, de forma não habitual a uma ou mais empresas, sem relação de emprego. No entanto, a legislação previdenciária impõe mais um requisito para qualificá-lo como eventual: a atividade não poderá estar relacionada à atividade-fim da empresa (artigo 9º, § 4º do Decreto nº 3.048/99).

h) **O autônomo** (Juiz Federal Substituto da 1ª Região, 2001).

É considerado trabalhador autônomo a pessoa física que exerce, por conta própria, atividade econômica de natureza urbana, prestando serviços às empresas com fins lucrativos ou não ou a pessoas físicas. Trata-se de atividade exercida sem subordinação, do prestador de serviços independente. Salienta Wladimir Novaes Martinez (1999, p. 91) que se trata de contrato de natureza civil e não laboral.

O Decreto nº 3.048/99 traz rol exemplificativo dessa espécie de trabalhadores no artigo 6º, § 15, incluindo o médico residente entre os autônomos.

A Lei Complementar nº 123/06, com redação dada pela Lei Complementar nº 128/08, instituiu a figura do Microempreendedor Individual nos artigos 18-A e 18-C e o incluiu entre os contribuintes individuais, desde que opte pelo recolhimento dos impostos e contribuições abrangidos pelo Simples Nacional em valores fixos mensais. Nesse sentido, o Decreto nº 3.048/99, com redação dada pelo Decreto nº 6.722/2008, prevê na alínea *p* o MEI.

IV – Trabalhador avulso

A Constituição Federal em seu artigo 7º, XXXIV, equiparou o trabalhador com vínculo empregatício permanente ao trabalhador avulso. Para fins previdenciários, a Lei nº 8.213/91 remete ao regulamento para defini-lo. Desse modo, o artigo 6º, VI, do Decreto nº 3.048/99 estabelece que será considerado avulso aquele que, sindicalizado ou não, presta serviço de natureza urbana ou rural a diversas empresas, sem vínculo empregatício, *com a intermediação obrigatória do órgão gestor de mão de obra, nos termos da Lei nº 8.630, de 25.2.1993, ou do sindicato da categoria (Fiscal/INSS, 1998)*, assim considerados:

a) trabalhador que exerce atividade portuária de capatazia, estiva, conferência e conserto de carga, vigilância de embarcação e bloco;

b) trabalhador de estiva de mercadorias de qualquer natureza, inclusive carvão e minério;

c) trabalhador em alvarenga (embarcação para carga e descarga de navios);

d) amarrador de embarcação;

e) ensacador de café, cacau, sal e similares;

f) trabalhador da indústria de extração de sal;

g) o carregador de bagagem em porto;

h) o prático em barra do porto;

i) o guindasteiro; e

j) o classificador, o movimentador e o empacotador de mercadorias em portos.

Os segurados obrigatórios avulsos são facilmente encontráveis em atividades portuárias, devidamente descritas e definidas no Decreto nº 3.048/99, no § 7º, do artigo 6º. Porém, não somente as atividades portuárias contemplam os avulsos. Eles também são encontrados no meio rural, *desde que haja intermediação do sindicato na contratação da mão de obra*. Também no CEASA, em São Paulo, encontram-se essa espécie de trabalhadores.

V – Segurado especial

A Constituição Federal, no artigo 195, § 8º, estabelece que

> "o produtor, o parceiro, o meeiro e o arrendatário rurais e o pescador artesanal, bem como os respectivos cônjuges, que exerçam suas atividades em *regime de economia familiar, sem empregados permanentes*, contribuirão para a seguridade social mediante a aplicação de uma alíquota sobre o resultado da comercialização da produção e farão jus aos benefícios nos termos da lei" (grifo nosso).

Considerando a dificuldade de enquadramento dessa espécie de trabalhadores, como empregados, autônomos ou avulsos, a Constituição determinou tratamento diferenciado e especial ao pequeno produtor rural sem vínculo de emprego que trabalha com os membros de família em regime de mútua assistência e colaboração, sem empregados. A esses trabalhadores reservou-se uma alíquota menor de contribuição e benefício mínimo, nos termos da regulamentação conferida pela Lei nº 8.213/91.

É imprescindível demonstrar, para a caracterização do segurado especial, que o trabalho é realizado individualmente ou em conjunto com a família, sem empregados. Admite-se a colaboração eventual de terceiros, desde que não haja subordinação nem remuneração. A existência de empregados altera o enquadramento para contribuinte individual, com recolhimento de contribuição em percentual mais elevado e benefícios distintos. A Lei nº 11.718/08 detalhou melhor o conceito de segurado especial, estabelecendo que:

> "VII – como segurado especial: a pessoa física residente no imóvel rural ou em aglomerado urbano ou rural próximo a ele que, individualmente ou em regime de economia familiar, ainda que com o auxílio eventual de terceiros, na condição de:
>
> a) produtor, seja proprietário, usufrutuário, possuidor, assentado, parceiro ou meeiro outorgados, comodatário ou arrendatário rurais, que explore atividade: 1. agropecuária em área de até 4 (quatro) módulos fiscais; 2. de seringueiro ou extrativista vegetal que exerça suas atividades nos termos do inciso XII do *caput* do art. 2º da Lei nº 9.985, de 18 de julho de 2000, e faça dessas atividades o principal meio de vida;
>
> b) pescador artesanal ou a este assemelhado que faça da pesca profissão habitual ou principal meio de vida; e
>
> c) cônjuge ou companheiro, bem como filho maior de 16 (dezesseis) anos de idade ou a este equiparado, do segurado de que tratam as alíneas *a* e *b* deste inciso, que, comprovadamente, trabalhem com o grupo familiar respectivo. § 1º Entende-se como regime de economia familiar a atividade em que o trabalho dos membros da família é indispensável à própria subsistência e ao desenvolvimento socioeconômico do núcleo familiar e é exercido em condições de mútua dependência e colaboração, sem a utilização de empregados permanentes."

A condição de segurado especial se estende ao cônjuge e filhos maiores de 16 anos ou a eles equiparados, desde que comprovem o exercício de atividade com o grupo respectivo. Se um dos integrantes da família passar a trabalhar em outra atividade, perde a qualidade de segurado especial, sem prejuízo dos demais integrantes da família. A nova legislação incluiu no conceito de segurado especial ser pequeno proprietário e acrescentou o seringueiro ou extrativista vegetal entre os especiais.

As situações que não descaracterizam a qualidade de segurado especial foram descritas no § 9º do artigo 11, V, que estabelece:

> I – a outorga, por meio de contrato escrito de parceria, meação ou comodato, de até 50% (cinquenta por cento) de imóvel rural cuja área total não seja superior a 4 (quatro) módulos fiscais, desde que outorgante e outorgado continuem a exercer a respectiva atividade, individualmente ou em regime de economia familiar;

II – a exploração da atividade turística da propriedade rural, inclusive com hospedagem, por não mais de 120 (cento e vinte) dias ao ano;

III – a participação em plano de previdência complementar instituído por entidade classista a que seja associado, em razão da condição de trabalhador rural ou de produtor rural em regime de economia familiar;

IV – ser beneficiário ou fazer parte de grupo familiar que tem algum componente que seja beneficiário de programa assistencial oficial de governo;

V – a utilização pelo próprio grupo familiar, na exploração da atividade, de processo de beneficiamento ou industrialização artesanal, na forma do § 11 do artigo 25 desta Lei; e

VI – a associação em cooperativa agropecuária.

Não ocorrerá a descaracterização da qualidade de segurado especial do membro do grupo familiar que possuir outra fonte de renda, nos termos do § 10, se a renda for proveniente de: I – benefício de pensão por morte, auxílio-acidente ou auxílio-reclusão, cujo valor não supere o do menor benefício de prestação contada da Previdência Social; II – benefício previdenciário pela participação em plano de previdência complementar instituído nos termos do inciso IV do § 9º deste artigo; III – exercício de atividade remunerada em período de entressafra ou do defeso, não superior a 120 (cento e vinte) dias, corridos ou intercalados, no ano civil, observado o disposto no § 13 deste artigo; IV – exercício de mandato eletivo de dirigente sindical de organização da categoria de trabalhadores rurais; V – exercício de mandato de vereador do município onde desenvolve a atividade rural, ou de dirigente de cooperativa rural constituída exclusivamente por segurados especiais, observado o disposto no § 13 deste artigo; VI – parceria ou meação outorgada na forma e condições estabelecidas no inciso I do § 9º deste artigo; VII – atividade artesanal desenvolvida com matéria-prima produzida pelo respectivo grupo familiar, podendo ser utilizada matéria-prima de outra origem, desde que a renda mensal obtida na atividade não exceda ao menor benefício de prestação continuada da Previdência Social; e VIII – atividade artística, desde que em valor mensal inferior ao menor benefício de prestação continuada da Previdência Social.

O segurado especial fica excluído dessa categoria: I – a contar do primeiro dia do mês em que: (a) deixar de satisfazer as condições estabelecidas no inciso VII do *caput* deste artigo, sem prejuízo do disposto no art. 15 da Lei nº 8.213, de 24 de julho de 1991, ou exceder qualquer dos limites estabelecidos no inciso I do § 9º deste artigo; (b) se enquadrar em qualquer outra categoria de segurado obrigatório do Regime Geral de Previdência Social, ressalvado o disposto nos incisos III, V, VII e VIII do § 10 deste artigo, sem prejuízo do disposto no art. 15 da Lei nº 8.213, de 24 de julho de 1991; e (c) se tornar segurado obrigatório de outro regime previdenciário; II – a contar do primeiro dia do mês subsequente ao da ocorrência, quando o grupo familiar a que pertence exceder o limite de: (a) utilização de trabalhadores nos termos do § 8º deste artigo; (b) dias em atividade remunerada estabelecidos no inciso III do § 10 deste artigo; e (c) dias de hospedagem a que se refere o inciso II do § 9º deste artigo. A regulamentação do tema foi incluída no Decreto nº 3.048/99 pelo Decreto nº 6.722/08.

6.3.2 Outras hipóteses de filiação obrigatória

Entre aqueles que estão obrigados a contribuir, encontramos, também, o aposentado que retorna às atividades laborativas. Mesmo sem direito a uma nova prestação previdenciária, o aposentado que exerce atividade descrita na norma previdenciária é contribuinte do sistema, uma vez que se trata de regime de repartição, norteado pelo princípio da solidariedade e não de capitalização (poupança).

O dirigente sindical mantém, durante o exercício do mandato, o mesmo enquadramento no Regime Geral de Previdência Social de antes da investidura no cargo.

Aqueles que exercem atividades concomitantes *no mesmo regime* estão obrigados a contribuir em relação a cada uma delas, que somadas deverão respeitar o teto das contribuições previdenciárias (Juiz Federal Substituto da 1ª Região, 2001).

Se as atividades concomitantes forem exercidas em regimes diferentes, por exemplo, professor de universidade particular e procurador federal sujeito ao regime do servidor público federal, não serão somadas as contribuições recolhidas para o segundo regime.

O magistrado classista temporário da Justiça do Trabalho, nomeado na forma do inciso II do § 1º do artigo 111, ou III do artigo 115, ou do parágrafo único do artigo 116 da Constituição Federal, e o magistrado da Justiça Eleitoral, nomeado na forma do inciso II do artigo 119, ou III do § 1º do artigo 120 da Constituição Federal, mantêm o mesmo enquadramento no Regime Geral da Previdência Social que ocupavam antes da investidura do cargo.

6.3.3 Segurado facultativo

A faculdade de filiar-se à Previdência Social surgiu na Constituição de 1988, substituindo a figura do contribuinte em dobro, existente anteriormente para garantir a qualidade de segurado daquele que não estivesse exercendo atividade remunerada. Sua função é mais ampla, porque visa atender ao princípio da universalidade da cobertura. Abrange qualquer pessoa, ainda que nunca tenha sido filiada ao Regime de Previdência, exceto os segurados obrigatórios e aqueles que já estejam protegidos por regime próprio de previdência.

É segurado facultativo o maior de 16 anos que se filiar ao Regime Geral de Previdência, mediante contribuição, desde que não incluído como segurado obrigatório. A vedação de inscrição como facultativo de pessoa que já esteja filiada a regime próprio de previdência social consta do artigo 201, § 5º, da Constituição Federal.

Vale dizer, desde que não esteja exercendo as atividades previstas no artigo 11 da Lei nº 8.213/91, o interessado poderá inscrever-se como segurado facultativo, declarando que não exerce atividade abrangida pelo Sistema de Previdência e contribuir na forma estabelecida para os contribuintes individuais, mediante guia.

Entre outros, poderão filiar-se como facultativos a dona de casa (Juiz Federal Substituto da 1ª Região, 2001); o síndico do condomínio, quando não remunerado; o estudante (Juiz Federal Substituto da 5ª Região, 1999); o brasileiro que acompanha cônjuge que presta serviço no exterior; aquele que deixou de ser segurado obrigatório da Previdência Social; o membro do conselho tutelar de que trata o artigo 132 da Lei nº

8.069/90, quando não estiver vinculado a outro regime de previdência social; o bolsista e o estagiário que prestem serviços de acordo com a Lei nº 11.788/08; o bolsista que se dedique em tempo integral à pesquisa, curso de especialização, pós-graduação, mestrado ou doutorado, no Brasil ou no exterior, desde que não esteja vinculado a qualquer regime de previdência social; e o presidiário que não exerce atividade remunerada nem esteja vinculado a qualquer regime de previdência social etc.

O rol contido na legislação é meramente exemplificativo, podendo ser acrescidas outras atividades, desde que não arroladas no artigo 11 da Lei nº 8.213/91.

O segurado especial é segurado obrigatório, mas recebe benefícios menores, porque contribui de forma diferenciada para a Previdência. Contudo, se quiser receber os benefícios devidos aos demais segurados obrigatórios, poderá contribuir facultativamente para a Previdência. Assim, os segurados especiais são segurados obrigatórios, sendo certo que a contribuição como facultativo é que constitui uma opção, caso ele queira melhorar o valor de seus benefícios, que são concedidos pelo valor mínimo, na forma do artigo 39, I e II, da Lei nº 8.213/91. Desse modo, sua filiação é obrigatória, sendo-lhe facultado ampliar o valor de seus benefícios. Excepcionalmente, sua filiação admite, paralelamente, a contribuição como facultativo.

O Regulamento esclarece, ainda, que a filiação como facultativo representa ato volitivo, gerando efeito somente a partir da inscrição e primeiro recolhimento, não podendo retroagir e não permitindo o pagamento de contribuições relativas a competências anteriores à data da inscrição. Em outros termos, existe a faculdade da inscrição, mas a opção de inscrever-se deve ser exercida na época própria, não podendo produzir efeitos retroativos se realizada em momento posterior.

As contribuições em atraso do segurado facultativo somente serão aceitas se não tiver ocorrido a perda da qualidade de segurado, que ocorre até seis meses após a cessação do pagamento das contribuições. Após o prazo previsto no artigo 10, VI, o legislador presume não haver mais interesse na continuidade da filiação.

6.4 Dependentes da Previdência Social

Os dependentes da Previdência Social estão indicados no artigo 16 da Lei nº 8.213/91; classificam-se em *preferenciais* e *não preferenciais*. Os primeiros excluem os demais e não precisam comprovar a dependência econômica em relação ao segurado, que foi presumida pela lei.

São *dependentes preferenciais* do segurado: o cônjuge, a companheira, o companheiro e o filho não emancipado, de qualquer condição, menor de 21 anos ou inválido. Convém destacar que o Código Civil promulgado em 2002, que alterou a maioridade civil para 18 anos, não modificou a legislação previdenciária em relação à idade dos dependentes, uma vez que a lei geral não revoga a lei especial. Estes dependentes podem concorrer entre si, ou seja, todos poderão receber conjuntamente o benefício previdenciário.

Entre os *dependentes não preferenciais*, encontram-se os pais e na existência destes, o irmão não emancipado, de qualquer condição, menor de 21 anos ou inválido.

O tutelado e o menor tutelado equiparam-se a filhos mediante declaração do segurado e desde que comprovada a dependência econômica. Nesse caso, não será aceito administrativamente simples termo de guarda provisória. A exigência de termo de tutela foi questionada em ação civil pública, que a considerou inconstitucional, em face da proteção conferida ao menor pelo ECA – Estatuto da Criança e do Adolescente. No entanto, o STJ pronunciou-se favoravelmente ao INSS, considerando que a lei previdenciária prevalece sobre o Estatuto da Criança e do Adolescente, por ser norma especial. Assim, não há como afastar a exigência da tutela para a caracterização da dependência (REsp 440381 2002/0072876-1 – 28.10.02; REsp 440381 SC 2002/0072876-1 – Decisão: 3.10.02 – *DJ* de 28.10.2002, p. 00361).

Considera-se companheiro ou companheira a pessoa que, sem ser casada, mantém união estável com o segurado ou com a segurada. A união estável é aquela verificada entre o homem e a mulher com entidade familiar, quando forem solteiros, separados judicialmente, divorciados ou viúvos, ou tenham prole em comum, enquanto não se separarem, nos termos do artigo 226, § 3º, da Constituição Federal. Para fins previdenciários, *o homossexual pode habilitar-se ao recebimento de pensão por morte como companheiro*.

A união estável foi reconhecida como entidade familiar no artigo 226, § 3º, da Constituição Federal. A Lei nº 9.278/96 que regulamentou o dispositivo não faz qualquer exigência de prazo para a caracterização da união estável. Porém, a legislação previdenciária veda a inscrição como companheiro ou companheira quando um dos integrantes da união estável for casado (Juiz Federal Substituto da 1ª Região/2001). O entendimento administrativo previdenciário é no sentido de conceder a pensão por morte ou auxílio reclusão, apesar do instituidor ou dependente, ou ambos, serem casados com outrem, desde que separados de fato ou judicialmente, de acordo com o art. 1.723 do Código Civil, desde que comprovada a vida em comum nos moldes do artigo 22, § 3º, do Decreto nº 3.048/99 por ocasião do óbito ou reclusão.

A dependência econômica dos dependentes indicados no inciso I do artigo 16 é presumida (Juiz Federal Substituto da 1ª Região/2001); por isso, são chamados de dependentes preferenciais. A presunção não é, entretanto, absoluta, cessando ante prova em contrário. Evidenciando-se a separação de fato, por exemplo, deverá ser exigida comprovação da dependência econômica (Juiz Federal Substituto da 5ª Região/1999). No caso de pais e irmãos, deverá ser comprovada a dependência em relação ao segurado. Em se tratando de união estável, é necessário comprovar o vínculo.

A prova da dependência econômica deverá obedecer aos ditames do artigo 22, § 3º, do Decreto nº 3.048/99, *in verbis*. O rol de documentos indicados no referido artigo é meramente exemplificativo, como se extrai da leitura do inciso XVII, que autoriza a utilização de quaisquer elementos que possam comprovar os fatos, porém há uma exigência numérica de, no mínimo, três documentos que não é aceita pelo Poder Judiciário, considerando que o Decreto não vincula o juiz, que se orienta pelos critérios probatórios do Código de Processo Civil.

"Art. 22.

[...]

§ 3º Para a comprovação do vínculo e da dependência econômica, conforme o caso devem ser apresentados *no mínimo três* dos seguintes documentos:

I – certidão de nascimento de filho havido em comum;

II – certidão de casamento religioso;

III – declaração do imposto de renda do segurado, em que conste o interessado como seu dependente;
IV – disposições testamentárias;
V – anotação constante na Carteira Profissional e/ou na Carteira de Trabalho e Previdência Social, feita pelo órgão competente;
VI – declaração especial feita perante tabelião;
VII – prova do mesmo domicílio;
VIII – encargos domésticos evidentes e existência de sociedade ou comunhão nos atos da vida civil;
IX – procuração ou fiança reciprocamente outorgada;
X – conta bancária conjunta;
XI – registro em associação de qualquer natureza, onde conste o interessado como dependente do segurado;
XII – anotação constante de ficha ou livro de registro de empregados;
XIII – apólice de seguro da qual conste o segurado como instituidor do seguro e a pessoa interessada como sua beneficiária;
XIV – ficha de tratamento em instituição de assistência médica, da qual conste o segurado como responsável;
XV – escritura de compra e venda de imóvel da qual conste o segurado como responsável;
XVI – declaração de não emancipação do dependente menor de vinte e um anos; ou
XVII – quaisquer outros que possam levar à convicção do fato a comprovar."

6.4.1 Perda da qualidade de dependente

Ocorre a perda da qualidade de dependente para o cônjuge, pela separação judicial ou divórcio, enquanto não lhe for assegurada a prestação de alimentos, pela anulação do casamento, pelo óbito ou por sentença judicial transitada em julgado; para a companheira ou companheiro, pela cessação da união estável com segurado ou segurada, enquanto não lhe for garantida a prestação de alimentos (Fiscal da Previdência Social, 1997). Verifica-se que a necessidade é o fator determinante da manutenção da qualidade de dependente, em face do caráter alimentar do benefício a ser deferido em caso de óbito. Assim, se deferidos alimentos em vida ao cônjuge ou companheiro, a dependência econômica se presume. Do contrário, cessará a qualidade de dependente. A respeito do tema o STJ editou a Súmula 336 que dispõe: "A mulher que renunciar aos alimentos na separação judicial tem direito à pensão previdenciária do ex-marido, comprovada a necessidade econômica superveniente."

Convém lembrar, também, que o novo casamento da viúva ou do companheiro não extingue a qualidade de dependente. A legislação previdenciária veda, entretanto, o recebimento conjunto de mais de uma pensão por morte no Regime Geral de Previdência Social, devendo o beneficiário efetuar opção pelo benefício mais vantajoso.

Cessa a qualidade de dependente para o filho e o irmão de qualquer condição, ao completarem 21 anos de idade, salvo se inválidos, ou pela emancipação, ainda que inválido, exceto, neste caso, se a emancipação for decorrente de colação de grau científico em curso de ensino superior. Para os dependentes em geral a perda da qualidade de dependente ocorre pela cessação da invalidez ou pelo óbito.

Quadro esquemático

– Relação jurídica previdenciária = filiação automática para os segurados obrigatórios e mediante inscrição e pagamento da primeira contribuição para o segurado facultativo.
– Empresas vinculam-se ao sistema previdenciário por meio de matrícula.
– Segurados da Previdência Social: obrigatórios e facultativos.
– Segurados obrigatórios:
   a) empregado;
   b) empregado doméstico;
   c) contribuinte individual;
   d) trabalhador avulso;
   e) segurado especial.

   Outras hipóteses de filiação obrigatória:
   a) aposentado que retorna às atividades;
   b) dirigente sindical;
   c) atividades concomitantes;
   d) magistrado classista temporário.
– Segurado facultativo: requisitos.
   – maior de 16 anos, salvo menor aprendiz cuja idade mínima é 14 anos.
   – não ser segurado obrigatório da previdência social ou de outro regime próprio de previdência.
– Dependentes da Previdência Social:
   a) preferenciais: art. 16, inciso I, da Lei nº 8.213/91: o cônjuge; a companheira(o) inclusive o homossexual; filho não emancipado de qualquer condição até 21 anos ou inválido. Estão dispensados de comprovar a dependência econômica e excluem os demais dependentes. Admitem a concorrência entre si;
   b) não preferenciais: art. 16, II e III da Lei nº 8.213/91. Os pais, e na inexistência destes, o irmão não emancipado de qualquer condição, menor de 21 anos ou inválido.
– Perda da qualidade de dependente:
   a) óbito;
   b) implemento da idade de 21 anos ou emancipação, salvo se inválido, exceto, neste caso, se a emancipação decorrer de colação de grau científico em curso de ensino superior;
   c) cessação da invalidez.

Questões

1. Dadas as assertivas abaixo, assinalar a alternativa correta. (Magistratura Federal, 4ª Região, XII Concurso, 2005, adaptada)

    I – O empregado, inclusive por empresa de trabalho temporário, o servidor público comissionado, o exercente de mandato eletivo, desde que não vinculado a regime próprio de previdência social, o doméstico, o empresário e o trabalhador autônomo são todos classificados como segurados obrigatórios da Previdência Social.

    II – É segurado especial em regime de economia familiar quem trabalha em atividade rural ou urbana com os respectivos cônjuges ou companheiros e filhos maiores de 16 (dezesseis) anos ou a eles equiparados, sem o auxílio habitual de terceiros.

    III – Na Lei nº 8.213/91 é considerado segurado facultativo quem voluntariamente se filia ao Regime Geral de Previdência Social mediante contribuição e desde que maior de 16 (dezesseis) anos.

    IV – São hoje beneficiários na legislação do Regime Geral de Previdência Social, na condição de dependentes do segurado, exclusivamente: os cônjuges e companheiros, o filho não emancipado menor de 21 (vinte e um) anos ou inválido, os pais, e o irmão não emancipado menor de 21 (vinte e um) anos ou inválido.

    a) Está correta apenas a assertiva II.
    b) Está correta apenas a assertiva III.
    c) Estão corretas apenas as assertivas I e IV.
    d) Todas as assertivas estão corretas.

2. Assinale a alternativa correta: (Magistratura Federal da 3ª Região, VIII Concurso)

    a) A existência de pessoa arrolada em qualquer das classes de dependentes exclui do direito às prestações os das classes seguintes.
    b) A condição de dependente da companheira não se caracteriza fora dos casos de união estável que perdure por pelo menos cinco anos.
    c) É direito do filho a qualquer tempo acometido de invalidez a percepção de pensão por morte do ex-segurado.
    d) O filho, com o implemento da maioridade, não perde a condição de dependente do segurado, apenas não mais se presumindo e exigindo-se a comprovação da dependência econômica.

3. Dentre as proposições que se seguem, assinale a correta: (Magistratura Federal, 3ª Região, 14º Concurso)

    I – O pescador profissional, que exerça atividade de forma artesanal, individualmente ou em regime de economia familiar é segurado especial.

    II – São assegurados ao pescador profissional, que exerça a atividade de forma artesanal, individualmente ou em regime de economia familiar, todos os benefícios especificados na Lei Federal nº 8.213/91, desde que contribua facultativamente para a Previdência Social.

    III – É devido pelo INSS ao pescador profissional, que exerça a atividade de forma artesanal, o seguro-desemprego, no período de defeso da atividade pesqueira.

    IV – A contribuição obrigatória do pescador profissional, que exerça a atividade de forma artesanal, incide sobre a receita bruta proveniente da comercialização da sua produção.

    a) Todos os enunciados I, II, III e IV estão corretos.

b) Apenas os enunciados I, II e IV estão corretos.

c) Apenas os enunciados II, III e IV estão corretos.

d) Todos os enunciados I, II, III e IV estão corretos.

4. Não são considerados dependentes do segurado: (Magistratura Federal, TRF 3ª Região, X Concurso).

a) o cônjuge separado ou divorciado, desde que não receba alimentos do segurado;

b) a companheira, o companheiro e o filho não emancipado, menor de vinte e um anos ou inválido;

c) os pais, comprovada a dependência econômica;

d) o irmão não emancipado, de qualquer condição, menor de vinte um anos ou inválido, o enteado e o menor tutelado, desde que comprovada a dependência econômica.

5. São segurados obrigatórios da Previdência Social: (Vunesp – 2009 – Cetesb – Advogado)

a) os empregados, brasileiros ou estrangeiros, domiciliados e contratados no Brasil para trabalhar como empregados em sucursal ou agência de empresa nacional no exterior;

b) o exercente de mandato eletivo federal, estadual ou municipal, ainda que vinculado a regime próprio de previdência social;

c) o empregado de organismo oficial internacional ou estrangeiro em funcionamento no Brasil, ainda que coberto por regime próprio de previdência social;

d) como trabalhador avulso, quem presta, a diversas empresas, com vínculo empregatício, serviços de natureza urbana ou rural definidos no regulamento;

e) quem presta serviço de natureza urbana ou rural a uma ou mais empresas, sem relação de emprego, exceto se for em caráter eventual.

6. Considere as assertivas a seguir sobre os dependentes do segurado habilitado perante a Previdência Social: (AOCP – 2004 – TRT – 9ª REGIÃO (PR) – Juiz – 1ª Prova – 2ª Etapa)

I – As classes de dependentes são as seguintes: 1 – o cônjuge, a companheira, o companheiro e o filho não emancipado, de qualquer condição, menor de 21 (vinte e um) anos ou inválido; 2 – os ascendentes em qualquer grau; 3 – o irmão não emancipado, de qualquer condição, menor de 21 (vinte e um) anos ou inválido; 4 – o colateral até o segundo grau.

II – A existência de dependentes de uma das classes citadas na afirmativa anterior não exclui do direito às prestações os das classes seguintes.

III – A dependência econômica de quaisquer dependente, requer sempre comprovação.

IV – Companheiro ou companheira, na forma da legislação previdenciária, é a pessoa que, sem ser casada, mantém união estável com o segurado ou com a segurada, de acordo com o § 3º do artigo 226 da Constituição Federal.

V – O enteado e o menor tutelado não podem ser, em hipótese alguma, equiparados a filho para efeito de dependência perante a Previdência Social.

Marque a alternativa **correta**:

a) Somente a proposição I está correta.

b) Somente a proposição III está incorreta.

c) Somente a proposição IV está correta.

d) Todas as proposições estão corretas.

e) Todas as proposições estão incorretas.

7. São segurados obrigatórios da previdência social: (TRT 8R – 2005 – TRT – 8ª Região (PA e AP) – Juiz – Prova 1 – 2ª etapa)

   I – Aquele que presta serviço de natureza urbana ou rural a empresa, em caráter não eventual, sob sua subordinação e mediante remuneração, inclusive como diretor empregado.

   II – Aquele que, contratado por empresa de trabalho temporário, definida em legislação específica, presta serviço para atender a necessidade transitória de substituição de pessoal regular e permanente ou a acréscimo extraordinário de serviços de outras empresas.

   III – O brasileiro ou estrangeiro domiciliado e contratado no Brasil para trabalhar como empregado em sucursal ou agência de empresa nacional no exterior.

   IV – O bolsista e o estagiário que prestam serviços a empresa, em desacordo com a Lei nº 6.494, de 7 de dezembro de 1977.

   V – O que presta serviço doméstico de natureza contínua, mediante remuneração mensal, a pessoa ou família, no âmbito residencial desta, em atividade sem fins lucrativos.

   a) Todas as alternativas estão corretas.
   b) Somente as alternativas I, II e III estão erradas.
   c) Somente as alternativas III e IV estão certas.
   d) As alternativas IV e V estão erradas.
   e) A única errada é a IV.

8. O servidor público da Administração Direta ou Indireta, de qualquer das três esferas do Poder Público, é: (TRT 21R (RN) – 2010 – TRT – 21ª Região (RN) – Juiz – Caderno 2)

   a) excluído do Regime Geral de Previdência Social.
   b) participante do Regime Geral de Previdência Social, mas se aposenta com proventos integrais.
   c) não integrante do Regime Geral de Previdência Social, pois possui sistema próprio de Previdência.
   d) excluído do Regime Geral de Previdência Social apenas naqueles casos em que esteja contemplado em sistema próprio de Previdência Social.
   e) todas as alternativas estão incorretas.

9. Considere as proposições abaixo: (MS CONCURSOS – 2009 – TRT – 9ª REGIÃO (PR) – Juiz – 1ª Prova – 1ª Etapa)

   I – O cônjuge, a companheira, o companheiro e o filho não emancipado, de qualquer condição, menor de 21 anos ou maior, desde que estudante ou inválido, são beneficiários do Regime Geral de Previdência Social, na condição de dependentes.

   II – O enteado e o menor tutelado, ainda que dependente economicamente do segurado, uma vez que não são filhos deste, não poderão figurar como beneficiários do Regime Geral de Previdência Social, na condição de dependentes.

   III – O auxílio-acidente é benefício previdenciário devido inclusive ao segurado empregado doméstico.

   IV – Equipara-se também ao acidente do trabalho, para fins previdenciários, o acidente sofrido pelo segurado, ainda que fora do local e horário de trabalho, em viagem a serviço da empresa, inclusive para estudo quando financiada por esta dentro de seus planos para melhor capacitação da mão de obra, independentemente do meio de locomoção utilizado, inclusive veículo de propriedade do segurado.

a) Somente as proposições I e II são corretas.
b) Somente as proposições I, II e III são corretas.
c) Somente as proposições II, III e IV são corretas.
d) Somente a proposição IV é correta.
e) Somente as proposições III e IV são corretas.

10. Quanto aos benefícios da Previdência Social, analise as afirmativas a seguir: (FGV – 2008 – TCM-RJ – Auditor)

   I – A filiação dos segurados obrigatórios decorre do exercício de atividade vinculada ao Regime Geral de Previdência Social e independe de contribuição. Quanto ao segurado facultativo, sua filiação é ato volitivo e depende de inscrição e do pagamento da primeira contribuição.

   II – A manutenção da qualidade de segurado da Previdência Social, ou seja, a preservação de seus direitos, dar-se-á apenas com o pagamento de contribuições, considerando que o regime instituído pela Constituição de 1988 consiste em seguro social.

   III – A pensão por morte é devida a contar da data do óbito, ao conjunto de dependentes, que se estrutura em três classes. Na primeira classe, estão o cônjuge, companheira(o) e filhos; na segunda classe, os pais; e, na terceira, os irmãos, que são dependentes preferenciais. O valor da pensão será rateado em partes iguais entre todos os dependentes do segurado.

   IV – O salário-maternidade, por se revestir de natureza de direito trabalhista, é benefício previdenciário concedido apenas às seguradas empregadas.

   V – A contagem recíproca de tempo de contribuição diz respeito ao aproveitamento das contribuições recolhidas para diferentes regimes de Previdência Social. No entanto, é vedada a contagem do tempo de contribuição no regime público com o de contribuição na atividade privada, quando concomitantes.

   Assinale:
   a) Se apenas a afirmativa I estiver correta.
   b) Se apenas as afirmativas III e IV estiverem corretas.
   c) Se apenas as afirmativas II e III estiverem corretas.
   d) Se apenas as afirmativas I e V estiverem corretas.
   e) Se todas as afirmativas estiverem corretas.

Benefícios Previdenciários – Regras Gerais

Benefícios são os pagamentos em dinheiro aos segurados ou aos seus dependentes. Os benefícios são inalienáveis, impenhoráveis, insuscetíveis de cessão, salvo quanto às importâncias devidas à Previdência Social, descontos autorizados por lei ou derivados da obrigação de prestar alimento por força de sentença judicial (art. 115, Lei nº 8.213/91).

A Previdência Social oferece, ainda, *serviços* aos segurados. São as prestações de assistência e amparo dispensadas pela Previdência Social aos beneficiários em geral, com a amplitude que as condições locais e os recursos próprios permitirem, como é o caso de habilitação e reabilitação profissionais.

Em termos gerais, são os seguintes os requisitos que devem ser preenchidos para a concessão das prestações: (a) prova da titularidade do direito e da qualidade de segurado ou dependente (exceto no caso das aposentadorias); (b) prova do cumprimento do período de carência, ressalvadas as exceções legais; (c) decurso do prazo de espera (15 dias) para a concessão do auxílio-doença e aposentadoria por invalidez; e (d) verificação do risco social ou contingência previstos na norma jurídica.

7.1 Período de carência

Período de carência é o número mínimo de contribuições mensais indispensáveis para que o beneficiário faça jus aos benefícios, consideradas a partir do transcurso do primeiro dia de suas competências (art. 24 da Lei nº 8.213/91). Durante o período de carência, os beneficiários não têm direito a determinadas prestações em razão de ainda não haver sido pago o número mínimo de contribuições exigidas.

O período de carência varia em função das espécies de prestações e corresponde aos seguintes prazos: *meses de contribuições* (para o auxílio-doença e a aposentadoria por invalidez e salário-maternidade):

- *12 meses de contribuições*: auxílio-doença e aposentadoria por invalidez;
- *180 meses de contribuições*: para aposentadoria por tempo de serviço; aposentadoria especial e do professor;
- *10 meses de contribuições para o salário-maternidade*: para a contribuinte individual, para a segurada facultativa e seguradas especiais. Se o parto for antecipado, o número de contribuições será reduzido em número equivalente aos meses de antecipação.

É importante assinalar que o prazo de 180 meses exigido para as aposentadorias foi estipulado pela Lei nº 8.213/91. Para aqueles que já estavam filiados à Previdência Social antes do advento da nova lei, vigora o artigo 142 do aludido diploma legal. Trata-se de norma de transição com finalidade de proteger a expectativa de direito dos que já se encontravam em vias de se aposentar, implantando gradualmente a nova carência, que triplicou o prazo exigido pela legislação anterior à Lei nº 8.213/91 e que terá aplicação até 2011.

Para os segurados especiais, que anteriormente à Lei nº 8.213/91 estavam desobrigados de contribuir, o legislador dispensou a carência e estabeleceu no artigo 39, inciso I, que deverá ser comprovado o exercício de atividade rural no período que antecede a concessão do benefício, nos mesmos prazos de carência exigidos para o trabalhador urbano (Juiz Federal Substituto da 1ª Região/1999). Excepcionalmente, não se exigirá a comprovação de recolhimentos, porém somente serão concedidos os benefícios da aposentadoria por idade ou por invalidez, de auxílio-reclusão ou de pensão, no valor mínimo, salvo se contribuintes, alternadamente, sob outra categoria de segurado. Verifica-se que não há previsão para a concessão da aposentadoria por tempo de serviço ou por tempo de contribuição para os segurados especiais, que somente farão jus a tais prestações se recolherem como facultativos.

Para os demais trabalhadores rurais, o tema encontra-se disciplinado no artigo 143 da Lei nº 8.213/91, que prevê a concessão de aposentadoria por idade no valor mínimo até 2010, prorrogado conforme Lei nº 11.718/08, somente com a comprovação do exercício de atividade laborativa desde que comprove o exercício de atividade rural, ainda que descontínua, no período imediatamente anterior ao requerimento do benefício, em número de meses idêntico à carência do referido benefício, até 2010; de janeiro de 2011 a dezembro de 2015, será contado, para efeito de carência, cada mês comprovado de emprego, multiplicado por 3 (três), limitado a 12 (doze) meses, dentro do respectivo ano civil; e de janeiro de 2016 a dezembro de 2020, cada mês comprovado de emprego, multiplicado por 2 (dois), limitado a 12 (doze) meses dentro do respectivo ano civil. Referidos prazos de carência aplicam-se também ao trabalhador rural enquadrado como contribuinte individual que comprovar o exercício de atividade rural, em caráter eventual, a 1 (uma) ou mais empresas.

Os períodos de carência são contados a partir da data da filiação do segurado ao regime da Previdência Social para os empregados e avulsos. Para o contribuinte individual, especial e facultativo e empregado doméstico, o período de carência é contado da data do pagamento da primeira contribuição, não valendo para esse efeito as contribuições recolhidas com atraso e relativas a períodos anteriores à inscrição (Procurador do Trabalho/2000 e AGU 2004).

O legislador excepcionou alguns benefícios da carência (Defensor Público da União, 2001), por reputar que a exigência de contribuições em determinadas hipóteses subverteria a própria finalidade previdenciária. Assim, independem de período de carência: (a) pensão por morte, auxílio-reclusão, salário-família e auxílio-acidente; (b) o auxílio-doença ou a aposentadoria por invalidez ao segurado acometido, após filiar-se ao RGPS, de tuberculose ativa, lepra, alienação mental, neoplasia maligna, cegueira, paralisia irreversível e incapacitante, cardiopatia grave, doença de Parkinson, espondiloartrose anquilosante, nefropatia grave ou estado avançado de Paget (osteíte deformante), bem como a pensão a seus dependentes; (c) o auxílio-acidente e o salário-família ; (d) o serviço social e a reabilitação profissional; (e) as prestações por acidente do trabalho; (f) o salário-maternidade para as trabalhadoras empregadas, empregadas domésticas e avulsas.

Se ocorrer a perda da qualidade de segurado, as contribuições anteriores à perda somente serão computadas se, após o reingresso no Regime Geral de Previdência Social, houver o recolhimento de 1/3 (um terço) da carência exigida para a aposentadoria por invalidez e para o auxílio-doença. Em outros termos, se o segurado deixar de contribuir para a previdência por prazo superior a 12, 24 ou 36 meses, conforme se verifiquem as hipóteses do artigo 15 da Lei nº 8.213/91, somente serão aproveitadas as contribuições vertidas até então, se houver recolhimento de quatro contribuições, após a nova filiação à Previdência.

A regra não tem mais aplicação às aposentadorias por idade e por tempo de contribuição, em razão da Lei nº 10.666/03.

7.2 Período de graça

A legislação previdenciária prevê períodos em que a filiação à Previdência Social persiste, mesmo sem o exercício da atividade ou o recolhimento das contribuições. Tais períodos encontram previsão no artigo 15 da Lei nº 8.213/91, variando de três meses a três anos, conforme o caso. São hipóteses excepcionais orientadas pelo princípio da proteção que preservam o vínculo com a Previdência Social, garantindo o direito aos benefícios, sem estarem presentes os elementos caracterizadores da relação jurídica previdenciária.

Conservam a qualidade de segurado, independentemente de contribuições: sem limite de prazo, quem está em gozo de benefício (Fiscal/INSS, 1997); até 12 meses após a cessação das contribuições, o segurado que deixar de exercer atividade remunerada abrangida pela Previdência Social, ou estiver suspenso ou licenciado sem remuneração; até 12 meses após cessar a segregação, o segurado acometido de doença de segregação compulsória; até 12 meses após o livramento, o segurado retido ou recluso; até três meses após o licenciamento, o segurado incorporado às Forças Armadas para prestar serviço militar; até seis meses após a cessação das contribuições, o segurado facultativo.

A regra geral é de que os direitos perante a Previdência Social se conservam durante 12 meses, mesmo sem o exercício da atividade ou o recolhimento das contribuições. Este prazo admite prorrogação para 24 meses, quando o segurado já tiver pago mais de 120 contribuições mensais sem interrupção que acarrete a perda da qualidade de segurado (Fiscal/INSS, 1997), podendo ser alongada por mais 12 meses, se o segurado comprovar, pelo registro no órgão próprio do Ministério do Trabalho, encontrar-se desempregado (Juiz Federal Substituto da 1ª Região, 2001).

A contagem dos referidos prazos inicia-se com a cessação das contribuições e finda no dia seguinte ao término do prazo fixado para o recolhimento da contribuição relativa ao contribuinte individual referente ao mês imediatamente posterior ao final dos períodos de graça, inclusive com as prorrogações previstas. Assim, o prazo se encerra no dia 15 do mês seguinte ao término dos períodos de graça, que, se recair no domingo, será prorrogado para o próximo dia útil, estendendo a proteção por 45 dias além dos períodos fixados no artigo 15 e seus parágrafos da Lei nº 8.213/91.

Ultrapassados os prazos relativos ao período de graça, extingue-se a relação jurídica previdenciária (filiação), impedindo a fruição de benefícios previdenciários pelo ex-segurado ou dependentes, salvo em caso de direito adquirido. Ocorrendo o reingresso no Regime Geral de Previdência Social, o segurado estará sujeito ao cumprimento de 1/3 do período de carência, a partir da nova filiação, para fins de auxílio-doença e aposentadoria por invalidez, conforme dispõe o artigo 24, parágrafo único, da Lei nº 8.213/91. A Medida Provisória nº 242, de 24.3.2005, havia revogado o parágrafo único do artigo 24. Porém, a aludida medida provisória foi declarada inconstitucional pelo STF e perdeu a eficácia, retornando, assim, à situação anterior à sua edição.

Com o advento da Lei nº 10.666, de 8.5.2003, a perda da qualidade de segurado deixou de ser considerada para a concessão das aposentadorias por tempo de contribuição e especial, o mesmo se verificando para a aposentadoria por idade, sendo que, nesse caso, o parágrafo único do artigo 3º do referido diploma legal exige o tempo de contribuição correspondente à carência prevista no artigo 142 da Lei nº 8.213/91. Em outros termos, as contribuições relativas ao período de carência são contadas de forma descontínua, desconsiderando os interregnos sem contribuição, que acarretariam a perda da qualidade de segurado.

7.3 Salário de benefício e salário de contribuição

Os benefícios previdenciários, como se sabe, não correspondem ao valor recebido na atividade. Isso porque os benefícios da prestação continuada, inclusive o regido por normas especiais e excetuando-se o salário-maternidade e o salário-família, têm seu valor calculado com base no salário de benefício, conceito tipicamente previdenciário, utilizado para aferir o valor mensal das prestações concedidas pelo sistema. O salário de benefício é o valor básico utilizado para o cálculo da renda mensal dos benefícios da prestação continuada, é a média aritmética de certo grupo de salários de contribuição que serve de índice do cálculo da renda mensal inicial dos benefícios de prestação continuada.

A Constituição Federal de 1988 estabelecia em seu texto original a forma de cálculo das aposentadorias, determinando a utilização dos últimos 36 salários de contribuição devidamente atualizados para fins de apurar-se a renda mensal do benefício.

A Emenda Constitucional nº 20/98 modificou o texto, deixando ao legislador ordinário a tarefa de regulamentar o período que serve de base de cálculo para fins de renda mensal, suprimindo a referência à utilização dos últimos 36 meses, permanecendo apenas a determinação da atualização dos salários de contribuição que irão compor a média a ser utilizada para a apuração da renda mensal do benefício.

Assim, convém analisar primeiramente o conceito de salário de contribuição, que consiste na base de cálculo sobre a qual haverá a incidência da contribuição previdenciária, para depois passarmos à análise do salário de benefício, visto que o salário de contribuição servirá de base de cálculo da renda mensal dos benefícios previdenciários.

7.3.1 Salário de contribuição

O conceito legal de salário de contribuição encontra-se estampado no artigo 28, incisos I a IV, da Lei nº 8.212/91. Segundo a Juíza Federal Marianina Galante (2003, p. 2), o salário de contribuição é "a remuneração do trabalhador, qualquer que seja sua categoria, isto é, a soma das parcelas, com as exceções pertinentes, que constituem o total que ele aufere e sobre o que incide a alíquota da contribuição previdenciária".

O artigo 28, inciso I, da legislação citada estabelece que, para o empregado e o trabalhador avulso, o salário de contribuição compreende o total da remuneração auferida em uma ou mais empresas, assim entendida a totalidade dos rendimentos pagos, devidos ou creditados a qualquer título durante o mês, destinados a retribuir o trabalho, qualquer que seja a sua forma, inclusive as gorjetas, os ganhos habituais na forma de utilidades e os adiantamentos decorrentes de reajuste salarial, quer pelos serviços efetivamente prestados, quer pelo tempo à disposição do empregador ou tomador de serviços nos termos da lei ou do contrato ou, ainda, de convenção ou acordo coletivo de trabalho ou sentença normativa.

Para o empregado doméstico, o salário de contribuição consiste na remuneração registrada na Carteira de Trabalho e Previdência Social, observadas as normas estabelecidas em regulamento para comprovação do vínculo empregatício e do valor da remuneração e os limites mínimos e máximos.

Para os contribuintes individuais, deverá ser observada remuneração auferida em uma ou mais empresas ou pelo exercício da atividade por contra própria durante o mês, respeitados os limites mínimos e máximos.

Finalmente, para o segurado facultativo, o valor que servirá de base de incidência da contribuição previdenciária é o por ele declarado, também respeitados os limites.

Para os contribuintes individuais, levava-se em conta uma escala de salários-base. Como essa espécie de trabalhadores não recebe salário, criou-se uma ficção legal para aferir o valor da contribuição mensal. Referida escala continha interstícios, período que correspondia a um número mínimo de meses de permanência do segurado em cada faixa de recolhimento sobre um patamar definido, para posteriormente progredir para o seguinte, de valor mais alto. A escala de salários-base foi modificada para reduzir o número de meses de permanência em cada classe, até a extinção definitiva, que já se operou. Assim, atualmente, os contribuintes individuais devem recolher sobre o valor efetivamente percebido, respeitado o teto mínimo e máximo.

Os valores das contribuições dos segurados, em geral, encontram-se limitados ao teto mínimo, que corresponde ao valor do salário-mínimo, e ao teto máximo, que corresponde a dez salários de contribuição. Veja-se que a legislação não indexou ao número de salários-mínimos o limite máximo de contribuições. A propósito, a Emenda Constitucional nº 41, aprovada em dezembro de 2003, estabeleceu novo teto das prestações previdenciárias, fixado em R$ 2.400,00 (dois mil e quatrocentos reais), valor este que deverá ser reajustado pelos mesmos índices aplicados aos reajustes dos benefícios do Regime Geral da Previdência Social.

Considerando, ainda, que a Constituição Federal, no artigo 201, § 11, determina que todos os ganhos habituais do empregado sejam incorporados ao salário para efeito de contribuição previdenciária e consequente repercussão em benefício, o salário de benefício deverá compreender as parcelas sobre as quais houve incidência de contribuição previdenciária.

Verifica-se que há correspondência entre os valores das contribuições vertidas ao longo da vida laboral com o valor do benefício a ser recebido a título de aposentadoria. Essa expectativa decorre do fato de o sistema ser atuarial, baseado em cálculos matemáticos que possibilitem a projeção futura dos pagamentos a serem efetuados a todos os segurados. Assim, não há imposição legal no sentido de que o segurado deva receber os valores indexados em número de salários-mínimos (Procurador/INSS/1998), uma vez que o salário de benefício é o critério legal de cálculo das prestações e utiliza-se da média de um percentual de contribuições recolhidas pelo segurado, com limites máximos.

7.3.2 Salário de benefício

Como já exposto, o salário de contribuição é a base de cálculo da contribuição previdenciária. O salário de benefício, por sua vez, é a base de cálculo da renda mensal inicial que define o valor final dos benefícios.

A redação original do artigo 29, da Lei nº 8.213/91, estabelecia que o salário de benefício consistia na média aritmética simples de todos os salários de contribuição dos meses imediatamente anteriores ao do afastamento da atividade ou da data da entrada do requerimento, até o máximo de 36 meses, apurados em período não superior a 48 meses (Juiz Substituto da 5ª Região/1999).

Com o advento da Lei nº 9.876, de 26.11.1999, que regulamentou as novas disposições constitucionais introduzidas pela Emenda Constitucional nº 20/98, passou-se a considerar todo o período contributivo dos segurados para apuração da renda mensal das aposentadorias por tempo de contribuição e por idade. Veja-se a atual redação do artigo 29 do Plano de Benefícios: "o salário de benefício consiste na média aritmética simples dos maiores salários de contribuição correspondentes a 80% de todo o período contributivo, multiplicada pelo fator previdenciário" (Juiz Federal Substituto da 1ª e 5ª Regiões, 2001 e 1999 e Procurador INSS/1999).

Para a aposentadoria especial e por invalidez, não se aplica o fator previdenciário, e o salário de benefício consiste na média aritmética simples dos maiores salários de contribuição correspondentes a 80% de todo o período contributivo.

Também não incidirá o fator previdenciário sobre o auxílio-doença e auxílio-acidente. Houve uma tentativa de limitar o valor do auxílio doença e da aposentadoria por invalidez com a edição da Medida Provisória nº 242/2002, que foi, no entanto, rejeitada.

Com a revogação da Medida Provisória nº 242/05, foi editado o Decreto nº 5.545/05, que estabeleceu a forma de cálculo dos benefícios no artigo 32, II e § 20, que preceitua que "o salário de benefício das aposentadorias por invalidez e especial, auxílio-doença e auxílio-acidente consistirá na média aritmética simples dos maiores salários de contribuição correspondentes a oitenta por cento de todo o período contributivo". E ainda, no § 20:

> "Nos casos de auxílio-doença e de aposentadoria por invalidez, contando o segurado com menos de cento e quarenta e quatro contribuições mensais no período contributivo, o salário de benefício corresponderá à soma dos salários de contribuição dividida pelo número de contribuições apurado."

A atualização dos salários de contribuição deverá observar a variação do INPC.

Finalmente, nos casos de auxílio-doença e de aposentadoria por invalidez, contando o segurado com salários de contribuição em número inferior a cento e quarenta e quatro contribuições mensais no período contributivo, o salário de benefício corresponderá à soma dos salários de contribuição dividido pelo número de contribuições mensais apurado.

A Lei nº 9.876/99 revogou o prazo de 36 meses que servia de parâmetro para o cálculo do salário de benefício para adotar a média dos salários de contribuição correspondentes a 80% de todo período contributivo. Na aposentadoria por tempo de serviço/contribuição, a média sempre é multiplicada pelo fator previdenciário. Na aposentadoria por idade, o legislador facultou a aplicação do referido índice.

O fator previdenciário, índice introduzido pela Lei nº 9.876/99, a ser utilizado para fins de cálculo da renda mensal das aposentadorias, é calculado considerando-se a idade, a expectativa de sobrevida obtida a partir da tábua de mortalidade construída pelo IBGE para toda a população brasileira e o tempo de contribuição do segurado ao aposentar-se, mediante a seguinte fórmula:

$$f = \frac{Tc \times a}{Es} \times \left[1 + \frac{(id + Tc \times a)}{100}\right]$$

onde:

f = fator previdenciário;

Es = expectativa de sobrevida no momento da aposentadoria;

Tc = tempo de contribuição até o momento da aposentadoria;

id = idade no momento da aposentadoria; e

a = alíquota de contribuição correspondente a 0,31.

Para efeitos de aplicação do fator previdenciário, serão adicionados ao tempo da segurada cinco anos; e cinco ou dez anos, respectivamente, quando se tratar de professor ou professora. A regra em questão busca assegurar o tratamento diferenciado conferido à mulher e ao professor pela Constituição Federal, que prevê a redução do tempo de contribuição em suas aposentadorias. De outro modo, a legislação tornaria inócua a proteção constitucional, com clara ofensa à Lei Maior.

Muito se discutiu acerca da inconstitucionalidade do fator previdenciário, quando da edição da Lei nº 9.876/99, considerando que se trata de um redutor das aposentadorias. Argumentava-se que sua aplicação acarretaria violação ao objetivo da irredutibilidade do valor dos benefícios. Entretanto, o STF pôs fim à controvérsia, declarando a constitucionalidade do referido índice, uma vez que o artigo 201 da Constituição Federal determina que o legislador deve observar critérios que preservem o equilíbrio financeiro e atuarial do sistema de previdência social, como se verifica nas ADINs nºs 2.110/DF e 2.111-DF (*Informativo 181 do STF*).

O objetivo do fator previdenciário é equilibrar o tempo de contribuição com o tempo de recebimento do benefício. Levando em conta que quanto mais cedo o segurado se aposentar mais tempo ele receberá o benefício, deve-se exigir maior tempo de contribuição ou reduzir o valor da aposentadoria para que haja correspondência entre ambos, sem que toda a sociedade seja onerada com a aposentadoria precoce.

Para o segurado especial, o salário de benefício corresponderá ao valor equivalente ao salário-mínimo, ressalvado o disposto no inciso II do artigo 39 e nos §§ 3º e 4º do artigo 48 desta Lei.

A Lei nº 9.876/99, em seu artigo 3º, protegeu a expectativa de direito daqueles que já estavam filiados ao Regime Geral de Previdência Social antes de seu advento, em 26.11.1999, estabelecendo disposição transitória que possibilita o cálculo do salário de benefício, levando em conta oitenta por cento dos salários de contribuição do período contributivo *a partir de julho de 1994*, e não desde o ingresso no sistema e, também, *a aplicação gradual* do fator previdenciário.

No caso das aposentadorias por idade, tempo de contribuição e especial, o divisor considerado no cálculo da média dos salários de contribuição não poderá ser inferior a 60% do período decorrido da competência julho de 1994 até a data de início do benefício, limitado a 100% de todo o período contributivo, nos termos do artigo 188-A, § 1º.

Preservou, ainda, o legislador o direito adquirido quanto à forma de cálculo do benefício daqueles que implementaram o direito ao benefício antes da edição da lei e permaneceram em atividade. Nesse caso, aplica-se o artigo 188-B do Decreto nº 3.048/99, que possibilita que a média aritmética simples dos últimos 36 meses que antecederam o requerimento do benefício e não as novas regras previstas na Lei nº 9.876/99.

No caso das aposentadorias por idade, tempo de contribuição e especial, concedidas na forma dos §§ 5º e 6º do artigo 13 do Decreto nº 3.048/99, que tornou irrelevante a perda da qualidade de segurado para a obtenção dos benefícios citados, contando o segurado com salários de contribuição em número inferior a sessenta por cento do número de meses decorridos desde a competência julho de 1994 até a data do início do benefício, o salário de benefício corresponderá à soma dos salários de contribuição dividido pelo número de contribuições mensais apurado e, se não houver salários de contribuição a partir de julho de 1994, o benefício será concedido no valor mínimo.

Na composição do salário de benefício, serão considerados os ganhos habituais do empregado, desde que tenha havido incidência de contribuição previdenciária, porém serão desconsiderados os aumentos do salário de contribuição acima do limite legal, inclusive o voluntariamente concedido nos 36 meses imediatamente anteriores ao início do benefício, salvo se homologados pela Justiça do Trabalho, se resultante de promoção regulada pelas normas gerais da empresa, admitida pela legislação do trabalho, de sentença normativa ou de reajustamento salarial obtido pela categoria respectiva.

A proibição citada objetiva coibir fraudes com a finalidade de elevar o valor do benefício, desconsiderando os aumentos às vésperas da concessão das aposentadorias, e já se encontrava no texto legal desde as antigas Consolidações. Com a mudança das regras de cálculo dos benefícios que deverão observar todo o período contributivo do segurado, perdeu o sentido a vedação que, no entanto, continua a ser observada.

Se o segurado tiver recebido benefício por incapacidade no período de apuração de sua renda mensal, sua duração será contada, considerando-se o salário de contribuição no período, o salário de benefício que serviu de base para o cálculo da renda mensal, reajustado nas mesmas épocas e bases dos benefícios em geral, não podendo ser inferior a um salário-mínimo.

O auxílio-acidente, benefício pago juntamente com o salário da atividade quando o segurado sofrer acidente que lhe deixe sequela que implique redução da capacidade laboral para atividade que exercia anteriormente, será considerado salário de contribuição para fins de cálculo do salário de benefício de qualquer aposentadoria.

A Lei nº 9.528/97 introduziu tal regra. Anteriormente ao advento do referido diploma legal, o auxílio-acidente era pago juntamente com a aposentadoria. Atualmente, cessa o pagamento do benefício, que passa a integrar o valor da aposentadoria.

7.3.3 Salário de benefício em caso de atividades concomitantes

Em se tratando de atividades concomitantes sujeitas à filiação ao Regime Geral de Previdência Social, se o segurado satisfizer em cada atividade às condições para o recebimento do benefício, os salários de contribuição das atividades serão somados na data do requerimento ou do óbito, para a apuração do cálculo do salário de benefício, não podendo ser ultrapassado o valor do teto máximo contributivo. Assim, não haverá o pagamento de duas ou mais aposentadorias dentro do mesmo regime previdenciário. O mesmo não ocorrerá quando houver recolhimentos para regimes previdenciários distintos, podendo haver cumulação de benefícios.

Caso o segurado não tenha preenchido os requisitos para a obtenção do benefício de todas as atividades, será somado ao salário de contribuição da atividade para a qual foram preenchidos os requisitos legais um percentual da média do salário de contribuição de cada uma das demais atividades, equivalente ao número de meses completo de contribuição e os do período de carência do benefício requerido.

Em se tratando de benefício por tempo de serviço, o percentual a ser considerado em relação às atividades para as quais não foram satisfeitos os requisitos legais será calculado em relação ao número de anos completos de atividade e o número de anos de serviço considerados para a concessão do benefício, e não sobre a carência exigida.

Se a soma dos salários de contribuição ultrapassar o teto máximo, serão desprezados os valores que o excederem, sendo inaplicável a regra àquele que, por já estar recolhendo sobre o limite máximo permitido, contribuiu apenas em relação a uma das atividades que desempenhava.

7.4 Renda mensal dos benefícios

Após a apuração do salário de benefício, para se aferir o valor da renda mensal inicial dos benefícios, a lei previdenciária prevê o conceito de renda mensal do benefício, que no artigo 33 dispõe que a renda mensal do benefício de prestação continuada que substituir o salário de contribuição ou o rendimento do trabalho do segurado não terá valor inferior ao do salário-mínimo, nem superior ao do limite máximo do salário de contribuição, salvo em caso de aposentadoria por invalidez quando houver necessidade de assistência permanente de outra pessoa e de salário-maternidade para a segurada empregada ou avulsa.

Para os segurados empregados e avulsos, serão computados os salários de contribuição referentes aos meses de contribuições devidas, ainda que não recolhidas pela empresa. A lei presume o recolhimento e nenhum prejuízo poderá advir ao segurado nessa hipótese, uma vez que a obrigação legal do recolhimento das contribuições descontadas do empregado é da empresa, nos termos do artigo 30, I, da Lei de Custeio.

Entretanto, para os demais segurados, somente serão considerados os salários de contribuição referentes aos meses de contribuições efetivamente recolhidas. Veja-se que os empregados domésticos não se beneficiam da presunção do recolhimento como os demais empregados, apesar de não serem os responsáveis legais pelo pagamento das contribuições que são descontadas pelo empregador de seus salários. Quanto aos contribuintes individuais e facultativos, nenhuma dúvida paira, pois devem recolher por iniciativa própria as contribuições previdenciárias.

Para o empregado, o avulso e o segurado especial, o valor mensal do auxílio-acidente será considerado como salário de contribuição para fins de concessão de qualquer aposentadoria.

O ônus de comprovar os salários de contribuição é do próprio segurado. Assim, mesmo o empregado que não é o responsável pelo pagamento das contribuições previdenciárias deverá comprovar o *valor de seu salário de contribuição* para fins de cálculo da renda mensal. A lei estabelece como penalidade em caso de não comprovação o pagamento de benefício no valor mínimo, até que sejam apresentadas provas dos salários de contribuição, quando será recalculada a renda mensal.

Para os empregados domésticos, não basta comprovar o valor do salário de contribuição, mas o efetivo recolhimento das contribuições devidas, sob pena de ser concedido o benefício no valor mínimo, até que a prova seja apresentada.

A apresentação da prova dos salários de contribuição ensejará a revisão da renda mensal inicial e a substituição, a partir do requerimento de revisão, da renda que prevalecia até então. A lei não prevê o pagamento de diferenças retroativas entre o valor mínimo e o novo valor apurado a título de renda mensal do benefício.

Após a apuração do salário de benefício, da aplicação do teto, incidirão ainda percentuais, dependendo da prestação a ser concedida. Os percentuais são os seguintes:

1. auxílio-doença: 91% – artigos 59 e 61 da Lei nº 8.213/91;
2. aposentadoria por invalidez: 100% – artigos 42 e 44 da Lei nº 8.213/91;
3. aposentadoria por idade: 70% mais 1% para cada grupo de 12 contribuições até atingir o limite de 30%, podendo chegar a 100% – artigos 48 e 50 da Lei nº 8.213/91;

4. aposentadoria por tempo de serviço: mulher – 70% aos 25 anos de serviço, mais 5% para cada ano de atividade, até o máximo de 100% aos 30 anos de serviço. Para o homem, 70% do salário de benefício aos 30 anos de serviço, mais 6% para cada ano completo de atividade, até o máximo de 100%, aos 35 anos de serviço. Deve ser esclarecido que a aposentadoria aos 25 anos para a mulher e aos 30 anos de serviço para o homem é a aposentadoria proporcional, extinta para aqueles que ingressaram no sistema de previdência social após a Emenda Constitucional nº 20/98;

5. aposentadoria do professor: 100% aos 30 anos e para a professora, 100% aos 25 anos, em ambos os casos, de efetivo magistério – artigo 56 da Lei nº 8.213/91;

6. aposentadoria especial: 100% aos 25, 20 ou 15 anos de serviço, dependendo da atividade exercida – artigo 57, § 1º da Lei nº 8.213/91;

7. pensão por morte e auxílio-reclusão: 100% – artigos 74, 75 e 80 da Lei nº 8.213/91;

8. auxílio-acidente: 50% – artigo 86 da Lei nº 8.213/91;

9. aposentadoria por idade, por invalidez, auxílio-doença, auxílio-reclusão e pensão por morte: um salário-mínimo, conforme artigos 39 e 143 da Lei nº 8.213/91. Se houver contribuição como segurado facultativo, os benefícios serão calculados da mesma forma dos demais segurados para previdência social.

7.5 Cadastro Nacional de Informações Sociais (CNIS)

A Lei nº 10.403/02, de 8.1.2002, acrescentou o artigo 29-A à Lei nº 8.213/91, possibilitando a utilização das informações constantes do Cadastro Nacional de Informações Sociais sobre as remunerações dos segurados, objetivando simplificar a comprovação dos salários de contribuição. Referido cadastro destina-se a registrar informações de interesse da Administração Pública Federal e dos beneficiários da Previdência Social.

O CNIS é abastecido com informações efetuadas pelas empresas desde 1994 sobre os recolhimentos das contribuições previdenciárias e contribuições vertidas ao FGTS dos segurados empregados. Quanto aos demais segurados, serão identificados pelo Número de Identificação do Trabalhador (NIT), que será único, pessoal e intransferível, dispensado novo cadastramento quando o segurado já estiver cadastrado no Programa de Integração Social (PIS).

Embora a referida legislação tenha sido denominada lei da inversão do ônus da prova, a utilização dos dados constantes do sistema não isenta o segurado de comprovar os salários de contribuição, como se verifica do artigo 38 da Lei nº 8.213/91, que determina à Previdência Social a manutenção de cadastro dos segurados com todos os informes necessários para o cálculo da renda mensal dos benefícios, sem prejuízo da apresentação dos documentos hábeis à elaboração da renda mensal inicial dos benefícios.

A Lei Complementar nº 128/08 deu nova redação ao artigo 29-A da Lei nº 8.213/91, possibilitando a utilização dos dados do CNIS como prova de tempo de contribuição. Por determinação legal, até o final de 2008 o segurado era obrigado a comprovar os seus direitos, por meio de documentos. Com a nova lei, o INSS está autorizado a considerar como prova legal todas as informações constantes do cadastro.

A nova lei não se aplica aos dados inseridos extemporaneamente no cadastro, bem como aos vínculos reconhecidos em ações trabalhistas, que continuam a depender de realização de prova pelo segurado.

O segurado poderá pleitear ao INSS que informe sobre os dados constantes do CNIS e solicitar a retificação dos dados com a apresentação de documentos comprobatórios do período divergente, a qualquer tempo. Na ausência de documentos, o período será excluído.

7.6 Reajuste dos benefícios previdenciários

Para atender ao comando constitucional que determina a preservação do valor dos benefícios, a legislação previdenciária prevê o reajuste anual das prestações no artigo 41, que estabelece como data-base de reajustamento o dia 1º de junho, *pro rata*, de acordo com as suas respectivas datas de início ou de seu último reajuste, com base em percentual definido em regulamento.

Tradicionalmente, a legislação disciplinava que o reajuste dos benefícios previdenciários ocorresse nas mesmas épocas da alteração do salário-mínimo. Os reajustes já foram semestrais, trimestrais, quadrimestrais e até mensais. Com a estabilização da economia, passaram a ser anuais. Atualmente, os reajustamentos ocorrem em junho e não em maio, quando é alterado o valor do salário-mínimo.

Porém, a legislação não atrelava o reajustamento aos mesmos índices aplicados ao salário-mínimo, havendo coincidência somente em relação à época de reajustamento das prestações.

É de ser notado que é vedada a indexação dos benefícios previdenciários ao salário-mínimo, conforme dispõe o artigo 7º, IV, da Constituição Federal. O artigo 58 do Ato das Disposições Constitucionais Transitórias permitiu a indexação dos benefícios ao salário-mínimo somente até a implantação do plano de custeio e benefícios, que ocorreu em julho de 1991. A partir de então, os reajustes são definidos na Lei nº 8.213/91. Veja-se o entendimento do STF a esse respeito.

> "EMENTA: Previdência social. Correção dos benefícios com base no salário-mínimo. – Esta Corte já firmou o entendimento de que o disposto no artigo 202 da Carta Magna sobre o cálculo do benefício da aposentadoria não é autoaplicável, por depender de legislação que posteriormente entrou em vigor (Leis nºs 8.212 e 8.213, ambas de 24.07.91). Portanto, a esse propósito e até a entrada em vigor da legislação acima referida, continuaram vigentes as normas editadas anteriormente à atual Carta Magna, razão por que foi correto o cálculo feito pelo recorrente quanto ao valor do benefício, que também levou em conta a atualização monetária das contribuições consideradas para esse cálculo, segundo aquelas normas, não se desrespeitando assim o princípio – reafirmado no artigo 201, § 3º, da atual Constituição – de que todos os salários de contribuição considerados no cálculo de benefício serão corrigidos monetariamente. – No mais, até a promulgação da atual Constituição, o acórdão recorrido mandou aplicar, com o entendimento que lhe deu, o critério da súmula 260 do extinto Tribunal Federal de Recursos, que se funda na legislação infraconstitucional, não havendo o prequestionamento de questão constitucional a esse respeito. Já no período que vai da promulgação da Carta Magna até o sétimo mês após a sua vigência, a revisão em causa vinculada ao salário-mínimo viola o disposto no artigo 58 do ADCT, porque, se este só determinou esse critério de revisão a partir do sétimo mês após a promulgação

da Constituição, a partir desta até esse sétimo mês tal critério não é admitido por ele. Segue-se o período que vai do sétimo mês depois da promulgação da Carta Magna até a implantação do plano de custeio e benefícios que ocorreu com a entrada em vigor da Lei nº 8.213/91, no qual a correção dos benefícios com base no salário-mínimo decorre da aplicação do artigo 58 do ADCT. A partir, porém, da vigência da referida Lei, esse critério de correção vinculada ao salário-mínimo ofende o disposto na parte final do § 2º do artigo 201 da Constituição e no artigo 58 do ADCT. Recurso extraordinário conhecido em parte, e nela provido. Votação: unânime. Resultado: conhecido em parte, e nessa parte, desprovido. AI 471119/AGr/SP-São Paulo, Rel. Min. Sepúlveda Pertence, julgado em 10/02/2004."

A aplicação do primeiro índice de reajuste de forma proporcional ao número de meses da concessão do benefício atualmente não comporta mais discussão. A jurisprudência que se cristalizou na Súmula nº 260 do extinto TRF, que considerou ilegal tal procedimento da autarquia previdenciária, consolidou-se para os benefícios concedidos anteriormente à edição da Constituição de 1988, que determinou a atualização monetária dos últimos 36 meses de contribuição, que serviram de base de cálculo da renda mensal inicial. Assim, não mais subsiste a tese de ilegalidade ou inconstitucionalidade da aplicação *pro rata* do primeiro índice de reajustamento, uma vez que a recomposição da renda mensal inicial através da atualização dos últimos 12 meses que antecedem a concessão do benefício já contempla parte do índice a ser aplicado por ocasião do primeiro reajuste, de modo que a aplicação integral deste por ocasião do primeiro reajustamento acarretaria dupla atualização da renda.

O reajustamento dos benefícios em manutenção será anual, na mesma data do reajuste do salário-mínimo, *pro rata*, de acordo com suas respectivas datas de início ou do último reajustamento, com base no Índice Nacional de Preços ao Consumidor (INPC), apurado pelo IBGE, nos termos da Lei nº 11.430, de 26.12.2006.

O Poder Judiciário tem sido acionado constantemente para pronunciamento sobre os índices a serem aplicados para fins de recomposição dos benefícios, pronunciando-se favoravelmente ao INSS em relação à adoção do IGI-DI. O STJ reconheceu a ilegalidade da supressão do IRSM de fevereiro de 1994 para fins de atualização dos salários de contribuição (Agravo Regimental no Agravo de Instrumento 2000/00562001-7, DJ 2.10.2000, p. 198, Rel. Min. Fernando Gonçalves), mas não adotou o mesmo entendimento em relação ao reajustamento dos benefícios em manutenção, nos termos da Medida Provisória nº 201, de 23.7.2004, convertida na Lei nº 10.999/04.

Quadro esquemático

BENEFÍCIOS REGRAS GERAIS

Os benefícios previdenciários são inalienáveis, impenhoráveis e insuscetíveis de cessão, salvo descontos autorizados por lei.

A previdência presta também serviços – habilitação e reabilitação profissional.

- **Período de carência**: número mínimo de contribuições ou, no caso dos segurados especiais, tempo de serviço, contados a partir do primeiro dia de suas competências.

- Principais prazos:

    • *12 meses de contribuições*: auxílio-doença e aposentadoria por invalidez;

    • *180 meses de contribuições*: para aposentadoria por tempo de serviço; aposentadoria especial e do professor;

    • *10 meses de contribuições para o salário-maternidade*: para a contribuinte individual, para a segurada facultativa e seguradas especiais. Se o parto for antecipado, o número de contribuições será reduzido em número equivalente aos meses de antecipação.

- Regra transitória: artigo 142 da Lei nº 8.213/91 válida até 2011 para os trabalhadores rurais e para aqueles que ingressaram anteriormente à edição da Lei nº 8.213/91.

- Início da contagem do período de carência: filiação, para empregados e avulsos. Para os demais, inicia-se a partir da primeira contribuição sem atraso.

    Hipóteses de isenção de carência: pensão por morte, salário-família, auxílio-acidente, auxílio-doença ou aposentadoria por invalidez se a doença estiver prevista no artigo 149 da Lei nº 8.213/91; o serviço social e a reabilitação profissional; as prestações por acidente do trabalho; o salário-maternidade para as trabalhadoras empregadas, empregadas domésticas e avulsas.

    Na hipótese de perda da qualidade de segurado, deverá ser cumprido 1/3 exigido para a obtenção de auxílio-doença e aposentadoria por invalidez.

- **Período de graça:** períodos sem contribuição ou tempo de serviço, com a manutenção dos direitos previdenciários. Prazos: previsão no artigo 15 da Lei nº 8.213/91. Contagem dos prazos: inicia-se com cessação das contribuições e termina no dia seguinte ao final dos prazos para o recolhimento da contribuição do contribuinte individual, em todos os casos.

- **Salário de benefício e salário de contribuição:** valor básico dos benefícios previdenciários: média aritmética simples dos maiores salários de contribuição correspondentes a 80% de todos os períodos contributivos. No caso da aposentadoria por tempo de contribuição, incide o fator previdenciário sobre a referida medida, índice que considera a expectativa de vida, idade e tempo de contribuição do segurado no momento de aposentar-se.

- Tetos mínimo (um salário-mínimo) e máximo (dez salários de contribuição) são aplicados à média aritmética.

- Atividades concomitantes: soma-se os salários de contribuição, respeitado o teto máximo.

- Renda Mensal dos Benefícios:

    1. auxílio-doença: 91% – artigos 59 e 61 da Lei nº 8.213/91;

    2. aposentadoria por invalidez: 100% – artigos 42 e 44 da Lei nº 8.213/91;

    3. aposentadoria por idade: 70% mais 1% para cada grupo de 12 contribuições até atingir o limite de 30%, podendo chegar a 100% – artigos 48 e 50 da Lei nº 8.213/91;

4. aposentadoria por tempo de serviço: mulher – 70% aos 25 anos de serviço, mais 5% para cada ano de atividade, até o máximo de 100% aos 30 anos de serviço. Para o homem, 70% do salário de benefício aos 30 anos de serviço, mais 6% para cada ano completo de atividade, até o máximo de 100%, aos 35 anos de serviço. Deve ser esclarecido que a aposentadoria aos 25 anos para a mulher e aos 30 anos de serviço para o homem é a aposentadoria proporcional, extinta para aqueles que ingressaram no sistema de previdência social após a Emenda Constitucional nº 20/98;

5. aposentadoria do professor: 100% aos 30 anos e para a professora, 100% aos 25 anos, em ambos os casos, de efetivo magistério – artigo 56 da Lei nº 8.213/91;

6. aposentadoria especial: 100% aos 25, 20 ou 15 anos de serviço, dependendo da atividade exercida – artigo 57, § 1º da Lei nº 8.213/91;

7. pensão por morte e auxílio-reclusão: 100% – artigos 74, 75 e 80 da Lei nº 8.213/91;

8. auxílio-acidente: 50% – artigo 86 da Lei nº 8.213/91;

9. aposentadoria por idade, por invalidez, auxílio-doença, auxílio-reclusão e pensão por morte: um salário-mínimo, conforme artigos 39 e 143 da Lei nº 8.213/91. Se houver contribuição como segurado facultativo, os benefícios serão calculados da mesma forma dos demais segurados para previdência social.

– **Prova dos salários de contribuição**: Cadastro Nacional de Informações Sociais (CNIS) serve como prova de 1994 em diante. Para o período anterior, ônus do segurado.

– **Reajuste de benefícios**: preservação do valor nominal, não do valor real. Índice: Índice Nacional de Preços ao Consumidor (INPC). É vedada a indexação em número de salários-mínimos. Primeiro índice de reajuste é aplicado de forma proporcional ao número de meses de concessão do benefício. A periodicidade será anual.

Questões

1. Em cada um dos itens que se seguem, é apresentada uma situação hipotética, seguida de uma assertiva a ser julgada. (CESPE – 2008 – INSS – Técnico do Seguro Social)

   Alzira, estudante, filiou-se facultativamente ao regime geral de previdência social, passando a contribuir regularmente. Em razão de dificuldades financeiras, Alzira deixou de efetuar esse recolhimento por oito meses. Nessa situação, Alzira não deixou de ser segurada, uma vez que a condição de segurado permanece por até doze meses após a cessação das contribuições.

2. Considere as assertivas a seguir sobre períodos de carência dos benefícios previdenciários: (Prova: PUC-PR – 2007 – TRT – 9ª REGIÃO (PR) – Juiz – 1ª Prova – 2ª Etapa)

   I – O benefício de auxílio-doença não exige período de carência em hipótese alguma.

   II – O benefício de salário-maternidade, para as seguradas empregada, trabalhadora avulsa e empregada doméstica, não exige período de carência.

III – Os benefícios de aposentadoria por idade e por tempo de serviço exigem 150 (cento e cinquenta) contribuições mensais.

IV – O benefício de pensão por morte exige 12 (doze) contribuições mensais.

V – O benefício de auxílio-reclusão exige 36 (trinta e seis) contribuições mensais.

Assinale a alternativa **correta**, dentre as alternativas que seguem:

a) Todas as proposições estão incorretas.
b) Somente a proposição I está incorreta.
c) Somente a proposição II está correta.
d) As proposições III, IV e V são as únicas incorretas.
e) Todas as proposições estão corretas.

3. Considere as seguintes proposições: (PUC-PR – 2007 – TRT – 9ª REGIÃO (PR) – Juiz – 1ª Prova – 2ª Etapa)

I – São prestações previdenciárias que independem de carência, dentre outras: a) auxílio-doença e aposentadoria por invalidez nos casos de acidente de qualquer natureza ou causa e de doença profissional ou do trabalho; b) salário-maternidade para as seguradas empregada, trabalhadora avulsa, empregada doméstica e seguradas contribuintes individuais.

II – É de dez anos o prazo de prescrição de todo e qualquer direito ou ação do segurado ou beneficiário para a revisão do ato de concessão de benefício, a contar do dia primeiro do mês seguinte ao do recebimento da primeira prestação ou, quando for o caso, do dia em que tomar conhecimento da decisão indeferitória definitiva no âmbito administrativo.

III – A lei considera como dia do acidente, no caso de doença profissional ou do trabalho, a data do início da incapacidade laborativa para o exercício da atividade habitual, ou o dia da segregação compulsória, ou o dia em que for realizado o diagnóstico, valendo para este efeito o que ocorrer primeiro.

IV – Segundo a legislação vigente, a comprovação da doença ocupacional independe da emissão da Comunicação de Acidente de Trabalho pela empresa, podendo a comprovação ser feita por meio do nexo epidemiológico.

Assinale a alternativa **correta**:

a) Apenas as proposições III e IV estão corretas.
b) Apenas as proposições I, III e IV estão corretas.
c) Apenas as proposições I e IV estão corretas.
d) Apenas as proposições II, III e IV estão corretas.
e) Todas as proposições estão corretas.

4. Leia a assertiva abaixo e, a seguir, marque a alternativa **correta**: (TRT 21R (RN) – 2010 – TRT – 21ª Região (RN) – Juiz – Caderno 2)

O período de carência, quanto ao auxílio-doença, é:

a) exigível em qualquer caso;
b) inexigível no infortúnio laboral;
c) inexigível na moléstia profissional;
d) inexigível nas moléstias graves;
e) nenhuma das alternativas está correta.

5. Quanto à concessão de benefícios, assinale a afirmativa **incorreta**: (FGV – 2008 – TCM-RJ – Auditor)

a) O salário de benefício consiste na média aritmética simples dos maiores salários de contribuição correspondentes a oitenta por cento de todo o período contributivo. No caso da aposentadoria por tempo de contribuição, a média apurada será multiplicada pelo fator previdenciário, compulsoriamente.

b) Uma vez calculado o salário de benefício, aplica-se o percentual correspondente à renda mensal, que varia conforme o benefício requerido. A renda mensal do benefício de prestação continuada que substituir o salário de contribuição ou o rendimento do trabalho do segurado não poderá ser inferior ao salário-mínimo nem superior ao limite máximo, salvo direito adquirido.

c) Todos os benefícios da Previdência Social são concedidos sempre que implementados dois requisitos: a carência e a situação geradora do benefício, também chamada de risco social. Assim, por exemplo, tratando-se de aposentadoria por idade, o segurado deve ter, no mínimo, sessenta e cinco anos ou, sendo do sexo feminino, sessenta anos de idade, com carência de cento e oitenta contribuições.

d) Fator previdenciário é um índice multiplicador do salário de benefício, que leva em consideração, no seu cálculo, a idade do segurado, o tempo de contribuição, a expectativa de sobrevida no momento da aposentadoria, conforme tabelas construídas pela Fundação Instituto Brasileiro de Geografia e Estatística – IBGE. Dessa forma, quanto mais tempo o segurado presumivelmente receberá aposentadoria, menor será a renda mensal do seu benefício.

e) O salário-maternidade da segurada empregada é benefício que não se sujeita à apuração do salário de benefício nem ao limite máximo dos benefícios. Sua renda mensal consiste num valor igual à sua remuneração.

6. Assinale a alternativa que contém os benefícios aos quais se aplica o fator previdenciário. (Vunesp – 2008 – DPE – MS – Defensor Público)

a) Aposentadoria por tempo de contribuição e aposentadoria por idade.
b) Aposentadoria especial e aposentadoria por invalidez.
c) Aposentadoria por tempo de contribuição e auxílio-doença comum.
d) Aposentadoria do professor e auxílio-acidente.

7. Com base nas regras informativas do cálculo dos benefícios, assinale a opção correta. (Cespe – 2009 – TRF – 2ª Região – Juiz)

a) Nos casos de aposentadoria por invalidez em que o segurado necessite de assistência permanente de outra pessoa, o valor do benefício previdenciário não pode ser superior ao limite máximo do salário de contribuição na data inicial do benefício.

b) O valor mensal dos benefícios de prestação continuada, incluindo o regido por norma especial e o decorrente de acidente do trabalho, é calculado com base no salário de benefício.

c) Para cálculo do valor do salário de benefício do segurado empregado, são considerados todos os ganhos habituais deste, incluídas as utilidades concedidas pelo empregador, sobre os quais tenha havido contribuições previdenciárias, aí inserida a gratificação natalina.

d) O fator previdenciário consiste em uma fórmula aritmética que considera os fatores idade e expectativa de sobrevida do segurado, exclusivamente por ocasião do pedido de aposentadoria, e se destina a fixar o tempo de contribuição remanescente para o segurado poder aposentar-se por tempo de serviço.

e) O salário de benefício da aposentadoria por idade é apurado pela média aritmética simples dos maiores salários de contribuição correspondentes a 80% de todo o período contributivo, multiplicada pelo fator previdenciário.

8. Independentemente de contribuições, mantém a qualidade de segurado: (FCC – 2010 – TRF – 4ª Região – Analista Judiciário – Área Judiciária)
   a) até doze meses após o licenciamento, o segurado incorporado às Forças Armadas para prestar serviço militar;
   b) quem está em gozo de benefício, sem limite de prazo;
   c) até doze meses após a cessação das contribuições, o segurado facultativo;
   d) até três meses após a cessação das contribuições, o segurado facultativo;
   e) até seis meses após o licenciamento, o segurado incorporado às Forças Armadas para prestar serviço militar.

9. Julgue o item que se segue, que trata de legislação previdenciária. (Cespe – 2010 – BRB – Médico do Trabalho)
   a) Para ter direito a benefício, o trabalhador tem de contribuir para a Previdência Social por, no mínimo, 12 meses (carência). Esse prazo não é exigido em caso de acidente de qualquer natureza (por acidente de trabalho ou fora do trabalho) ou de doença profissional ou do trabalho.

10. A respeito dos benefícios previdenciários, julgue o item seguinte. (Cespe – 2010 – AGU – Procurador)
    a) Independe de carência a concessão de pensão por morte, auxílio-reclusão, salário-família, auxílio-acidente, serviço social, reabilitação profissional e salário-maternidade para as seguradas empregada, trabalhadora avulsa e contribuinte individual.

11. Em cada um dos itens a seguir, é apresentada uma situação hipotética relativa ao direito previdenciário, seguida de uma assertiva a ser julgada. (Cespe – 2010 – BRB – Advogado)
    a) Pedro trabalhou para uma pessoa jurídica desde 1995, ininterruptamente, tendo contribuído mensalmente para o custeio da seguridade social, durante todo este período, na condição de segurado obrigatório. Em 11.1.2010, Pedro foi demitido sem justa causa. Nessa circunstância e considerando a legislação previdenciária em vigor, Pedro manterá sua qualidade de segurado, independentemente de contribuições, até 11.1.2012.

12. Assinale a opção correta, entre as assertivas, relativas ao número mínimo de contribuições mensais indispensáveis para que o beneficiário faça jus ao benefício previsto na Lei nº 8.213/91. (ESAF – 2010 – MTE – Auditor Fiscal do Trabalho – Prova 2)
    a) Auxílio-doença no caso de acidente de qualquer natureza – 14 (quatorze) contribuições mensais.
    b) Auxílio-reclusão – 12 contribuições mensais.
    c) Aposentadoria por idade – independe de contribuições mensais.
    d) Aposentadoria por tempo de serviço – 120 contribuições mensais.
    e) Pensão por morte – independe de contribuições mensais.

Entendimento dos Tribunais Superiores

Súmula 456 – STJ – É incabível a correção monetária dos salários de contribuição considerados no cálculo do salário de benefício de auxílio-doença, aposentadoria por invalidez, pensão ou auxílio-reclusão concedidos antes da vigência da CF/1988.

PREVIDENCIÁRIO. INCIDENTE DE UNIFORMIZAÇÃO DE INTERPRETAÇÃO DE LEI FEDERAL. MANUTENÇÃO DA QUALIDADE DE SEGURADO. ART. 15 DA LEI 8.213/91. CONDIÇÃO DE DESEMPREGADO. DISPENSA DO REGISTRO PERANTE O MINISTÉRIO DO TRABALHO E

DA PREVIDÊNCIA SOCIAL QUANDO FOR COMPROVADA A SITUAÇÃO DE DESEMPREGO POR OUTRAS PROVAS CONSTANTES DOS AUTOS.

PRINCÍPIO DO LIVRE CONVENCIMENTO MOTIVADO DO JUIZ. O REGISTRO NA CTPS DA DATA DA SAÍDA DO REQUERIDO NO EMPREGO E A AUSÊNCIA DE REGISTROS POSTERIORES NÃO SÃO SUFICIENTES PARA COMPROVAR A CONDIÇÃO DE DESEMPREGADO. INCIDENTE DE UNIFORMIZAÇÃO DO INSS PROVIDO.

1. O art. 15 da Lei nº 8.213/91 elenca as hipóteses em que há a prorrogação da qualidade de segurado, independentemente do recolhimento de contribuições previdenciárias.

2. No que diz respeito à hipótese sob análise, em que o requerido alega ter deixado de exercer atividade remunerada abrangida pela Previdência Social, incide a disposição do inciso II e dos §§ 1º e 2º do citado artigo 15 de que é mantida a qualidade de segurado nos 12 (doze) meses após a cessação das contribuições, podendo ser prorrogado por mais 12 (doze) meses se comprovada a situação por meio de registro no órgão próprio do Ministério do Trabalho e da Previdência Social.

3. Entretanto, diante do compromisso constitucional com a dignidade da pessoa humana, esse dispositivo deve ser interpretado de forma a proteger não o registro da situação de **desemprego,** mas o segurado desempregado que, por esse motivo, encontra-se impossibilitado de contribuir para a Previdência Social.

4. Dessa forma, esse registro não deve ser tido como o único meio de prova da condição de desempregado do segurado, especialmente considerando que, em âmbito judicial, prevalece o livre convencimento motivado do Juiz e não o sistema de tarifação legal de provas. Assim, o registro perante o Ministério do Trabalho e da Previdência Social poderá ser suprido quando for comprovada tal situação por outras provas constantes dos autos, inclusive a testemunhal.

5. No presente caso, o Tribunal *a quo* considerou mantida a condição de segurado do requerido em face da situação de desemprego apenas com base no registro na CTPS da data de sua saída no emprego, bem como na ausência de registros posteriores.

6. A ausência de anotação laboral na CTPS do requerido não é suficiente para comprovar a sua situação de desemprego, já que não afasta a possibilidade do exercício de atividade remunerada na informalidade.

7. Dessa forma, não tendo o requerido produzido nos autos prova da sua condição de desempregado, merece reforma o acórdão recorrido que afastou a perda da qualidade de segurado e julgou procedente o pedido; sem prejuízo, contudo, da promoção de outra ação em que se enseje a produção de prova adequada.

8. Incidente de Uniformização do INSS provido para fazer prevalecer a orientação ora firmada.

Processo Pet 7115/PR
2009/0041540-2
Relator(a)
Ministro NAPOLEÃO NUNES MAIA FILHO (1133)
Órgão Julgador
S3 – TERCEIRA SEÇÃO
Data do Julgamento
10.3.2010
Data da Publicação/Fonte
DJe 6.4.2010
RSTJ, vol. 219, p. 494

Prestações Previdenciárias

O artigo 201 da Constituição Federal disciplina a forma pela qual será organizada a Previdência Social, reforça seu caráter contributivo obrigatório e a necessidade de utilização de critérios que preservem o equilíbrio financeiro e atuarial e determina os eventos que deverão ser atendidos pelo Regime Geral de Previdência Social em seus incisos e parágrafos, que foram regulamentados pela Lei nº 8.213/91 (Procurador Federal/CESPE/UNB/março/2002).

Atendidos os requisitos legais, a Previdência Social concede as seguintes prestações, nos termos do artigo 18 da Lei nº 8.213/91:

I – *quanto aos segurados*: (a) aposentadoria por invalidez; (b) aposentadoria por idade; (c) aposentadoria por tempo de contribuição; (d) aposentadoria especial; (e) auxílio-doença; (f) salário-família; (g) salário-maternidade; (h) auxílio-acidente;

II – *quanto aos dependentes*: (a) pensão e (b) auxílio-reclusão;

III – *quanto aos beneficiários em geral*: (a) serviço social; (b) reabilitação profissional.

As prestações descritas no artigo citado não esgotam o rol da legislação, pois não há referência à aposentadoria do professor e às prestações em caso de acidente do trabalho, havendo somente a previsão genérica de auxílio-doença e aposentadoria por invalidez. Não há referência, também, ao instituto da contagem recíproca e ao abono anual, ambos constitucionalmente previstos.

A legislação previdenciária exclui da proteção em caso de auxílio-acidente e acidente de trabalho os contribuintes individuais, os trabalhadores domésticos e os segurados facultativos. Estabelece, também, que os aposentados em geral, que permanecerem em atividade sujeita à filiação obrigatória ou retornarem ao trabalho que determine a filiação obrigatória, não farão jus à prestação alguma em decorrência do exercício dessa atividade, exceto ao salário-família e à reabilitação profissional, quando empregado. É de ser observado que a aposentadoria por invalidez não está incluída no artigo, pois é incompatível com o exercício de qualquer atividade, acarretando a imediata suspensão do benefício, caso haja o retorno ao trabalho (MPT/SP/2003).

Finalmente, é de ser observado que o Decreto nº 3.048/99 prevê a concessão de salário-maternidade à segurada aposentada que retornar às atividades, embora a Lei nº 8.213/91 não contenha previsão expressa a esse respeito. A inclusão se justifica, considerando que a concessão do benefício tem por objetivo evitar a discriminação do trabalho feminino e decorre da própria Constituição Federal.

Foram extintos os benefícios de abono por tempo de serviço e o pecúlio. O auxílio-natalidade, o auxílio-funeral e a renda mensal vitalícia, anteriormente previstos na legislação previdenciária, atualmente estão a cargo da assistência social (Procurador Federal/2002), sendo que a renda mensal vitalícia não mais existe, sendo substituída pelo benefício devido ao idoso previsto no artigo 203, V, da Constituição Federal.

O segurado, contribuinte individual, que trabalhe por conta própria, sem relação de trabalho com empresa ou equiparado, e o segurado facultativo, que contribuam na forma do artigo 21, § 2º, da Lei nº 8.212/91, não farão jus à aposentadoria por tempo de contribuição.

8.1 Abono anual

O abono anual não está contemplado no rol do artigo 18 da Lei nº 8.213/91, mas consiste em benefício previdenciário previsto no artigo 201, § 6º, da Constituição Federal, que estabelece que "a gratificação natalina dos aposentados e pensionistas terá por base o valor dos proventos do mês de dezembro de cada ano".

De outro lado, o artigo 40 Lei nº 8.213/91 e o artigo 120 do Decreto nº 3.048/99 preveem o abono anual, também chamado de gratificação natalina dos segurados e dependentes, àqueles que receberam benefícios de prestação continuada durante o ano, como auxílio-doença, auxílio-acidente, aposentadoria de qualquer espécie, salário-maternidade, pensão por morte ou auxílio-reclusão.

A forma de cálculo do abono anual deverá obedecer à mesma regra dos trabalhadores, tendo por base o valor da renda mensal do benefício do mês de dezembro de cada ano. Em se tratando de salário-maternidade, o valor do abono anual corresponde ao período de duração do benefício e será pago juntamente com a última parcela deste.

O abono anual poderá ser pago proporcionalmente ao número de meses do benefício recebido, podendo, neste caso, ser inferior ao salário-mínimo sem qualquer ofensa à Constituição.

8.2 Seguro-desemprego

A proteção ao trabalhador em situação de desemprego involuntário encontra previsão no artigo 201, III, e § 7º, II, da Constituição Federal. Trata-se de risco social tipicamente previdenciário, uma vez que é situação imprevista que impede o trabalhador de auferir renda.

Desemprego define-se como a situação de quem está apto para o trabalho e não encontra colocação, havendo quem sustente que a expressão *involuntário* é redundante. Na verdade, o texto expressa que o desemprego não pode ter sido causado pelo próprio trabalhador. Assim, se houve pedido de dispensa, não haverá proteção por meio do benefício.

O seguro-desemprego foi implementado pelo Decreto-lei nº 2.284, de 10.3.1986 (Plano Cruzado), administrado pelo Ministério do Trabalho, que dispunha dos recursos para o seu financiamento.

A Constituição de 1988, em suas Disposições Gerais, no artigo 239, determinou que os recursos do PIS/Pasep passassem a financiar o seguro-desemprego, sendo que nos termos do § 4º determinou o pagamento de contribuição adicional às empresas cujo índice de rotatividade da força de trabalho superar o índice médio de rotatividade do setor, na forma da lei.

Considerando que a natureza jurídica do seguro-desemprego é previdenciária, o seu financiamento pelo PIS/Pasep sofre críticas, pois deveria estar incluído entre as prestações previdenciárias, sem a instituição de outra fonte de custeio.

Após a Constituição de 1988, o seguro-desemprego foi regulamentado pela Lei nº 7.998/90, que instituiu o Fundo de Amparo ao Trabalhador (FAT), vinculado ao Ministério do Trabalho, e que é responsável pelo custeio do seguro-desemprego, pelo pagamento do abono salarial e pelo financiamento de programas de desenvolvimento econômico.

O FAT é constituído pelas contribuições do PIS/Pasep e pela contribuição de que trata o artigo 239, § 4º, da Constituição Federal, entre outros recursos. A Lei nº 7.998/90 foi alterada posteriormente pelas Leis nºs 8.019/90 e 8.900, de 28.12.1991, 84.352/92 e 8.561, de 29.12.1992. A Lei nº 8.900, de 30.6.1994, aumentou para cinco o número de parcelas devidas entre outras disposições.

8.2.1 Conceito

O benefício tem por finalidade promover assistência financeira temporária do trabalhador desempregado em virtude de ter sido dispensado sem justa causa ou no caso da rescisão indireta do contrato de trabalho e de trabalhador comprovadamente resgatado de regime de trabalho forçado ou da condição análoga à de escravo (Lei nº 10.608, de 20.12.2002). Trata-se de benefício previdenciário e não assistencial, em face da previsão contida no artigo 201, III. O que gera a concessão do benefício é o desemprego involuntário, assim entendido como a dispensa sem justa causa ou por rescisão indireta, não se caracterizando como desemprego involuntário o término do contrato de trabalho com prazo determinado, inclusive o de experiência. Se o desemprego decorrer de pedido de demissão ou de dispensa com justa causa, não haverá direito ao pagamento do benefício.

8.2.2 Beneficiários

São beneficiários do seguro-desemprego os trabalhadores urbanos e rurais, como se observa do *caput* do artigo 7º da Constituição Federal. Encontram-se excluídos da prestação o trabalhador que presta serviço temporário, uma vez que seu contrato tem prazo determinado. O trabalhador doméstico não faz jus ao benefício, porque o parágrafo único do artigo 7º não o estendeu a essa classe de trabalhadores, exceto se incluído pelo empregador no FGTS, nos termos da Lei nº 5.859/72, com redação dada pela MPV nº 1.986, de 13.12.1999, convertida na Lei nº 10.208/01, e pelo Decreto nº 3.361, de 10.2.2000.

A Lei nº 10.779, de 25.11.2003, estendeu o seguro-desemprego, durante o período de defeso, ao pescador profissional que exerce a atividade pesqueira de forma artesanal, em regime de economia familiar, nos termos definidos pela legislação previdenciária.

8.2.3 Requisitos

O trabalhador deverá comprovar:

a) ter recebido salários durante os seis meses imediatamente anteriores à data da dispensa, de pessoa jurídica ou de pessoa física a ela equiparada;

b) ter sido empregado de pessoa jurídica ou de pessoa física equiparada à jurídica, ou ter exercido atividade como autônomo, durante pelo menos 15 dos últimos 24 meses;

c) não estar em gozo de qualquer benefício previdenciário ou de prestação continuada, salvo o auxílio-acidente;

d) não possuir renda de qualquer natureza suficiente à sua manutenção e à de sua família;

e) não estar em gozo de auxílio-desemprego, auxílio suplementar ou abono de permanência em serviço (os dois últimos benefícios foram extintos e são pagos somente àqueles que têm direito adquirido).

O benefício terá duração variável de três a cinco meses, de maneira contínua ou alternada, desde que respeitado o período aquisitivo de 16 meses, contados da data de dispensa que deu origem à última habilitação. Se houver várias dispensas, o prazo da primeira é que irá determinar o número de parcelas a que o beneficiário fará jus, nos seguintes moldes:

a) três parcelas do benefício se o vínculo empregatício for de seis a 11 meses;

b) quatro parcelas do benefício, se o vínculo for de 12 a 23 meses; e

c) cinco parcelas se o vínculo for de 24 meses ou mais, sendo que a fração igual ou superior a 15 dias será contada como mês integral.

Para o pescador profissional que exerça sua atividade de forma artesanal, individualmente ou em regime de economia familiar, o seguro-desemprego será concedido em número igual de parcelas relativas aos meses de duração do defeso. Caso o período de defeso seja em caráter excepcional, prorrogado além da duração usual para a espécie sob controle, conforme classificação do Instituto Brasileiro do Meio Ambiente e dos Recursos Naturais Renováveis (Ibama), a concessão do seguro-desemprego será limitada ao período usual, acrescido de um mês.

Para se habilitar ao benefício, o pescador deverá apresentar ao órgão competente do Ministério do Trabalho e Emprego os seguintes documentos: (I) registro de pescador profissional devidamente atualizado, emitido pela Secretaria Especial de Aquicultura e Pesca da Presidência da República, com antecedência mínima de um ano da data do início do defeso; (II) comprovante de inscrição no Instituto Nacional do Seguro Social (INSS) como pescador e do pagamento da contribuição previdenciária; (III) comprovante de que não está em gozo de nenhum benefício de prestação continuada da Previdência ou da Assistência Social, exceto auxílio-acidente e pensão por morte; (IV) atestado da Colônia de Pescadores a que esteja filiado, com jurisdição sobre a área onde atue o pescador artesanal, que comprove: (a) o exercício da profissão; (b) que se dedicou à pesca, em caráter ininterrupto, durante o período compreendido entre o defeso anterior e o em curso; e (c) que não dispõe de outra fonte de renda diversa da decorrente da atividade pesqueira.

8.2.4 Valor do benefício

O valor do benefício corresponderá à média dos últimos três meses de trabalho, levando em conta o salário fixo e a parte variável. Se o salário for pago por hora, o parâmetro será de 220 horas e terá como valor máximo R$ 870,01.

Calcula-se o valor do salário médio dos últimos três meses trabalhados e aplica-se a tabela a seguir:

TABELA PARA CÁLCULO DO BENEFÍCIO SEGURO-DESEMPREGO (JANEIRO/2010)

FAIXAS DE SALÁRIO MÉDIO		VALOR DA PARCELA
Até	R$ 841,88	Multiplica-se o salário médio por 0,8 (80%).
Mais de Até	R$ 841,99 R$ 1.403,28	O que exceder a 841,88 multiplica-se por 0.5 (50%) e soma-se a 673,51.
Acima de	R$ 1.403,29	O valor da parcela será de R$ 954,21 invariavelmente.

Salário-mínimo: R$ 510,00.

Para o trabalhador doméstico, o seguro-desemprego corresponderá ao valor do salário-mínimo e serão devidas três parcelas, de forma contínua ou alternada. O benefício será concedido ao empregado inscrito no FGTS que tiver trabalhado como doméstico por um período mínimo de 15 dos últimos 24 meses contados da dispensa sem justa causa e só poderá ser renovado a cada período de 16 meses que originou o benefício anterior.

O pescador profissional fará jus ao benefício de seguro-desemprego no valor de um salário-mínimo mensal, durante o período de defeso de atividade pesqueira para a preservação da espécie.

O período de defeso de atividade pesqueira é o fixado pelo Ibama em relação à espécie marinha, fluvial ou lacustre a cuja captura o pescador se dedique.

Diferentemente dos demais benefícios previdenciários, o requerente tem prazo para formular o requerimento do benefício, perante a Delegacia Regional do Trabalho, que deverá ser solicitado entre o 7º e o 120º dia após a dispensa. Do indeferimento caberá recurso no prazo de 90 dias contados da ciência da decisão ao Ministério do Trabalho. Em caso de discussão judicial sobre a rescisão do contrato de trabalho, o prazo inicia-se após o trânsito em julgado, se houver decisão favorável ao trabalhador.

O trabalhador doméstico terá o prazo de 90 dias contados da dispensa para requerer o benefício.

O prazo para o pescador requerer o benefício será contado a partir da data de início do defeso até o seu final, não podendo ultrapassar 120 dias. O período do defeso só será aceito se determinado por portaria do Ibama, publicada em *Diário Oficial*.

8.2.5 Hipóteses de suspensão

O benefício será suspenso se o beneficiário for admitido em novo emprego. Se houver nova demissão, poderá receber as parcelas restantes. A concessão de outro benefício na esfera previdenciária, exceto o auxílio-acidente ou pensão por morte, ensejará a suspensão do benefício.

8.2.6 Hipóteses de cancelamento

O benefício será cancelado, se comprovadamente o beneficiário recusar outro emprego inerente à sua qualificação e remuneração anterior, por fraude ou falsidade nas declarações necessárias à habilitação, hipótese em que o benefício não poderá ser deferido por dois anos, dobrando esse prazo em caso de reincidência e pela morte do segurado.

O benefício deve ser recebido diretamente pelo beneficiário. Em caso de óbito, o dependente poderá levantar parcelas vencidas, mediante alvará judicial. Em caso de doença devidamente comprovada por perícia médica do INSS, o pagamento será efetuado ao curador ou procurador admitido pela Previdência Social.

Em caso de fraude, o beneficiário deverá devolver as importâncias recebidas indevidamente, podendo ser descontadas do salário, sem prejuízo da responsabilidade criminal, na forma da lei.

Quadro esquemático

PRESTAÇÕES CONCEDIDAS PELA PREVIDÊNCIA SOCIAL: ARTIGO 18 LEI Nº 8.213/91.

– Aos segurados: aposentadoria por invalidez; aposentadoria por idade; aposentadoria por tempo de contribuição; aposentadoria especial; auxílio-doença; salário-família; salário-maternidade; auxílio-acidente.

– Aos dependentes: pensão e auxílio-reclusão.

– A todos os beneficiários: serviço social e reabilitação profissional.

- Aos aposentados que retornam à atividade: salário-família; salário-maternidade e os serviços de serviço social e reabilitação profissional.

    Abono Anual = salário do mês de dezembro.

- **Seguro Desemprego**: previsão constitucional 201, III e 7º, § 2º.

    Desemprego é a situação de quem está apto para o trabalho e não encontra colocação. Não pode ter sido causado pelo próprio trabalhador.

- Financiamento: art. 239 da CF – recursos do PIS/Pasep.
- Legislação de regência: Lei nº 7.998/90 e alterações posteriores.

    Natureza jurídica previdenciária e não assistencial.

- Beneficiários: trabalhadores urbanos e rurais. Excluídos: temporários e domésticos, salvo na hipótese de o empregador incluí-lo no FGTS (Lei nº 10.208/01).

    Pescador Profissional que exerce atividade de forma artesanal tem direito ao benefício durante a duração do defeso.

- Requisitos:

    O trabalhador deverá comprovar:

    a) ter recebido salários durante os seis meses imediatamente anteriores à data da dispensa, de pessoa jurídica ou de pessoa física a ela equiparada;

    b) ter sido empregado de pessoa jurídica ou de pessoa física equiparada à jurídica, ou ter exercido atividade como autônomo, durante pelo menos 15 dos últimos 24 meses;

    c) não estar em gozo de qualquer benefício previdenciário ou de prestação continuada, salvo o auxílio-acidente;

    d) não possuir renda de qualquer natureza suficiente à sua manutenção e a de sua família;

    e) não estar em gozo de auxílio-desemprego, auxílio suplementar ou abono de permanência em serviço (os dois últimos benefícios foram extintos e são pagos somente àqueles que têm direito adquirido).

- Duração: três a cinco parcelas.
- Valor do benefício: média dos últimos três meses de salário, aplicando-se tabela do MTE.
- Hipóteses de suspensão
    - admissão do trabalhador em novo emprego;
    - início de percepção de benefício de prestação continuada da Previdência Social, exceto o auxílio-acidente e a pensão por morte;
- Hipóteses de cancelamento
    - recusa de novo emprego inerente à qualificação e remuneração;
    - fraude ou falsidades nas declarações de habilitação.

Questões

1. Considere as seguintes proposições: (PUC-PR – 2007 – TRT – 9ª REGIÃO (PR) – Juiz – 1ª Prova – 2ª Etapa)

    I – O pagamento do salário-família será devido a partir da data da apresentação da certidão de nascimento do filho ou da documentação relativa ao equiparado, estando condicionado à apresentação anual de atestado de vacinação obrigatória, até cinco anos de idade, e de comprovação semestral de frequência à escola do filho ou equiparado, a partir dos sete anos de idade.

    II – A segurada que deixar de exercer atividade remunerada abrangida pela previdência social, no prazo de doze meses após a cessação das contribuições, estando desempregada, fará jus ao recebimento do salário-maternidade, que será pago diretamente pela previdência social, nos casos de demissão antes da gravidez, ou, durante a gestação, nas hipóteses de dispensa por justa causa ou a pedido.

    III – Segundo o Conselho Deliberativo do Fundo de Amparo ao Trabalhador, a adesão a planos de demissão voluntária ou similar dá direito ao benefício do seguro-desemprego.

    IV – O empregado doméstico despedido sem justa causa fará jus ao benefício do seguro-desemprego, no valor de um salário mínimo, por um período máximo de três meses. O benefício será concedido ao empregado inscrito no FGTS, que tiver trabalhado como doméstico por um período mínimo de quinze meses nos últimos vinte e quatro meses contados da despedida sem justa causa.

    Assinale a alternativa **correta**:

    a) Todas as proposições estão corretas.
    b) Apenas as proposições II e IV estão corretas.
    c) Apenas as proposições II, III e IV estão corretas.
    d) Apenas as proposições I, II e III estão corretas.
    e) Apenas as proposições I, III e IV estão corretas.

2. Observe as seguintes proposições: (PUC-PR – 2007 – TRT – 9ª Região (PR) – Juiz – 1ª Prova – 2ª Etapa)

    I – As prestações da previdência social são o gênero, do qual são espécies os benefícios e os serviços. Algumas prestações somente são devidas para os segurados, outras somente para os dependentes e outras para ambos, como é o caso do serviço social e da reabilitação profissional.

    II – Uma vez existente a relação jurídica que caracteriza a pessoa como empregada, empregada doméstica ou trabalhadora avulsa, deve ser considerada beneficiária do Regime Geral da Previdência Social, ainda que não tenha havido recolhimento das contribuições para com a Seguridade Social.

    III – São beneficiários do Regime Geral da Previdência Social, como dependentes do segurado, o cônjuge, a companheira e o filho, de qualquer condição, menor de 21 anos ou inválido, os pais, o irmão, de qualquer condição, menor de 21 anos ou inválido, a pessoa designada, menor de 21 anos ou maior de 60 anos ou inválida.

    IV – Quando o aposentado pelo Regime Geral de Previdência Social permanece em atividade sujeita ao mesmo regime, não faz jus a prestações da Previdência Social em decorrência do exercício dessa atividade, exceto ao salário-família, à reabilitação profissional, ao auxílio-acidente e ao abono de permanência em serviço.

Assinale a alternativa **correta**:

a) Somente são corretas as proposições II, III e IV.

b) Somente são corretas as proposições II e III.

c) Somente são corretas as proposições I e II.

d) Somente são corretas as proposições I e IV.

e) Todas as proposições são corretas.

3. Considere as seguintes proposições: (Fundec – 2003 – TRT – 9ª Região (PR) – Juiz – 1ª Prova – 2ª Etapa)

I – À segurada da Previdência Social que adotar ou obtiver guarda judicial para fins de adoção de criança é devido salário-maternidade, pago diretamente pela Previdência Social, pelo período de 120 (cento e vinte) dias, se a criança tiver até 1 (um) ano de idade, de 60 (sessenta) dias, se a criança tiver entre 1 (um) e 4 (quatro) anos de idade, e de 30 (trinta) dias, se a criança tiver de 4 (quatro) a 8 (oito) anos de idade.

II – O trabalhador terá direito a três parcelas do benefício do seguro-desemprego, se comprovar o vínculo empregatício com pessoa jurídica ou pessoa física a ela equiparada, de no mínimo 6 meses e no máximo 11 meses, no período de referência.

III – Se o trabalhador passar a perceber qualquer benefício de prestação continuada da Previdência Social, o pagamento do benefício do seguro-desemprego será suspenso.

Quais estão corretas?

a) Apenas a I.

b) Apenas a II.

c) Apenas I e II.

d) Apenas a III.

e) Todas estão corretas.

4. Marque a alternativa correta: (TRT 8R – 2005 – TRT – 8ª Região (PA e AP) – Juiz – Prova 1 – 1ª etapa)

a) O seguro-desemprego representa benefício temporário concedido a todo o trabalhador em situação de desemprego que comprove não possuir renda própria para o seu sustento e de seus familiares.

b) O seguro-desemprego representa benefício temporário concedido a qualquer trabalhador em situação de desemprego, que comprove recebimento de salários consecutivos nos últimos seis meses.

c) O seguro-desemprego representa benefício temporário concedido apenas ao trabalhador despedido sem justa causa, independentemente de ter iniciado imediato contrato laboral com outro empregador, em respeito ao princípio da continuidade do contrato de trabalho e do caráter alimentar do salário.

d) O seguro-desemprego representa benefício temporário concedido ao trabalhador que comprove recebimento de salários consecutivos nos últimos 6 (seis) meses anteriores à data da despedida sem justa causa, ou ter trabalhado como empregado de pessoa jurídica, ou de pessoa física a ela equiparada, pelo menos 6 (seis) meses nos últimos 36 (trinta e seis) meses e comprove não possuir renda própria para o seu sustento e de seus familiares.

e) O seguro-desemprego representa benefício temporário concedido apenas ao trabalhador com término do contrato por pedido de demissão ou despedida sem justa causa, que comprove recebimento de salários consecutivos nos últimos 6 (seis) meses, ou ter trabalhado pelo menos 6 (seis) meses nos últimos 36 (trinta e seis) meses e comprove não possuir renda própria para o seu sustento e de seus familiares.

5. Assinale a alternativa correta. (TRT 8R – 2005 – TRT – 8ª Região (PA e AP) – Juiz – Prova 1 – 1ª etapa)

O trabalhador, habilitado ao benefício do seguro-desemprego, faz jus à percepção de parcelas, com base na quantidade de meses trabalhados nos últimos 36 meses anteriores à dispensa, da seguinte forma:

   a) Três parcelas para os que trabalharam de 6 a 11 meses.
   b) Quatro parcelas para os que trabalharam de 12 a 23 meses.
   c) Cinco parcelas para os que trabalharam de 24 a 36 meses.
   d) Todas as respostas acima estão corretas.
   e) Nenhuma das respostas acima está correta.

6. José celebrou o primeiro contrato de trabalho de sua atividade laboral com a empresa X, em 3.1.1999, vindo a ser dispensado, sem justa causa, em 10.4.1999. José só conseguiu novo emprego em 15.8.1999, junto à empresa Y, sendo novamente dispensado, sem justa causa, em 20.3.2000. Novo contrato de trabalho de José só foi celebrado em 14.7.2000, agora com a empresa Z, consumando-se a sua dispensa, também sem justa causa, em 10.2.2001. Em 20.2.2001, José requereu o benefício do seguro-desemprego. Considerando que as sucessivas relações laborais – todas por prazo indeterminado – foram regularmente anotadas na Carteira de Trabalho e Previdência Social (CTPS) de José, julgue os itens que se seguem: (FAE – 2006 – TRT – 9ª Região (PR) – Juiz – 1ª Prova – 1ª Etapa)

   a) José terá direito à percepção do seguro-desemprego, desde que comprove o recolhimento mensal das contribuições previdenciárias devidas nos períodos em que esteve desempregado. No período em que não havia contrato de trabalho em vigor, José deveria ter recolhido as contribuições na qualidade de segurado facultativo.
   b) José tem direito ao seguro-desemprego de forma proporcional ao tempo de serviço em que esteve vinculado a um ou mais contratos de trabalho, sendo, em regra, de 3 a 5 parcelas.
   c) José não terá direito ao seguro-desemprego se, entre os sucessivos contratos de trabalho, esteve em gozo de algum benefício previdenciário.
   d) O valor que vier a ser pago a José, a título de seguro-desemprego, será apurado em função da média de todos os salários pagos pelas empresas X, Y e Z, devidamente atualizados monetariamente.
   e) José terá direito ao seguro-desemprego, mas deverá formular novo requerimento, já que o benefício não pode ser solicitado antes de ultrapassados trinta dias da data da rescisão contratual.

7. Assinale a assertiva **incorreta** sobre o PIS/Pasep, à luz da Constituição Federal e da legislação regulamentadora: (Esaf – 2003 – PGFN – Procurador)

   a) Os recursos do PIS/Pasep servem, entre outros propósitos, para financiar o seguro-desemprego.
   b) As pessoas jurídicas de direito privado são contribuintes do PIS/Pasep.
   c) O PIS e o Pasep foram criados após a Constituição Federal de 1988.
   d) Os recursos do PIS/Pasep, financiam, também, programas de desenvolvimento econômico.

e) O seguro-desemprego é um benefício vinculado à previdência social no âmbito da seguridade social estabelecida na Constituição Federal de 1988.

8. No âmbito do Regime Geral de Previdência Social, relativamente às prestações em geral, é correto afirmar que: (Instituto Cidades – 2008 – TRT – 1ª região (RJ) – Juiz – 1ª Fase – 1ª Etapa)

   a) benefícios e serviços, indistintamente, são devidos a segurados e dependentes;
   b) as prestações, como gênero, compreendem benefícios e serviços;
   c) não se compreendem no regime Geral da Previdência Social, porque sujeitas ao regime especial, as prestações relativas a eventos decorrentes de acidente do trabalho;
   d) a empresa é responsável pela adoção de medidas de segurança e proteção da saúde do trabalhador, somente eximindo-se dessa responsabilidade se provar que o trabalhador, advertido, assumiu o infortúnio;
   e) são prestações comuns, a segurados e dependentes, exclusivamente os pecúlios e a reabilitação profissional.

9. Julgue os próximos itens, relativos à seguridade social. (Cespe – 2008 – INSS – Analista do Seguro Social)

   Considere que Marília, aposentada, e Lucília, pensionista do INSS, faziam planos para visitar familiares durante o mês de janeiro e, para avaliar sua disponibilidade de recursos financeiros, resolveram tomar a média dos valores dos benefícios que receberam durante o ano para calcular o valor da gratificação natalina que iriam receber. Nessa situação, Marília e Lucília escolheram um procedimento de cálculo errado, pois a gratificação natalina de aposentados e pensionistas tem por base o valor dos proventos do mês de dezembro de cada ano.

10. São benefícios da Previdência Social: (PGT – 2006 – PGT – Procurador do Trabalho)

    I – aposentadoria por invalidez;

    II – reabilitação profissional;

    III – auxílio-acidente;

    IV – auxílio-doença.

    De acordo com as alternativas acima, pode-se afirmar que:

    a) Somente a I e a II estão certas.
    b) Todas estão certas.
    c) A II está errada e a III está certa.
    d) Todas estão erradas.
    e) Não respondida.

9

Auxílio-doença, Aposentadoria por Invalidez e Auxílio-acidente

9.1 Auxílio-doença

O benefício do auxílio-doença encontra previsão nos artigos 59 a 64 da Lei nº 8.213/91 e consiste numa renda mensal concedida ao segurado que, por moléstia, estiver temporariamente incapacitado para o trabalho.

Defluem do conceito de auxílio-doença os seguintes requisitos: (a) qualidade de segurado; (b) período de carência de 12 meses (ressalvadas as exceções legais); (c) período de espera de 15 dias para os empregados; (d) exame clínico da incapacidade, renovável periodicamente a critério da perícia médica da previdência social.

A denominação *auxílio-doença* foi usada, inicialmente, pela Portaria nº DNRS-775-A, de 15.5.1946, que expediu instruções para a execução do Decreto nº 835, de 6.1.1945 (extensão do benefício ao IAPM e às Caixas de Aposentadorias e Pensões). A partir daí, a expressão *auxílio-doença* aparece no Decreto nº 22.367, de 27.12.1946, que instituiu o regulamento do IAPTEC; no Decreto nº 23.585, de 22.8.1947, que dispõe sobre os casos em que é devido o benefício; na Lei nº 293, de 24.12.1948, que trata da aposentadoria dos funcionários aos 35 anos de serviço; no Decreto nº 35.448, de 1º.1.1954, que expediu o Regulamento Geral dos IAPs e, finalmente, acolhida pela LOPS (artigo 24) e consagrada na legislação atual.

Doença é uma forma genérica que abrange as diversas anormalidades de saúde (moléstia, mal, enfermidade etc.). A Convenção nº 130 da OIT definiu *doença* como: "todo estado mórbido, qualquer que seja sua causa". Bem melhor, portanto, o emprego da palavra *doença*, mais abrangente, se posta em confronto com *enfermidade*, esta última com sentido restrito a "desarranjo na disposição material do corpo", falta de firmeza (do latim *infirmu*, que não está firme).

Na verdade, somente será deflagrada a proteção previdenciária se a doença acarretar incapacidade temporária para o exercício de atividades laborais, impossibilitando o segurado de aferir renda, ou acarretando a diminuição da renda familiar, em caso de atividades concomitantes em diferentes ocupações.

9.2 Prazo de espera

Prazo de espera é o tempo correspondente ao número de dias que o beneficiário deve aguardar para o início da concessão da prestação. É um instrumento de seleção de riscos, que evita a movimentação da máquina e dos cofres previdenciários para o atendimento de pequenos e frequentes casos de doença (gripes, resfriados etc.), cujos encargos são facilmente suportáveis pelo próprio segurado ou pela empresa. O prazo de espera é largamente empregado na França. No Brasil, apenas o auxílio-doença e a aposentadoria por invalidez não precedida de auxílio-doença é que contemplam tal prazo e somente para os segurados empregados. Durante os 15 primeiros dias de afastamento por motivo de doença do empregado (período de espera), compete à empresa pagamento de salário.

Do ponto de vista legal, somente se considera auxílio-doença o período pago pela Previdência, havendo, portanto, incidência de contribuição previdenciária sobre os 15 dias pagos pelo empregador. Demais disso, trata-se de período de suspensão do contrato de trabalho, o que, portanto, não impede o pagamento de salário pelo empregador.

Para os demais segurados, inclusive o doméstico, não há período de espera e o benefício é devido a contar da data do início da incapacidade. Decorridos 30 dias sem que se efetue o pedido de auxílio-doença, este será pago a contar da data do requerimento, quando formulado após 30 dias contados do afastamento da atividade, para todos os segurados, com a exceção prevista no artigo 76 do Decreto nº 3.048/99.

Em outros termos, o termo inicial do benefício variará conforme se trate de empregado (exceto o doméstico) e demais segurados: no primeiro caso, será devido a contar do 16º dia e no segundo, a contar do início da incapacidade e, para ambos, a partir do requerimento, quando este se der após 30 dias de afastamento da atividade, exceto se a previdência tiver ciência inequívoca de internação hospitalar ou tratamento ambulatorial devidamente comprovado.

O Decreto nº 3.048/99 ressalva que na hipótese de acidente do trabalho, se o afastamento da atividade não se der no dia do acidente, os 15 dias a cargo da empresa serão contados a partir do afastamento, como forma de incentivar o afastamento da atividade laboral.

O ajuizamento de reclamação trabalhista relacionada à rescisão do contrato de trabalho não impede o recebimento do benefício, desde que satisfeitas as condições mínimas (qualidade de segurado e carência, se for o caso). Não sendo possível ao segurado comprovar os salários de contribuição, será concedido o benefício no valor mínimo.

Em sentido lato, podemos dizer que o auxílio-doença é o benefício de natureza previdenciária, pago pelo INSS, independentemente do prazo de duração da moléstia, quando o segurado estiver completamente enfermo, mas com previsão de restabelecimento, isto é, impossibilitado provisoriamente, temporariamente, de exercer sua atividade.

9.3 Ônus da prova da incapacidade

A prova da enfermidade perante o empregador é ônus do segurado, que deverá apresentar atestado médico expedido pela Previdência, somente sendo aceitos atestados particulares, ante a impossibilidade de obtenção do atestado oficial. Caso a empresa possua serviço próprio ou contratado, cabe ao próprio empresário submeter o empregado a exame médico, para fins de abono de faltas ao serviço, encaminhando-o ao INSS quando a enfermidade se estender por mais de uma quinzena (§§ 1º e 2º, do art. 75 – Decreto nº 3.048/99).

Sergio Pinto Martins (2003, p. 334) esclarece, baseado nos Enunciados 282 e 15 do TST, que existe uma ordem preferencial entre os atestados para *fins trabalhistas* (abono de faltas pelo empregador). Em primeiro lugar, vale o atestado médico da empresa ou do convênio; caso a empresa não possua médico ou convênio médico, os atestados médicos da Previdência Social; caso a empresa não disponha de serviço médico ou convênio, o atestado da Previdência, do sindicato e entidade pública (art. 60, § 4º, Lei nº 8.213/91).

9.4 Atividades concomitantes

O segurado que exerce várias atividades poderá receber o benefício em relação a apenas uma delas, devendo, entretanto, comunicar o exercício das demais à perícia médica, sendo devido o benefício somente em relação à atividade para a qual concorrer a incapacidade. Se nas várias atividades o segurado exercer a mesma profissão, deverá afastar-se de todas elas. Se, posteriormente, for constatada incapacidade para as demais, o valor do benefício poderá ser ampliado.

9.5 Auxílios-doença sucessivos

A legislação estabelece que os primeiros 15 dias em caso de incapacidade laborativa são devidos pelo empregador.

Entretanto, concedido novo benefício em razão da mesma moléstia, dentro de 60 dias contados da cessação do benefício anterior, a empresa fica desobrigada do pagamento dos primeiros 15 dias, prorrogando-se o benefício anterior e descontando-se os dias trabalhados, se for o caso. O legislador presume, nesta hipótese, que a alta médica foi indevida, exonerando o empregador de novo pagamento referente aos 15 primeiros dias do segundo auxílio-doença.

Em caso de auxílios-doença sucessivos, todos inferiores ao prazo de 15 dias, a lei não fazia qualquer distinção, mas os regulamentos desde a Lei Orgânica dispuseram que, em caso de benefício consequente, comprovadamente da mesma moléstia, com intervalo de alta inferior a 60 dias, pagos os 15 dias iniciais, a empresa fica desobrigada de novos pagamentos, que são cobertos pelo novo benefício.

Verificados os requisitos citados, o INSS deverá prorrogar o auxílio-doença, retroagindo seus efeitos à data do retorno à atividade pelo segurado. Tal distinção é necessária, porque os valores pagos a título de auxílio-doença não coincidem com o salário integral, pago pelo empregador durante os primeiros 15 dias de auxílio. A partir do 16º dia, o ônus do pagamento se transfere ao INSS.

9.6 Moléstia preexistente

Tanto no auxílio-doença como na aposentadoria por invalidez, não será concedido o benefício ao segurado que, ao se filiar ao Regime Geral de Previdência, já era portador da doença ou lesão invocada como causa para o benefício, salvo quando a incapacidade decorrer do agravamento ou progressão dessa moléstia.

A norma é rígida, podendo ser abrandada nos casos de evidente boa-fé. Se a moléstia é preexistente, e o segurado agindo comprovadamente de má-fé a omitir, será indevido o benefício.

9.7 Período de carência do auxílio-doença e da aposentadoria por invalidez

O auxílio-doença, assim como a aposentadoria por invalidez, são benefícios que estão sujeitos a um período de carência relativamente curto, de 12 contribuições mensais, exceto para os segurados acometidos pelas moléstias descritas no artigo 151, da Lei nº 8.213/91, e no caso de acidente do trabalho.

O artigo 151 da Lei nº 8.213/91 dispensa o segurado do cumprimento do período de carência para a obtenção do auxílio-doença e da aposentadoria por invalidez, quando, após filiar-se ao Regime Geral de Previdência Social, for acometido de tuberculose ativa, hanseníase, alienação mental, neoplasia maligna (câncer), cegueira, paralisia irreversível e incapacitante, cardiopatia grave, doença de Parkinson, espondiloartrose, nefropatia grave, estado avançado de osteíte deformante (doença de Paget); síndrome de deficiência imunológica adquirida (AIDS) e contaminação por radiação, com base em conclusão da medicina especializada.

O rol de moléstias descrito no artigo 151 vigorará até que seja editada lista pelos Ministérios da Saúde e do Trabalho, com periodicidade trimestral, que deverá observar o grau de mutilação, deformação, deficiência ou outro fator que confira especificidade e gravidade à moléstia, que mereçam tratamento particularizado, não tendo sido editada até o momento a referida lista.

Exigir carência nas hipóteses do artigo 151 e em caso de acidente do trabalho para a concessão dos benefícios por incapacidade seria subverter a própria finalidade protetiva da Previdência Social, considerando-se, ainda, a remota possibilidade de fraude nessas hipóteses.

9.8 Valor do auxílio-doença

O auxílio-doença consiste numa renda mensal correspondente a 91% do salário de benefício, que, por sua vez, deve ser calculado com base na média aritmética simples, isto é, a soma dos salários de contribuição deve ser dividida pelo número dos mesmos contidos no período básico de cálculo, inclusive para os benefícios decorrentes de acidente do trabalho, conforme redação da Lei nº 9.032/91. Como já mencionado no item

7.3.2 do Capítulo 7, a forma de cálculo do auxílio-doença foi alterada pela MP nº 242, de 24.3.2005, que foi revogada.

9.9 Cancelamento do auxílio-doença

O benefício se extingue com a recuperação da capacidade laborativa para sua atividade habitual. Caso não a recupere para o ofício que exerce com habitualidade, deverá submeter-se a processo de reabilitação profissional para o exercício de outra atividade. O benefício não cessará até que se habilite ao desempenho de nova atividade que lhe garanta a subsistência, ou for aposentado por invalidez. A legislação não exige que o segurado esteja efetivamente exercendo atividade diversa daquela que habitualmente exercia, mas tão somente que esteja apto, do ponto de vista médico, para exercê-la.

O benefício cessará, ainda, se o segurado for considerado definitivamente irrecuperável, a partir da constatação médica do fato. Neste caso, o auxílio-doença será convertido em aposentadoria por invalidez.

O segurado é obrigado a submeter-se à reabilitação profissional e a tratamento de sua enfermidade, exceto nos casos de intervenção cirúrgica, sob pena de suspensão do benefício.

Assim, o auxílio-doença cessará: (a) quando verificada a total recuperação da saúde do segurado (alta médica); (b) após o processo de reabilitação que torne o segurado habilitado para o desempenho de nova atividade que lhe garanta subsistência; (c) quando o segurado for considerado não recuperável, convertendo-se auxílio-doença em aposentadoria por invalidez; (d) concessão de outro benefício não acumulável (aposentadoria, auxílio-reclusão); (e) morte do segurado.

Os benefícios serão concedidos com prazo determinado por evidências médicas. Desta forma, o perito vai estabelecer a duração do auxílio-doença com base na história natural da doença, considerando o tempo necessário para o trabalhador estar habilitado a executar sua função novamente.

O médico poderá conceder auxílios-doença com o prazo de até 180 dias de licença sem necessidade de marcar consultas de revisão. Para os casos mais graves, o auxílio poderá ser concedido por até dois anos.

O beneficiário que não se recuperar em até dois anos será aposentado automaticamente por invalidez. O período máximo para a concessão do auxílio foi estabelecido baseado em estudos que apontam os 24 meses como suficientes para uma recuperação ou situação irreversível.

9.10 Reflexos no contrato de trabalho decorrentes do auxílio-doença

Considera-se em licença não remunerada pela empresa o empregado em gozo de auxílio-doença (arts. 476 da CLT e 78 da Lei nº 8.213/91). O contrato de trabalho permanecerá suspenso durante o prazo de recebimento do benefício.

9.11 Auxílio-acidente

O auxílio-acidente é um benefício previdenciário com caráter indenizatório, devido ao segurado empregado, exceto o doméstico, ao trabalhador avulso e ao segurado especial quando, após a consolidação das lesões decorrentes de qualquer natureza, resultar sequela definitiva que implique: (I) redução da capacidade para o trabalho que habitualmente exerciam; (II) redução da capacidade para o qual exerciam e exija maior esforço para o desempenho da mesma atividade que exerciam à época do acidente; ou (III) impossibilite a atividade que exerciam à época do acidente, porém permita o desempenho de outra, após processo de reabilitação profissional, nos casos indicados pela perícia médica do INSS, conforme dispõem os artigos 86 da Lei nº 8.213/91 e 104 do Decreto nº 3.048/99.

O benefício foi inicialmente previsto somente para as hipóteses de acidente do trabalho, sendo ampliado para abranger acidentes decorrentes do trabalho ou não. A definição de acidente de qualquer natureza encontra previsão no artigo 30 do Decreto nº 3.048/99, que dispõe:

> "entende-se como acidente de qualquer natureza ou causa, aquele de origem traumática e por exposição a agentes exógenos (físicos, químicos e biológicos), que acarrete lesão corporal ou perturbação funcional que cause a morte, a perda ou a redução permanente ou temporária da capacidade laborativa".

É mais amplo, portanto, em se tratando de auxílio-acidente, o conceito de acidente de qualquer natureza, do que aquele previsto para a caracterização do acidente de trabalho prevista nos artigos 19 e seguintes da Lei nº 8.213/91. A exigência de nexo de causalidade para a caracterização de acidente do trabalho não está presente no auxílio-acidente, exceto quando se tratar de surdez, em qualquer grau. Nessa hipótese, somente será devido o benefício quando, além do reconhecimento do nexo de causa e efeito entre o trabalho e a doença, houver, comprovadamente, a redução ou perda da capacidade para o trabalho que o segurado habitualmente exerce (art. 86, § 4º, da Lei nº 8.213/91).

Note-se que o benefício se distingue do auxílio-doença e da aposentadoria por invalidez, porque não exige a incapacidade laborativa; pressupõe apenas uma redução da capacidade para o trabalho resultante da sequela irreversível decorrente do acidente que deve ser compensada com a concessão do auxílio-acidente; por isso se diz que tem caráter indenizatório.

O auxílio-acidente não substitui o salário de contribuição, devendo ser pago juntamente com o salário; perdeu seu caráter vitalício a partir da Medida Provisória nº 1.596-14, de 10.11.1997, convertida na Lei nº 9.528/97, pois cessa com a concessão de qualquer aposentadoria, integrando o salário de contribuição com reflexos no salário de benefício que servir de base à aposentadoria. De ser ressaltado que o auxílio-acidente cessa somente com a concessão de aposentadoria do Regime Geral de Previdência Social. Se a aposentadoria for concedida por outro regime de Previdência Social ou, ainda, se for emitida Certidão de Tempo de Contribuição (CTC), não se pode falar no cancelamento do benefício, uma vez que a proibição de acumulação prevista na legislação previdenciária, no artigo 86, § 1º, da Lei nº 8.213/91, e no artigo 129, do Decreto nº 3.048/99, não se aplica aos outros regimes de previdência.

É vedada a acumulação de dois auxílios-acidente. Quando o segurado em gozo de auxílio-acidente fizer jus a um novo auxílio-acidente, em decorrência de outro acidente ou de doença, serão comparadas as rendas mensais dos dois benefícios e mantido o benefício mais vantajoso.

O auxílio-acidente corresponde a 50% do salário de benefício que deu origem ao auxílio-doença do segurado, corrigido até o mês anterior ao seu início e será devido a contar do dia seguinte ao da cessação do auxílio-doença. Será cancelado, ainda, com a aposentadoria ou com a morte do segurado.

Embora o benefício do auxílio-acidente seja devido em razão de sequela de acidente de qualquer natureza, os beneficiários da proteção são apenas os segurados empregados, avulsos e segurados especiais, como no acidente do trabalho.

Não será concedido auxílio-acidente ao segurado que apresente danos funcionais ou redução da capacidade funcional sem repercussão na capacidade laborativa. Nessa hipótese, não há o que indenizar. O mesmo ocorre quando houver mudança de função, mediante readaptação profissional promovida pela empresa, como medida preventiva, em decorrência de inadequação do local de trabalho.

Caso seja reaberto o auxílio-doença que deu origem ao auxílio-acidente, este será suspenso até a cessação do auxílio-doença reaberto, quando será reativado.

O Decreto nº 3.048/99, no artigo 104, § 7º, estabelece que não será concedido o auxílio-acidente caso o segurado esteja desempregado na data do acidente. Discute-se a constitucionalidade da restrição contida apenas no regulamento, sem qualquer previsão na Lei nº 8.213/91. Isso porque o benefício independe de carência e, sendo o pedido formulado no período de graça, não há razão para o indeferimento do auxílio. O INSS, porém, adstrito ao regulamento, defende que, se não há exercício de atividade laborativa, não existe maior esforço para o exercício da atividade, sendo, portanto, indevida qualquer indenização. Em razão das críticas, foi alterada a redação do § 7º do artigo 104 do Decreto nº 3.048/99 para autorizar a concessão do benefício quando o acidente ocorrer dentro do período de graça.

9.12 Aposentadoria por invalidez

Menciona Raimundo Cerqueira Ally (2002, p. 105) que a palavra *aposentadoria* tem o sentido de descanso, retiro, pouso (antigo *apousentar*, de a + pouso + entar, com redução do ditongo *ou*). Daí *aposento*, sinônimo de compartimento da casa, especialmente o quarto de dormir privativo de determinadas pessoas. O próprio sentido da palavra *aposentadoria* leva-nos à crença de um retiro ou afastamento definitivo da atividade laboral. Mas o caráter definitivo da aposentadoria não é regra em nosso país. É com essa ótica que, na maioria dos casos, devemos observar a aposentadoria por invalidez a que se refere o artigo 42 do Plano de Benefícios da Previdência Social (PBPS).

A aposentadoria por invalidez é o benefício concedido ao segurado que, à data da perícia médica, for considerado incapaz e insuscetível de reabilitação para o exercício de atividade que lhe garanta a subsistência enquanto permanecer nessa condição. Sua concessão, normalmente, é precedida de auxílio-doença. Independe, porém, de auxílio-doença prévio quando, desde logo, for constatada incapacidade total ou definitiva, ou em caso de doença que exija segregação compulsória (lepra etc.).

Como no auxílio-doença, a moléstia ou lesão anterior à filiação do segurado à Previdência Social não enseja a concessão de aposentadoria por invalidez, salvo se cumprida a carência, sobrevenha progressão ou agravamento destas, de molde a ensejar a incapacidade para o trabalho.

O benefício é devido: (a) a partir do dia imediato ao da cessação do auxílio-doença; (b) se independer de auxílio-doença prévio, a contar do 16º dia do afastamento da atividade ou da data da entrada do requerimento, se entre esta e aquela decorrerem mais de 30 dias; (c) em caso de doença de segregação compulsória, sem auxílio-doença prévio, a contar da data da segregação. Nas hipóteses *b* e *c*, compete ao empregador o pagamento dos salários dos 15 primeiros dias de afastamento do empregado.

9.12.1 Transitoriedade

A noção de incapacidade ou de insuscetibilidade de reabilitação é quase sempre relativa. Coerente com a realidade, o artigo 42 da Lei nº 8.213/91 deixa bem claro que a aposentadoria por invalidez é devida *enquanto* o segurado permanecer incapaz e insuscetível de reabilitação. A lei previdenciária e a lei trabalhista, antes de tudo, sublinham a possibilidade de recuperação, o que é correto, considerando-se o progresso da medicina e as técnicas de reabilitação profissional.

A recuperação poderá ocorrer antes ou depois de cinco anos e ser total ou parcial. Se for total e ocorrer antes de cinco anos, contados da data do início da aposentadoria, ou do auxílio-doença que a antecedeu, sem interrupção, o *benefício cessa*: (a) imediatamente, para o empregado, que terá direito de retorno à função que ocupava (art. 475, § 1º, da CLT), valendo como documento hábil o certificado de capacidade fornecido pela Previdência Social; (b) após tantos meses quantos forem os anos de duração do auxílio-doença e da aposentadoria por invalidez, para os demais segurados em recuperação.

Parcial ou após cinco anos, a aposentadoria será mantida no valor integral durante seis meses, com redução de 50% nos seis meses seguintes; com redução de 75% nos seis meses subsequentes, ao término dos quais cessará definitivamente. Esses pagamentos são denominados *cotas de recuperação*.

9.12.2 Valor da aposentadoria por invalidez

A aposentadoria por invalidez corresponderá a 100% do salário de benefício. Caso se verifique a "grande invalidez", assim denominada aquela que impede o segurado de viver sem a assistência permanente de outra pessoa, o valor da aposentadoria será acrescido de 25%, observada a relação do Anexo I, do Decreto nº 3.048/99, que prevê as situações em que o aposentado por invalidez terá direito ao referido adicional.

O acréscimo de 25% será devido ainda que supere o teto das prestações previdenciárias e será recalculado quando o benefício que lhe deu origem for reajustado. O adicional cessa com o óbito do segurado aposentado por invalidez e não será incorporado ao valor da pensão por morte.

9.12.3 Cessação da aposentadoria por invalidez

Como já afirmado, o benefício será devido enquanto o segurado estiver inválido. A invalidez deverá ser avaliada periodicamente pela Previdência, independentemente de sua idade, estando o segurado obrigado a submeter-se aos exames médico-periciais, processo de reabilitação profissional prescrito e custeado pela Previdência, salvo intervenção cirúrgica e transfusão de sangue, sob pena de suspensão do benefício.

O benefício cessará em razão de alta médica, óbito do segurado ou ainda pelo retorno do segurado às atividades laborativas. Nessa hipótese, o benefício será cessado a partir da data do retorno. O legislador presume a alta médica, impondo ao segurado o dever de comunicar a recuperação da capacidade laboral. Havendo exercício de atividade laborativa juntamente com o recebimento de benefício, estará o segurado obrigado a devolver as importâncias recebidas a título de benefício. Em outros termos, o exercício de atividade laborativa é incompatível com o recebimento da aposentadoria por invalidez, que pressupõe a incapacidade para todas as atividades, diferentemente do que ocorre com o auxílio-doença, que permite, em caso de atividades concomitantes, que incapacidade possa ocorrer somente em relação a somente uma delas.

9.12.4 Reflexos no contrato de trabalho da aposentadoria por invalidez

Muito se discutiu sobre os reflexos da aposentadoria por invalidez no contrato de trabalho, considerando a transitoriedade do benefício. Alguns autores sustentam que a manutenção por mais de cinco anos da aposentadoria implica a rescisão do contrato de trabalho, sem ônus para o empregador. O entendimento predominante da doutrina é no sentido de que o segurado que recebe alta médica após cinco anos pode retornar ao emprego anteriormente exercido, conforme preconiza o artigo 475, § 1º, da CLT. Em caso de recuperação parcial, pode retornar ao trabalho, mesmo que em função diversa. Assim, o contrato de trabalho permanece suspenso enquanto durar a aposentadoria por invalidez. Caso haja dispensa do empregado, serão devidos os consectários da dispensa imotivada.

Quadro esquemático

AUXÍLIO-DOENÇA, APOSENTADORIA POR INVALIDEZ E AUXÍLIO-ACIDENTE

Requisitos:

– Carência: 12 contribuições mensais (regra geral). Hipóteses de isenção: acidente do trabalho e moléstias indicadas no artigo 149 da Lei nº 8.213/91. Auxílio-acidente independe de carência e tem caráter indenizatório.

– Quanto à incapacidade para o trabalho:

Auxílio-doença: incapacidade total para as atividades habituais. Recebimento incompatível com o exercício da atividade habitual.

Aposentadoria por invalidez: incapacidade total para todas as atividades. Recebimento incompatível com toda e qualquer atividade.

- Auxílio-acidente: incapacidade parcial para a atividade habitual ou outra.
- Beneficiários: auxílio-doença e aposentadoria por invalidez, todos os segurados. Auxílio-acidente: somente empregados, avulsos e segurados especiais.
- Ônus da prova da incapacidade: responsabilidade do segurado, que deverá submeter-se à perícia médica do INSS. Moléstia preexistente não enseja a concessão de auxílio-doença e aposentadoria por invalidez, salvo em caso de agravamento da doença ou lesão.
- Prazo de espera: 15 dias para auxílio-doença e aposentadoria por invalidez. O auxílio-acidente depende de auxílio-doença prévio e não tem período de espera. Em caso de auxílios-doença sucessivos em prazo de 60 dias a empresa fica desobrigada do pagamento do período de espera.
- Valores: aposentadoria por invalidez 100%. Em caso de necessidade de assistência permanente de outra pessoa: 125% do salário de benefício, ainda que superior ao teto máximo, Auxílio-doença: 91% do salário de benefício.
- Hipóteses de cancelamento:

    Auxílio-doença: óbito, conversão em aposentadoria por invalidez, alta médica, reabilitação profissional; concessão de outro benefício não acumulável, salvo salário-maternidade.

    Aposentadoria por invalidez: óbito; alta médica.

    Auxílio-acidente: com a concessão de qualquer aposentadoria.
- Reflexos no contrato de trabalho:

    Auxílio-doença: suspensão do contrato de trabalho.

    Aposentadoria por invalidez: suspensão do contrato de trabalho, artigo 475, § 1º, da CLT – empregado pode retornar ao emprego se obtiver alta médica após cinco anos. Nessa hipótese será devida mensalidade de recuperação. Se a alta médica ocorrer em prazo inferior a cinco anos ou se a recuperação for parcial, será devida mensalidade de recuperação por até 6 meses.

    Auxílio-acidente: pode ser acumulado com a atividade, não interfere no contrato de trabalho.

Questões

1. O auxílio-acidente atualmente tem natureza: (PGT – 2007 – PGT – Procurador do Trabalho)
    a) complementar;
    b) suplementar;
    c) indenizatória;
    d) salarial;
    e) não respondida.
2. Considere as seguintes assertivas a respeito do auxílio-doença: (FCC – 2007 – TRF-2R – Analista Judiciário – Área Judiciária – Execução de Mandados)

I – O auxílio-doença será devido ao segurado empregado a contar do décimo sexto dia do afastamento da atividade, e, no caso dos demais segurados, a contar da data do início da incapacidade e enquanto ele permanecer incapaz.

II – Quando requerido por segurado afastado da atividade por mais de trinta dias, o auxílio-doença será devido após quinze dias contados da data da entrada do requerimento.

III – Em regra, o auxílio-doença, inclusive o decorrente de acidente do trabalho, consistirá numa renda mensal correspondente a noventa e um por cento do salário de benefício.

IV – A empresa que garantir ao segurado licença remunerada, em regra, não ficará obrigada a pagar-lhe durante o período de auxílio-doença a eventual diferença entre o valor deste e a importância garantida pela licença.

Está correto o que consta APENAS em:

a) I, III e IV.
b) I, II e III.
c) I e III.
d) II e IV.
e) II, III e IV.

3. Com relação à aposentadoria por invalidez, prevista na Lei nº 8.213/91, é **incorreto** afirmar: (Esaf – 2005 – Receita Federal – Auditor Fiscal da Receita Federal – Área Tributária e Aduaneira – Prova 3)

a) A aposentadoria por invalidez não será concedida ao trabalhador avulso.
b) A concessão de aposentadoria por invalidez dependerá da verificação da condição de incapacidade mediante exame médico-pericial a cargo da Previdência.
c) A aposentadoria por invalidez, uma vez cumprida, quando for o caso, a carência exigida, será devida ao segurado que, estando ou não em gozo de auxílio-doença, for considerado incapaz.
d) A aposentadoria por invalidez, inclusive a decorrente de acidente do trabalho, consistirá numa renda mensal correspondente a 100% (cem por cento) do salário de benefício.
e) A aposentadoria por invalidez será concedida ao trabalhador doméstico.

4. De acordo com a Lei nº 8.213/91, na parte relativa ao auxílio-doença, indique qual das opções está **incorreta**: (Esaf – 2005 – Receita Federal – Auditor Fiscal da Receita Federal – Área Tributária e Aduaneira – Prova 3)

a) É um benefício de caráter continuado.
b) É devido ao segurado.
c) A sua extinção ocorre diante da recuperação da capacidade para o trabalho.
d) Em regra, possui prazo de carência para a sua concessão.
e) É concedido diante da incapacidade permanente para o trabalho.

5. Assinale a opção correta, no tocante ao auxílio-doença. (Esaf – 2005 – Receita Federal – Auditor Fiscal da Receita Federal – Área Tecnologia da Informação – Prova 2)

a) Será concedido ao segurado, independentemente de carência.
b) Será concedido ao segurado quando ficar constatada a sua incapacidade para o seu trabalho ou para sua atividade habitual por período de até 15 (quinze) dias consecutivos.
c) Será concedido ao segurado quando ficar constatada a sua incapacidade para o seu trabalho ou para a sua atividade habitual por mais de 15 (quinze) dias consecutivos.

d) Será concedido ao segurado quando ficar constatada a sua incapacidade para o seu trabalho ou para sua atividade habitual por período inferior a 15 (quinze) dias consecutivos.

e) Será concedido ao segurado quando ficar constatada a sua incapacidade parcial para o trabalho ou para sua atividade habitual por período de até 15 (quinze) dias consecutivos.

6. Leia a assertiva abaixo e, a seguir, marque a alternativa **correta**: (TRT 21R (RN) – 2010 – TRT – 21ª Região (RN) – Juiz – Caderno 2)

O período de carência, quanto ao auxílio-doença, é:

a) exigível em qualquer caso;

b) inexigível no infortúnio laboral;

c) exigível na moléstia profissional;

d) inexigível nas moléstias graves;

e) nenhuma das alternativas está correta.

7. No que concerne às prestações em geral da previdência social, assinale a opção correta. (Cespe – 2009 – Bacen – Procurador)

a) A doença ou lesão de que o segurado já era portador ao filiar-se ao RGPS não lhe conferirá direito à aposentadoria por invalidez, ainda quando a incapacidade sobrevier por motivo de progressão ou agravamento dessa doença ou lesão.

b) A aposentadoria por invalidez é benefício de pagamento continuado, de risco imprevisível, razão pela qual, conforme a legislação, não se exige período de carência para concedê-la.

c) A mera concessão da aposentadoria voluntária ao trabalhador tem por efeito extinguir, instantânea e automaticamente, o seu vínculo de emprego.

d) A aposentadoria por idade será devida ao segurado empregado, exceto o doméstico, a partir da data do desligamento do emprego, quando requerida até essa data ou até 90 dias depois dela.

e) É vedado o recebimento conjunto do seguro-desemprego com qualquer benefício de prestação continuada da previdência social, exceto pensão por morte ou auxílio-acidente, ressalvadas, ainda, as situações de direito adquirido.

8. Quanto aos benefícios da Lei nº 8.213/91, considere o que segue: (FCC – 2002 – MPE-PE – Promotor de Justiça)

I – O concedido, como indenização ao segurado quando, após a consolidação das lesões decorrentes de acidente de qualquer natureza, resultarem sequelas que impliquem redução da capacidade para o trabalho que habitualmente exerce.

II – O devido, uma vez cumprida a carência devida nessa Lei de Planos e Benefícios da Previdência Social, ao segurado que tiver trabalhado sujeito a condições especiais que prejudiquem a saúde ou a integridade física ou mental, durante quinze, vinte ou vinte e cinco anos, conforme dispuser a lei.

III – O devido ao segurado que, havendo cumprido, quando for o caso, o período de carência exigido nessa Lei de Planos e Benefícios da Previdência Social, ficar incapacitado para o seu trabalho ou para a sua atividade habitual por mais de quinze dias consecutivos.

Esses benefícios previdenciários referem-se, respectivamente,

a) à aposentadoria por invalidez; à aposentadoria especial; e ao auxílio-acidente;

b) ao auxílio-doença; à aposentadoria por invalidez; e ao auxílio-acidente;

c) à aposentadoria especial; à aposentadoria por invalidez; e ao auxílio-doença;

d) ao auxílio-acidente; à aposentadoria especial; e ao auxílio-doença;

e) ao auxílio-acidente; ao auxílio-doença; e à aposentadoria especial.

9. Em relação aos benefícios de previdência social, julgue o item que se segue: (Cespe – 2007 – AGU – Procurador Federal).

O contribuinte individual e o empregado doméstico não fazem jus ao benefício de auxílio-acidente.

10. O trabalhador que recebe auxílio-doença é obrigado a realizar exame médico periódico e, se constatado que não pode retornar para sua atividade habitual, deve participar do programa de reabilitação profissional para o exercício de outra atividade, prescrito e custeado pela Previdência Social, sob pena de ter o benefício suspenso. (Cespe – 2010 – BRB – Médico do Trabalho)

11. Julgue os itens que se seguem, que tratam de legislação previdenciária. (Cespe – 2010 – BRB – Médico do Trabalho)

Para concessão do auxílio-acidente é exigido tempo mínimo de contribuição, e o trabalhador deve ter qualidade de segurado e comprovar a impossibilidade de continuar desempenhando suas atividades, por meio de exame da perícia médica da Previdência Social.

12. A respeito dos benefícios previdenciários, julgue os itens seguintes. (Cespe – 2010 – AGU – Procurador)

Somente poderão beneficiar-se do auxílio-acidente os seguintes segurados: o empregado, o trabalhador avulso e o especial.

13. Assinale a resposta incorreta: (Instituto Cidades – 2008 – TRT – 1ª Região (RJ) – Juiz – 1ª Fase – 2ª Etapa)

a) O auxílio-doença é devido a contar do décimo sexto dia do afastamento da atividade para o segurado empregado e, no caso dos demais segurados, a contar da data do início da incapacidade e enquanto ele permanecer incapaz.

b) Quando o segurado requerer o auxílio-doença após o trigésimo dia do afastamento da atividade, este é devido a contar da data da entrada do requerimento.

c) O auxílio-doença será devido durante o curso de reclamação trabalhista relacionada com a rescisão do contrato de trabalho, ou após a decisão final, desde que implementadas as condições mínimas para a concessão do benefício.

d) Quando o acidentado não se afastar do trabalho no dia do acidente, os quinze dias de responsabilidade da empresa pela sua remuneração integral são contados a partir da data do afastamento.

e) A empresa conservará durante 20 (vinte) anos os comprovantes dos pagamentos e as cópias das certidões correspondentes, para exame pela fiscalização da Previdência Social.

14. Em cada um dos itens a seguir, é apresentada uma situação hipotética relativa ao direito previdenciário, seguida de uma assertiva a ser julgada. (Cespe – 2010 – BRB – Advogado)

Fernando é empregado de pessoa jurídica e, em virtude de enfermidade, ficou incapacitado para o seu trabalho por mais de quinze dias, passando a perceber, a partir do décimo sexto dia, o benefício previdenciário denominado auxílio-doença. Após dois meses, a perícia do INSS constatou que Fernando já estava apto para retornar às suas atividades, e determinou a cessação de seu benefício. Um mês após a cessação do referido benefício, Fernando, acometido pela mesma doença, ficou novamente impossibilitado para o trabalho. Nessa circunstância, a pessoa jurídica fica desobrigada ao pagamento relativo aos quinze primeiros dias de afastamento, prorrogando-se o benefício anterior.

15. Em cada um dos próximos itens, é apresentada uma situação hipotética a respeito do auxílio-acidente, seguida de uma assertiva a ser julgada (Cespe – 2008 – INSS – Técnico do Seguro Social)

    Marcela, empregada doméstica, após ter sofrido grave acidente enquanto limpava a vidraça da casa de sua patroa, recebeu auxílio-doença por três meses. Depois desse período, foi comprovadamente constatada a redução de sua capacidade laborativa. Nessa situação, Marcela terá direito ao auxílio-acidente correspondente a 50% do valor que recebia a título de auxílio-doença.

10

Aposentadoria por Idade

A prestação por idade avançada é o direito do segurado a um justo repouso pelos seus longos anos de cooperação com a sociedade, após determinado número de contribuições e atingida certa idade prevista em lei. Adequadamente, a Constituição de 1988 substituiu a nomenclatura *aposentadoria por velhice* das antigas CLPS, protegendo a idade avançada e não a velhice.

Atualmente, já não se afirma mais que se trata de proteger uma *invalidez presumida* ao atingir a faixa etária prevista na legislação. Raimundo Cerqueira Ally (2002, p. 114) entendia inadequada a antiga denominação, pois a proteção resulta do implemento de certa idade e não da *velhice* propriamente dita. Demais disso, com o aumento da expectativa de vida e dos avanços da medicina, não mais subsiste a presunção de invalidez aos 65 e 60 anos de idade.

A previsão da aposentadoria por idade encontra-se no artigo 201, § 7º, inciso II, da Constituição Federal, regulamentado nos artigos 51 a 55 da Lei nº 8.213/91. Note-se que o referido benefício não sofreu qualquer modificação com a Emenda Constitucional nº 20/98, possuindo os mesmos contornos desde a antiga LOPS.

Dispõe o artigo 51 da Lei nº 8.213/91 que o benefício será devido, uma vez cumprida a carência exigida, ao segurado que completar 65 anos de idade, se homem, ou 60, se mulher, reduzidos esses limites para 60 e 55 anos de idade para os trabalhadores rurais, respectivamente homens e mulheres, sejam eles empregados, eventuais, avulsos ou segurados especiais. A redução da idade também se aplica aos garimpeiros que trabalhem, comprovadamente, em regime de economia familiar, conforme definido no artigo 9º, § 5º, do Decreto nº 3.048/99.

Para fins de redução de idade para a obtenção do benefício, o trabalhador rural deve comprovar o efetivo exercício de atividade rural, ainda que de forma descontínua, no período imediatamente anterior ao requerimento do benefício, por tempo igual ao número de meses de contribuição correspondente à carência do benefício pretendido, incluídos os períodos previstos nos incisos III a VIII do § 9º do artigo 11 da Lei nº 8.213/91.

Os trabalhadores rurais que não comprovarem a carência na forma anteriormente explicitada, mas que comprovem a condição de rurais, se tiverem exercido atividades em outra categoria de segurados, não se beneficiarão da redução da idade constitucionalmente prevista.

Nessa hipótese, o valor do salário de contribuição para fins de cálculo do valor do benefício corresponderá ao salário-mínimo e a renda mensal do benefício deverá observar o disposto no artigo 29, II, da Lei nº 8.213/91.

10.1 Carência da aposentadoria por idade

Como já exposto, a carência da aposentadoria por idade é de 180 contribuições mensais para aqueles segurados que se filiaram à Previdência Social após a edição da Lei nº 8.213/91. Para os que já estavam filiados à Previdência Social anteriormente ao advento da Lei nº 8.213/91, ocorrido em 24.7.1991, aplica-se o artigo 142 do referido diploma legal, que prevê a implantação progressiva do novo período de carência que vigorará até 2011.

Em relação aos trabalhadores rurais, a carência deverá observar a comprovação do efetivo exercício da atividade rural nos meses imediatamente anteriores ao requerimento do benefício, mesmo que de forma descontínua, durante o período igual ao da carência exigida para a concessão do benefício, observado também o artigo 142 da Lei nº 8.213/91. Em outros termos, conjugam-se as disposições do artigo 48, § 2º, e do artigo 142 da referida legislação.

A aposentadoria por idade prevista no artigo 143 da Lei nº 8.213/91, levando em consideração que o trabalhador rural não estava obrigado a contribuir até a edição da Lei nº 8.213/91, assegura a aposentadoria por idade no valor de um salário-mínimo até 2010, desde que comprovado o exercício de atividade rural, ainda que de forma descontínua no período imediatamente anterior ao requerimento do benefício, em número de meses idêntico à carência do referido benefício, para fins de recebimento de um salário mínimo.

A partir de janeiro de 2011 a dezembro de 2015, será contado para efeito de carência cada mês comprovado de emprego, multiplicado por 3 (três), limitado a 12 (doze) meses, dentro do respectivo ano civil; e de janeiro de 2016 a dezembro de 2020, cada mês comprovado de emprego, multiplicado por 2 (dois), limitado a 12 (doze) meses dentro do respectivo ano civil. Referidos prazos de carência aplicam-se também ao trabalhador rural enquadrado como contribuinte individual que comprovar o exercício de atividade rural, em caráter eventual, a 1 (uma) ou mais empresas.

A aposentadoria por idade será devida para o segurado empregado, inclusive o doméstico, a partir da data do desligamento do emprego, quando requerida até esta data, ou até 90 dias depois dela; ou da data do requerimento, quando não houver desligamento do emprego, ou quando for requerida após o prazo de 90 dias.

10.2 Cálculo da aposentadoria por idade

A renda mensal da aposentadoria por idade corresponderá a de 70% do salário de benefício, mais 1% deste para cada grupo de 12 contribuições, não podendo ultrapassar 100% do salário de benefício.

10.3 Reflexos no contrato de trabalho da aposentadoria voluntária

A aposentadoria voluntariamente requerida pelo empregado acarreta a rescisão do contrato de trabalho, correspondendo a um pedido de dispensa, com a diferença de que poderão ser levantados os depósitos do FGTS, sem a multa de 50%, conforme preconiza o art. 453, § 2º, da CLT. Contudo, o STF declarou inconstitucional a referida norma na ADIN 1.721-3, *DOU* 17.8.2007. Sendo assim, o deferimento da aposentadoria voluntária não mais rescinde o contrato de trabalho.

Não há impedimento do retorno à atividade laborativa, como ocorre na aposentadoria por invalidez. Porém, inicia-se novo contrato de trabalho.

10.4 Aposentadoria requerida pela empresa

A aposentadoria compulsória poderá ser requerida pela empresa, desde que implementada a carência exigida para a obtenção do benefício, quando o segurado completar 70 anos de idade, se homem, e 65, se mulher. Trata-se de exceção, uma vez que os benefícios, em geral, são requeridos pelo próprio titular. Nesse caso, como é a empresa que requer o benefício, o empregado é desligado da empresa mediante o pagamento da indenização trabalhista, na forma prevista nos artigos 478 e 497 da CLT. Os efeitos da rescisão do contrato serão equivalentes aos da dispensa imotivada, uma vez que se trata de rescisão indireta do contrato de trabalho.

Quadro esquemático

APOSENTADORIA POR IDADE

- Previsão constitucional art. 201, § 7º, II.
- Requisitos: Idade avançada: 65 anos para homens e 60 para mulheres, limites estes reduzidos em cinco anos para os trabalhadores rurais, quando requerida pelos segurados. O benefício poderá ser requerido pela empresa, desde que existente a carência, e requisito etário será de 70 anos para homens e 65 anos para as mulheres.

    A concessão do benefício da aposentadoria por idade independe da qualidade de segurado.

- Carência: 180 contribuições para aqueles que se filiaram à previdência social posteriormente à Lei nº 8.213/91 (24.7.91). Para os segurados que se filiaram anteriormente a tal data, aplica-se o art. 142 – disposição transitória.

Para os trabalhadores rurais serão computados no período de carência os períodos de atividade laborativa. A partir de 2011 até 2015 será computado para fins de carência cada mês comprovado de emprego, multiplicado por três, dentro do período do ano civil; de janeiro de 2016 a 2020, cada mês comprovado de emprego será multiplicado por dois, limitado a doze meses dentro do ano civil. Tais prazos aplicam-se ao trabalhador rural eventual.

– Cálculo da aposentadoria por idade: 70% do salário de benefício mais 1% para cada grupo de 12 contribuições até o limite de 100% do salário de benefício.

– Termo inicial do pagamento: a contar do desligamento do emprego, se requerido o benefício antes de 90 dias do afastamento da atividade, ou a contar da data do requerimento se ultrapassado esse prazo.

– Reflexos no contrato de trabalho: o artigo 453, § 2º, da CLT estabelece a rescisão do contrato de trabalho na aposentadoria requerida pelo segurado, correspondendo ao pedido de dispensa. Porém, o STF declarou inconstitucional a referida norma (ADI 1.721-3), não se operando mais a rescisão do contrato. Para a aposentadoria requerida pela empresa, continua em vigor a regra que estabelece a rescisão do contrato, devendo ser pagas verbas equivalentes à dispensa imotivada ou sem justa causa.

Questões

1. Considere as assertivas a seguir sobre períodos de carência dos benefícios previdenciários: (AOCP – 2004 – TRT – 9ª Região (PR) – Juiz – 1ª Prova – 2ª Etapa)

    I – O benefício de auxílio-doença não exige período de carência em hipótese alguma.

    II – O benefício de salário-maternidade, para as seguradas empregada, trabalhadora avulsa e empregada doméstica, não exige período de carência.

    III – Os benefícios de aposentadoria por idade e por tempo de serviço exigem 150 (cento e cinquenta) contribuições mensais.

    IV – O benefício de pensão por morte exige 12 (doze) contribuições mensais.

    V – O benefício de auxílio-reclusão exige 36 (trinta e seis) contribuições mensais.

    Assinale a alternativa **correta**, dentre as alternativas que seguem:

    a) Todas as proposições estão incorretas.

    b) Somente a proposição I está incorreta.

    c) Somente a proposição II está correta.

    d) As proposições III, IV e V são as únicas incorretas.

    e) Todas as proposições estão corretas.

2. Maria compareceu, no mês de abril de 2006, a uma das agências da Previdência Social e, após aguardar por horas na fila, foi, enfim, atendida, quando apresentou à servidora do INSS o seguinte relato: *"Moça sou analfabeta. Tenho 60 anos (nasci em 5.9.1945). Sempre trabalhei, desde pequena. Ajudava minha mãe em casa, isso lembro bem, trabalho desde que tinha 8 (oito) anos de idade. Depois dos 15 (quinze) anos de idade saí para trabalhar fora, como doméstica. Fui registrada por 3 (três) anos apenas, isso entre os anos de 1998 a 2000. Nos últimos 6 (seis) anos não mais trabalhei, porque não tenho mais saúde, não tenho força para trabalhar. Hoje vivo sozinha, estou doente e não tenho*

nenhuma renda. O médico me disse que não posso mais trabalhar. Então eu quero uma aposentadoria ou qualquer outra ajuda para que eu não morra de fome". (FAE – 2006 – TRT – 9ª Região (PR) – Juiz – 1ª Prova – 1ª Etapa – Direito Previdenciário)

A partir desse relato hipotético, julgue as seguintes assertivas:

I – Maria não tem direito à aposentadoria da Previdência Social, pois não reúne os requisitos mínimos exigidos para a aposentadoria por tempo de contribuição.

II – Maria tem direito à aposentadoria por idade, já que conta com mais de 60 anos e contribuiu por 3 (três) anos para o sistema, satisfazendo, assim, os requisitos para essa prestação previdenciária.

III – Maria não tem direito a qualquer prestação da Previdência Social porque, ao deixar de contribuir para o sistema nos últimos 6 (seis) anos, perdeu a condição de segurada.

IV – Maria tem direito à aposentadoria por invalidez em razão de não possuir mais capacidade para o trabalho, pois esse benefício não exige carência.

a) Somente as alternativas I, II e III estão corretas.
b) Somente as alternativas I e II estão corretas.
c) Somente as alternativas I e III estão corretas.
d) Somente as alternativas II e III estão corretas.
e) Somente a alternativa II está correta.

3. Quanto à concessão de benefícios, assinale a afirmativa **incorreta**. (FGV – 2008 – TCM-RJ – Auditor)

a) O salário de benefício consiste na média aritmética simples dos maiores salários de contribuição correspondentes a oitenta por cento de todo o período contributivo. No caso da aposentadoria por tempo de contribuição, a média apurada será multiplicada pelo fator previdenciário, compulsoriamente.

b) Uma vez calculado o salário de benefício, aplica-se o percentual correspondente à renda mensal, que varia conforme o benefício requerido. A renda mensal do benefício de prestação continuada que substituir o salário de contribuição ou o rendimento do trabalho do segurado não poderá ser inferior ao salário-mínimo nem superior ao limite máximo, salvo direito adquirido.

c) Todos os benefícios da Previdência Social são concedidos sempre que implementados dois requisitos: a carência e a situação geradora do benefício, também chamada de risco social. Assim, por exemplo, tratando-se de aposentadoria por idade, o segurado deve ter, no mínimo, sessenta e cinco anos ou, sendo do sexo feminino, sessenta anos de idade, com carência de cento e oitenta contribuições.

d) Fator previdenciário é um índice multiplicador do salário de benefício, que leva em consideração, no seu cálculo, a idade do segurado, o tempo de contribuição, a expectativa de sobrevida no momento da aposentadoria, conforme tabelas construídas pela Fundação Instituto Brasileiro de Geografia e Estatística – IBGE. Dessa forma, quanto mais tempo o segurado presumivelmente receberá aposentadoria, menor será a renda mensal do seu benefício.

e) O salário-maternidade da segurada empregada é benefício que não se sujeita à apuração do salário de benefício nem ao limite máximo dos benefícios. Sua renda mensal consiste num valor igual à sua remuneração.

4. No que concerne às prestações em geral da previdência social, assinale a opção correta. (Cespe – 2009 – Bacen – Procurador)

a) A doença ou lesão de que o segurado já era portador ao filiar-se ao RGPS não lhe conferirá direito à aposentadoria por invalidez, ainda quando a incapacidade sobrevier por motivo de progressão ou agravamento dessa doença ou lesão.

b) A aposentadoria por invalidez é benefício de pagamento continuado, de risco imprevisível, razão pela qual, conforme a legislação, não se exige período de carência para concedê-la.

c) A mera concessão da aposentadoria voluntária ao trabalhador tem por efeito extinguir, instantânea e automaticamente, o seu vínculo de emprego.

d) A aposentadoria por idade será devida ao segurado empregado, exceto o doméstico, a partir da data do desligamento do emprego, quando requerida até essa data ou até 90 dias depois dela.

e) É vedado o recebimento conjunto do seguro-desemprego com qualquer benefício de prestação continuada da previdência social, exceto pensão por morte ou auxílio-acidente, ressalvadas, ainda, as situações de direito adquirido.

5. Leia e analise os itens abaixo: (PGT – 2009 – PGT – Procurador do Trabalho)

    I – A data-base dos aposentados e pensionistas é 1º de janeiro.

    II – A perda da condição de segurado não será considerada para a concessão da aposentadoria por idade, desde que a pessoa conte com, no mínimo, o tempo de contribuição correspondente ao exigido para efeito de carência na data de requerimento do benefício.

    III – Presume-se caracterizada a incapacidade acidentária quando estabelecido o nexo técnico epidemiológico entre o trabalho e o agravo, decorrente da relação entre a atividade da empresa e a entidade mórbida motivadora da incapacidade.

    Marque a alternativa CORRETA:

    a) Todos os itens são corretos.
    b) Apenas os itens I e II são corretos.
    c) Apenas os itens I e III são corretos.
    d) Apenas os itens II e III são corretos.
    e) Não respondida.

6. Em relação à seguridade social brasileira, sua organização e seus princípios, julgue os seguintes itens. (Cespe – 2008 – INSS – Analista do Seguro Social)

    De acordo com o princípio da uniformidade e equivalência dos benefícios e serviços às populações urbanas e rurais, uma das condições para a aposentadoria por idade do trabalhador rural é a exigência de que atinja 65 anos de idade, se homem, ou 60 anos de idade, se mulher.

7. Leia cada um dos assertos abaixo e assinale (**V**) ou (**F**), conforme seja verdadeiro ou falso. Depois, marque a opção que contenha a exata sequência.

    ( ) Não são cumulativos o benefício de auxílio-doença e o de percepção, pelos dependentes, do auxílio-reclusão, ainda que, nessa condição, o segurado recluso contribua como contribuinte individual ou facultativo.

    ( ) Perde o direito ao auxílio-reclusão o beneficiário, se, o contribuinte individual ou facultativo, passa a exercer atividade remunerada em cumprimento de pena em regime fechado ou semiaberto.

    ( ) Na hipótese de aposentadoria por idade, a perda da qualidade de segurado não será considerada para a concessão desse benefício, irrelevante para o caso o tempo de contribuição.

    a) V, V, V.

b) V, F, F.
c) V, F, V.
d) V, V, F.
e) F, F, F.

8. Dadas as alternativas abaixo, assinalar a alternativa correta: (XII Concurso Público – Juiz Federal 4ª Região)

   I – A aposentadoria por idade do trabalhador urbano condiciona-se a dois únicos requisitos: idade mínima e carência, ainda que preenchidos em diferentes momentos no tempo.

   II – Possível é a cumulação de pensão e aposentadoria rural por idade.

   III – A aposentadoria por idade do professor é devida cinco anos antes da idade legalmente prevista para o trabalhador urbano.

   IV – Vindo o trabalhador urbano a complementar a idade legal de 65 anos para o homem e 60 anos para a mulher, mesmo quando já perdida a qualidade de segurado, poderá pleitear a aposentadoria por idade se comprovar o número mínimo de contribuições exigido por lei.

   a) Estão corretas apenas as assertivas I e IV.
   b) Estão corretas apenas as assertivas II e III.
   c) Estão corretas apenas as assertivas I, II e IV.
   d) Todas as assertivas estão corretas.

9. Dentre as proposições que seguem, assinale a alternativa correta: (14º Concurso, Magistratura Federal 3ª Região)

   I – o trabalhador avulso que exerce atividade rural para duas ou mais empresas, em caráter eventual, sem vínculo empregatício, pode requerer aposentadoria por idade rural até 31.12.2010.

   II – O enquadramento da regra de transição da carência para obtenção da aposentadoria por idade do trabalhador rural leva em conta o ano em que forem satisfeitos os requisitos deste benefício previdenciário.

   III – O aposentado por idade rural, que se tornar empregado celetista do Município, é segurado obrigatório em relação a essa atividade, ficando sujeito às contribuições sociais, para fins de custeio da Seguridade Social.

   IV – A segurada aposentada que retornar à atividade tem direito ao salário-maternidade.

   a) Todos os enunciados I, II, III e IV estão corretos.
   b) Apenas os enunciados I, II, e IV estão corretos.
   c) Apenas os enunciados I, III e IV estão corretos.
   d) Todos os enunciados I, II, III e IV estão incorretos.

10. Assinale a alternativa correta: (XII Concurso Magistratura Federal da 3ª Região).

    a) A partir da Lei nº 9.876/1999 ficou garantida a concessão de salário-maternidade, independentemente de carência a todas as seguradas da previdência social.

    b) A aposentadoria por idade pode ser requerida pela empresa, desde que o segurado empregado tenha cumprido o período de carência exigida e completado 65 (sessenta e cinco) anos de idade, se do sexo masculino, ou 60 (sessenta) anos, se do sexo feminino.

    c) A Emenda Constitucional nº 41/2003 introduziu norma de eficácia limitada prevendo a criação de sistema especial de inclusão previdenciária para trabalhadores de baixa renda, a fim de que lhes seja garantido o acesso às aposentadorias por idade e por tempo de contribuição.

d) É vedada a filiação ao Regime Geral de Previdência Social, na qualidade de segurado facultativo, de pessoa participante de regime próprio de previdência.

11. Assinale a alternativa correta. (Vunesp – 2008 – DPE – MS – Defensor Público)

a) Em face do princípio da equivalência urbano-rural, a idade da aposentadoria por idade é igual à do urbano.

b) Para fazer jus à aposentadoria especial é preciso provar a incapacidade para o trabalho em perícia médica do INSS.

c) A pensão por morte não pode ser cumulada com a aposentadoria.

d) Pode o empregador requerer a aposentadoria compulsória de seu empregado.

11

Aposentadoria por Tempo de Contribuição e Aposentadoria Especial

11.1 Aposentadoria por tempo de contribuição

O benefício encontra-se previsto no artigo 201, § 7º, I, da Constituição Federal, com redação dada pela Emenda Constitucional que assegura a aposentadoria, nos termos da lei, após 35 anos de contribuição, ao homem, e após 30 anos de contribuição, para a mulher.

Verifica-se que, após a Emenda Constitucional nº 20/09, não existe mais a previsão da aposentadoria por tempo de serviço e da aposentadoria proporcional por tempo de serviço nas regras permanentes. A aposentadoria passou a exigir contribuição para todo o período trabalhado, não se admitindo o tempo de serviço desacompanhado de contribuições respectivas, após a edição da referida Emenda. Além disso, a Constituição Federal não mais contempla a aposentadoria proporcional por tempo de serviço para aqueles que se filiarem após 16.12.1998.

A aposentadoria por tempo de serviço vinha sendo duramente criticada, uma vez que não se trata de risco social, ou seja, a implementação de tempo de serviço não se reveste do caráter de imprevisibilidade contido no risco social, a ensejar proteção previdenciária. Por ocasião da Reforma da Previdência ocorrida em 1998, a proposta inicial era de conjugar o tempo de contribuição à idade mínima para obter o benefício. Porém, o requisito da idade mínima para a aposentadoria por tempo de contribuição no Regime Geral de Previdência Social foi rejeitado expressamente pelo Congresso Nacional, permanecendo somente a exigência de contribuições ao invés de tempo de serviço durante determinado número de anos para a concessão da aposentadoria.

A Emenda Constitucional nº 20/98, objetivando proteger aqueles que já se encontravam em vias de adquirir o direito ao benefício, estabeleceu o artigo 9º das Disposições Transitórias, regulamentando a extinção gradual das antigas regras para aqueles que já se encontravam filiados à Previdência Social quando de sua publicação, em 16.12.1998. Dispõe o artigo 9º da Emenda Constitucional nº 20/98 que "observado o disposto no artigo 4º desta Emenda e ressalvado o direito de opção à aposentadoria pelas normas por ela estabelecidas para o regime geral de previdência social, até a data da publicação desta Emenda, quando cumulativamente, atender os seguintes requisitos: I – contar com cinquenta e três anos de idade, se homem, e quarenta e oito anos de idade, se mulher; e II – contar com tempo de contribuição igual, no mínimo, à soma de: a) trinta e cinco anos, se homem, e trinta anos, se mulher; e b) um período adicional de contribuição equivalente a vinte por cento do tempo que, na data da publicação desta emenda, faltaria para atingir o limite de tempo constante da alínea anterior".

Verifica-se que a Emenda permite o direito de opção entre as regras permanentes e as regras transitórias. Desse modo, considerando que as regras permanentes não contêm a previsão do implemento da idade e tampouco do adicional de contribuição de 20%, denominado *pedágio constitucional*, a exigência NÃO se aplica à aposentadoria integral. Em outro dizer, considerando que a exigência da idade conjugada ao tempo de contribuição foi expressamente rejeitada, as regras permanentes são mais vantajosas para o segurado do que aquelas previstas nas disposições transitórias. Assim, o entendimento administrativo do INSS é no sentido de afastar a idade mínima e o pedágio para a concessão da aposentadoria integral para aqueles que já estavam filiados à Previdência antes de 16.12.1998.

O mesmo não ocorre, entretanto, em relação à aposentadoria proporcional por tempo de serviço. Com efeito, a regra permanente, ou seja, o artigo 210, § 7º, inciso I, não mais contempla a aposentadoria proporcional por tempo de serviço. Desse modo, não é possível exercer o direito de opção previsto no artigo 9º da Emenda Constitucional, que protegeu a expectativa de direito daqueles que já se encontravam filiados à Previdência Social até a data da publicação da Emenda, assegurando o direito à aposentadoria proporcional ao segurado que tenha se filiado ao Regime Geral de Previdência Social, até 16.12.1998,

"quando atendidas as seguintes condições: I – contar tempo de contribuição igual, no mínimo, à soma de: a) trinta anos, se homem, e vinte e cinco anos, se mulher; e b) um período adicional de contribuição equivalente a quarenta por cento do tempo que, na data da publicação desta Emenda, faltaria para atingir o limite de tempo constante da alínea anterior".

Desse modo, a obtenção da aposentadoria proporcional para aqueles que estavam em vias de adquirir o direito, já se encontrando filiados à Previdência antes de 16.12.1998, está condicionada à idade mínima e ao pedágio constitucional, consistente no adicional de contribuição sobre o tempo que faltava em 16.12.1998 para atingir 25 anos, se mulher, ou 30 anos se homem. Tome-se como exemplo uma mulher que em 16.12.1998 contava com 20 anos de tempo de serviço e 38 anos de idade. Para fazer jus ao benefício, terá que, após o implemento da idade mínima de 48 anos, cumprir o pedágio de mais dois anos (40% sobre cinco anos faltantes), podendo aposentar-se proporcionalmente aos 50 anos.

A Emenda Constitucional citada ressalvou em seu artigo 4º o tempo de serviço anterior a sua edição, estabelecendo que o tempo de serviço considerado pela legislação vigente para efeito de aposentadoria cumprido até que a lei discipline a matéria será contado como tempo de contribuição, proibindo a utilização de tempo de serviço fictício. Assim, as regras vigentes por ocasião da Emenda continuam aplicáveis, e serão examinadas no subitem seguinte.

Verifica-se, assim, que a chamada Reforma da Previdência Social traçou um novo quadro para a aposentadoria por tempo de serviço, que, no dizer de Daniel Machado da Rocha e José Paulo Baltazar Júnior (2000, p. 184),

> "consagra três situações diversas: a) beneficiários que obtiveram a implementação dos requisitos com base na legislação vigente até a data da publicação da Emenda; b) beneficiários filiados ao sistema, mas que não completaram os requisitos necessários até a data da publicação; e c) segurados filiados após a vigência das novas regras".

A primeira situação diz respeito àqueles que têm direito adquirido ao benefício, uma vez que implementaram os requisitos legais para a obtenção do benefício antes da publicação da Emenda. O segurado nesta situação necessita apenas comprovar a carência (180 contribuições ou a regra do artigo 142 da Lei nº 8.213/91) e o tempo de serviço mínimo, de 25 anos para a mulher e 30 anos para o homem.

Note-se que o direito adquirido abrange também a forma de cálculo do benefício e independe de requerimento pelo interessado, frente aos termos da Súmula nº 359 do STF, que dispõe: "359. Ressalvada a revisão prevista em lei, os proventos da inatividade regulam-se pela lei vigente ao tempo em que o militar, ou servidor civil, reuniu os requisitos necessários, inclusive a apresentação do requerimento, quando a inatividade for voluntária", lembrando que a exigência do requerimento foi derrogada no julgamento do ERE 7.2509 (*RTJ* 64/408). Em outro dizer, a aquisição do direito não se confunde com o seu exercício, não sendo exigido o requerimento do benefício para que se caracterize o direito adquirido. A regulamentação das disposições constitucionais encontra-se no artigo 187 do Decreto nº 3.048/99 e quanto à proteção às regras de cálculo, nos §§ 3º e 4º do mesmo dispositivo legal.

A segunda situação diz respeito às regras de transição, que protegeram a expectativa de direito daqueles que já se encontravam em vias de adquirir o direito ao benefício da aposentadoria proporcional, aplicando-se as Disposições Transitórias previstas no artigo 9º da Emenda Constitucional nº 20/98, na forma antes exposta, regulamentada no artigo 188 do Decreto nº 3.048/99, que em nenhum momento prevê a aplicação do regramento transitório para a aposentadoria integral (exigência de idade mínima acrescida de pedágio de 20%).

Ressalte-se que as situações previstas serão as mais comuns, considerando que as regras permanentes somente serão aplicadas àqueles que se filiaram à Previdência Social após a edição da Emenda e que implementarão os requisitos após 30 anos se mulher, ou 35 anos de contribuição, se homem, a contar de 16.12.1998, ou seja, em 2028 e 2033, respectivamente, que é a terceira situação a que nos referimos.

Visto o panorama constitucional do benefício, passemos a analisar a legislação ordinária aplicável ao tema.

11.1.1 *Comprovação do tempo de serviço*

Conforme mencionamos, o artigo 4º da Emenda Constitucional nº 20/98 estabeleceu que o tempo de serviço será contado como tempo de contribuição, até que seja editada lei que regule a matéria, o que ainda não ocorreu. Assim, continuam aplicáveis as regras de comprovação de tempo de serviço previstas no artigo 55 da Lei nº 8.213/91, que considera como tempo de serviço:

I – o de serviço militar, inclusive o voluntário e o serviço alternativo aos que, em tempos de paz, depois de alistados, alegarem imperativo de consciência, decorrente de crença religiosa e de convicção filosófica ou política, para se eximirem de atividade essencialmente militar, conforme prevê o artigo 143, § 1º, da Constituição Federal;

II – o tempo intercalado em que o segurado esteve em gozo de auxílio-doença ou aposentadoria por invalidez;

III – o tempo de contribuição efetuada como segurado facultativo;

IV – o tempo de serviço referente ao exercício de mandato eletivo federal, estadual ou municipal, desde que não tenha sido contado para outro regime de previdência social;

V – o tempo de contribuição efetuado por segurado depois de ter deixado de exercer atividade remunerada que o enquadrava como segurado obrigatório, previsto no artigo 11 da Lei nº 8.213/91;

VI – o tempo de contribuição efetuado pelo servidor público ocupante de cargo em comissão previsto no artigo 11, I, g, da Lei nº 8.213/91, que tenha observado os artigos 8º e 9º da Lei nº 8.162/91 e artigo 9º da Lei nº 8.688/93, sendo que tais contribuições serão computadas para efeitos de carência.

Verifica-se que o Decreto nº 3.048/99 alarga o rol previsto no artigo 55 da Lei nº 8.213/91, para abranger situações em que há incidência de contribuição previdenciária e também situações previstas em legislação especial, bem como para fins de contagem recíproca, para facilitar a aplicação da norma previdenciária e uniformizar sua interpretação.

Assim, além das hipóteses citadas, o Decreto nº 3.048/99 em seu artigo 60 prevê 12 incisos esclarecendo que também serão computados como tempo de serviço:

I – o período de exercício de atividade remunerada abrangida pela Previdência Social urbana e rural, ainda que anterior à sua instituição, respeitado o disposto no inciso XVII, que prevê a necessidade de indenização pelo empregador rural no período anterior à Lei nº 6.260, de 6.11.1975, que o tornou segurado obrigatório da Previdência Social;

II – o período em que a segurada esteve recebendo o salário-maternidade;

III – o tempo de afastamento de atividade de segurado beneficiado por anistia política;

IV – o tempo de serviço público federal, estadual, do Distrito Federal ou municipal, certificado na forma da Lei nº 3.841/60, desde que a respectiva certidão tenha sido requerida na entidade para a qual o serviço foi prestado até 30.9.1975, véspera da vigência da Lei nº 6.226, de 14.6.1975;

V – o tempo de serviço em que o segurado esteve recebendo benefício por incapacidade decorrente de acidente do trabalho *intercalado ou não*;

VI – o tempo de serviço do segurado trabalhador rural anterior à competência novembro de 1991, data da primeira regulamentação da Lei nº 8.213/91;

VII – o tempo de serviço de mandato classista junto a órgão de deliberação coletiva em que, nessa qualidade, tenha havido contribuição à Previdência Social;

VIII – o tempo de serviço público prestado à administração federal direta e autarquias federais, bem como às estaduais, do Distrito Federal e municipais, quando aplicada a legislação que autorizou a contagem recíproca de tempo de contribuição;

IX – o período de licença remunerada, desde que tenha havido desconto de contribuições; o período em que o segurado tenha sido colocado pela empresa em disponibilidade remunerada, desde que tenha havido desconto de contribuições;

X – o tempo de serviço prestado à Justiça dos Estados, às serventias extrajudiciais e às escrivanias judiciais, desde que não tenha havido remuneração pelos cofres públicos e que a atividade não estivesse à época vinculada a regime próprio de Previdência Social;

XI – o tempo de atividade patronal ou autônoma, exercida anteriormente à vigência da LOPS – Lei nº 3.807, de 26.8.1990, que os incluiu como segurados obrigatórios, desde que indenizado, na forma do artigo 122 do Decreto nº 3.048/99;

XII – o período de atividade dos auxiliares locais de nacionalidade brasileira no exterior, amparados pela Lei nº 8.745 de 1993, anteriormente a 1º.1.1994, desde que sua situação previdenciária esteja regularizada junto ao Instituto Nacional do Seguro Social.

No que se refere aos segurados especiais que contribuem na forma do artigo 200, I e II, do Decreto nº 3.048/99, estabelece o referido Decreto que somente farão jus à aposentadoria por idade, tempo de contribuição e especial, após o cumprimento da carência exigida para estes benefícios, não sendo considerado como período de carência o tempo de atividade rural não contributivo.

É de ser notado, ainda, que o tempo de serviço ou tempo de contribuição somente poderá ser computado uma única vez, no Regime Geral de Previdência Social, ou em outro regime previdenciário, e será utilizado para cálculo do valor da renda mensal de qualquer benefício.

11.1.2 Conceito do tempo de serviço

Considera-se tempo de contribuição o tempo contado de data a data, desde o início até a data do requerimento ou do desligamento de atividade abrangida pela Previdência Social, descontados os períodos legalmente estabelecidos como de suspensão de contrato de trabalho, de interrupção de exercício e de desligamento de atividade.

Valentin Carrion (2002, p. 329) esclarece a diferença entre suspensão e interrupção do contrato de trabalho:

"em ambas o contrato continua vigente, mas as principais obrigações das partes não são exigíveis (suspensão) ou o são apenas parcialmente (interrupção). Na primeira não há trabalho nem remuneração; na segunda não há trabalho, mas o empregado continua a receber os salários. O tempo daquela não se conta como de efetivo exercício; o desta, em geral sim".

Verifica-se que a legislação previdenciária orienta-se pela legislação trabalhista para fins de contagem do tempo de serviço, atualmente tempo de contribuição. Consideram-se casos de suspensão das principais obrigações do contrato de trabalho, segundo o mestre citado:

"(a) licença não remunerada, doença justificada após os primeiros quinze dias, suspensão disciplinar, suspensão para inquérito do estável, aposentadoria provisória; b) o acidente do trabalho e o serviço militar obrigatório, que, entretanto, se computam para cálculo de tempo de serviço (art. 4º e 472 da CLT); c) o exercício de cargo público não obrigatório; d) participação em greve, sem salários; e) desempenho de cargo sindical, se houver afastamento; f) participação em curso ou programa de qualificação profissional, em virtude de suspensão do contrato específica do art. 476-A".

Prossegue o referido autor, enumerando as hipóteses de interrupção do contrato:

"a) domingos e feriados, se o empregado trabalhou durante a semana; férias (CLT, art. 130); falecimento de cônjuge, ascendente, irmão ou dependente anotado na Carteira Profissional (dois dias, art. 473; nove dias professores, art. 320); d) casamento (três dias, art. 473; nove dias o professor, art. 320); e) doação de sangue (um dia por ano); alistamento eleitoral (2 dias); f) nascimento de filhos (cinco dias, art. 473/2); h) certos casos de obrigações militares para todos os efeitos; as demais só para tempo de serviço . [...] i) testemunha (CLT, art. 822) ou parte em processo trabalhista (TST, Súmula 155); ausências consideradas justificadas pelo empregador, desde que este concorde em pagar os respectivos salários [...]; l) gravidez (art. 392 e segs. da CLT; duas semanas em caso de aborto, arts. 392 e 395); m) acidente do trabalho (primeiros quinze dias; Dec. 3.048/99, arts. 30 e 71); n) doença (primeiros quinze dias; L. 8.213/91, art. 60 ...); o) o aviso-prévio em dinheiro; p) afastamento para inquérito por motivo de segurança nacional (CLT, art. 472, § 5º, por 90 dias); q) greve, se houver pagamento de salários; r) comparecimento de jurado à sessão de júri (CPP, art. 430); s) ausência por trabalho nas eleições (dobro dos dias trabalhados, L. 9.504/97, art. 98); t) exame vestibular para ingresso em faculdade (CLT, art. 473); u) comparecimento em juízo (CLT, art. 473, VIII, red. L. 9.553/99)".

11.1.3 *Comprovação do tempo de serviço*

A Lei nº 8.213/91 remete ao Regulamento a forma pela qual deve ser comprovado o tempo de serviço, vedando expressamente a produção de prova exclusivamente testemunhal para tal finalidade, no artigo 55, § 3º.

Os contribuintes individuais deverão comprovar a interrupção ou o cancelamento definitivo do exercício da atividade que determinou sua inscrição como segurado obrigatório, sob pena de ser considerado devedor da Previdência Social. Em outros termos, deverão tais contribuintes cancelar sua inscrição perante a Previdência Social, sob pena de serem cobradas as contribuições do período, presumindo-se a continuidade do exercício da atividade profissional caso não seja comunicada sua interrupção.

O trabalhador eventual e o autônomo deverão apresentar declaração, ainda que extemporânea, do encerramento das atividades. Já os demais contribuintes individuais deverão apresentar distrato social, alteração contratual ou documento equivalente emitido por junta comercial, secretaria federal, estadual, municipal, distrital ou por outros órgãos oficiais ou outra forma admitida pelo INSS.

A prova de tempo de serviço, observado o artigo 19 do Decreto nº 3.048/99, que prevê que as anotações na Carteira Profissional ou de Trabalho valem para todos os fins como prova de filiação à Previdência Social, como já exposto no Capítulo IV, é feita mediante documentos que comprovem o exercício de atividade nos períodos a serem contados, devendo esses documentos ser *contemporâneos dos fatos a comprovar* e mencionar as datas de início e término e, quando se tratar de trabalhador avulso, a duração do trabalho e a condição em que foi prestado.

O Decreto nº 3.048/99 indica em rol exemplificativo os documentos hábeis para a comprovação de tempo de serviço, a saber:

I – contrato individual de trabalho, Carteira Profissional e/ou Carteira de Trabalho e Previdência Social, carteira de férias, carteira sanitária, caderneta de matrícula e caderneta de contribuição dos antigos institutos de aposentadorias e pensões, caderneta de inscrição pessoal visada pela Capitania dos Portos, pela superintendência do Desenvolvimento da Pesca, pelo Departamento Nacional de obras Contra as Secas e declarações da Receita Federal;

II – certidão de inscrição em órgão de fiscalização profissional, acompanhada de documento que comprove o exercício de atividade;

III – contrato social e respectivo distrato;

IV – contrato de arrendamento, parceria ou comodato rural;

V – certificado de sindicato ou órgão gestor de mão de obra que agrupa trabalhadores avulsos;

VI – comprovante de cadastro do Instituto Nacional de Colonização e Reforma Agrária, no caso de produtores em regime de economia familiar;

VII – bloco de notas do produtor rural; ou

VIII – declaração de sindicato de trabalhadores rurais ou colônia de pescadores, desde que homologada pelo Instituto Nacional do Seguro Social.

Na falta de documento contemporâneo, podem ser aceitos declaração do empregador ou seu preposto, atestado de empresa ainda existente, certificado ou certidão de entidade oficial das quais constem os dados previstos no *caput* do artigo 62 do Decreto nº 3.048/99, desde que extraídos de arquivos ainda existentes e acessíveis à fiscalização do Instituto Nacional do Seguro Social. A respeito das declarações de empregadores, somente serão aceitas se emitidas na forma acima. Se a empresa não mais existir ou, ainda, se os dados não puderem ser confrontados pela fiscalização previdenciária, a declaração não será considerada como início material de prova, por equivaler à prova testemunhal, sem as garantias do contraditório.

O rol de documentos indicados no Decreto nº 3.048/99, artigo 62, § 2º, não é exaustivo, mas, se o segurado não apresentar a referida documentação, a prova poderá ser complementada por outros documentos que levem à convicção do fato a comprovar, inclusive mediante justificação administrativa, prevista nos artigos 142 a 151 da norma regulamentadora, que só produzirá efeitos perante a previdência se baseada em início de prova documental, o mesmo ocorrendo em se tratando de Justificação Judicial.

Vale lembrar que a Justificação Judicial é procedimento cautelar regulado no artigo 861 do Código de Processo Civil. É certo que o Juiz não se pronuncia sobre o mérito da prova, limitando-se a verificar se foram observadas as formalidades legais e a homologar por sentença o procedimento, como se verifica no parágrafo único do artigo 866. Assim, mesmo em se tratando de Justificação Judicial, se a prova testemunhal não vier acompanhada de início material, não produzirá efeitos perante a Previdência Social.

O artigo 55 da Lei nº 8.213/91, em seu § 3º, veda expressamente a produção de prova exclusivamente testemunhal para fins de tempo de serviço, salvo na ocorrência de força maior ou caso fortuito, como enchente, inundação, incêndio ou desmoronamento que tenha atingido a empresa na qual o segurado alegue ter trabalhado, provado mediante registro da ocorrência policial feito em época própria ou apresentação de documentos contemporâneos dos fatos, e verificada a correlação entre a atividade da empresa e a profissão do segurado.

Não caberá recurso da decisão que considerar eficaz ou ineficaz a justificação administrativa, mas tão somente daquela que indeferir o pedido de benefício, baseado no fato que se pretendia comprovar por meio de Justificação Administrativa.

Discute-se a constitucionalidade da proibição da prova exclusivamente testemunhal para fins de tempo de serviço. Parte da doutrina considera que a vedação é inconstitucional, uma vez que ofende o devido processo legal e a regra contida no artigo 5º, LVI, que estabelece "que são inadmissíveis no processo as provas obtidas por meios ilícitos". Argumentam os defensores de tal tese que a prova testemunhal não pode ser limitada por não vir acompanhada de início de prova documental, posto que, em se tratando de prova lícita, não poderia o legislador infraconstitucional vedar sua produção, a qualquer pretexto.

Além disso, sustenta-se que à proibição contida na legislação previdenciária não se aplica o Poder Judiciário que utiliza o Código de Processo Civil como regramento da instrução processual, que consagra o princípio da persuasão racional da prova ou do livre convencimento motivado, nos termos do artigo 131 do estatuto processual. Nesse sentido, ver Sergio Pinto Martins (2003, p. 360).

Os defensores da tese contrária sustentam que a prova testemunhal possibilita fraudes na comprovação de tempo de serviço, já que, muitas vezes, os testemunhos são prestados como favor recíproco. Raimundo Cerqueira Ally (2002, p, 117) menciona que

> "desde a época do Direito Romano a prova testemunhal ocupou plano secundário, seja no campo de admissibilidade, seja por seu valor intrínseco. A mentira, o interesse, a amizade e o ódio, tão comuns no ser humano, fizeram com que o legislador olhasse com reservas a prova testemunhal, proibindo-a em alguns casos ou limitando-a em outros".

Demais disso, a proibição da utilização exclusiva da prova testemunhal não é privativa do Direito Previdenciário, constando do Código de Processo Civil no artigo 401, que a proíbe nos contratos cujo valor não exceda o décuplo do maior salário-mínimo vigente no país, ao tempo em que foram celebrados.

Predomina na Jurisprudência a segunda corrente, conforme se verifica nas Súmulas 27 do TRF da 1ª Região e 149 do STJ, que estabelece: "A prova exclusivamente testemunhal não basta à comprovação da atividade rurícola para a obtenção de benefício previdenciário." A referida súmula aplica-se também aos trabalhadores urbanos, que têm mais facilidade na obtenção da prova de tempo de serviço do que os rurais.

A prova material somente terá validade para a pessoa referida no documento, não sendo permitida a sua utilização por outras pessoas, segundo o artigo 62, § 2º, do Decreto nº 3.048/99. Tal proibição já foi objeto de análise pelo Poder Judiciário, que diverge do entendimento administrativo. Em decorrência da edição da Súmula nº 149 do STJ, essa Corte passou a considerar como início de prova as certidões de casamento, de nascimento de filhos, títulos de eleitor, certificados de prestação de serviço militar ou de reservista, que contenham como profissão a de lavrador, ficando a critério do julgador a abrangência do tempo a ser reconhecido. A orientação do STJ é no sentido de que as anotações do registro civil, das quais decorre a profissão de rurícola do marido, também servem à profissão da esposa, ainda que exercida nos afazeres domésticos, especialmente quando a atividade rural se dá em regime de economia familiar. A propósito do tema, vejam-se os acórdãos REsp nº 345422, Proc. 200100682100, 6ª T., Rel. Hamilton Carvalhido, *DJ* 19.12.2002, p. 467; ED nº 111.817-SP, STJ, Rel. Min. José Dantas, 3ª S., *DJU* 25.2.1998, p. 26 e REsp nº 175.822/SP, STJ, Rel. Min. Gilson Dipp, 5ª T. un., *DJU* 26.10.1998, p. 114, e a Súmula 6 da Turma de Uniformização de Jurisprudência dos Juizados Especiais Federais que dispõe:

> "A certidão de casamento ou outro documento idôneo que evidencie a condição de trabalhador rural do cônjuge constitui razoável início de prova material para a comprovação da atividade rurícola."

No tocante ao trabalhador rural, servirão, alternativamente, como prova do exercício da atividade, os documentos indicados no artigo 106 da Lei nº 8.213/91, com redação dada pela Lei nº 11.718/08:

> "I – contrato individual de trabalho ou Carteira de Trabalho e Previdência Social;
>
> II – contrato de arrendamento, parceria ou comodato rural;
>
> III – declaração fundamentada de sindicato que represente o trabalhador rural ou, quando for o caso, de sindicato ou colônia de pescadores, desde que homologada pelo Instituto Nacional do Seguro Social – INSS;
>
> IV – comprovante de cadastro do Instituto Nacional de Colonização e Reforma Agrária – INCRA, no caso de produtores em regime de economia familiar;
>
> V – bloco de notas do produtor rural;
>
> VI – notas fiscais de entrada de mercadorias, de que trata o § 7º do art. 30 da Lei nº 8.212, de 24 de julho de 1991, emitidas pela empresa adquirente da produção, com indicação do nome do segurado como vendedor;

VII – documentos fiscais relativos a entrega de produção rural à cooperativa agrícola, entreposto de pescado ou outros, com indicação do segurado como vendedor ou consignante;

VIII – comprovantes de recolhimento de contribuição à Previdência Social decorrentes da comercialização da produção;

IX – cópia da declaração de imposto de renda, com indicação de renda proveniente da comercialização de produção rural; ou

X – licença de ocupação ou permissão outorgada pelo Incra." (NR)

11.1.4 Valor do benefício

O valor da aposentadoria integral por tempo de contribuição encontra-se traçado no artigo 53 da Lei nº 8.213/91, que fixa para a aposentadoria proporcional o valor de 100% do salário de benefício, aos 30 anos de contribuição para a mulher, enquanto, para o homem, o percentual de 100% do salário de benefício será devido aos 35 anos de contribuição.

Em relação à aposentadoria proporcional, a Emenda Constitucional nº 20/98 trouxe mudanças, aos estabelecer no artigo 9º, II, § 1º que:

> "o valor da aposentadoria proporcional será equivalente a setenta por cento do valor da aposentadoria que se refere o *caput*, acrescido de cinco por cento por ano de contribuição que supere a soma a que se refere o inciso anterior, até o limite de cem por cento".

Vale dizer, houve redução no percentual a ser acrescido sobre o percentual de 70%, que era de 6%. A regulamentação encontra-se no artigo 188 do § 2º do Decreto nº 3.048/99.

A data de início de pagamento do benefício será fixada como a da aposentadoria por idade, nos moldes preconizados pelo artigo 49, ou seja, a contar do desligamento do emprego, se requerido antes de 90 dias do afastamento da atividade, ou a contar do requerimento, se ultrapassado tal prazo.

11.2 Aposentadoria do professor

Prevista pelo artigo 201, § 8º, da Constituição Federal, e pelo artigo 56 da Lei nº 8.213/91, reduz em cinco anos o tempo de serviço dos professores e professoras, mantendo o valor integral do benefício.

A reforma da Previdência modificou o instituto. Manteve o benefício para o professor de educação infantil, fundamental e de nível médio, desde que comprovem, exclusivamente, tempo de efetivo magistério e que observem o tempo mínimo de contribuição (30 anos se homem, e 25 se mulher) com direito a 100% do salário de benefício e *retirou do professor universitário o direito ao benefício*.

Anteriormente à Emenda Constitucional, considerava-se função de magistério as atividades dos professores segurados da Previdência Social urbana que, em estabelecimento de ensino de 1º e 2º grau, ou de ensino superior, bem como em curso de formação profissional, autorizados ou reconhecidos pelos órgãos componentes do Poder Executivo Federal ou Estadual: (a) exerçam atividades docentes a qualquer título; (b) ocupem funções de administradores, planejadores, orientadores, supervisores ou outras específicas dos demais especialistas em educação (Portaria do MPAS nº 2.865/82).

Atualmente, a lei exige o efetivo exercício do magistério, ressalvando apenas o tempo de magistério exercido no serviço público federal, estadual ou municipal; o período de auxílio-doença, se concedido entre períodos de atividade e o benefício decorrente de acidente do trabalho, intercalado ou não. Não mais se admite a conversão de tempo de serviço exercido e atividade de magistério para a obtenção de aposentadoria comum, por tempo de contribuição, como ocorre na aposentadoria especial.

A prova da condição de professor será feita mediante a apresentação do diploma registrado nos órgãos competentes, estaduais e federais, ou de qualquer outro documento que comprove a habilitação para o exercício do magistério, na forma de lei específica e dos registros em Carteira Profissional e/ou Carteira de Trabalho e da Previdência Social, complementados, quando for o caso, por declaração do estabelecimento de ensino onde foi exercida a atividade, sempre que necessária essa informação, para efeito de caracterização do efetivo exercício da função do magistério.

O Decreto nº 6.722/08 elucidou que o magistério abrange, também, as funções de direção de unidade escolar e as de coordenação e assessoramento pedagógico, quando exercidas por professores.

A regra de transição da aposentadoria especial do professor universitário permite um acréscimo de 17% sobre o tempo já exercido, para fins de obtenção da aposentadoria integral. Exemplo: um professor que conte, até 16.12.1998, com 25 anos de serviço terá acrescido a este tempo 17%, passando a contar com 29 anos e três meses. Para a aposentadoria integral, aos 35 anos faltam cinco anos e nove meses.

11.3 Aposentadoria especial

A aposentadoria especial já encontrava previsão na LOPS (Lei nº 3.807/60) e era devida aos segurados que atingissem 50 anos de idade e que trabalhassem durante 15, 20 ou 25 anos, conforme a atividade que desempenhassem, em serviços penosos, insalubres ou perigosos. Posteriormente, foi suprimido o limite de idade. A Lei nº 5.890/73 manteve o benefício, que foi elevado ao patamar constitucional com previsão no artigo 202, II, da Constituição de 1988. A Emenda Constitucional nº 20/98 manteve o benefício no artigo 201, § 1º, que estabelece a proibição de requisitos e critérios diferenciados para a concessão de aposentadoria aos beneficiários do Regime Geral de Previdência Social, ressalvando as atividades exercidas sob condições especiais que prejudiquem a saúde ou a integridade física do trabalhador, até que lei complementar defina o assunto. Considerando que não houve a edição de lei complementar a que alude o dispositivo, vigoram os artigos 57 e seguintes da Lei nº 8.213/91 que disciplinam o tema, conforme dispõe o artigo 15 da Emenda Constitucional nº 20/98.

O artigo 57 da Lei nº 8.213/91 dispõe que a aposentadoria especial será devida, uma vez cumprida a carência exigida, ao segurado que tiver trabalhado sujeito a condições especiais que prejudiquem a saúde ou a integridade física, durante 15, 20 ou 25 anos, conforme dispuser a lei.

A legislação trabalhista, aplicável subsidiariamente à aposentadoria especial, considera insalubre o trabalho que afeta ou causa danos à saúde do trabalhador. O artigo 189 da CLT conceitua o trabalho insalubre como aquele que expõe os empregados a agentes nocivos à saúde acima dos limites de tolerância, e no artigo 190 estabelece a competência do Ministério do Trabalho para aprovar o quadro das atividades e operações insalubres.

O Ministério do Trabalho editou a Portaria nº 3.214/78, que aprovou as Normas Regulamentadoras 15 e 16. A primeira define as atividades insalubres e a segunda as atividades perigosas. São considerados agentes físicos insalubres: o ruído – contínuo, intermitente ou de impacto –, o calor, as radiações ionizantes e não ionizantes, as vibrações, o frio e a umidade; como agentes químicos insalubres: a poeira, os gases e os vapores, as névoas e os fumos; como agentes biológicos insalubres: os microorganismos, os vírus e as bactérias.

A Norma Regulamentadora 15 da Portaria nº 3.214/78 define como atividades ou operações insalubres aquelas que se desenvolvem acima dos limites de tolerância por ela estabelecidos. Em seus anexos, indica os níveis de exposição aos agentes físicos, químicos e biológicos abaixo dos quais o trabalhador pode se expor sem danos à saúde.

A definição de limite de tolerância encontra previsão no item 15.1.5 da NR citada que preceitua "a concentração ou intensidade máxima ou mínima relacionada com a natureza e o tempo de exposição ao agente, que não causará dano à saúde do trabalhador, durante a sua vida laboral".

Entretanto, a ideia de que exposições ocupacionais mantidas abaixo destes limites não implicarão o aparecimento de danos à saúde dos trabalhadores é discutida na doutrina por não levar em conta as diversas influências ambientais a que os trabalhadores estão expostos, assim como suas características individuais.

Além disso, não há rigor científico na fixação de tais índices, motivo por que não podem ser entendidos como um nível seguro de exposição para os trabalhadores.

De outro lado, a preocupação das empresas em manter o limite de tolerância deixa em segundo plano a substituição dos produtos perigosos, objetivo que efetivamente deveria nortear a ação de prevenção aos riscos à saúde dos trabalhadores.

É de ser ressaltado também que os limites de tolerância não levam em conta a influência da exposição a outros agentes no ambiente de trabalho, sejam eles físicos, químicos, biológicos, psicossociais ou ergonômicos, padronizando a saúde dos trabalhadores, o que compromete sua eficácia.

Com efeito, fatores como a organização do trabalho, o esforço físico, a ingestão de medicamentos e álcool, certas enfermidades, fatores genéticos e estados nutricionais podem alterar a suscetibilidade individual à exposição profissional.

Portanto, os limites de tolerância não levam em consideração os efeitos de exposições combinadas sobre a saúde, devendo ser vistos apenas como guias para o controle da exposição e não como garantia de inexistência de dano à saúde dos trabalhadores, entendimento este que não coincide com o juízo administrativo.

Ao lado dos agentes insalubres que levam à perda paulatina da saúde, existem os agentes perigosos que atacam diretamente o trabalhador, aumentando o risco de acidentes e *stress* em razão do estado constante de vigilância e provocando a incapacidade ou a morte. O artigo 193 da CLT considera perigosas "as atividades ou operações que, por sua natureza ou método de trabalho, impliquem em contato permanente com inflamáveis ou explosivos em condições de risco acentuado".

Em relação ao trabalho penoso, discute-se a possibilidade de concessão de aposentadoria especial, uma vez que inexiste nessa hipótese exposição a agentes exógenos para que a atividade seja classificada como penosa, ao contrário do que acontece com as atividades insalubres e perigosas, que estão associadas a estes agentes agressivos e também ante a ausência de previsão no Decreto nº 3.048/99 do rol dessas atividades.

Note-se que a Constituição Federal, no artigo 7º, XXIII, prevê o pagamento de adicional para as atividades penosas, insalubres ou perigosas, mas não há definição legal quanto às atividades penosas. A doutrina classifica como penosas as atividades que causam desgaste físico ou psicológico acima dos limites normais gerados pelo exercício das atividades laborativas. Considerando que o Decreto nº 3.048/99 em seu Anexo IV não as contempla, somente poderão ser reconhecidas judicialmente.

Nesta categoria, encontram-se exemplificativamente motoristas e cobradores de ônibus, telefonistas, vigias, entre outros. Porém, a legislação previdenciária não faz menção à aposentadoria especial em razão de categorias profissionais, não podendo ser deferido o direito simplesmente por pertencer à determinada atividade, sendo exigida a prova efetiva da exposição à saúde em razão do exercício da atividade penosa.

A atividade em condições agressivas à saúde deve ser intermitente e não ocasional e o ônus de comprovar a efetiva exposição é do segurado. A lei considera prejudicial à saúde a atividade que contenha agentes nocivos químicos, físicos ou biológicos ou a associação dessas substâncias tóxicas que prejudiquem a saúde ou a integridade física, pelo período equivalente ao exigido para a concessão do benefício.

O rol dos agentes agressivos encontra-se descrito no Anexo IV do Decreto nº 3.048/99 segundo o qual:

> "o que determina o direito ao benefício é a exposição do trabalhador ao agente nocivo presente no ambiente de trabalho e no processo produtivo, em nível de concentração superior aos limites de tolerância estabelecidos na legislação trabalhista. O rol dos agentes nocivos é exaustivo, enquanto que as atividades listadas, nas quais poderá haver a exposição, é exemplificativa".

A jurisprudência, entretanto, discrepa do entendimento administrativo, reconhecendo o direito ao benefício mesmo que o agente nocivo não esteja descrito no Anexo IV, como se verifica na Súmula nº 198 do extinto TFR, que dispõe: "Atendidos os demais requisitos, é devida aposentadoria especial, se perícia judicial constata que a atividade exercida pelo segurado é perigosa, insalubre ou penosa, mesmo não inscrita no Regulamento", entendimento esse que não sofreu modificação, apesar do tempo de sua edição.

O Decreto nº 3.048/99 em seu artigo 64 estabelece que o benefício será devido ao empregado, trabalhador avulso e contribuinte individual, este somente quando cooperado filiado à cooperativa de trabalho ou produção. Exclui, portanto, o trabalhador doméstico, o segurado especial, os demais contribuintes individuais.

Embora não haja na lei definição quanto aos beneficiários da aposentadoria especial, a Jurisprudência se inclina no sentido de não admitir o pagamento ao trabalhador rural, uma vez que a aposentadoria era exclusiva do regime urbano, não admitindo a conversão de tempo de serviço rural para fins de obtenção do benefício (AC 586011, Proc. 200003990227915, 1ª T., *DJU* 6.12.2002, p. 386).

No mesmo sentido, ensina a MM. Desembargadora Federal Eva Regina Turano Duarte da Conceição (2003, p. 10) que, considerando que estes estavam expressamente excluídos do rol dos segurados obrigatórios, quando vigente a Lei nº 3.807, de 26.8.1960, conforme § 3º, inciso II, na redação original e depois da alteração posta pela Lei nº 5.890, de 8.6.1993, não tinham direito à aposentadoria especial e, por consequência, a atividade não poderia ser considerada agressiva para quaisquer efeitos.

No tocante à prova da exposição, como já se afirmou, é ônus do segurado. A legislação previdenciária determina que as empresas mantenham laudo técnico atualizado com referência aos agentes nocivos existentes no ambiente de trabalho, sob pena de aplicação de multa.

Com base no laudo referido, deverá emitir o Perfil Profissiográfico Profissional, consistente em documento histórico laboral do trabalhador, que deve conter registros ambientais, resultados de monitoração biológica e dados administrativos. Deverá especificar as condições em que o trabalho foi exercido, inclusive quanto à existência de proteção coletiva ou individual (EPI), que elimine, minimize ou controle a exposição a agentes nocivos aos limites de tolerância, respeitado o estabelecido na legislação trabalhista.

O aludido perfil profissiográfico deverá ser entregue ao segurado por ocasião da rescisão do contrato de trabalho ou do desligamento do cooperado, para os fins de comprovação exigida para a obtenção da aposentadoria especial.

Em relação à prova da efetiva exposição da saúde do trabalhador para fins de concessão de aposentadoria especial, aplica-se a legislação vigente à época dos fatos. Nesse sentido, a exigência de laudo técnico, exceto para ruído, somente adveio em 28.4.1995, sendo inconstitucional a exigência de laudo para o período anterior.

No tocante ao enquadramento das atividades, a legislação vigente consistia nos Anexos I e II do Decreto nº 83.080/79, no Anexo do Decreto nº 53.831/64 e Lei nº 7.850/79 para as telefonistas. No período compreendido entre 29.4.1995 a 5.3.1997, aplica-se o Anexo I do Decreto nº 83.080/79 e o Anexo ao Decreto nº 53.831/64; a partir de 1997, vigorou o Anexo IV do Decreto nº 2.197/97, atualmente revogado pelo Decreto nº 3.048/99.

A utilização de Equipamento de Proteção Individual, ainda que possa reduzir a agressividade do agente nocivo, não elide a concessão no benefício, conforme entendimento predominante do STJ e da Súmula nº 9 da Turma de Uniformização das Decisões das Turmas Recursais do Juizado Especial Federal, que dispõe:

> "Aposentadoria Especial – Equipamento de Proteção Individual. O uso de Equipamento de Proteção Individual (EPI), ainda que elimine a insalubridade, no caso de exposição a ruído, não descaracteriza o tempo de serviço especial prestado."

11.3.1 *Conversão de tempo de serviço*

O segurado pode ter trabalhado apenas alguns anos em atividade considerada especial pela legislação sem, contudo, implementar os 15, 20 ou 25 anos exigidos para a concessão do benefício. Até a edição da Lei nº 9.032, de 28.4.1995, que alterou a Lei nº 8.213/91, era permitida a conversão do tempo de serviço comum para especial e de especial para comum, considerando a atividade preponderante exercida, definida como aquela em houvesse maior tempo de serviço prestado. Assim, se o beneficiário trabalhou durante 20 anos em atividade comum e outro período em atividade especial, o segundo período sofreria um acréscimo conforme tabela editada pelo INSS para a obtenção da aposentadoria por tempo de serviço comum, uma vez que desempenhou tempo maior em atividade não sujeita a agente nocivo. Se, ao contrário, o segurado desempenhasse por tempo maior atividade especial, o tempo de atividade comum seria convertido em tempo especial, concedendo-se a aposentadoria especial.

A contar de 28.4.1995, foi vedada a conversão de tempo de serviço comum em tempo especial e a partir de 1998, com a edição da Lei nº 9.711/98, não mais se admite qualquer espécie de conversão de tempo para a obtenção da aposentadoria especial, que exige que o trabalhador tenha exercido durante toda a sua vida laboral atividade danosa à saúde, respeitada a legislação vigente à época dos fatos.

No tocante à proibição da conversão de tempo de serviço comum para especial o entendimento administrativo do INSS de proibi-la após a edição da Lei nº 9.711/98 tem sido discutido no Poder Judiciário, considerando que a referida lei não revogou expressamente o § 5º do artigo 57 da Lei nº 8.213/91, com redação dada pela Lei nº 9.032/95, que permite expressamente a conversão. É de ser notado, ainda, que há incidência de contribuição diferenciada para o custeio da aposentadoria especial desde a edição da Lei nº 9.732/98, que estabeleceu o acréscimo de 12, nove ou seis pontos percentuais, conforme a atividade permita a concessão de aposentadoria especial após 15, 20 ou 25 anos de contribuição respectivamente, que justifica plenamente a conversão. Finalmente, o benefício visa afastar o segurado das atividades nocivas, compensando maior desgaste da saúde do trabalhador. É, portanto, inconstitucional impedir a conversão do tempo em atividades especial, sem qualquer compensação ao segurado que não completou integralmente o tempo exigido para a concessão da aposentadoria especial.

Resta acrescentar que para o segurado que houver exercido sucessivamente duas ou mais atividades sujeitas às condições especiais prejudiciais à saúde ou à integridade física, sem completar em qualquer delas o prazo mínimo exigido para a concessão do benefício, poderá ser convertido o tempo de serviço, conforme tabela prevista no artigo 66 do Decreto nº 3.048/99, considerada a atividade preponderante. Veja-se que esse dispositivo considera a possibilidade de conversão somente quando se tratar do exercício de duas atividades consideradas especiais e não de atividade comum acrescida à atividade especial, uma vez que a legislação atual proíbe a conversão de tempo para fins de obtenção da aposentadoria especial.

11.3.2 *Proibição de retorno à atividade insalubre, data de início e cálculo da aposentadoria especial*

Embora não seja vedado o retorno ao trabalho, após a aposentadoria, o legislador proibiu expressamente a continuidade do exercício da atividade insalubre, ainda que se trate de agente insalubre diverso do que ensejou a concessão da aposentadoria especial, na mesma ou em outra empresa, qualquer que seja a forma de prestação do serviço ou categoria de segurado, determinando a aplicação do artigo 48 do Decreto nº 3.048/99, que prevê a cessação do benefício a contar da data do retorno à atividade nociva.

É de ser lembrado que o benefício em comento busca tutelar a saúde do trabalhador, evitando o contato com os agentes agressivos à saúde, procurando evitar a invalidez ou até a morte. A norma que impõe o afastamento das atividades é, portanto, norma de proteção que não ofende o direito ao trabalho, cuja primazia foi assegurada nos artigos 170 e 193 da Constituição Federal. Em última análise, a tutela do direito à saúde se sobrepõe à do trabalho, por implicar a proteção do direito à vida digna.

Assim como a aposentadoria por idade, a aposentadoria especial será devida a contar da data do desligamento do emprego, quando requerida até 90 dias depois dela ou a partir da data do requerimento, quando não houver desligamento, ou quando a aposentadoria for requerida após o prazo de 90 dias.

A renda mensal do benefício corresponderá a 100% do salário de benefício, nos termos do artigo 39, V, do Decreto nº 3.048/99.

Quadro esquemático

APOSENTADORIA POR TEMPO DE CONTRIBUIÇÃO – artigo 201, § 7º, I

Requisitos:

Carência: 180 contribuições ou artigo 142 – Disposições transitórias da Lei nº 8.213/91.

- Tempo de contribuição: 35 anos para homens e 30 para mulheres. Não é exigida idade mínima na aposentadoria integral. A aposentadoria proporcional somente é devida àqueles que se filiaram à Previdência Social anteriormente à 16.12.1998, data para promulgação da Emenda Constitucional nº 20/98 e desde que contem com a idade mínima de 53 anos para homens e 48 anos para mulheres e também com o adicional de 40% sobre o tempo que falta em 16.12.98 para completar o direito à aposentadoria proporcional, devida aos 30 anos para os homens e 25 anos para mulheres.

- Comprovação do tempo de serviço e do tempo de contribuição: artigo 4º da Emenda Constitucional nº 20/98 estabelece que o tempo de serviço será contado como tempo de contribuição. O artigo 55 da Lei nº 8.213/91 regula a comprovação do tempo de serviço e remete ao Decreto nº 3.048/99, que no artigo 60 trata do tema, adotando as hipóteses de interrupção do contrato de trabalho. É vedada a produção de prova exclusivamente testemunhal para fins de comprovar tempo de serviço, salvo em caso de ocorrência de força maior ou caso fortuito. Se a prova testemunhal vier acompanhada de início de prova material poderá ser complementada por Justificação Administrativa realizada no INSS. Caso indeferido o processamento da justificação administrativa não caberá recurso.

    Para os trabalhadores rurais, veja-se o artigo 106 da Lei nº 8.213/91, com redação dada pela Lei nº 11.718/08.

- Valor do benefício e termo inicial do pagamento

    Aposentadoria integral: 100% do salário de benefício.

- Aposentadoria proporcional: 70% do salário de benefício acrescido de 5% por ano de contribuição até o limite de 100%.

    Termo inicial do pagamento: a contar do desligamento do emprego, se requerido o benefício antes de 90 dias do afastamento da atividade, ou a contar da data do requerimento se ultrapassado esse prazo.

- Aposentadoria do professor

    Carência: 180 contribuições.

    Tempo de serviço reduzido em cinco anos dos professores e professoras de ensino médio e fundamental, mantendo o valor integral do benefício. Não é devida aos professores universitários, que terão acrescidos 17% ao tempo de magistério exercido anteriormente à Emenda nº 20/98.

- Requisitos: efetivo exercício do magistério em estabelecimento de 1º e 2º grau ou curso de formação profissional autorizados e reconhecidos pelo Governo Federal ou Estadual; exercício de função de administradores, planejadores, orientadores, supervisores ou outras específicas dos demais especialistas em educação.

- **Aposentadoria especial**: artigo 201, § 1º, da Constituição Federal e artigo 57 da Lei nº 8.213/91. Devida após cumprida a carência ao segurado empregado, avulso e contribuinte individual este somente quando cooperado filiado à cooperativa de trabalho ou produção, desde que tenha trabalhado por 15, 20 ou 25 anos, conforme o caso, em atividades que prejudiquem a saúde ou a integridade física.

    Definição de atividades insalubres e perigosas: Normas Regulmentadoras 15 e 16, respectivamente, veiculadas pela Portaria MT nº 3.214/78. Não há previsão quanto a atividades penosas. O Anexo IV do Decreto nº 3.048/99 contempla o rol de atividades nocivas e perigosas. O rol dos agentes nocivos contido no aludido Decreto é taxativo enquanto que as atividades listadas são exemplificativas.

    A atividade deve ser exercida de forma intermitente e não ocasional e o ônus da comprovação é do segurado, por meio do Perfil Profissiográfico Profissional, a ser fornecido pela empresa por ocasião da rescisão do contrato de trabalho ou desligamento do cooperado.

- Conversão de tempo de serviço: artigo 66 do Decreto nº 3.048/99

    Até a edição da Lei nº 9.032/95 era admitida a conversão de tempo de serviço comum em especial e vice-versa, considerando a atividade preponderante exercida. A partir da Lei nº 9.711/98 ficou proibida a conversão de tempo de serviço comum para especial.

    O retorno à atividade insalubre é vedado no caso da aposentadoria especial; o benefício será devido nos mesmos moldes da aposentadoria por idade e sua renda mensal é de 100% do salário de benefício após o tempo exigido em lei.

Questões

1. Com relação ao reajustamento do valor dos benefícios, ao tempo de serviço para fins previdenciários e à carência, assinale a opção correta. (CESPE – 2010 – MPE – ES – Promotor de Justiça)

    a) O reconhecimento da atividade exercida como especial é disciplinado pela lei vigente à época da prestação do serviço, por força do princípio *tempus regit actum*, passando a integrar, como direito adquirido, o patrimônio jurídico do trabalhador, não se aplicando retroativamente legislação nova mais restritiva.

    b) No primeiro reajuste da renda mensal inicial da aposentadoria concedida na vigência da Lei nº 8.213/1991, deve-se aplicar integralmente o índice oficial de correção, independentemente do mês de concessão do benefício previdenciário.

    c) O tempo de serviço rural anterior à vigência da Lei nº 8.213/1991 não será considerado para efeito de carência, mas poderá ser computado como tempo de contribuição, para efeito de aposentadoria, mediante o recolhimento das respectivas contribuições.

    d) As contribuições que o segurado contribuinte individual pagar em atraso não serão consideradas para efeito de carência nem serão computadas como tempo de contribuição para efeito de aposentadoria, ainda que comprovado o exercício de atividade abrangida pela previdência social.

    e) O trabalho infantil é repudiado pelo ordenamento jurídico brasileiro, de acordo com a CF, de modo que é inadmissível a contagem do trabalho rural em regime de economia familiar antes dos quatorze anos de idade, para efeito de aposentadoria.

2. Em relação aos benefícios de previdência social, julgue os itens que se seguem. (Cespe – 2007 – AGU – Procurador Federal)

    O contribuinte individual que trabalha por conta própria, sem relação de emprego, não faz jus à aposentadoria por tempo de contribuição.

3. Em cada um dos itens subsequentes, é apresentada uma situação hipotética a respeito da aposentadoria por tempo de contribuição, seguida de uma assertiva a ser julgada. (Cespe – 2008 – INSS – Técnico do Seguro Social)

    Firmino foi professor do ensino fundamental durante vinte anos e trabalhou mais doze anos como gerente financeiro em uma empresa de exportação. Nessa situação, excluindo-se as regras de transição, Firmino pode requerer o benefício integral de aposentadoria por tempo de contribuição, haja vista a possibilidade de computar o tempo em sala de aula em quantidade superior ao efetivamente trabalhado, dada a natureza especial da prestação de serviço.

4. Em cada um dos itens subsequentes, é apresentada uma situação hipotética a respeito da aposentadoria por tempo de contribuição, seguida de uma assertiva a ser julgada. (Cespe – 2008 – INSS – Técnico do Seguro Social)

    Mário, segurado inscrito na previdência social desde 1972, requereu sua aposentadoria por tempo de contribuição. Nessa situação, a renda inicial da aposentadoria de Mário corresponderá à média aritmética simples dos salários de contribuição desde 1972, multiplicada pelo fator previdenciário.

5. Em cada um dos itens subsequentes, é apresentada uma situação hipotética a respeito da aposentadoria por tempo de contribuição, seguida de uma assertiva a ser julgada. (Cespe – 2008 – INSS – Técnico do Seguro Social)

    Leonardo, segurado empregado, trabalhou em uma empresa cujo prédio foi destruído por um incêndio na década de 80 do século XX, situação evidenciada por meio de registro junto à autoridade policial que acompanhou os fatos. Nessa situação, Leonardo poderá comprovar, com auxílio de testemunhas, o tempo trabalhado na empresa cujo prédio foi destruído, averbando esse período em pedido de aposentadoria por tempo de contribuição.

6. Sobre as aposentadorias no Regime Geral de Previdência Social – RGPS, marque a alternativa **correta**: (FAE – 2006 – TRT – 9ª Região (PR) – Juiz – 1ª Prova – 1ª Etapa)

   a) São condições para a aposentadoria integral por tempo de contribuição: 30 e 35 anos de contribuição, para mulher e homem, respectivamente e; cumulativamente, idade mínima de 55 e 60 anos, para mulher e homem, respectivamente.

   b) A partir da Emenda Constitucional nº 20, de 15.12.1998, não há mais o direito à aposentadoria proporcional por tempo de serviço, salvo o direito adquirido daqueles filiados antes da edição da referida emenda, desde que cumpram pedágio de tempo de serviço de 40% do tempo faltante e, ainda, comprovem idade mínima 48 e 53 anos de idade, para mulher e homem, respectivamente

   c) O segurado obrigatório, inscrito como contribuinte individual, tem direito a todas as prestações previdenciárias, com exceção da aposentadoria por idade.

   d) A aposentadoria por invalidez é prestação previdenciária devida, no valor de 100% ou 125% do salário de benefício, pago de forma vitalícia, vedada a sua transformação em aposentadoria por idade, quando o segurado atingir os requisitos para este benefício.

   e) A aposentadoria especial aos 15, 20 ou 25 anos de serviço, em razão de trabalho em condições nocivas à saúde e a integridade física do segurado, além da prova do trabalho nessas condições, depende de contribuição previdenciária adicional a cargo do trabalhador.

7. Com relação ao direito previdenciário, assinale a opção correta. (Cespe – 2009 – Bacen – Procurador)

   a) Caso uma auxiliar de enfermagem, servidora do Ministério da Saúde, impetre mandado de injunção no STF, por omissão do Poder Legislativo em regulamentar a norma constitucional que assegura a adoção de critérios diferenciados para a concessão de aposentadoria, caberá ao STF apenas emitir decisão reconhecendo a omissão legislativa, uma vez que viabilizar, no caso concreto, o exercício do direito postulado significaria ofensa ao princípio do equilíbrio financeiro e atuarial do sistema previdenciário.

   b) Segundo a lei e a jurisprudência do STJ, caso seja comprovada a atividade rural do trabalhador menor, a partir dos 12 anos de idade, em regime de economia familiar, esse tempo deverá ser computado para fins previdenciários, com base no princípio da universalidade da cobertura da seguridade social. Para o trabalhador rural, o tempo de contribuição anterior à Lei nº 8.213/1991 será computado sem o recolhimento das contribuições correspondentes.

   c) Tratando-se de atividade especial – quando a atividade laboral envolva insalubridade ou periculosidade –, uma lei nova que, para a concessão de benefício previdenciário, passe a exigir laudo técnico comprovando o efetivo exercício em tais condições, poderia ser aplicada a situações anteriores, uma vez que, nesses casos, não há caráter restritivo ao exercício do direito, mas mero cuidado objetivo para auferir a condição do requerente.

   d) Considere a seguinte situação hipotética. Eurico obteve aposentadoria proporcional no âmbito do RGPS, mas continuou trabalhando e contribuindo para o INSS e, posteriormente, requereu à autarquia a utilização desse tempo para conseguir aposentadoria integral. Nessa situação, a jurisprudência do STJ admite tal possibilidade, desde que Eurico devolva os benefícios já recebidos.

   e) A jurisprudência dos tribunais superiores pacificou-se no sentido da impossibilidade de cobertura previdenciária para ligações homoafetivas, ou seja, não considera possível, em matéria previdenciária, que o conceito de companheiro, previsto na CF inclua dependente do mesmo sexo.

8. A propósito do processo de justificação administrativa, assinale a opção correta (Cespe – 2009 – TRF – 2ª Região – Juiz)

   a) Em qualquer hipótese, a comprovação do tempo de serviço para fins previdenciários deve realizar-se com base em início de prova material, não sendo admitida a prova exclusivamente testemunhal.

   b) A homologação da justificação judicial processada com base em prova exclusivamente testemunhal dispensa a justificação administrativa, em vista da autoridade da coisa julgada constituída.

   c) A justificação administrativa deve ser admitida ainda que o fato a comprovar dependa de registro público de casamento, de idade ou de óbito.

   d) Contra a decisão da autoridade competente do INSS que opinar pela eficácia ou pela ineficácia da justificação administrativa não caberá recurso.

   e) O processamento da justificação administrativa traduz opção legal conferida ao interessado, ainda que exista outro meio capaz de configurar a verdade do fato alegado e de sua plausibilidade.

9. João é empregado de uma grande mineradora e trabalha exposto a agentes nocivos prejudiciais à saúde, assim definidos em lei. A referida relação de emprego resultou na sua primeira filiação ao RGPS. Após 10 anos de efetivo serviço nessas condições, João foi eleito dirigente sindical, ficando afastado de suas atribuições para se dedicar exclusivamente à atividade de representante de seus pares.

   A partir dessa situação hipotética, assinale a opção correta a respeito do instituto da aposentadoria especial. (Cespe – 2009 – PGE-AL – Procurador de Estado – Prova Objetiva)

   a) Em regra, o período de carência para a aposentadoria especial é de 120 contribuições mensais.

   b) Não se considera como especial o tempo de trabalho laborado com exposição a ruídos, ainda que para simples conversão em tempo comum.

   c) A alíquota da contribuição sobre a remuneração dos segurados a cargo da empresa em que João trabalha será majorada em relação a todos os empregados e não apenas em relação à remuneração daqueles expostos a condições especiais.

   d) O segurado que obteve o benefício de aposentadoria especial após 15 anos de serviço poderá retornar ao mercado de trabalho para o desempenho de atividade que o exponha a agentes nocivos, podendo cumular nova aposentadoria após o mesmo prazo.

   e) Durante o período de afastamento para o exercício do mandato de dirigente sindical, João não terá esse tempo contado para fins de aposentadoria especial.

10. A respeito dos benefícios previdenciários, julgue os itens seguintes. (Cespe – 2010 – AGU – Procurador)

    De acordo com entendimento da Turma Nacional de Uniformização da Jurisprudência dos Juizados Especiais Federais, para fins de aposentadoria especial, o uso de equipamento de proteção individual, no caso de exposição a ruído, apenas descaracterizará o tempo de serviço especial prestado se houver a eliminação da insalubridade.

11. Em cada um dos itens que se seguem, é apresentada uma situação hipotética acerca da aposentadoria especial, seguida de uma assertiva a ser julgada. (Prova: Cespe – 2008 – INSS – Técnico do Seguro Social)

Getúlio julga-se na condição de requerer aposentadoria especial. Nessa situação, ele deverá instruir seu pedido com o perfil profissiográfico previdenciário, documento emitido pela empresa em que trabalha e embasado no laudo técnico das condições ambientais do trabalho que comprove as condições para habilitação de benefícios previdenciários especiais.

Entendimento dos Tribunais

Súmula 198 do extinto TRF

"Atendidos os demais requisitos, é devida aposentadoria especial, se perícia judicial constata que a atividade exercida pelo segurado é perigosa, insalubre ou penosa, mesmo que não inscrita no Regulamento."

Súmula nº 09 da Turma de Uniformização das Decisões das Turmas Recursais do Juizado Especial Federal.

"Aposentadoria Especial – Equipamento de Proteção Individual. O uso de Equipamento de Proteção Individual (EPI), ainda que elimine a insalubridade, no caso de exposição a ruído, não descaracteriza o tempo de serviço especial prestado."

Entendimento dos Tribunais superiores

Súmula 242 – STJ – "Cabe ação declaratória para reconhecimento de tempo de serviço para fins previdenciários."

Súmula 249 – STJ – "A prova exclusivamente testemunhal não basta a comprovação da atividade rurícola, para efeito da obtenção de benefício previdenciário."

Súmula 272 – STJ – "O trabalhador rural, na condição de segurado especial, sujeito à contribuição obrigatória sobre a produção rural comercializada, somente faz jus à aposentadoria por tempo de serviço, se recolher contribuições facultativas."

Processo
AgRg no REsp 1179554/RS
AGRAVO REGIMENTAL NO RECURSO ESPECIAL
2010/0021471-6
Relator(a)
Ministro JORGE MUSSI (1138)
Órgão Julgador
T5 – QUINTA TURMA
Data do Julgamento
24.8.2010
Data da Publicação/Fonte
DJe 13.9.2010
Ementa

PREVIDENCIÁRIO. TEMPO DE SERVIÇO ESPECIAL. CONVERSÃO EM COMUM APÓS 28.5.1998. POSSIBILIDADE. MODIFICAÇÃO DE ENTENDIMENTO NO ÂMBITO DA QUINTA TURMA. DECISÃO MANTIDA POR SEU PRÓPRIO FUNDAMENTO.

1. Não obstante ainda haja entendimento no sentido defendido pela Autarquia, cumpre assinalar que a partir do julgamento proferido no REsp nº 956.110/SP, julgado em 29.8.2007, *DJ* de 22.10.2007, esta Turma modificou sua compreensão sobre o tema.

2. Exercida a atividade em condições especiais, ainda que posteriores a maio de 1998, ao segurado assiste o direito à conversão do tempo de serviço especial em comum, para fins de aposentadoria.

3. Agravo regimental improvido.

Processo
AgRg no REsp 1148271/MG
AGRAVO REGIMENTAL NO RECURSO ESPECIAL
2009/0131141-0
Relator(a)
Ministro CELSO LIMONGI (DESEMBARGADOR CONVOCADO DO TJ/SP) (8175)
Órgão Julgador
T6 – SEXTA TURMA
Data do Julgamento
20.5.2010
Data da Publicação/Fonte
DJe 14.6.2010 RJPTP vol. 31 p. 115

Ementa
AGRAVO INTERNO. PREVIDENCIÁRIO. CONVERSÃO DO TEMPO DE SERVIÇO ESPECIAL EM COMUM. FATOR APLICÁVEL. "TEMPUS REGIT ACTUM". 1,2 ATÉ A EDIÇÃO DO DECRETO 611/92 E, A PARTIR DE ENTÃO, 1,4.

1. É firme nesta Corte o entendimento no sentido da aplicação, na conversão de tempo de serviço especial em comum, da lei vigente quando do labor desenvolvido, pelo que aplicável o fator de conversão 1,2 até a edição do Decreto 611/92 e, a partir de então, 1,4.

2. Agravo ao qual se nega provimento.

Súmula 726 – STF – Para efeito de aposentadoria especial de professores, não se computa o tempo de serviço prestado fora da sala de aula.

Súmula 12 – TST – Carteira profissional As anotações pelo empregador na carteira profissional do empregado não geram presunção "juris et de jure", mas apenas "juris tantum".

12

Salário-família e Salário-maternidade

O direito previdenciário contempla prestações que tutelam a necessidade decorrente dos encargos familiares, como o salário-família e o salário-maternidade, ambos previstos constitucionalmente no artigo 201, incisos II e IV, respectivamente.

12.1 Salário-família

A Constituição Federal prevê no artigo 201, IV, o salário-família aos dependentes de baixa renda. Trata-se de benefício previdenciário que protege os encargos de família, levando em conta as necessidades de cada trabalhador em proporção ao número de filhos. Segundo Feijó Coimbra (1996, p. 153), o "salário familiar é uma prestação que visa dar ao trabalhador renda de maior vulto, na proporção dos encargos de família que suporte".

O benefício tem origem na França, em 1860, por ato do Ministério da Marinha, devido apenas ao pessoal embarcado, sendo estendido posteriormente aos ferroviários, servidores públicos e trabalhadores de minas. A iniciativa privada passou a adotá-lo. As *allocations familiales* foram tornadas obrigatórias por lei de 11.3.1932, incluindo os trabalhadores da agricultura (FEIJÓ COIMBRA, 1996, p. 153).

No Brasil, o salário-família foi instituído pela Lei nº 4.266/63, permanecendo até hoje no ordenamento jurídico e elevado ao nível constitucional em 1988. O perfil do benefício foi modificado pela Emenda Constitucional nº 20/98, que restringiu o salário-família aos segurados de baixa renda.

12.1.1 Beneficiários do salário-família

A Lei nº 8.213/91 e o Decreto nº 3.048/99 regulamentam a concessão do salário-família nos artigos 65 a 70 e 81 a 92 respectivamente, destinando seu pagamento somente aos segurados empregados, exceto os domésticos, e aos trabalhadores avulsos, na proporção do número de filhos ou equiparados, desde que tenham até 14 anos.

A legislação previdenciária equipara ao filho o enteado e o menor tutelado, condicionando a equiparação à comprovação da dependência econômica em relação ao segurado, deferindo o benefício até que completem 14 anos. No caso de filho inválido, a idade torna-se irrelevante, nos termos do artigo 83 do Decreto nº 3.048/99.

Os aposentados por invalidez ou por idade e os demais aposentados com 65 anos ou superior, se homens, e 60 anos ou mais, se mulheres, também terão direito ao salário-família, pago juntamente com a aposentadoria. Em se tratando de empregados rurais aposentados, o limite de idade é reduzido em cinco anos.

Há também previsão do pagamento dos benefícios aos empregados e avulsos em gozo de auxílio-doença ou aposentadoria por invalidez. A empresa, sindicato ou órgão gestor de mão de obra deverão pagar o salário-família do mês do afastamento do empregado ou do trabalhador avulso, sendo que os pagamentos subsequentes serão suportados pela Previdência Social.

12.1.2 Requisitos e generalidades do salário-família

A Constituição Federal determina o pagamento do benefício só aos segurados de baixa renda, assim considerado o salário de contribuição igual ou inferior a R$ 360,00, conforme dispõe o artigo 13 da Emenda Constitucional nº 20/98, valor esse que deverá ser atualizado pelos mesmos índices aplicados aos reajustes dos benefícios previdenciários. O valor do salário-família corresponde a R$ 27,64 para o segurado com remuneração de até R$ 539,03; e de R$ 19,48 para aquele que recebe entre R$ 539,04 até 810,18. O salário-família é pago para criança de 0 a 14 anos. Atualmente, têm direito ao salário-família os trabalhadores empregados com rendimento mensal até R$ 810,18. Além dos trabalhadores assalariados, têm direito ao salário-família os trabalhadores avulsos aposentados por idade, invalidez ou em gozo do auxílio-doença.

O benefício será devido ao pai e à mãe, quando ambos forem segurados empregados ou avulsos da previdência e se houver cumulação de empregos o salário-família será devido em relação a cada vínculo trabalhista. Se houver divórcio, separação judicial ou de fato dos pais, ou em caso de abandono legalmente caracterizado ou perda de pátrio poder, o benefício passará a ser pago diretamente àquele a cujo cargo ficar o sustento do menor, ou a outra pessoa, se houver determinação judicial nesse sentido.

O benefício independe do período de carência.

O pagamento do salário-família será devido a partir da data da apresentação da certidão de nascimento do filho ou da documentação relativa ao equiparado, estando condicionado à apresentação anual de atestado de vacinação obrigatória, até seis anos de idade, e de comprovação semestral de frequência escolar do filho ou equiparado, a partir dos sete anos de idade. A não apresentação dos referidos documentos acarretará a suspensão do benefício até que a documentação seja apresentada, sendo indevidas as parcelas entre a suspensão e o reativamento do salário-família, salvo se provada a frequência escolar no período (MPT/2004).

Não basta a simples comprovação de matrícula do dependente; exige-se, também, a comprovação da regularidade da frequência escolar, através de documento emitido pela escola ou estabelecimento de ensino, na forma da legislação própria.

As cotas do salário-família não serão incorporadas ao salário ou ao benefício previdenciário. Não haverá incidência de contribuição previdenciária sobre o salário-família, uma vez que se trata de prestação previdenciária e, portanto, não integrará o cálculo do salário de benefício.

O pagamento do benefício para os empregados é feito pela empresa juntamente com o salário e, quando este não for mensal, será pago junto com o último pagamento referente ao mês e os valores serão deduzidos quando do pagamento das contribuições sobre a folha de salários.

Em se tratando de segurados portuários avulsos, o pagamento será efetuado pelo órgão gestor de mão de obra e para os demais avulsos pelo sindicato de classe respectivo. Em ambas as hipóteses, o pagamento ocorrerá mediante convênio com a autarquia previdenciária.

Para os segurados aposentados e em gozo de auxílio-doença, o benefício será pago juntamente com a aposentadoria.

Cessa o pagamento do benefício com a morte do filho ou equiparado, a contar do mês seguinte ao óbito; quando o filho ou equiparado completar 14 anos de idade, salvo se inválido, a contar do mês seguinte à data do aniversário; pela recuperação da capacidade do filho inválido, a contar do mês seguinte ao da cessação da incapacidade; ou pelo desemprego do segurado.

O beneficiário deverá comunicar à empresa ou ao INSS qualquer fato ou circunstância que determine a perda do direito ao benefício e, em caso de descumprimento, ficará sujeito às sanções penais, se for o caso, e trabalhistas.

Caso ocorra fraude ou a falta de comunicação oportuna de fato que implique a cessação do benefício, os responsáveis pelo pagamento poderão descontar dos pagamentos de cotas devidas com relação a outros filhos ou, na falta delas, do próprio salário do empregado ou da renda mensal do benefício, o valor das cotas indevidamente recebidas, sem prejuízo das sanções penais cabíveis. Em caso de dolo ou má-fé, não será devido o parcelamento dos descontos.

12.2 Salário-maternidade

A proteção à maternidade encontra-se prevista nos artigos 7º, inciso XVIII, e 201, II, da Constituição Federal. Do ponto de vista previdenciário, é benefício devido à segurada que der à luz ou à que adotar uma criança. Na esfera trabalhista, a maternidade garante o emprego pelo mesmo período do benefício, caracterizando hipótese de interrupção do contrato de trabalho.

A proteção contempla não só a mãe, mas também alcança em especial a gestante e busca impedir a discriminação do trabalho de mulheres em idade de conceber.

No âmbito previdenciário, o inciso refere-se às mulheres seguradas da previdência social, uma vez que as que não auferem renda encontram-se protegidas pela Assistência Social nos termos do artigo 203, I, da Constituição Federal. No âmbito da Assistência Social, a prestação corresponde ao Auxílio Natalidade, atualmente a cargo dos Municípios.

O salário-maternidade é o benefício previdenciário devido na ocorrência desta contingência social e em caso de adoção de crianças até oito anos de idade e encontra-se regulado nos artigos 71 a 73 da Lei nº 8.213/91, sendo devido à empregada, à avulsa, à doméstica e à segurada especial e à trabalhadora autônoma, durante 120 dias, com início no período entre 28 dias antes do parto e 92 dias depois da ocorrência deste. Em caso de adoção, o prazo é variável conforme a idade da criança: até um ano de idade, o prazo é de 120 dias; de um a quatro anos, corresponderá a 60 dias e de quatro a oito anos o benefício será devido por 30 dias.

A segurada aposentada que retornar às atividades laborativas também será beneficiária do salário-maternidade, conforme previsão contida no artigo 103 do Decreto nº 3.048/99. Note-se que o artigo 18 da Lei nº 8.213/91 não prevê a concessão de novos benefícios aos segurados aposentados e a previsão encontra-se somente no regulamento, como já se afirmou no Capítulo VII.

O salário-maternidade era encargo do empregador previsto na legislação trabalhista, transferido à Previdência Social por força da Lei nº 6.136/74, quando se transformou em benefício previdenciário. Com o advento da Lei nº 9.876/99, que deu nova redação à Lei nº 8.213/91, foram incluídas as trabalhadoras autônomas e as facultativas entre as beneficiárias do salário-maternidade (arts. 25, III, 71 e 73 da Lei nº 8.213/91), corrigindo, assim, a ausência de proteção destas seguradas.

Para as seguradas especiais, a prestação será devida desde que comprove o exercício de atividade rural nos dez meses que antecedem o requerimento do benefício, mesmo que de forma descontínua. Para as contribuintes individuais e facultativas, a Lei nº 9.876/99 estabeleceu o prazo de carência de dez contribuições mensais. As empregadas, empregadas domésticas e avulsas não precisam comprovar carência.

Em caso de parto antecipado, a carência será reduzida em igual número de meses em que este foi abreviado, regra válida para todas as seguradas obrigadas ao cumprimento do período de carência.

Em caso de aborto não criminoso comprovado mediante atestado médico, a segurada terá direito ao salário-maternidade correspondente a duas semanas. O prazo de 120 dias poderá ser prorrogado, por mais duas semanas, em casos excepcionais e mediante atestado médico específico.

Para fins de concessão de salário-maternidade, considera-se parto o evento ocorrido a partir da 23ª semana (6º mês) de gestação, inclusive em caso de natimorto.

Em caso de adoção, a Lei nº 10.421/02 permite a concessão do benefício com a apresentação do termo de guarda para fins de adoção, expressamente previsto no Estatuto da Criança e do Adolescente, ou com a sentença judicial que reconhecer a filiação. Em se tratando de parto, a segurada deverá juntar os atestados médicos necessários, ou, se o benefício for requerido após o parto, a certidão de nascimento. Tais documentos servirão de base para determinar a data de afastamento do trabalho.

Questão relevante é tratada no artigo 97 do Decreto nº 3.048/99, que estabelece que o benefício da empregada somente será devido pela Previdência Social se houver relação de emprego. Considerando que a legislação previdenciária garante os direitos durante os períodos de graça, o parágrafo único do referido dispositivo estabeleceu que a segurada desempregada fará jus ao recebimento do salário-maternidade nos casos de demissão antes da gravidez, ou, durante a gestação, nas hipóteses de dispensa por justa causa ou a pedido, situações em que o benefício será pago diretamente pela Previdência Social. Embora a legislação trabalhista não vede expressamente a dispensa, segundo Amauri Mascaro Nascimento (1995, p. 219), "o empregado não pode ser prejudicado. A partir do retorno, teria direito, mantido o contrato, interrompido ou suspenso, às vantagens, especialmente reajustamentos salariais, que se positivaram durante o afastamento. Nesse caso, ressalvados os prejuízos, a dispensa pode ocorrer, mas seria de melhor lógica a lei vedar a dispensa durante as suspensões e interrupções".

Releva notar que a Lei nº 11.324/06 garantiu a estabilidade no emprego à gestante doméstica, desde a confirmação da gravidez até 5 meses após o parto, aplicando-se a esta espécie de segurada o artigo 97 e seu parágrafo único.

Desse modo, ocorrendo a dispensa indevida pelo empregador durante o período de estabilidade, o ônus do pagamento do benefício durante o período continuará a seu cargo, transferindo-se à Previdência Social somente nas hipóteses indicadas no parágrafo único do art. 97. O regramento contido no Decreto coaduna-se com as disposições constitucionais de proteção ao trabalho da mulher, evitando a discriminação do trabalho feminino, e protegendo as seguradas gestantes durante o período de graça.

Quando houver adoção de mais de uma criança ou o parto for de gêmeos, será devido um único benefício, observado o prazo da criança de menor idade, na primeira hipótese.

O benefício devido à empregada será pago pela empresa e compensado integralmente com as contribuições devidas sobre a folha de salários e demais rendimentos do trabalho pagos, a qualquer título, à pessoa física que lhe preste serviço, devendo ser descontada a contribuição devida pela empregada. No caso da avulsa, o pagamento será feito pelo Órgão Gestor de Mão de Obra, mediante convênio com o INSS. Para as demais seguradas, o benefício será pago diretamente pela Previdência Social.

A empregada deverá dar quitação à empresa na própria folha de pagamento ou por outra forma desde que fique claramente caracterizada, devendo a empresa conservar por dez anos a documentação correspondente aos pagamentos e à comprovação dos requisitos autorizadores do benefício, para exame pela fiscalização previdenciária.

Para a empregada e para a avulsa, o valor do benefício é igual ao do salário. Para a doméstica, será igual ao seu último salário de contribuição e para a segurada especial será de 1/12 do valor sobre o qual incidiu sua última contribuição anual; para as demais seguradas,1/12 da soma dos 12 últimos salários de contribuição, apurados em um período não superior a 15 meses, o mesmo ocorrendo com as empregadas dispensadas na hipótese do § 1º do artigo 97 do Decreto nº 3.048/99. O benefício não poderá ser inferior ao salário-mínimo.

Antes do advento da Emenda Constitucional nº 20/98, o salário-maternidade não estava sujeito ao teto das demais prestações previdenciárias. Contudo, a referida emenda fixou o teto das prestações em seu artigo 14 e trouxe à baila a discussão sobre a inconstitucionalidade do pagamento do salário-maternidade ser superior ao teto, anteriormente previsto somente em lei ordinária. A respeito do tema, o STF decidiu na ADInMC 1.946/DF, rel. Min. Sydney Sanches, 29.4.1999, que a Previdência deverá suportar a diferença entre o teto dos benefícios e o do salário da atividade, com fundamento na Convenção

103 da OIT, promulgada pelo Decreto nº 58.820/66, que dispõe que "em caso algum o empregador deverá ficar pessoalmente responsável pelo custo das prestações devidas à mulher que emprega" (art. IV, 8) e ainda com base na Convenção sobre a Eliminação de Todas as Formas de Discriminação contra a Mulher, que, em seu artigo 11, prevê a inclusão da licença-maternidade (gestante) com salário pago ou benefícios sociais comparáveis, sem perda do emprego anterior, antiguidade ou benefícios sociais.

Conclui-se, assim, que a empregada e a trabalhadora avulsa não terão seus benefícios limitados pelo teto como nas demais prestações previdenciárias. Porém, o benefício não poderá superar os subsídios de Ministro do STF, considerando a vedação contida no artigo 248 da Constituição Federal, que estabelece

> "que os benefícios pagos, a qualquer título, pelo órgão responsável pelo regime geral de previdência social, ainda que à conta do Tesouro Nacional, e os não sujeitos ao limite máximo de valor fixado para os benefícios concedidos por esse regime observarão os limites fixados no art. 37, XI" (MPT/SP/2003).

Finalmente, convém destacar que a lei veda a acumulação do salário-maternidade com benefício por incapacidade. Se ocorrer incapacidade em concomitância com o período de pagamento do salário-maternidade, o benefício por incapacidade, conforme o caso, deverá ser suspenso enquanto perdurar o referido pagamento, ou terá sua data de início adiada para o primeiro dia seguinte ao término do período de 120 dias.

Quadro esquemático

SALÁRIO-FAMÍLIA

- Previsão Constitucional, artigo 201, IV.
- Beneficiários: empregados, exceto domésticos e avulsos; aposentados por invalidez ou por idade e demais aposentados com idade de 65 anos ou superior, se homens e 60 anos ou mais, se mulheres, na proporção do número de filhos de até 14 anos. Empregados e avulsos em gozo de auxílio-doença ou aposentadoria por invalidez também farão jus ao benefício. Trabalhadores rurais, empregado ou avulso, aposentado por idade aos 60 anos se homem ou 55 anos, se mulher.

    Desempregados não fazem jus ao benefício. Se pai e mãe forem segurados empregados ou avulsos, ambos têm direito ao benefício.

- Requisitos: baixa renda do segurado. Atualmente, R$ 810,18 e existência de filhos menores de 14 anos. São equiparados aos filhos os enteados e tutelados desde que não possuam bens para o próprio sustento, devendo a dependência econômica ser comprovada.
- Carência: não há.

    Valor: R$ 27,64 por filho de até 14 para quem ganha até R$ 539,03 e R$ 19,48 para cada filho, para aqueles que ganham de R$ 539,04 até R$ 810,18.

    O benefício dos empregados e dos trabalhadores avulsos é pago pela empresa e órgão gestor de mão de obra mediante convênio, respectivamente, e compensado com as contribuições incidentes sobre a folha de salários. No caso dos aposentados e beneficiários do auxílio-doença, o INSS é responsável pelo pagamento.

- Termo inicial do pagamento: apresentação de certidão de nascimento do filho ou documentação do equiparado e comprovação de frequência escolar semestral, sob pena de suspensão do benefício.
- Cessação do benefício: a contar do mês seguinte ao implemento da idade de quatorze anos e no caso de invalidez, no mês seguinte à cessação desta, ou pelo desemprego do segurado.

SALÁRIO-MATERNIDADE

- Previsão Constitucional; artigo 7º; XVIII e 201, II, da CF.

    Devido à segurada que der à luz ou à mãe adotiva de crianças de até oito anos de idade.

- Beneficiárias: todas as seguradas da Previdência Social, inclusive as aposentadas.
- Carência: para as empregadas, avulsas e domésticas não há. Para a contribuinte individual, segurada facultativa e segurada especial a carência é de 10 meses, reduzida em igual número de meses em que o parto foi abreviado, caso este seja antecipado.
- Duração: 120 dias em caso de parto, considerado o evento ocorrido a partir da 23ª semana ou 6º mês de gestação, inclusive em caso de natimorto, sendo 28 dias antes e 92 dias depois deste. Em caso de aborto não criminoso a duração é de duas semanas.

    Em caso de adoção de criança de até um ano de idade, o prazo é de 120 dias; de um a quatro anos, 60 dias e de quatro a oito anos, 30 dias.

    O prazo de 120 dias admite prorrogação por duas semanas, mediante atestado específico.

- Documentos necessários: termo de guarda para fins de adoção ou sentença judicial que reconhecer a filiação. Em caso de parto, atestados médicos ou certidão de nascimento, se o benefício for requerido após o parto.

    Em caso de gêmeos ou adoção de mais de uma criança, será devido um único benefício. Para a empregada, a responsabilidade do benefício durante o prazo da estabilidade está a cargo do empregador e não da previdência social.

- Valor: Para a empregada e para a avulsa, o valor do benefício é igual ao do salário. Para a doméstica, será igual ao seu último salário de contribuição e para a segurada especial será de 1/12 do valor sobre o qual incidiu sua última contribuição anual; para as demais seguradas, 1/12 da soma dos 12 últimos salários de contribuição, apurados em um período não superior a 15 meses, o mesmo ocorrendo com as empregadas dispensadas na hipótese do § 1º do artigo 97 do Decreto nº 3.048/99. O benefício não poderá ser inferior ao salário-mínimo. Para as empregadas e avulsas o benefício não está limitado ao teto das prestações previdenciárias, mas sim terá como limite o subsídio de Ministros do STF – artigo 248 da Constituição Federal.
- Acumulação: é vedada a acumulação com benefício por incapacidade.

Questões

1. Acerca do salário-maternidade pode-se afirmar que: (TRT 2R (SP) – 2009 – TRT – 2ª Região (SP) – Juiz)

    a) A empresa realiza o pagamento do salário-maternidade diretamente à empregada compensando o valor pago com o valor das contribuições devidas, sobre a folha de pagamento.

    b) A Previdência Social é a responsável pelo pagamento do salário-maternidade para a empregada doméstica.

    c) A Previdência Social é a responsável pelo pagamento do salário-maternidade para a contribuinte individual (autônoma e empresária).

    d) A Previdência Social é a responsável pelo pagamento do salário-maternidade em caso de adoção.

    e) Todas estão corretas.

2. Magda, segurada da Previdência Social, adotou uma criança de dois anos e sete meses completos de idade. Neste caso, Magda: (FCC – 2010 – AL-SP – Agente Técnico Legislativo Especializado – Direito)

    a) terá direito ao salário-maternidade pelo período de cento e vinte dias;

    b) terá direito ao salário-maternidade pelo período de sessenta dias;

    c) terá direito ao salário-maternidade pelo período de noventa dias;

    d) terá direito ao salário-maternidade pelo período de trinta dias;

    e) não terá direito ao salário-maternidade, por ausência de disposição legal neste sentido.

3. Considere as assertivas a seguir sobre o salário-família: (AOCP – 2004 – TRT – 9ª Região (PR) – Juiz – 1ª Prova – 2ª Etapa)

    I – O benefício é devido de forma mensal, ao segurado empregado que possua filho até 14 (quatorze) anos de idade ou inválido de qualquer idade, exceto ao doméstico.

    II – O aposentado por invalidez ou por idade, e os demais aposentados com 65 (sessenta e cinco) anos ou mais de idade, se do sexo masculino, ou 60 (sessenta) anos ou mais, se do feminino, tem direito ao benefício.

    III – O salário-família devido ao trabalhador avulso não poderá ser recebido pelo sindicato da classe respectivo, mesmo se incumbindo de elaborar as folhas correspondentes e de distribuí-lo.

    IV – Quando o pagamento do segurado empregado não for mensal, o salário-família será pago juntamente com o último pagamento relativo ao mês.

    V – A empresa conservará durante 5 (cinco) anos os comprovantes dos pagamentos e as cópias das certidões correspondentes, para exame pela fiscalização da Previdência Social.

    a) Todas as proposições estão corretas.

    b) Todas as proposições estão incorretas.

    c) As proposições II e III são as únicas incorretas.

    d) As proposições III e V são as únicas incorretas.

    e) As proposições I, II e IV são as únicas incorretas.

4. Considere as assertivas a seguir sobre o benefício de salário-maternidade, pago pela Previdência Social: (AOCP – 2004 – TRT – 9ª Região (PR) – Juiz – 1ª Prova – 2ª Etapa)

I –   É devido às mães que adotam crianças, sendo de 120 (cento e vinte dias), se a criança tiver até 1 (um) ano de idade; 60 (sessenta) dias, se a criança tiver entre 1 (um) e 4 (quatro) anos de idade; e 30 (trinta) dias, se a criança tiver de 4 (quatro) a 8 (oito) anos de idade.

II – O valor do salário-maternidade é o mesmo valor mensal pago à empregada, limitado a R$ 2.400,00 (dois mil e quatrocentos reais) mensais.

III – Para fins de fiscalização pela Previdência Social, a empresa deverá conservar durante 10 (dez) anos os comprovantes dos pagamentos e os atestados atinentes ao benefício.

IV – O prazo geral fixado na legislação previdenciária para o benefício é de 120 (cento e vinte) dias, com início no período entre 28 (vinte e oito) dias antes do parto e a data da ocorrência deste, para as mães que geram filho.

V – Atendidos os pressupostos legais, a empregada doméstica grávida tem direito ao benefício em questão.

Marque a alternativa **correta**:

a)   Todas as proposições estão corretas.

b)   Todas as proposições estão incorretas.

c)   Somente as proposições I e II estão incorretas.

d)   Somente a proposição II está incorreta.

e)   Somente a proposição III está incorreta.

5. Considere as seguintes proposições (Fundec – 2003 – TRT – 9ª Região (PR) – Juiz – 1ª Prova – 2ª Etapa)

I – Se o pai e mãe forem segurados empregados ou avulsos, cada qual terá direito ao salário-família.

II – A lei considera acidente do trabalho também as doenças profissionais, que são as causadas por agentes físicos, químicos ou biológicos inerentes a certas funções ou atividades e a doença do trabalho, que é a adquirida ou desencadeada em função de condições especiais em que o trabalho é realizado e com ele se relaciona diretamente, desde que constante da relação mencionada no Anexo II do Decreto nº 3.048/99.

III – As mesopatias não relacionadas no Anexo II do Decreto nº 3.048/99 não serão consideradas acidente do trabalho.

IV – Nos termos da legislação vigente, cabe à empresa pagar o salário-maternidade devido à respectiva empregada gestante, efetivando-se a compensação quando do recolhimento das contribuições incidentes sobre a folha de salários e demais rendimentos pagos ou creditados, a qualquer título, à pessoa física que lhe preste serviço.

Assinale a alternativa correta:

a)   Todas as proposições estão corretas.

b)   Apenas I e II estão corretas.

c)   Apenas I, II e III estão corretas.

d)   Apenas I, II e IV estão corretas.

e)   Apenas II e III estão corretas.

6. O salário-maternidade: (Juiz do Trabalho – 14ª Região – 2004)

a)   será pago diretamente pela Previdência Social às empregadas avulsas e domésticas;

b)   será pago diretamente pela Previdência Social a todas as empregadas e autônomas;

c) será pago diretamente pelo empregador de qualquer natureza e reembolsado pela Previdência Social mediante compensação dos valores que lhe sejam devidos pelo empregador;

d) será pago diretamente pelo empregador doméstico e reembolsado pela Previdência Social mediante compensação dos valores que lhe sejam devidos pelo empregador;

e) a adoção de bebês não dá à empregada adotante direito ao salário-maternidade.

7. Cláudia, empregada de uma grande empresa da área de cosméticos, obteve a guarda judicial de Felipe, uma criança com três anos de idade, para fins de adoção. De acordo com a legislação vigente, marque a alternativa correta: (Juiz do Trabalho – 8ª Região – 2007)

a) Cláudia fará jus a trinta dias de licença-maternidade.

b) Cláudia fará jus a sessenta dias de licença-maternidade.

c) Cláudia fará jus a cento e vinte dias de licença-maternidade.

d) Cláudia não fará jus à licença-maternidade, eis que a concessão de tal benefício, no caso de simples obtenção de guarda judicial, ainda que para fins de adoção, não tem amparo na lei brasileira.

e) Nenhuma das respostas anteriores.

8. Considere as assertivas a seguir sobre o benefício de salário-maternidade, pago pela Previdência Social: (Juiz do Trabalho – 9ª Região – 2004)

I – É devido às mães que adotam crianças, sendo de 120 (cento e vinte dias), se a criança tiver até 1 (um) ano de idade; 60 (sessenta) dias, se a criança tiver entre 1 (um) e 4 (quatro) anos de idade; e 30 (trinta) dias, se a criança tiver de 4 (quatro) a 8 (oito) anos de idade.

II – O valor do salário-maternidade é o mesmo valor mensal pago à empregada, limitado a R$ 2.400,00 (dois mil e quatrocentos reais) mensais.

III – Para fins de fIscalização pela Previdência Social, a empresa deverá conservar durante 10 (dez) anos os comprovantes dos pagamentos e os atestados atinentes ao benefício.

IV – O prazo geral fixado na legislação previdenciária para o benefício é de 120 (cento e vinte) dias, com início no período entre 28 (vinte e oito) dias antes do parto e a data da ocorrência deste, para as mães que geram filho.

V – Atendidos os pressupostos legais, a empregada doméstica grávida tem direito ao benefício em questão.

Marque a alternativa correta:

a) Todas as proposições estão corretas;

b) Todas as proposições estão incorretas;

c) Somente as proposições I e II estão incorretas;

d) Somente a proposição II está incorreta;

e) Somente a proposição III está incorreta.

9. Considere as assertivas a seguir sobre o salário-família: (Juiz do Trabalho – 9ª Região – 2004)

I – O benefício é devido de forma mensal, ao segurado empregado que possua filho até 14 (quatorze) anos de idade ou inválido de qualquer idade, exceto ao doméstico.

II – O aposentado por invalidez ou por idade, e os demais aposentados com 65 (sessenta e cinco) anos ou mais de idade, se do sexo masculino, ou 60 (sessenta) anos ou mais, se do feminino, tem direito ao benefício.

III – O salário-família devido ao trabalhador avulso não poderá ser recebido pelo sindicato da classe respectivo, mesmo se incumbindo de elaborar as folhas correspondentes e de distribuí-lo.

IV – Quando o pagamento do segurado empregado não for mensal, o salário-família será pago juntamente com o último pagamento relativo ao mês.

V – A empresa conservará durante 5 (cinco) anos os comprovantes dos pagamentos e as cópias das certidões correspondentes, para exame pela fiscalização da Previdência Social.

Marque a alternativa correta:

a) Todas as proposições estão corretas.

b) Todas as proposições estão incorretas.

c) As proposições II e III são as únicas incorretas.

d) As proposições III e V são as únicas incorretas.

e) As proposições I, II e IV são as únicas incorretas.

10. O salário-maternidade: (Analista TRF – 4ª Região – 2007)

a) será pago diretamente pela Previdência Social para a segurada empregada, que deverá requerer o benefício até 30 dias após o parto;

b) deverá ser requerido pela segurada especial e pela empregada doméstica até 60 dias após o parto;

c) é devido pelo período de 60 dias para a segurada da Previdência Social que adotar criança de até um ano de idade;

d) é devido pelo período de 45 dias para a segurada da Previdência Social que adotar criança entre 1 e 4 anos de idade;

e) da segurada trabalhadora avulsa, pago diretamente pela Previdência Social, consiste numa renda mensal igual à sua remuneração integral equivalente ao mês de trabalho.

11. Analise as alternativas e marque a correspondente: (Prova: FAE – 2006 – TRT – 9ª Região (PR) – Juiz – 1ª Prova – 1ª Etapa)

I – Pela sistemática atual da Lei nº 8.213/91, o benefício da aposentadoria não pode ser acumulado com auxílio-acidente.

II – O auxílio-acidente é devido quando comprovada a perda parcial da capacidade de trabalho do segurado, independentemente da existência de nexo causal, pois impera a responsabilidade objetiva da Previdência Social.

III – O salário-família e o salário-maternidade são prestações previdenciárias pagas diretamente pelo empregador, salvo o doméstico, cujos valores podem ser posteriormente compensados ou ressarcidos pelo empregador junto à Previdência Social.

IV – As expressões "tempo de serviço" e "tempo de contribuição" são equivalentes, para períodos prestados anteriormente a 15.12.1998.

a) Somente as alternativas I, II e III estão corretas;

b) Somente as alternativas I, III e IV estão corretas;

c) Somente as alternativas I e IV estão corretas;

d) Somente as alternativas III e IV estão corretas;

e) Todas estão corretas.

12. Considere as seguintes assertivas a respeito do salário família: (FCC – 2007 – TRF-2R – Analista Judiciário – Área Judiciária)

    I – O salário-família será devido, mensalmente, ao segurado empregado, inclusive ao doméstico e ao segurado trabalhador avulso, na proporção do respectivo número de filhos.

    II – O aposentado por invalidez ou por idade e os demais aposentados com sessenta e cinco anos ou mais de idade, se do sexo masculino, ou sessenta anos ou mais, se do feminino, terão direito ao salário-família, pago juntamente com a aposentadoria.

    III – A empresa conservará durante quinze anos, obrigatoriamente, os comprovantes dos pagamentos e as cópias das certidões correspondentes, para exame pela fiscalização da Previdência Social.

    IV – A cota do salário-família não será incorporada ao salário ou ao benefício.

    Está correto o que se afirma, APENAS em:

    a) I, II e III.
    b) I e III.
    c) I e IV.
    d) II e IV.
    e) II, III e IV.

13. De acordo com a Lei nº 8.213/91, com relação ao salário-família é correto afirmar: (FCC – 2008 – TRF-5R – Analista Judiciário – Área Judiciária)

    a) A cota do salário-família não será incorporada, para qualquer efeito, ao salário ou ao benefício.

    b) O salário-família será devido, mensalmente, ao segurado empregado, inclusive ao doméstico, na proporção do respectivo número de filhos.

    c) O aposentado por invalidez não terá direito ao salário-família, uma vez que já recebe a respectiva aposentadoria.

    d) Quando o pagamento do salário não for mensal, o salário-família será obrigatoriamente pago semanalmente.

    e) A empresa conservará durante quinze anos os comprovantes dos pagamentos do salário-família para exame pela fiscalização da Previdência Social.

Entendimento dos Tribunais Superiores

Súmula 344 – TST – Salário-família. Trabalhador rural.

O salário-família é devido aos trabalhadores rurais somente após a vigência da Lei nº 8.213, de 24.7.1991.

Súmula 254 – TST – Salário-família. Termo inicial da obrigação.

O termo inicial do direito ao salário-família coincide com a prova da filiação. Se feita em juízo, corresponde à data de ajuizamento do pedido, salvo se comprovado que anteriormente o empregador se recusara a receber a respectiva certidão.

13

Auxílio-reclusão e Pensão por Morte

Entre os benefícios pagos aos dependentes do segurado, encontramos o auxílio-reclusão e a pensão por morte, ambos constitucionalmente previstos no artigo 201, IV e V, respectivamente. Na primeira hipótese, o benefício busca proteger a família do preso em razão da impossibilidade de auferir renda daquele que está encarcerado, nas mesmas condições da pensão por morte e está limitado aos dependentes de segurado de baixa renda. A pensão por morte busca evitar que os dependentes do segurado fiquem ao desamparo, quando verificado o óbito deste.

A regulamentação do auxílio-reclusão está prevista nos artigos 80 da Lei nº 8.213/91 e 116 a 119 do Decreto nº 3.048/99, enquanto a pensão por morte está contemplada nos artigos 74 a 79 do Plano de Benefícios e 105 a 115 do Decreto regulamentador.

13.1 Pensão por morte: beneficiários e termo inicial do pagamento

O benefício da pensão por morte será devido ao conjunto dos dependentes do segurado que falecer, aposentado ou não, a contar da data do óbito, quando requerida: I – a) pelo dependente maior de 16 anos de idade até 30 dias depois; b) pelo dependente menor até 16 anos de idade, até 30 dias depois de completar essa idade; II – do requerimento, quando requerida após o prazo previsto no inciso I; ou III – da decisão judicial, no caso de morte presumida.

A pensão por morte tem por objetivo suprir as necessidades daqueles que dependiam economicamente do segurado em vida e consiste em renda mensal de caráter nitidamente alimentar. É indispensável que o falecido ostente a qualidade de segurado por ocasião do óbito, sem o que inexiste relação jurídica previdenciária que autorize a concessão do benefício, salvo direito adquirido à aposentadoria pelo segurado.

Verifica-se que a legislação remete o intérprete ao artigo 16 da Lei nº 8.213/91, que trata dos dependentes para fins previdenciários, que já foi objeto de análise no Capítulo 5, seção 5.2. Entretanto, o artigo 76, §§ 1º e 2º, da Lei nº 8.213/91 reforça a exigência da dependência econômica em situações não contempladas no artigo 16.

Na hipótese prevista no artigo 76, § 1º, embora a legislação faça referência ao cônjuge ausente, em verdade trata-se do cônjuge separado de fato, que no âmbito previdenciário faz cessar a presunção de dependência econômica. Note-se que, para fins de concessão de pensão por morte, foi privilegiado o critério da demonstração da dependência econômica por ocasião do óbito. Assim, a separação de fato obriga a demonstração de que em vida o cônjuge separado de fato recebia ajuda ou dependia do segurado, sem excluir o direito da companheira, eventualmente habilitada. Nesse caso, o benefício será devido a contar da data da habilitação.

Em se tratando de cônjuge separado, divorciado ou separado de fato com direito a alimentos, a dependência econômica se presume. O entendimento do Poder Judiciário diverge do entendimento administrativo. Majoritariamente, a Jurisprudência considera que, mesmo que não tenham sido assegurados alimentos em vida, ou, ainda, que os cônjuges separados ou divorciados tenham renunciado ao direito a alimentos, não existe impedimento para que pleiteie o benefício após o óbito, se demonstrada a necessidade do benefício (Súmula 336 do STJ).

Para os pensionistas inválidos, a legislação determina que a invalidez seja precedente à data do óbito, abrindo exceção somente quando se tratar de dependente menor de 21 anos. Nessa hipótese, o artigo 115 do Decreto nº 3.048/99 prevê que não se extinguirá a respectiva cota, se a invalidez ocorrer anteriormente ao implemento da idade.

A invalidez deverá ser aferida pela perícia médica do INSS, devendo o pensionista submeter-se a exames médicos periódicos, processo de reabilitação profissional prescrito e custeado pela Previdência Social e tratamento dispensado gratuitamente, exceto o cirúrgico e a transfusão de sangue, que são facultativos.

Em relação ao termo inicial do pagamento do benefício, há hipóteses distintas, conforme se trate de dependente maior ou menor de 16 anos, uma vez que a lei civil estabelece que a prescrição não corre contra menores e incapazes. É de ser observado que lei previdenciária estabelecia que o benefício seria devido, em qualquer hipótese, a contar da data do óbito, uma vez que o direito ao benefício nasce com o óbito. Deve ser observado que até a edição da Lei nº 9.528/97 que deu nova redação ao artigo 76 e alterou o termo inicial do pagamento do benefício, prescrevendo que o benefício somente será devido desde o falecimento, se requerido até 30 dias depois, deverá ser aplicada a legislação vigente à época do óbito, mesmo que o requerimento venha a ocorrer na vigência da nova lei.

Em se tratando de morte presumida, o pagamento do benefício coincidirá com a data da decisão judicial que a declarar. São duas as hipóteses de morte presumida: aquela em que o cônjuge desaparece de seu domicílio e a que decorre de acidente ou catástrofe e não se localiza o corpo. Na primeira hipótese, o benefício será devido a contar da decisão judicial que reconhecer a ausência. Convém destacar que não se aplicam os prazos do direito civil em relação à declaração da morte presumida no direito previdenciário, mas o prazo de seis meses de ausência, declarada por Justificação Judicial. Em caso de catástrofe ou desaparecimento, o benefício será devido a contar do óbito ou a partir do requerimento, caso este supere 30 dias do desaparecimento, uma vez que nessa hipótese não há necessidade de declaração judicial.

13.2 Efeitos da habilitação

A concessão da pensão por morte não exige a habilitação simultânea de todos os dependentes ao recebimento do benefício. Porém, a habilitação posterior de outro dependente gera efeitos a partir do momento em que se realiza. Nesse sentido, qualquer habilitação posterior que importe em exclusão ou inclusão de novo dependente somente produzirá efeito a contar da data em que se efetivar. Assim, se a ex-esposa com direito a alimentos requereu o benefício em 12.4.2003 e a companheira vem a fazê-lo em 12.4.2004, a companheira somente fará jus ao recebimento das parcelas relativas à pensão por morte a contar de 12.4.2004. Entendimento diverso faria com que a ex-esposa tivesse de devolver metade do benefício à companheira.

13.3 Cálculo do benefício

As regras de cálculo da pensão por morte evoluíram significativamente em relação à legislação que precedeu a Lei nº 8.213/91, sendo que esta última também sofreu alterações para melhorar o valor do benefício. A legislação previa uma parcela familiar de 50% do valor da aposentadoria que o segurado recebia ou a que teria direito, posteriormente majorada para 80%, acrescida de um percentual de 10% do valor dessa mesma aposentadoria quantos fossem seus dependentes, até o máximo de 100%.

A Lei nº 9.528/97 extinguiu a cota familiar e estabeleceu que o benefício corresponderá a 100% do valor da aposentadoria por invalidez a que o segurado teria direito na data do óbito, recebendo ou não tal benefício, e o valor será rateado entre todos os dependentes em partes iguais. Extinguindo-se a cota de um dependente, ela reverterá para aquele que permanecer recebendo o benefício.

De outro lado, para fins de cálculo do valor do benefício, deverá ser observada a regra prevista no § 1º do artigo 105 do Decreto nº 3.048/99 que determina, para fins de cálculo da renda mensal inicial, sejam aplicados os índices de reajustamento desde o óbito até a data de início do pagamento, vedando o pagamento retroativo de parcelas anteriores ao óbito, salvo no caso de dependentes menores de 16 anos, quando deverá ser aplicado o § 2º, que estabelece que somente será devida de forma retroativa à data do óbito a cota individual do dependente menor e desde que não se constitua em habilitação de novo dependente a pensão anteriormente concedida, hipótese em que fará jus àquela, se for o caso, tão somente em relação ao período anterior à concessão do benefício.

13.4 Extinção do benefício

A pensão por morte cessará pela morte do último pensionista; I – pela morte do pensionista; II – para o pensionista que completar 21 anos, salvo se for inválido, ou pela emancipação, ainda que inválido, exceto, neste caso, se a emancipação for decorrente de colação de grau científico em curso de ensino superior; III – para o pensionista inválido, pela cessação da invalidez. Verifica-se que o novo casamento de viúva não faz cessar o benefício, como na legislação revogada. Considerando que o INSS era sistematicamente condenado na Justiça e o entendimento da Jurisprudência, nos termos da Súmula 170 do extinto TRF, era no sentido de deferir o benefício "se de novo casamento não resulta melhoria na situação econômico-financeira da viúva, de modo a tornar dispensável o benefício", a legislação foi alterada, excluindo esta hipótese de extinção da pensão. Atualmente, a legislação veda a acumulação de várias pensões, devendo a viúva ou o viúvo optar pela pensão mais vantajosa.

Em se tratando de pensão concedida por morte presumida em razão da declaração de ausência, o benefício cessará com o reaparecimento do segurado, encontrando-se desobrigados os dependentes de reposição dos valores recebidos, salvo má-fé.

13.5 Auxílio-reclusão

O benefício será devido nas mesmas condições da pensão por morte aos dependentes do segurado recolhido à prisão que, não receber remuneração da empresa, não estiver em gozo de auxílio-doença, aposentadoria ou abono de permanência em serviço, desde que seu último salário de contribuição seja inferior ou igual a R$ 810,18 (oitocentos e dez reais e dezoito centavos). Não cabe concessão de auxílio-reclusão aos dependentes do segurado que estiver em livramento condicional ou cumprindo pena em regime aberto.

Equipara-se à condição de recolhido à prisão a situação do segurado com idade entre 16 e 18 anos que tenha sido internado em estabelecimento educacional ou congênere, sob custódia do Juizado de Infância e da Juventude.

O benefício busca tutelar os dependentes do segurado preso e de baixa renda, sendo que o último requisito foi introduzido pela Emenda Constitucional nº 20/98. Tal como no salário-família, considera-se para aferir a baixa renda o último salário de contribuição do segurado recolhido à prisão, se houver. Caso não exista salário de contribuição na data do efetivo recolhimento à prisão, o benefício será devido, porém é indispensável a comprovação da qualidade de segurado, sob pena de indeferimento.

Os beneficiários são os mesmos da pensão por morte, devendo a dependência econômica ser aferida anteriormente ao recolhimento da prisão ou detenção do segurado. O pedido deverá ser instruído com certidão do efetivo recolhimento do segurado à prisão, firmada pela autoridade competente, prova esta que deverá ser renovada trimestralmente.

A data de início do pagamento do salário-reclusão coincidirá com o recolhimento do segurado à prisão. Se ultrapassados 30 dias desta, o benefício será devido a contar do requerimento, aplicando-se, no que for cabível, o regramento previsto para a data de início do pagamento da pensão por morte.

O benefício é de caráter provisório e será devido apenas enquanto o segurado estiver preso, em regime fechado ou semiaberto, sendo vedada a concessão do benefício após a soltura do segurado. Em caso de fuga deste, o benefício será suspenso e, se houver recaptura, o auxílio-reclusão será restabelecido a contar de então, desde que esteja mantida a qualidade de segurado. Destaque-se que, se houver exercício de atividade durante o período de fuga, este será computado para a verificação da perda ou não da qualidade de segurado e as contribuições eventualmente devidas serão computadas para fins de cálculo de benefício a ser requerido.

A Lei nº 10.666/03 introduziu algumas modificações quanto ao benefício em exame, ao estabelecer que

> "o exercício de atividade remunerada do segurado recluso em cumprimento de pena em regime semifechado ou semiaberto que contribuir na condição de contribuinte individual ou facultativo não acarreta a perda do direito ao recebimento do auxílio reclusão para os seus dependentes".

Estabeleceu ainda que o segurado recluso não terá direito aos benefícios de auxílio-doença e de aposentadoria, durante a percepção, pelos dependentes, do auxílio-reclusão, ainda que, nessa condição, contribua como contribuinte individual ou facultativo, permitida a opção, desde que manifestada, também, pelos dependentes, ao benefício mais vantajoso. E, finalmente, prescreveu que, em caso de morte do segurado recluso que contribuir na forma do § 1º, o valor da pensão por morte devida a seus dependentes será obtido mediante a realização de cálculo, com base no novo tempo de contribuição e salários de contribuição correspondentes, neles incluídas as contribuições recolhidas enquanto recluso, facultada a opção pelo valor do auxílio-reclusão, se mais vantajoso.

O benefício será automaticamente convertido em pensão por morte, caso o segurado venha a falecer. As hipóteses de extinção previstas para a pensão por morte aplicam-se ao auxílio-reclusão, acrescentando-se as seguintes: (a) eventual aquisição de direito a benefício pelo segurado, durante o período de prisão; e (b) cumprimento da pena ou soltura do preso.

Quadro esquemático

PENSÃO POR MORTE

Benefício pago aos dependentes previstos no artigo 16 da Lei nº 8.213/91, em caso de óbito do segurado. O cônjuge separado de fato deve provar a dependência econômica, se não recebia alimentos em vida. Entendimento divergente do STJ – Súmula 336. No caso de dependente inválido, a invalidez deve preceder o óbito, salvo quando o dependente foi menor de 21 anos. Morte presumida: desaparecimento ou catástrofe.

– Carência: não há.
– Habilitação: termo inicial para pagamento de novos dependentes.
  Cálculo do benefício: 100% da aposentadoria por invalidez a que o segurado teria na data do óbito. O benefício será rateado entre todos os dependentes em partes iguais. Extinguindo-se a cota de um dependente, ela reverterá para o que permanecer recebendo o benefício.
– Extinção do benefício: morte do último pensionista; implemento da idade de 21 anos, salvo se for inválido; emancipação; cessação de invalidez; reaparecimento do segurado, em caso de ausência.
– Termo inicial do pagamento: dependente maior de 16 anos: a contar da data do óbito, se requerido até 30 dias depois deste; dependente menor de 16 anos,

desde o óbito, até trinta dias depois de completar esta idade; do requerimento, se requerida após trinta dias contados do óbito, ou da decisão judicial, em caso de morte presumida.

AUXÍLIO-RECLUSÃO

O auxílio-reclusão é um benefício devido aos dependentes do segurado recolhido à prisão, durante o período em que estiver preso sob regime fechado ou semiaberto. Não cabe concessão de auxílio-reclusão aos dependentes do segurado que estiver em livramento condicional ou cumprindo pena em regime aberto.

– Auxílio-reclusão: benefício concedido nas mesmas condições da pensão por morte aos dependentes do segurado de **baixa renda** considerada no momento do recolhimento à prisão. A partir de 1º.1.2010, o valor a ser considerado é de R$ 810,18.

– Carência: não há. Porém, exige-se a qualidade de segurado.

– Data de início de pagamento: recolhimento à prisão. Se requerido até trinta dias desta. Se requerido em prazo superior, será devido a contar da data do requerimento.

– Cessação do benefício: mesmas hipóteses da pensão por morte e mais; fuga do preso; cumprimento da pena ou soltura; aquisição de direito a benefício pelo segurado durante o período de prisão. Em caso de óbito do segurado o benefício será convertido automaticamente em pensão por morte.

Questões

João, que era casado com Maria e tinha um filho menor não emancipado chamado Júnior, exercia, quando veio a falecer, atividade abrangida pelo RGPS, como empregado de uma fábrica há oito meses, recebendo, nesse período, um salário de R$ 700,00. Morava ainda com o casal e o filho menor a mãe de João.

1. Com base nessa situação hipotética, assinale a opção correta. (Cespe – 2010 – MPE – ES – Promotor de Justiça)

    a) Maria, sua sogra e Júnior não têm direito à pensão por morte, porque João, que trabalhou apenas oito meses, não completou a carência, que é o número mínimo de contribuições mensais indispensáveis à concessão de benefício previdenciário.

    b) Para se habilitarem à pensão por morte, Maria, Júnior e a mãe de João precisam comprovar que dependiam economicamente de João.

    c) Caso seja requerida apenas por Maria, a pensão por morte será concedida a partir do dia do óbito de João, independentemente da data do requerimento.

    d) Aplica-se o fator previdenciário no cálculo da renda mensal inicial da pensão por morte, que é feito com base no salário de benefício da aposentadoria que seria devida a João na data do seu falecimento.

    e) Se Maria, sua sogra e Júnior requererem pensão por morte, o benefício será concedido apenas a Maria e Júnior, em partes iguais, sendo que a parte de cada um poderá ser menor que um salário-mínimo.

2. Considerando a jurisprudência do STF e do STJ, assim como o que dispõe a CF e a legislação previdenciária, assinale a opção correta. (Cespe – 2010 – MPE – ES – Promotor de Justiça)

   a) Conforme a jurisprudência do STF, em se tratando de auxílio-reclusão, benefício previdenciário concedido para os dependentes dos segurados de baixa renda, nos termos da CF, a renda a ser observada para a concessão é a dos dependentes e não a do segurado recolhido à prisão.

   b) Consoante a jurisprudência do STJ, é devida a incidência da contribuição previdenciária sobre os valores pagos pela empresa ao segurado empregado durante os quinze primeiros dias que antecedem a concessão de auxílio-doença.

   c) De acordo com a jurisprudência do STF, a contribuição nova para o financiamento da seguridade social, criada por lei complementar, pode ter a mesma base de cálculo de imposto já existente.

   d) A perda da qualidade de segurado não será considerada para a concessão das aposentadorias por tempo de contribuição e especial, desde que o segurado conte com, no mínimo, o tempo de contribuição correspondente ao exigido para efeito de carência na data do requerimento do benefício.

   e) Entre os princípios da previdência social enumerados na CF incluem-se a universalidade da cobertura e do atendimento; a uniformidade e equivalência dos benefícios e serviços às populações urbanas e rurais; e a descentralização, com direção única em cada esfera de governo.

3. Assinale a alternativa **incorreta** (FAE – 2006 – TRT – 9ª Região (PR) – Juiz – 1ª Prova – 1ª Etapa)

   a) O valor da pensão por morte é de 100% do salário de benefício, pago ao conjunto de dependentes do(a) segurado(a), cuja renda será dividida em partes iguais entre os beneficiários, inclusive os menores

   b) O trabalhador rural, que exerceu atividade em regime de economia familiar até a edição da Lei nº 8.213/91, tem direito à aposentadoria por idade aos 55 e 60 anos de idade, para mulher e homem, respectivamente, no valor de um salário-mínimo, independentemente de contribuição ao Regime Previdenciário.

   c) O auxílio-reclusão e o salário-família são prestações devidas aos dependentes do(a) segurado(a), pagos até o valor do teto do salário de contribuição da Previdência Social.

   d) O auxílio-doença é benefício por incapacidade, devido ao segurado empregado a partir do 16º dia de afastamento, devendo ser comprovada a carência de 12 (doze) contribuições, salvo por motivo de acidente de trabalho, quando não se exige carência.

   e) A Carteira de Trabalho e Previdência Social é prova plena de tempo de contribuição perante a Previdência Social. Para período de trabalho informal, o segurado deverá fazer a prova por meio de ação declaratória, justificação administrativa ou justificação judicial.

4. No âmbito dos benefícios assegurados pela Lei nº 8.213/91, assinale a opção correta. (Juiz do Trabalho – 7ª Região – 2005)

   a) A pensão por morte será devida ao conjunto dos dependentes do segurado que falecer, desde que aposentado, sendo o termo inicial do benefício a data do óbito, quando requerido até trinta dias depois deste, ou o requerimento administrativo, quando pleiteado após esse prazo.

   b) O auxílio-reclusão é devido aos dependentes do segurado recolhido à prisão, desde que este não seja aposentado, nem receba remuneração da empresa, ou esteja em gozo de auxílio-doença ou de abono de permanência em serviço.

c) O pagamento do salário-família é condicionado à apresentação, entre outros documentos, comprovante de frequência obrigatória à escola do filho ou equiparado, sendo que suas cotas são pagas de forma mensal pelo INSS.

d) Seria inconstitucional o estabelecimento de requisitos diferenciados de idade mínima para concessão de aposentadoria entre trabalhadores urbanos e rurais, uma vez que a Carta Magna estabelece que todos são iguais perante a lei, sem distinção de qualquer natureza.

e) O auxílio-doença será devido ao segurado que ficar incapacitado para o seu trabalho ou para sua atividade habitual por mais de quinze dias consecutivos ou alternados, independentemente, em qualquer hipótese, do cumprimento de período de carência.

5. Regra geral, assinale o benefício que não possui carência: (Juiz do Trabalho – 1ª Região – 2005)
   a) auxílio-doença;
   b) aposentadoria por invalidez;
   c) aposentadoria especial;
   d) pensão por morte;
   e) aposentadoria por idade.

6. Conforme estabelece o art. 80, da Lei nº 8.213/91, é correto afirmar com relação ao auxílio-reclusão: (Esaf – 2005 – Receita Federal – Auditor Fiscal da Receita Federal – Área Tecnologia da Informação – Prova 2)
   a) Será concedido aos dependentes do segurado que estiver preso preventivamente.
   b) Será concedido aos dependentes do segurado que estiver respondendo a processo criminal, independentemente de recolhimento à prisão.
   c) Será concedido aos dependentes do segurado recolhido à prisão, que não tiver remuneração.
   d) Será concedido aos dependentes do segurado recolhido à prisão, ainda que receba benefício de aposentadoria.
   e) Será concedido aos dependentes do segurado recolhido ou não à prisão, mas que esteja condenado e não receba qualquer remuneração.

7. Ainda quanto aos benefícios concedidos pela previdência social, julgue o item seguinte: (Procurador INSS/UnB-Cespe/1998)

   O auxílio-reclusão tem como fato gerado o recolhimento do segurado à prisão, conforme comprovado por certidão e declaração de subsistência da condição de presidiário, quando, atendida a urgência de doze contribuições mensais, não estiver o segurado recebendo remuneração da empresa ou em gozo de auxílio-doença, de aposentadoria ou de abono de permanência em serviço.

8. A propósito dos benefícios da Seguridade Social, julgue o seguinte item: (Auditor Fiscal da Previdência Social UnB-Cespe/1998)

   O auxílio-reclusão é devido aos dependentes do segurado recolhido à prisão que não receber remuneração da empresa, nem estiver em gozo de auxílio-doença, de aposentadoria ou abono de permanência, durante todo o período de detenção ou reclusão, devendo ser suspenso em caso de fuga e convertido em pensão, se sobrevier a morte do segurado detido ou recluso.

9. Ainda quanto aos benefícios da previdência social, julgue o item seguinte: (Procurador INSS/UnB-Cespe/1998)

A pensão por morte é devida ao conjunto de dependentes do segurado falecido ou assim declarado por decisão judicial, habilitados perante a previdência social, correspondendo a 100% do valor da aposentadoria percebida pelo segurado ou que perceberia por invalidez na data de seu óbito ou da decisão judicial correspondente, preservado integralmente o direito de eventuais dependentes não habilitados perante a previdência social, desde a data em que tenha sido efetuado o primeiro pagamento do benefício.

10. João, casado com Sônia, é beneficiário da previdência social na condição de segurado. João tem um filho, José, com vinte anos de idade, de união anterior; um irmão inválido, chamado Mário; com 23 anos de idade; e um menor sob sua tutela, Luis, com seis anos de idade. Sônia tem um filho, Pedro, com 20 anos de idade, de pai falecido. Em comum, João e Sônia têm dois filhos: Josué, com cinco anos de idade, e Paulo, com dezenove anos de idade, que é inválido. Mário, Luis e Pedro não possuem bens suficientes para seu sustento e educação.

Com base nessa situação hipotética e considerando o plano de benefícios da previdência social, julgue o item seguinte. (Técnico previdenciário – INSS/UnB/Cespe/2003)

Em caso de falecimento de João, na distribuição de cotas de pensão, Sônia receberá 50% do valor, enquanto os outros 50% serão igualmente distribuídos entre os demais dependentes.

Entendimento dos Tribunais Superiores

Súmula 416 – STJ – É devida a pensão por morte aos dependentes do segurado que, apesar de ter perdido essa qualidade, preencheu os requisitos legais para a obtenção de aposentadoria até a data do seu óbito.

Súmula 340 – STJ – A lei aplicável à concessão de pensão previdenciária por morte é aquela vigente na data do óbito do segurado.

Súmula 336 – STJ – A mulher que renunciou aos alimentos na separação judicial tem direito à pensão previdenciária por morte do ex-marido, comprovada a necessidade econômica superveniente.

14

Acidente do Trabalho

A Constituição Federal inclui o acidente de trabalho entre os riscos sociais a serem protegidos pela Previdência Social nos artigos 7º, inciso XXVIII, e 201, § 10. No primeiro estabelece o seguro contra acidentes do trabalho a cargo do empregador, sem excluir a indenização a que este está obrigado quando incorrer em dolo ou culpa. Referido dispositivo autoriza a cobrança de adicional de contribuição previdenciária para o financiamento de benefícios decorrentes de acidente do trabalho e possibilita a interposição de ação de indenização pelo acidentado em face do empregador, quando este incorrer em dolo ou culpa, ou seja, responsabilidade subjetiva, prevista no Código Civil, artigo 927.

Quanto à cobertura previdenciária, a previsão vem estampada no artigo 201, § 10, da Constituição Federal, que prevê que "lei disciplinará a cobertura do risco de acidente do trabalho, a ser atendida concorrentemente pelo regime geral de previdência social e pelo setor privado". Em outros termos, o empregador poderá contratar um seguro privado para prevenir-se de futuras indenizações em razão de acidentes ocorridos no local de trabalho, sem com isso excluir a proteção do trabalhador pela Previdência Social.

Caso o INSS não caracterize o acidente de trabalho na via administrativa, poderá o segurado ingressar com ação acidentária em face da autarquia previdenciária. Nesse caso, a responsabilidade será objetiva, devendo ser comprovado o nexo de causalidade entre o acidente, o trabalho e a lesão.

Note-se que a competência das duas ações, acidentária em face do INSS e de indenização, em face do empregador, é distinta. Na primeira hipótese, a ação deverá ser ajuizada perante a Justiça Estadual e em grau de recurso deverá ser conhecida pelos Tribunais de Justiça, por força do artigo 109, § 3º, da Constituição Federal regulamentado pelo artigo 129 da Lei nº 8.213/91, nas Varas de Acidente do Trabalho onde houver, conforme a organização judiciária de cada Estado. Em grau de recurso, as ações acidentárias serão apreciadas pelos Tribunais de Justiça. As ações de indenização em face do empregador, por estarem relacionadas com o trabalho, deverão ser apreciadas pela Justiça do Trabalho, nos termos do artigo 114, VI, com redação dada pela Emenda Constitucional nº 45/04 denominada Reforma do Judiciário, publicada em 31.12.2004.

Desse modo, pode-se concluir que a responsabilidade em caso de acidente do trabalho é dúplice ou concorrente, sendo suportada pelo empregador em caso de dolo ou culpa, sendo que este poderá contratar um seguro privado para garantir o pagamento de eventual indenização ao acidentado e pela Previdência Social, quando se caracterizar o nexo causal entre o acidente, o trabalho e a lesão. Na última hipótese, o conceito de culpa é substituído pela verificação da necessidade de proteção da vítima de acidente do trabalho.

O artigo 120 da Lei nº 8.213/91 contém previsão de ação regressiva proposta pelo INSS em face dos responsáveis, em caso de negligência na observância das normas relativas à segurança e higiene no trabalho indicadas para a proteção individual e coletiva. O dano à previdência está no pagamento de benefícios acidentários em razão de eventual negligência da empresa, impondo ônus aos cofres públicos. A responsabilidade, nesse caso, é subjetiva, devendo ser provado dolo ou culpa. A competência para a propositura da ação regressiva é da Justiça Federal, com fundamento no artigo 109, I, da Constituição Federal.

É de ser ressaltado que a proteção da vítima de acidente do trabalho sempre foi preocupação dos estudiosos e até mesmo antecedeu a legislação de Previdência Social, como se verifica da evolução legislativa previdenciária, que contempla proteção em caso de acidente do trabalho desde 1919, com a Lei nº 3.724, que é anterior à Lei Eloy Chaves, editada em 1923. Primeiramente, a responsabilidade era somente do empregador e se operava pelo direito comum, que avançou para a responsabilidade objetiva. Informam Daniel Machado da Rocha e José Paulo Baltazar Junior (2004, p. 92) que:

> "posteriormente, surgiu a proteção acidentária propriamente dita, mas como medida imposta pelo Estado às empresas, porém, prevalecendo os contratos de seguros destas com entidades seguradoras privadas".

Prosseguem os autores citados, esclarecendo que

> "somente a partir de 14 de setembro de 1967, com a Lei nº 5.316, é que o acidente do trabalho foi integrado à Previdência Social, com forma de cálculo distinta dos outros benefícios previdenciários, instituído o monopólio estatal da proteção do acidente pela previdência. Tal monopólio foi mantido pela Lei nº 6.367, de 1976, que alterou a disciplina dos benefícios acidentários e instituiu o auxílio suplementar".

A Constituição de 1988 contém previsão sobre o tema no artigo 7º, XXVIII, como já afirmamos, e a Lei nº 8.213/91 passou a tratar dos benefícios em caso de acidente do trabalho juntamente com as demais prestações, porém manteve as regras de cálculo mais favoráveis até a edição da Lei nº 9.032/95, que praticamente igualou os benefícios em caso de acidente de trabalho aos benefícios decorrentes de outras causas ensejadoras de incapacidade. No entanto, mantêm-se algumas diferenças em se tratando de auxílio-doença e aposentadoria por invalidez em caso de acidente do trabalho, com a estabilidade no emprego por 12 meses, conforme estabelece o artigo 118 da Lei nº 8.213: a isenção do período de carência, a possibilidade de o INSS ingressar com ação regressiva prevista no artigo 120 da Lei nº 8.213/91, e a contagem como tempo de contribuição dos benefícios acidentários sem a necessidade de que o benefício tenha sido concedido intercalado entre períodos de atividade, entre outras.

14.1 Conceito de acidente do trabalho e beneficiários da proteção

O conceito de acidente do trabalho encontra previsão no artigo 19 da Lei nº 8.213/91, que considera a hipótese mais frequente de acidente, designada acidente típico, que envolve um evento súbito e inesperado ocorrido no trabalho, a serviço da empresa e que provoca lesão corporal ou perturbação funcional que incapacite o segurado para o trabalho, seja de modo provisório ou definitivo, ou, ainda, que cause a morte deste.

Do conceito legal apresentado verifica-se que foram excluídos da proteção acidentária os segurados facultativos, os empregados domésticos e os contribuintes individuais, pois não estão a serviço da empresa. Além disso, não há custeio específico para o financiamento dos acidentes do trabalho para estes contribuintes, uma vez que a contribuição devida ao Seguro de Acidentes do Trabalho (SAT) é paga pelas empresas e pelos segurados especiais. Assim, a proteção acidentária somente é devida ao empregado, ao avulso e ao segurado especial, por expressa determinação legal, embora este último não preste serviço à empresa.

Verifica-se, ainda, que o conceito exclui o dolo ou a autolesão dolosa, incompatível com a imprevisibilidade do acidente do trabalho.

A legislação previdenciária determina também a adoção de normas de prevenção de acidente do trabalho, a par das normas trabalhistas que regulam o tema. Verifica-se, assim, nos parágrafos do artigo 19 da Lei nº 8.213/91, que a empresa é responsável pela adoção e pelo uso de medidas coletivas e individuais de proteção e segurança da saúde do trabalhador, devendo, ainda, prestar informações pormenorizadas sobre os riscos da operação a executar e do produto a manipular. A norma estabelece a competência do Ministério do Trabalho para a fiscalização dos dispositivos, possibilitando o acompanhamento dos sindicatos e entidades representativas de classe.

Finalmente, a legislação previdenciária estabelece que consiste em contravenção penal, punível com multa, deixar a empresa de cumprir as normas de higiene e segurança do trabalho. Trata-se de tipo penal aberto que deve ser interpretado à luz da legislação trabalhista de regência do tema.

A par do conceito de acidente típico, o artigo 20 da Lei nº 8.213/91 inclui as doenças ocupacionais, que se subdividem em moléstia profissional e moléstia do trabalho, como causas de proteção acidentária. Ao contrário do acidente típico, ambas evoluem lenta e progressivamente no organismo humano até desencadear a incapacidade laborativa.

A referida norma legal prevê a moléstia profissional, que é produzida ou desencadeada pelo exercício do trabalho peculiar a determinada atividade e constante da respectiva relação elaborada pelo Ministério do Trabalho e da Previdência Social. É também chamada de ergopatia ou tecnopatia. A moléstia profissional está relacionada com a profissão exercida pelo segurado e deverá estar indicada no Anexo II do Decreto nº 3.048/99. Há divergência entre o entendimento administrativo e o judicial a respeito da obrigatoriedade de indicação da profissão e dos agentes nocivos relacionados à atividade. O INSS considera que o rol constante do Decreto é taxativo, enquanto a Jurisprudência entende que o rol é apenas exemplificativo.

A moléstia do trabalho ou mesopatia está relacionada com as condições em que o trabalho se desenvolve e pode atingir qualquer pessoa, porque está relacionada com o meio ambiente laboral e não à profissão desenvolvida pelo segurado. Nessa hipótese, ainda que não estejam incluídas no Anexo II do regulamento, se comprovado o nexo de causalidade entre o trabalho, a moléstia e a incapacidade decorrente das condições do trabalho, poderá ser caracterizado o acidente do trabalho, como preconiza o artigo 20, § 2º, da Lei nº 8.213/91.

As causas excludentes de acidente do trabalho encontram-se no § 1º do artigo 20. São elas: (a) a doença degenerativa; (b) a inerente a grupo etário; (c) a que não produza incapacidade laborativa; e (d) a doença endêmica adquirida por segurado habitante em região onde ela se desenvolva, salvo comprovação de que é resultante de exposição ou contato direto determinado pela natureza do trabalho. Nessas hipóteses, considera-se que inexiste o nexo causal entre a incapacidade e o trabalho, restando descaracterizado, portanto, o acidente do trabalho.

14.2 Hipóteses de equiparação a acidente do trabalho

A evolução doutrinária e legislativa alargou o conceito de acidente do trabalho, incluindo a possibilidade de concausas, ou seja, o acidente do trabalho não precisa ser causa única da incapacidade ou morte para que seja deflagrada a proteção previdenciária. Assim, poderemos encontrar concausa anterior, concomitante ou superveniente. No primeiro caso, temos o segurado portador de diabetes que vem a ferir-se no ambiente laboral e contrair gangrena, sendo obrigado a amputar o membro ferido. A lesão somente tornou-se incapacitante em razão de diabetes do segurado, que consiste em concausa anterior ao acidente. A concausa superveniente poderá ocorrer em virtude de infecção hospitalar contraída devido a internação decorrente de acidente ocorrido no trabalho. Nessa hipótese, a lesão foi agravada por fato posterior ao acidente, não decorrente do trabalho, mas relacionada a este. A concausa poderá ser ainda concomitante ao acidente nas situações em que se manifeste simultaneamente o acidente e outra causa a este relacionada, como no caso do operário da construção civil que cai de um andaime e sofre um enfarto, vindo a falecer. As concausas são as agravações ou complicações do acidente e não se confundem com a hipótese prevista no artigo 21, § 2º, que trata de acidentes sucessivos.

Além das concausas, previstas no artigo 21, I, da Lei nº 8.213/91, a legislação equipara determinadas situações ao acidente típico, alargando, desse modo, a proteção da vítima do acidente. No inciso II do artigo 21, considera-se acidente do trabalho aquele sofrido no local e no horário de trabalho em consequência de: (a) ato de agressão, sabotagem ou terrorismo praticado por terceiro ou companheiro de trabalho; (b) ofensa física intencional, inclusive de terceiro, por motivo de disputa relacionada ao trabalho; (c) ato de imprudência, de negligência ou de imperícia de terceiro ou de companheiro de trabalho; (d) ato de agressão de pessoa privada do uso da razão; (e) desabamento; inundação, incêndio e outros casos fortuitos ou decorrentes de força maior.

O inciso III do artigo 21 contempla a hipótese de doença contraída em decorrência de contaminação acidental do empregado no exercício de sua atividade; e o inciso IV faz referência ao acidente sofrido pelo segurado ainda que fora do local e horário de trabalho, nas seguintes situações: (a) na execução de ordem ou na realização de serviço sob a autoridade da empresa; (b) na prestação espontânea de qualquer serviço à empresa para lhe evitar prejuízo ou proporcionar proveito; (c) em viagem a serviço da empresa, inclusive para estudo, quando financiada por esta dentro de seus planos para melhor capacitação de mão de obra, independentemente do meio de locomoção utilizado, inclusive veículo de propriedade do segurado; (d) no percurso da residência para o local de trabalho ou deste para aquela, qualquer que seja o meio de locomoção, inclusive veículo de propriedade do segurado. A última hipótese diz respeito ao acidente *in itinere*. A lei não fixa um horário de percurso para locomoção para o trabalho, que deverá ser verificado no caso concreto. A Jurisprudência considera que pequenos desvios de trajeto não descaracterizam o acidente *in itinere*.

Também são considerados acidentes de trabalho aqueles ocorridos durante os horários destinados à refeição ou descanso, ou por ocasião de outras necessidades fisiológicas, no local de trabalho ou durante este.

A Lei nº 11.430/06 introduziu o artigo 21-A e §§ na Lei nº 8.213/91, que estabeleceu a presunção do nexo técnico epidemiológico entre o trabalho e o agravo, decorrente da relação entre a atividade da empresa e a entidade mórbida motivadora da incapacidade elencada na Classificação Internacional de Doenças (CID), em conformidade com o que dispuser o Decreto nº 3.048/99. A nova legislação permite às empresas postular no âmbito do Conselho de Recursos da Previdência Social a não aplicação do nexo técnico epidemiológico, em recurso administrativo com efeito suspensivo.

14.3 A comunicação do acidente do trabalho (CAT)

A Lei nº 8.213/91 determina a comunicação do acidente do trabalho pela empresa até o 1º dia útil ao da ocorrência, e em caso de morte, de imediato, à autoridade competente, devendo fornecer cópia ao acidentado ou seus dependentes, bem como ao sindicato a que corresponda sua categoria, sob pena de multa variável entre o limite mínimo e o limite máximo do salário de contribuição, sucessivamente aumentada nas reincidências, aplicada e cobrada pela Previdência Social.

A omissão da empresa autoriza o próprio acidentado ou seus dependentes, a entidade sindical competente, o médico que o assistiu ou qualquer autoridade pública, independentemente de prazo, a formalizá-la, sem prejuízo da aplicação das penalidades cabíveis à empresa, salvo na hipótese em que ficar caracterizado o nexo epidemiológico previsto no artigo 21-A da Lei nº 8.213/91.

O referido documento é utilizado para fins estatísticos e também para instruir eventual ação judicial decorrente do acidente do trabalho, como determina o artigo 129, II, da Lei nº 8.213/91 e está dispensado quando o NTEP for reconhecido pela perícia médica do INSS.

Quadro esquemático

ACIDENTES DO TRABALHO

Cobertura concorrente pela iniciativa privada e Previdência Social. Previsão constitucional: artigo. 201, § 10º, da CF.

Art. 7º, XVIII, da CF: responsabilidade do empregador em caso de dolo ou culpa. Ação de indenização perante a Justiça do Trabalho, cumulativamente com o benefício pago pela previdência.

- Conceito de acidente típico: artigo 19 da Lei nº 8.213/91 – trabalho para terceiros ou o exercício de atividade do segurado especial; lesão para as atividades laborativas ou morte e ausência de dolo.

- Beneficiários: empregado, exceto o doméstico; o trabalhador avulso e o segurado especial e seus dependentes, em caso de óbito.

- Doença profissional: também chamada ergopatia; tecnopatia ou doença profissional típica (artigo 20, I, Lei nº 8.213/91) são as produzidas ou desencadeadas pelo exercício específico de uma profissão. Deve constar da relação do Ministério do Trabalho, que é exemplificativa.

- Doença do trabalho: também chamada de mesopatia: artigo 20, II da Lei nº 8.213/91. Doença profissional atípica produzida pelas condições em que o trabalho se desenvolve.

- Hipóteses de equiparação: artigo 21 da Lei nº 8.213/91.

- Concausas: acidente que embora não tenha sido causa única do acidente, contribui para a lesão incapacitante. Evento ocorrido por força maior; acidente ocorrido fora do local de trabalho e aquele ocorrido durante o período de descanso ou para a satisfação das necessidades fisiológicas. Acidente *in itinere*: é o ocorrido no acidente de trajeto da casa do trabalhador para o trabalho. Admite pequenos desvios de trajeto.

- Excludentes do acidente do trabalho: doença degenerativa; inerente a grupo etário; que não produz incapacidade laborativa e doença endêmica.

- Comunicação do acidente ao INSS: obrigatória para a empresa, no primeiro dia útil seguinte ao da ocorrência do fato e imediatamente, à autoridade competente, em caso de morte, sob pena de multa. Na omissão da empresa, poderão comunicar o acidente o próprio segurado, seus dependentes, a entidade sindical competente, o médico que assistiu a vítima ou qualquer autoridade pública.

- Benefícios devidos: auxílio-doença; aposentadoria por invalidez; auxílio-acidente; pensão por morte aos dependentes e abono anual.

- Distinções em relação aos benefícios devidos por outras causas: estabilidade no emprego por doze meses após a alta médica e ausência do cumprimento do período de carência, contagem como tempo de contribuição do período de auxílio-doença ou aposentadoria por invalidez.

- NTEP – Nexo epidemiológico: a perícia médica do INSS caracteriza automaticamente o nexo entre o acidente do trabalho e a lesão incapacitante quando constar que esta decorre da relação entre a atividade desenvolvida pela empresa e a doença causadora da incapacidade. Neste caso, o nexo casual é presumido, devendo a empresa ser comunicada para impugnar a decisão médica, cientificando-se o segurado. Neste caso, está dispensada a comunicação do acidente de trabalho (CAT).

Questões

1. Julgue os itens a seguir, relativos às legislações previdenciária e da seguridade social. (Cespe – 2010 – PGM-RR – Procurador Municipal)

    Se, durante seu intervalo para refeição, um empregado lesionar um dos seus joelhos enquanto joga futebol nas dependências da empresa, ficando impossibilitado de andar, tal evento, nos termos da legislação previdenciária, não poderá ser considerado como acidente de trabalho.

2. Assinale a opção correta acerca das normas referentes a acidente do trabalho. (Cespe – 2010 – TRT – 1ª Região (RJ) – Juiz – Parte I)

    a) Sob pena de multa, a empresa deve comunicar o acidente do trabalho à previdência social até o primeiro dia útil seguinte ao de sua ocorrência e, no caso de morte, imediatamente, à autoridade competente.

    b) O titular de empresa que deixa de cumprir as normas de segurança e higiene do trabalho comete crime punível com detenção.

    c) Reputa-se doença do trabalho a doença endêmica adquirida por segurado habitante de região em que essa patologia se desenvolva.

    d) No caso de doença do trabalho, reputa-se como dia do acidente a data correspondente a dez dias do início da incapacidade laborativa para o exercício da atividade habitual.

    e) Considera-se agravamento ou complicação de acidente do trabalho a lesão que, resultante de acidente de outra origem, se associe ou se superponha às consequências de lesão ocorrida em acidente anterior.

3. Considere as seguintes proposições: (PUC-PR – 2007 – TRT – 9ª Região (PR) – Juiz – 1ª Prova – 2ª Etapa)

    I – São prestações previdenciárias que independem de carência, dentre outras: (a) auxílio-doença e aposentadoria por invalidez nos casos de acidente de qualquer natureza ou causa e de doença profissional ou do trabalho; (b) salário-maternidade para as seguradas empregada, trabalhadora avulsa, empregada doméstica e seguradas contribuintes individuais.

    II – É de dez anos o prazo de prescrição de todo e qualquer direito ou ação do segurado ou beneficiário para a revisão do ato de concessão de benefício, a contar do dia primeiro do mês seguinte ao do recebimento da primeira prestação ou, quando for o caso, do dia em que tomar conhecimento da decisão indeferitória definitiva no âmbito administrativo.

    III – A lei considera como dia do acidente, no caso de doença profissional ou do trabalho, a data do início da incapacidade laborativa para o exercício da atividade habitual, ou o dia da segregação compulsória, ou o dia em que for realizado o diagnóstico, valendo para este efeito o que ocorrer primeiro.

    IV – Segundo a legislação vigente, a comprovação da doença ocupacional independe da emissão da Comunicação de Acidente de Trabalho pela empresa, podendo a comprovação ser feita por meio do nexo epidemiológico.

    a) Apenas as proposições III e IV estão corretas.

b) Apenas as proposições I, III e IV estão corretas.

c) Apenas as proposições I e IV estão corretas.

d) Apenas as proposições II, III e IV estão corretas.

e) Todas as proposições estão corretas.

4. Considere as seguintes proposições: (Fundec – 2003 – TRT – 9ª Região (PR) – Juiz – 1ª Prova – 2ª Etapa)

   I – Se o pai e mãe forem segurados empregados ou avulsos, cada qual terá direito ao salário-família.

   II – A lei considera acidente do trabalho também as doenças profissionais, que são as causadas por agentes físicos, químicos ou biológicos inerentes a certas funções ou atividades e a doença do trabalho, que é a adquirida ou desencadeada em função de condições especiais em que o trabalho é realizado e com ele se relaciona diretamente, desde que constante da relação mencionada no Anexo II do Decreto nº 3.048/99.

   III – As mesopatias não relacionadas no Anexo II do Decreto nº 3.048/99 não serão consideradas acidente do trabalho.

   IV – Nos termos da legislação vigente, cabe à empresa pagar o salário-maternidade devido à respectiva empregada gestante, efetivando-se a compensação quando do recolhimento das contribuições incidentes sobre a folha de salários e demais rendimentos pagos ou creditados, a qualquer título, à pessoa física que lhe preste serviço.

   a) Todas as proposições estão corretas.

   b) Apenas I e II estão corretas.

   c) Apenas I, II e III estão corretas.

   d) Apenas I, II e IV estão corretas.

   e) Apenas II e III estão corretas.

5. Considerando as disposições da Lei nº 8.213/91, analise as proposições que se seguem: (Juiz do Trabalho – 24ª Região – 2006)

   I – Doença do trabalho é aquela produzida ou desencadeada pelo exercício do trabalho peculiar a determinada atividade e constante da respectiva relação elaborada pelo Ministério do Trabalho e da Previdência Social.

   II – Doença profissional é a adquirida ou desencadeada em função de condições especiais em que o trabalho é realizado e com ele se relacione diretamente, constante da relação elaborada pelo Ministério do Trabalho e da Previdência Social.

   III – Considera-se como dia do acidente, no caso de doença profissional ou do trabalho a data do início da incapacidade laborativa para o exercício da atividade habitual, ou o dia da segregação compulsória, ou o dia em que for realizado o diagnóstico, valendo para este efeito o que ocorrer primeiro.

   IV – A empresa é responsável pela adoção e uso das medidas coletivas e individuais de proteção e segurança da saúde do trabalhador, constituindo contravenção penal, punível com multa, o descumprimento das normas de segurança e higiene do trabalho.

   V – Equipara-se ao acidente de trabalho, para os efeitos da Lei nº 8.213/91, o acidente ligado ao trabalho que, embora não tenha sido a causa única, haja contribuído direta ou indiretamente para a morte do segurado, para redução ou perda da sua capacidade para o trabalho, ou produzido lesão que exija atenção médica para a sua recuperação.

Assinale a alternativa CORRETA:

a) Estão corretas as proposições III e IV.

b) Todas as proposições estão corretas.

c) Todas as proposições estão incorretas.

d) Apenas a proposições IV e V estão corretas.

e) Apenas a proposição III está incorreta.

6. Constituem hipóteses de acidente do trabalho por equiparação previstas em lei, com exceção de: (Juiz do Trabalho – 18ª Região – 2006)

a) doença endêmica resultante de exposição ou contato direto determinado pela natureza do trabalho;

b) acidente sofrido pelo segurado no local e no horário do trabalho em consequência de ato de agressão praticado por terceiro;

c) doença proveniente de contaminação acidental no trabalho;

d) acidente sofrido pelo segurado fora do local e horário de trabalho, ocorrido na prestação espontânea de qualquer serviço à empresa para lhe evitar prejuízo ou proporcionar proveito;

e) acidente ligado ao trabalho que, embora não tenha sido a causa única, haja contribuído diretamente para a morte do segurado, para redução ou perda da sua capacidade para o trabalho, ou produzido lesão que exija atenção médica para a sua recuperação.

7. De acordo com a Lei nº 8.213/91, assinale a opção INCORRETA: (Juiz do Trabalho – 1ª Região – 2004)

a) O acidente sofrido pelo segurado, ainda que fora do local e horário de trabalho, em consequência de ato de imprudência, de negligência ou de imperícia de companheiro de trabalho, se equipara ao típico acidente de trabalho de que cuida a mesma norma legal.

b) A doença do trabalho, assim considerada a adquirida ou desencadeada em função de condições especiais em que o trabalho é realizado e com ele se relacione diretamente, constante de respectiva relação elaborada pelo Ministério do Trabalho e da Previdência Social, se equipara ao típico acidente de trabalho de que cuida a mesma norma legal.

c) O acidente sofrido pelo segurado, ainda que fora do local e horário de trabalho, no percurso da residência para o local de trabalho, ou desta para aquela, qualquer que seja o meio de locomoção, inclusive veículo de propriedade do segurado, se equipara ao típico acidente de trabalho de que cuida a mesma norma legal.

d) O acidente sofrido pelo segurado, ainda que fora do local e horário de trabalho, em viagem a serviço da empresa, inclusive para estudo quando financiada por esta dentro de seus planos para melhor capacitação da mão de obra, independentemente do meio de locomoção utilizado, inclusive veículo de propriedade do segurado, se equipara ao típico acidente de trabalho de que cuida a mesma norma legal.

e) A doença profissional, assim considerada a produzida ou desencadeada pelo exercício do trabalho peculiar a determinada atividade e constante da respectiva relação elaborada pelo Ministério do Trabalho e da Previdência Social, se equipara ao típico acidente de trabalho de que cuida a mesma norma legal.

8. Tratando do acidente de trabalho, a Lei nº 8.213/91 dispõe que, EXCETO: (Juiz do Trabalho – 24ª Região – 2007)

a) Equiparam-se ao acidente do trabalho, para os efeitos da Lei nº 8.213/91, o acidente sofrido pelo segurado no local e no horário de trabalho, em consequência de ato de pessoa privada do uso da razão.

b) É considerada agravação ou complicação de acidente de trabalho a lesão que, resultante de acidente de outra origem, se associe ou se superponha às consequências do anterior.

c) A doença degenerativa não é considerada doença do trabalho.

d) Constitui contravenção penal, punível com multa, deixar a empresa de cumprir as normas de segurança e higiene do trabalho.

e) Equiparam-se ao acidente do trabalho, para os efeitos da Lei nº 8.213/91, o acidente sofrido pelo segurado no local e no horário de trabalho, em consequência de desabamento, inundação, incêndio e outros casos fortuitos ou decorrentes de força maior.

9. Um empregado – torneiro mecânico – se acidenta em serviço numa sexta-feira. Os colegas que assistiram ao acidente levam-no ao hospital para atendimento médico de emergência. O chefe imediato do autor e seus colegas somente são comunicados na terça-feira seguinte ao evento, pois a empresa não trabalha sábado e domingo e na segunda-feira foi feriado. O empregado acidentado necessita do preenchimento da Comunicação de Acidente de Trabalho (CAT) para receber os benefícios previdenciários decorrentes do acidente de trabalho. O empregador se recusa a fornecer a Comunicação de Acidente de Trabalho (CAT), alegando que não presenciara o acidente e o chefe imediato nada comunicara do ocorrido ao Departamento Pessoal da empresa.

Observado o enunciado acima, na forma da legislação pertinente, assinale a resposta CORRETA. (Juiz do Trabalho – 1ª Região – 2004)

a) O empregado acidentado deverá propor uma reclamação trabalhista para obrigar o seu empregador a fornecer a Comunicação de Acidente de Trabalho (CAT), pois ninguém poderá preencher este documento em seu lugar.

b) O empregado nada pode fazer pelo fato de que o empregador não presenciara o acidente, devendo se afastar do trabalho por auxílio-doença.

c) O próprio acidentado, seus dependentes, o representante do sindicato de classe, o médico que o atendeu ou outra autoridade pública podem preencher a Comunicação de Acidente de Trabalho (CAT), devendo fazê-la no prazo máximo de um dia após o acidente para que o INSS o reconheça e enquadre como acidente de trabalho.

d) Podem preencher a Comunicação de Acidente de Trabalho (CAT) o próprio acidentado, seus dependentes, o representante do sindicato de classe, o médico que o atendeu ou outra autoridade pública, a qualquer tempo, sem prazo definido, a fim de que o INSS reconheça o evento e o enquadre como acidente de trabalho.

e) Somente o empregador ou o médico que atendeu o empregado acidentado pode preencher a Comunicação de Acidente de Trabalho (CAT), mas devem fazê-la no prazo máximo e preclusivo de 15 dias a partir da data do acidente.

10. O acidente do trabalho é o que ocorre pelo exercício do trabalho a serviço da empresa ou pelo exercício do trabalho do segurado especial, provocando lesão corporal ou perturbação funcional que cause a morte ou a perda ou redução, permanente ou temporária, da capacidade para o trabalho. Neste contexto, é correto dizer que: (Juiz do Trabalho – 13ª Região – 2005)

a) Equipara-se a acidente do trabalho a doença degenerativa e a inerente a grupo etário.

b) Não é considerada acidente do trabalho a doença proveniente de contaminação acidental do empregado no exercício de sua atividade.

c) Não é acidente do trabalho aquele sofrido pelo segurado no local e no horário de trabalho, em consequência de desabamento, inundação, incêndio e outros casos fortuitos ou decorrentes de força maior.

d) O acidente sofrido pelo segurado, ainda que fora do local e horário de trabalho, no percurso da residência para o local de trabalho ou deste para aquela, qualquer que seja o meio de locomoção, inclusive veículo de propriedade do segurado, equipara-se a acidente do trabalho.

e) O Ministério do Trabalho, de forma principal e obrigatória, e a empresa, de forma secundária e facultativa, são responsáveis pela adoção e uso das medidas coletivas e individuais de proteção e segurança da saúde do trabalhador.

11. Em relação às prestações por acidente do trabalho, é correto afirmar: (Juiz do Trabalho – 11ª Região – 2005)

a) Para fins previdenciários, para que seja caracterizado o acidente do trabalho é necessário e suficiente que o trabalhador sofra uma lesão decorrente do exercício do trabalho a serviço do empregador.

b) São prestações previdenciárias devidas em razão de acidente do trabalho o auxílio-doença, a aposentadoria por invalidez, o auxílio-acidente, a pensão por morte e a aposentadoria especial decorrente de condições especiais de trabalho.

c) No caso de acidente do trabalho de que resulte lesão corporal ou morte, a empresa deve comunicar ao INSS, através da emissão de CAT (Comunicação de Acidente do Trabalho) no primeiro dia útil seguinte, sob pena de multa.

d) As doenças ocupacionais (doença do trabalho e doença profissional) são aquelas contidas em rol taxativo previsto na legislação previdenciária e que se equiparam a acidente, por expressa disposição legal.

e) O acidente ocorrido no percurso da casa para o trabalho e vice-versa, mesmo fora do local e do horário do trabalho, é considerado como acidente do trabalho, por expressa disposição legal.

12. Segundo o art. 118 da Lei nº 8.213/91, o segurado que sofreu acidente de trabalho tem garantida a manutenção do seu contrato de trabalho na empresa, pelo prazo mínimo de doze meses: (Fundec – 2003 – TRT – 9ª Região (PR) – Juiz – 1ª Prova – 2ª Etapa)

a) contado da data do acidente;

b) contado da data de início do recebimento do auxílio-doença acidentário;

c) contado da data cessação do auxílio-doença acidentário;

d) contado da data da emissão do CAT (Comunicado de Acidente do Trabalho);

e) nenhuma resposta está correta.

13. Os acidentes de trabalho têm sido, ao longo dos últimos anos, um dos problemas mais árduos nas relações de trabalho e previdenciárias. A respeito do tema, é **correto** afirmar: (TRT 21R (RN) – 2010 – TRT – 21ª Região (RN) – Juiz – Caderno 2)

a) assegura ao acidentado estabilidade até 12 meses após o seu retorno ao trabalho, independentemente do período em que esteve incapacitado;

b) a percepção do auxílio-doença acidentário é requisito obrigatório para que o acidentado obtenha a estabilidade no emprego;

c) a garantia do emprego ao acidentado é limitada a 12 meses, contados da data em que ocorreu o evento que o incapacitou para o trabalho;

d) a garantia do emprego inerente aos acidentados só se concretiza se o afastamento do trabalho for superior a 12 meses;

e) a estabilidade do acidentado só existirá se o evento ocasionador do afastamento ocorrer na sede do estabelecimento do empregador, ainda que não seja o seu local de trabalho.

14. Quem tem o poder de declarar o Nexo Técnico Epidemiológico é (Vunesp – 2008 – DPE – MS – Defensor Público)

   a) o serviço médico do empregador;

   b) o sindicato da categoria;

   c) a perícia médica do INSS;

   d) o médico do segurado.

15. De acordo com o Instituto Nacional do Seguro Social, no Brasil, em 2003, foram gastos mais de 8,2 bilhões de reais em benefícios acidentários e aposentadorias especiais. Esse número revela a necessidade de aprimoramento das políticas sociais relacionadas à prevenção do acidente de trabalho, condição que implica a correta aplicação da legislação acidentária. Acerca desse assunto, assinale a opção correta. (Cespe – 2008 – PGE-CE – Procurador de Estado)

   a) Considere-se que José sofra acidente de trabalho e, por ser segurado da previdência social, passe a receber auxílio-doença, e enquanto receber esse benefício, seu contrato de trabalho seja interrompido, condição que impede a sua dispensa. Nessa situação, após a cessação do auxílio-doença, José terá estabilidade por, no mínimo, 12 meses.

   b) Considere-se que Flávio trabalhe em uma empresa como um dos responsáveis pela confecção da folha de pagamentos. Com o objetivo de agilizar o serviço, dirigiu-se espontaneamente ao local de trabalho, no último domingo do mês, para concluir os procedimentos. No retorno à sua residência, Flávio sofreu um acidente de carro, ficando hospitalizado por mais de 90 dias e recebendo auxílio-doença por mais 180 dias. Nessa situação, o episódio relatado não se enquadra no conceito de acidente de trabalho.

   c) A inclusão do acidente de trabalho entre os eventos protegidos pela previdência social revela que o legislador constituinte adotou a teoria do seguro social para esse risco, circunstância que determina a responsabilidade objetiva do Estado, que deverá indenizar o segurado, independentemente da demonstração de culpa.

   d) Considere-se que César, agente de segurança privado de uma empresa de vigilância que presta serviços a diversas empresas, em um assalto na agência bancária em que trabalhava, leve um tiro e venha a falecer. Nessa situação, a empresa de vigilância terá até 5 dias, após a emissão do atestado de óbito, para comunicar o acidente de trabalho à previdência social.

   e) para os efeitos previstos na legislação acidentária e previdenciária, não há distinção entre doença do trabalho e doença profissional.

16. Julgue os itens que se seguem, que tratam de legislação previdenciária. (Cespe – 2010 – BRB – Médico do Trabalho)

   O nexo técnico epidemiológico previdenciário (NTEP) foi elaborado a partir do cruzamento das informações do código da classificação internacional de doenças (CID-10) com o código da classificação nacional de atividade econômica (CNAE). Ele aponta a existência de relação entre a lesão ou agravo e a atividade desenvolvida pelo trabalhador.

15. No que concerne ao Regime de Previdência Complementar, julgue os itens subsequentes. (CESPE – 2010 – BRB – Advogado)

   Suponha que Marcos adquiriu enfermidade em função de condições especiais em que seu trabalho é executado e com ele se relaciona diretamente. Todavia, sua enfermidade não consta da relação elaborada pelo órgão competente. Nessa situação, considerando a legislação acidentária de regência, a Previdência Social deve considerar essa enfermidade um acidente de trabalho.

Entendimento dos Tribunais Superiores

Súmula 15 – STJ – Compete a justiça estadual processar e julgar os litígios decorrentes de acidente do trabalho.

Súmula 44 – STJ – A definição, em ato regulamentar, de grau mínimo de disacusia, não exclui, por si só, a concessão do benefício previdenciário.

Súmula 226 – STJ – O Ministério Público tem legitimidade para recorrer na ação de acidente do trabalho, ainda que o segurado esteja assistido por advogado.

Súmula 378 – TST – Estabilidade provisória. Acidente do trabalho. Artigo 118 da Lei nº 8.213/1991. Constitucionalidade. Pressupostos.

I – É constitucional o artigo 118 da Lei nº 8.213/1991 que assegura o direito à estabilidade provisória por período de 12 meses após a cessação do auxílio-doença ao empregado acidentado.

II – São pressupostos para concessão da estabilidade o afastamento superior a 15 dias e a consequente percepção do auxílio-doença acidentário, salvo se constatada, após a despedida, doença profissional que guarde relação de causalidade com a execução do contrato de emprego.

15

Serviço Social e Reabilitação Profissional

Previdência Social, além dos benefícios, oferece serviços aos segurados, entre os quais se encontram o serviço social e a habilitação e reabilitação profissional, previstos nos artigos 88 e 89 da Lei nº 8.213/91 e 136 a 141 do Decreto nº 3.048/99.

O Serviço Social destina-se a esclarecer dúvidas dos segurados da Previdência sobre seus direitos sociais e solucionar os problemas que emergirem da relação com o INSS. O serviço deve ser prestado pelo INSS, por assistentes sociais integrantes do quadro da Previdência Social, devendo haver ainda intervenção técnica, assistência de natureza jurídica, ajuda material, recursos sociais, intercâmbio com empresas e pesquisa social, inclusive mediante celebração de convênios, acordos ou contratos.

A legislação é vaga, pois não define que tipo de intervenção técnica deverá ser prestada. A assistência jurídica é atribuição da Defensoria Pública. A norma é aberta, deixando aos administradores previdenciários a possibilidade de celebrar convênios para atender às necessidades que surgirem regionalmente. O Estatuto do Idoso estabelece a competência do Serviço Social para efetivar programa de preparação dos trabalhadores para a aposentadoria, por meio de estímulo a novos projetos sociais e esclarecimentos sobre os direitos sociais e cidadania (Lei nº 10.741, de 1º.10.03).

O Serviço Social terá como diretriz a participação do beneficiário na implementação e no fortalecimento da política previdenciária, em articulação com as associações e entidades de classe. Ensinam Daniel Machado da Rocha e José Paulo Baltazar Junior (2004, p. 281) "que se trata de norma programática, dependendo a implementação efetiva de vontade política, a fim de alocar recursos para tanto".

Finalmente, o Serviço Social deverá prestar assessoramento técnico aos Estados e Municípios na elaboração e implantação de suas propostas de trabalho.

A habilitação e a reabilitação profissional e social, por seu turno, deverão proporcionar ao beneficiário incapacitado parcial ou totalmente para o trabalho, e às pessoas portadoras de deficiência, os meios para a (re)educação e a (re)adaptação profissional e social indicados a participar do mercado de trabalho e do contexto em que vivem, independentemente de carência.

Veja-se que a habilitação deve ser dirigida especialmente ao deficiente físico para integrá-lo ao mercado de trabalho, como determina a Constituição, no artigo 203, IV, e está a cargo da Assistência Social. Porém, os serviços de reabilitação são de extrema importância para o treinamento de segurados para o exercício de função diversa da que habitualmente exerciam em caso de acidente do trabalho ou acidente de qualquer natureza, sendo obrigatório o procedimento, a critério do INSS, em caso de auxílio-doença e aposentadoria por invalidez.

A reabilitação compreende: (a) avaliação do potencial laborativo; (b) orientação e acompanhamento da programação profissional; (c) fornecimento de próteses (pernas mecânicas, v. g.), órtese, como, por exemplo, óculos e instrumentos de auxílio para a locomoção (bengalas e cadeiras de rodas), quando a perda ou redução da capacidade funcional puder ser atenuada por seu uso e dos equipamentos necessários à habilitação e reabilitação social e profissional; (d) reparação ou substituição desses aparelhos, desgastados pelo uso normal ou por ocorrência estranha à vontade do beneficiário; (e) transporte do acidentado do trabalho, quando necessário; (f) articulação com a comunidade, com vistas ao reingresso no mercado de trabalho; (g) acompanhamento e pesquisa da fixação no mercado de trabalho.

A legislação estabelece que os serviços serão prestados pelo INSS na medida das possibilidades da autarquia. No caso das pessoas portadoras de deficiência, a concessão dos recursos materiais ficará condicionada à celebração de convênio de cooperação técnico-financeira. A restrição deve-se à necessidade de previsão orçamentária para o atendimento de benefícios assistenciais, que estão a cargo da Assistência Social e não da Previdência Social.

O reembolso das órteses, próteses e outros materiais está condicionado à prescrição pelo Serviço de Reabilitação. Serão fornecidos, também, serviços de psicólogos, terapeutas ocupacionais, fisioterapeutas etc.

Após a conclusão da reabilitação profissional, será emitido certificado individual, indicando a função para a qual o reabilitando foi capacitado profissionalmente, sem prejuízo do exercício de outra para qual se julgue capacitado.

A Previdência Social não se responsabiliza pela recolocação ou manutenção do segurado no emprego, cessando sua responsabilidade com a emissão do certificado. Cabe a ela tão somente a articulação com a comunidade, com vistas ao levantamento do mercado de trabalho, ao direcionamento da programação profissional e à possibilidade de reingresso no mercado de trabalho formal.

O artigo 141 da Lei nº 8.213/91 institui regra trabalhista, determinando às empresas com cem ou mais de cem empregados que preencham de 2 a 5% de seus cargos com beneficiários ou reabilitados ou pessoas portadoras de deficiência, habilitadas, na seguinte proporção: I – até 200 empregados, 2%; II – de 201 a 500 empregados, 3%; III – de 500 a 1.000 empregados, 4%; ou mais de 1.000 empregados, 5%.

A dispensa de empregado nessa condição, quando se tratar de contrato superior a 90 dias e a imotivada, no contrato por prazo indeterminado, somente poderá ocorrer após a contratação de substituto em condições semelhantes, devendo o Ministério da Previdência Social estabelecer sistemática de fiscalização que possibilite avaliação, fiscalização e controle das empresas.

Quadro esquemático

A **REABILITAÇÃO PROFISSIONAL** e o **SERVIÇO SOCIAL** são **serviços** oferecidos pela Previdência Social. O primeiro, busca promover a reintegração daquele que teve sua capacidade profissional suprimida ou reduzida por qualquer evento e o segundo tem por fim orientar o segurado quanto aos direitos previdenciários.

– A reabilitação profissional compreende: (a) avaliação do potencial laborativo; (b) orientação e acompanhamento da programação profissional; (c) fornecimento de próteses ou, órteses, quando a perda ou redução da capacidade funcional puder ser atenuada por seu uso e dos equipamentos necessários à habilitação e reabilitação social e profissional; (d) reparação ou substituição desses aparelhos, desgastados pelo uso normal ou por ocorrência estranha à vontade do beneficiário; (e) transporte do acidentado do trabalho, quando necessário; (f) articulação com a comunidade, com vistas ao reingresso no mercado de trabalho; (g) acompanhamento e pesquisa da fixação no mercado de trabalho.

– Regra trabalhista: às empresas com cem ou mais de cem empregados que preencham de 2 a 5% de seus cargos com beneficiários ou reabilitados ou pessoas portadoras de deficiência, da seguinte forma: I – até 200 empregados, 2%; II – de 201 a 500 empregados, 3%; III – de 500 a 1.000 empregados, 4%; ou mais de 1.000 empregados, 5%. A dispensa imotivada ou em caso de contrato superior a 90 dias, no contrato por prazo indeterminado, somente poderá ocorrer após a contratação de substituto em condições semelhantes.

– Carência: não há.

Questões

1. Julgue os itens que se seguem, que tratam de legislação previdenciária. (Cespe – 2010 – BRB – Médico do Trabalho)

    O trabalhador que recebe auxílio-doença é obrigado a realizar exame médico periódico e, se constatado que não pode retornar para sua atividade habitual, deve participar do programa de reabilitação profissional para o exercício de outra atividade, prescrito e custeado pela Previdência Social, sob pena de ter o benefício suspenso.

2. Em relação aos diversos institutos de direito previdenciário, assinale a opção correta. (Cespe – 2009 – TRF – 5ª Região – Juiz)

    a) A CF não exige que o regime de previdência complementar seja regulado por lei complementar.

    b) O segurado incorporado às Forças Armadas para prestar serviço militar mantém a qualidade de segurado, independentemente de contribuições, até 6 meses após o licenciamento.

    c) Em regra, independe de carência a concessão das seguintes prestações: pensão por morte, auxílio-reclusão, aposentadoria por invalidez e auxílio-acidente.

d) A dispensa de trabalhador reabilitado ou de deficiente habilitado ao final de contrato por prazo determinado de mais de noventa dias, e a imotivada, no contrato por prazo indeterminado, só poderá ocorrer após a contratação de substituto de condição semelhante.

e) A lei aplicável à concessão de pensão previdenciária por morte é a que esteja vigente na data do requerimento administrativo formulado pelos beneficiários, e não a vigente à data do óbito do segurado.

3. Quanto ao período de carência, pode-se dizer que, EXCETO: (Juiz do Trabalho – 24ª Região – 2006)

    a) O serviço social independe de carência.
    b) A reabilitação profissional independe de carência.
    c) Havendo perda da qualidade de segurado, as contribuições anteriores a essa data só serão computadas para efeito de carência depois que o segurado contar, a partir da nova filiação à Previdência Social, com, no mínimo, 2/3 (dois terços) do número de contribuições exigidas para o cumprimento da carência definida para o benefício a ser requerido.
    d) Independe de carência a concessão de salário-família.
    e) A aposentadoria por invalidez nos casos de acidente de qualquer natureza ou causa e de doença profissional ou do trabalho independe de período de carência.

4. Com relação ao auxílio-doença, julgue os próximos itens. (Cespe – 2008 – INSS – Técnico do Seguro Social)

    Uma segurada da previdência que esteja recebendo auxílio-doença é obrigada a submeter-se a exame pelo médico perito da previdência social e a realizar o processo de reabilitação profissional para desenvolver novas competências.

5. São benefícios da Previdência Social: (PGT – 2006 – PGT – Procurador do Trabalho)

    I – aposentadoria por invalidez;

    II – reabilitação profissional;

    III – auxílio-acidente;

    IV – auxílio-doença.

    De acordo com as alternativas acima, pode-se afirmar que:

    a) Somente a I e a II estão certas.
    b) Todas estão certas.
    c) A II está errada e a III está certa.
    d) Todas estão erradas.
    e) Não respondida.

6. Assinale a alternativa correta: (TRF – 3ª Região – 11º Concurso)

    a) A habilitação e reabilitação profissional são prestações previdenciárias na modalidade serviço que independem de carência.
    b) A habilitação e reabilitação profissional são prestações assistenciais, daí porque independem de carência.
    c) A habilitação e reabilitação profissional têm como público-alvo os beneficiários portadores de incapacidade total e definitiva para o trabalho, bem como os portadores de deficiência, não sendo extensíveis aos seus dependentes.
    d) No âmbito da habilitação e reabilitação profissional, o INSS tem o dever de providenciar meios para a recuperação da capacidade laboral do segurado, recolocando-o no mercado de trabalho.

16

Contagem Recíproca por Tempo de Contribuição e Reconhecimento de Filiação

O instituto da contagem recíproca amplia significativamente a proteção dos segurados dos diversos regimes previdenciários, considerando que, se não forem implementados os requisitos legais para a obtenção da aposentadoria por tempo de contribuição em um mesmo regime, esse tempo poderá ser aproveitado em outro regime previdenciário. De outro modo, o segurado que fosse servidor público e posteriormente exercesse atividade que o vinculasse ao Regime Geral de Previdência Social sem completar o tempo de contribuição mínimo exigido em qualquer regime somente teria direito à aposentadoria por idade, apesar de ter recolhido as contribuições devidas. Segundo Wladimir Novaes Martinez (1992, p. 322),

> "a contagem recíproca de tempo de serviço é imposição da universalidade do seguro social e exteriorização do princípio da proteção. Não (é) inédita, pois com outros matizes, foi objeto da Lei nº 3.841/60, impunha-se de longa data. Porque prestou serviço em diferentes regimes, não tendo completado os requisitos individuais em cada um deles, não tinha sentido o trabalhador não se aposentar por tempo de serviço em nenhum deles, só o fazendo através da aposentadoria por idade".

Por meio da contagem recíproca, o trabalhador poderá somar os períodos de trabalho sucessivos prestados em regimes previdenciários distintos, na iniciativa privada e para órgãos públicos e vice-versa, com o objetivo de completar os requisitos legais para a concessão dos benefícios previstos nos diferentes regimes, seja no tocante à contagem de tempo de serviço, seja para fins de cálculo da renda mensal, uma vez que o Regime Geral de Previdência Social considera o tempo de contribuição para a fixação da renda mensal inicial, como já visto.

A Constituição Federal de 1988, em sua redação original, previa no artigo 202, § 2º, a contagem recíproca do tempo de contribuição, possibilitando a compensação entre regimes previdenciários. Com a Emenda Constitucional nº 20/98, o tema, passou a ser tratado no § 9º do artigo 201 e no artigo 40, § 3º, da Constituição Federal, que também faz alusão à contagem de contribuição federal, estadual ou municipal para efeito de aposentadoria.

Os contornos da contagem recíproca encontram-se estabelecidos nos artigos 94 a 99 da Lei nº 8.213/91, que possibilita a contagem recíproca do tempo de contribuição na atividade privada rural e urbana e do tempo de contribuição ou de serviço na administração pública, hipóteses em que os diferentes sistemas de Previdência Social se compensarão financeiramente.

Atualmente, menciona-se a exigência de tempo de contribuição para fins de contagem recíproca e ocorre a compensação entre os regimes previdenciários, que se encontra regulada na Lei nº 9.796, de 5.5.1999.

Ensinam Daniel Machado da Rocha e José Paulo Baltazar Junior (2004, p. 94)

"que a expressão *tempo de contribuição* não pode ser interpretada literalmente, sob pena de frustrar a universalização da proteção previdenciária, ainda mais quando até o presente momento não existe disciplina legal a respeito do que deve ser compreendido como tempo de serviço".

Efetivamente, a Emenda Constitucional nº 20/98, em seu artigo 4º, dispõe que

"o tempo de serviço considerado pela legislação vigente para efeito de aposentadoria, cumprido até que a lei discipline a matéria, será contado como tempo de contribuição".

Inexistindo regulamentação legal a que se refere o texto, há que prevalecer a legislação vigente à época da prestação do serviço, conjugada com as disposições constantes dos artigos 94 a 99 da Lei nº 8.213/91 e a regulamentação contida no Decreto nº 3.048/99.

Nesse sentido, a lei estabelece alguns requisitos para possibilitar a contagem recíproca e também proibições: (1) a reciprocidade de tratamento entre os regimes, ou seja, a previsão, nos regimes dos entes estaduais ou municipais, de contagem de tempo de contribuição no Regime Geral de Previdência Social; (2) é vedada a contagem em dobro ou em outras condições especiais; (3) é vedada a contagem de tempo no serviço público com o de contribuição na atividade privada, quando concomitantes; (4) não poderá ser utilizado por um regime o tempo de contribuição utilizado para a concessão de aposentadoria por outro regime; (5) o tempo de contribuição anterior ou posterior à obrigatoriedade de filiação à Previdência Social somente será contado mediante indenização e com a comprovação do exercício de atividade.

A certidão de tempo de contribuição, que é o documento hábil para fins do exercício do direito à contagem recíproca, somente será expedida mediante o pagamento das contribuições devidas, quando for o caso ou quando liquidado o parcelamento.

Em se tratando de período de atividade rural anterior à competência novembro de 1991, em que a atividade ainda não se encontrava abrangida pelo Regime Geral de Previdência Social, somente será emitida a respectiva certidão, se for comprovado o pagamento de indenização.

O STF pronunciou-se na ADIn 1664-0, no sentido de que não se aplica o instituto da contagem recíproca de atividade rural para a administração pública, uma vez que atividade rural e urbana integram o mesmo regime previdenciário, de atividade privada.

Assim, somente para efeitos de obtenção de benefício do regime do INSS será aceito o tempo de atividade rural sem a correspondente indenização.

Ainda a propósito do tema, a Turma de Uniformização de Jurisprudência dos Juizados Especiais Federais editou a Súmula nº 10, que estabelece que:

> "o tempo de serviço rural anterior à vigência da Lei nº 8.213/91 pode ser utilizado para fins de contagem recíproca, assim entendida aquela que soma tempo de atividade privada, rural ou urbana, ao de serviço público estatutário, desde que sejam recolhidas as respectivas contribuições previdenciárias".

16.1 Reconhecimento da filiação à previdência social

A legislação previdenciária possibilita o reconhecimento da filiação à Previdência Social, possibilitando ao segurado utilizar tempo de serviço prestado em qualquer época, em atividade anteriormente abrangida ou não pela Previdência Social.

Nos casos em que a atividade exercida não se encontrava abrangida pela Previdência Social, como, por exemplo, a de empresário no período anterior à LOPS, de 1960, o reconhecimento da filiação está condicionado a uma indenização, que corresponderá ao montante calculado na forma dos artigos 216, §§ 7º a 14, e 239, § 8º, do Decreto nº 3.048/99.

O valor da indenização poderá ser parcelado, obedecidas as regras do parcelamento das contribuições previdenciárias em atraso, exceto para fins de concessão de aposentadoria por invalidez e auxílio-acidente.

Para os contribuintes individuais que manifestem interesse em recolher contribuições anteriores à data de inscrição na Previdência Social, a retroação da data de início das contribuições será autorizada, desde que comprovado o exercício de atividade remunerada no respectivo período, observadas as mesmas regras previstas no artigo 45-A da Lei nº 8.212/91, com redação dada pela Lei Complementar 128/08, que dispõe:

> "Art. 45-A. O contribuinte individual que pretenda contar como tempo de contribuição, para fins de obtenção de benefício no Regime Geral de Previdência Social ou de contagem recíproca do tempo de contribuição, período de atividade remunerada alcançada pela decadência deverá indenizar o INSS.
>
> § 1º O valor da indenização a que se refere o caput deste artigo e o § 1º do art. 55 da Lei nº 8.213, de 24 de julho de 1991, corresponderá a 20% (vinte por cento):
>
> I – da média aritmética simples dos maiores salários de contribuição, reajustados, correspondentes a 80% (oitenta por cento) de todo o período contributivo decorrido desde a competência julho de 1994; ou
>
> II – da remuneração sobre a qual incidem as contribuições para o regime próprio de previdência social a que estiver filiado o interessado, no caso de indenização para fins da contagem recíproca de que tratam os arts. 94 a 99 da Lei nº 8.213, de 24 de julho de 1991, observados o limite máximo previsto no art. 28 e o disposto em regulamento.
>
> § 2º Sobre os valores apurados na forma do § 1º deste artigo incidirão juros moratórios de 0,5% (cinco décimos por cento) ao mês, capitalizados anualmente, limitados ao percentual máximo de 50% (cinquenta por cento), e multa de 10% (dez por cento).

§ 3º O disposto no § 1º deste artigo não se aplica aos casos de contribuições em atraso não alcançadas pela decadência do direito de a Previdência constituir o respectivo crédito, obedecendo-se, em relação a elas, as disposições aplicadas às empresas em geral.

Quando se tratar de tempo de serviço rural, se for utilizado no próprio Regime Geral de Previdência Social, não haverá necessidade de indenização. Porém, para fins de contagem recíproca, esta será obrigatória.

Quadro esquemático

CONTAGEM RECÍPROCA

- **Previsão constitucional:** art. 201, § 9º, CF
- **Previsão Infraconstitucional:** artigos 94 a 99 da Lei nº 8.213/91.

Possibilita o aproveitamento do tempo de contribuição na atividade privada, rural ou urbana e do tempo de serviço na Administração Pública com a compensação das contribuições vertidas aos diversos sistemas previdenciários.

A compensação entre os regimes encontra-se regida pela Lei nº 9.796, de 5.5.1999.

- **Requisitos:** reciprocidade de tratamento entre os regimes previdenciários; não se tratar de contagem de tempo de contribuição em dobro ou em outras condições especiais; não ter sido utilizado em outro regime de previdência social; indenização das contribuições não recolhidas na época oportuna; não se tratar de atividades concomitantes.

- **Reconhecimento da filiação à previdência social:** é admitida mediante a prova do exercício de atividade e do recolhimento de indenização calculada na forma dos artigos 216, §§ 7º a 14º, e 239, § 8º, do Decreto nº 3.048/99.

Questões

1. Assinale a opção correta referente ao direito previdenciário. (CESPE – 2010 – MPE – ES – Promotor de Justiça)

   a) Suponha que Caio tenha requerido, administrativamente, em 10.8.2009, o benefício de auxílio-doença, que foi indeferido pelo INSS, motivo pelo qual ajuizou, em 14.11.2009, uma ação ordinária pleiteando o referido benefício, sendo que o laudo médico pericial, juntado aos autos em 20.2.2010, reconheceu a incapacidade de Caio. Nessa situação hipotética, o termo inicial do auxílio-doença a ser concedido judicialmente será o dia 14.11.2009.

   b) Para efeito de aposentadoria, é assegurada a contagem recíproca do tempo de contribuição na administração pública e na atividade privada, rural e urbana, hipótese na qual os diversos regimes de previdência social se compensarão financeiramente; entretanto, é vedada a contagem de tempo de serviço público com o de atividade privada, quando concomitantes.

   c) Consoante a jurisprudência do STJ, o requisito da renda familiar *per capita* inferior a um quarto do salário-mínimo, previsto na Lei nº 8.742/1993 para concessão do benefício de prestação continuada, de caráter assistencial, consubstancia um critério legal absoluto, impediente de que o julgador faça uso de outros elementos probatórios para comprovar a condição de miserabilidade da família.

d) As ações judiciais relativas a acidente do trabalho são de competência da justiça comum estadual, nos termos da Lei nº 8.213/1991. Desse modo, é correto afirmar que a ação regressiva, ajuizada pelo INSS contra o empregador, pleiteando ressarcimento dos gastos relativos a pagamento de benefício de aposentadoria por invalidez decorrente de acidente do trabalho, não é de competência da justiça federal.

e) Considere que Pedro, que exercia atividade remunerada abrangida pela previdência social, tenha sofrido um acidente e, em decorrência disso, recebido auxílio-doença por 24 meses. Nessa situação hipotética, é correto afirmar que ele manteve a qualidade de segurado durante todo o período em que recebeu o auxílio-doença, desde que ele tenha comprovado a situação de desempregado pelo registro no órgão próprio do Ministério do Trabalho e Emprego.

2. Quanto aos benefícios da Previdência Social, analise as afirmativas a seguir: (FGV – 2008 – TCM-RJ – Procurador)

I – A filiação dos segurados obrigatórios decorre do exercício de atividade vinculada ao Regime Geral de Previdência Social e independe de contribuição. Quanto ao segurado facultativo, sua filiação é ato volitivo e depende de inscrição e do pagamento da primeira contribuição.

II – A manutenção da qualidade de segurado da Previdência Social, ou seja, a preservação de seus direitos, dar-se-á apenas com o pagamento de contribuições, considerando que o regime instituído pela Constituição de 1988 consiste em seguro social.

III – A pensão por morte é devida a contar da data do óbito, ao conjunto de dependentes, que se estrutura em três classes. Na primeira classe, estão o cônjuge, companheira(o) e filhos; na segunda classe, os pais; e, na terceira, os irmãos, que são dependentes preferenciais. O valor da pensão será rateado em partes iguais entre todos os dependentes do segurado.

IV – O salário-maternidade, por se revestir de natureza de direito trabalhista, é benefício previdenciário concedido apenas às seguradas empregadas.

V – A contagem recíproca de tempo de contribuição diz respeito ao aproveitamento das contribuições recolhidas para diferentes regimes de Previdência Social. No entanto, é vedada a contagem do tempo de contribuição no regime público com o de contribuição na atividade privada, quando concomitantes.

Assinale:

a) Se todas as afirmativas estiverem corretas.
b) Se apenas a afirmativa I estiver correta.
c) Se apenas as afirmativas I e V estiverem corretas.
d) Se apenas as afirmativas II e III estiverem corretas.
e) Se apenas as afirmativas III e IV estiverem corretas.

3. Em cada um dos itens subsequentes, é apresentada uma situação hipotética a respeito da aposentadoria por tempo de contribuição, seguida de uma assertiva a ser julgada. (CESPE – 2008 – INSS – Técnico do Seguro Social)

Renato era servidor municipal vinculado a regime próprio de previdência social havia 16 anos, quando resolveu trabalhar na iniciativa privada, em 1999. Nessa situação, o tempo de serviço prestado por Renato em outro regime é contado como tempo de contribuição, desde que haja a devida comprovação, certificada pelo ente público instituidor do regime próprio.

4. Considere as seguintes assertivas a respeito do regime geral da previdência social: (FCC – 2007 – TRF-3R – Analista Judiciário – Área Judiciária – Execução de Mandados)

   I – Em regra, é vedada a filiação ao regime geral de previdência social, na qualidade de segurado facultativo, de pessoa participante de regime próprio de previdência.

   II – Para efeito de aposentadoria não é assegurada a contagem recíproca do tempo de contribuição na administração pública e na atividade privada rural.

   III – Os ganhos habituais do empregado, a qualquer título, serão incorporados ao salário para efeito de contribuição previdenciária e consequente repercussão em benefícios, nos casos e na forma da lei.

   IV – Nenhum benefício que substitua o salário de contribuição ou o rendimento do trabalho do segurado terá valor mensal inferior ao salário-mínimo.

   De acordo com a Constituição Federal brasileira, está correto o que se afirma APENAS em:

   a) I, II e III.
   b) I e III.
   c) I, III e IV.
   d) II, III e IV.
   e) III e IV.

5. Em relação à contagem recíproca do tempo de contribuição é correto afirmar que: (TCE-MG, FCC – Procurador – 2007)

   a) O tempo de serviço exercido por servidor público no meio rural será averbado para fins de contagem recíproca independentemente do recolhimento de contribuições.

   b) O valor mensal devido a título de compensação financeira para fins de contagem recíproca corresponde ao percentual do tempo de contribuição no âmbito do regime de origem multiplicado pela renda mensal do benefício, observado o teto máximo.

   c) A contagem de tempo de serviço exercido em atividades concomitantes para fins de contagem recíproca é permitida, desde que se trate de atividade pública e de atividade privada.

   d) O tempo de serviço exercido em atividades insalubres no Regime Geral de Previdência Social por atual servidor público será computado sem a conversão prevista em lei para fins de contagem recíproca, conforme entende o Tribunal de Contas de Minas Gerais.

   e) O tempo de serviço que superar 25 anos, se mulher, e 30 anos, se homem, não será considerado para fins de contagem recíproca.

6. Quanto aos benefícios da Previdência Social, analise as afirmativas a seguir: (Auditor – TCMRJ – 2007)

   I – A filiação dos segurados obrigatórios decorre do exercício de atividade vinculada ao Regime Geral de Previdência Social e independe de contribuição. Quanto ao segurado facultativo, sua filiação é ato volitivo e depende de inscrição e do pagamento da primeira contribuição.

   II – A manutenção da qualidade de segurado da Previdência Social, ou seja, a preservação de seus direitos, dar-se-á apenas com o pagamento de contribuições, considerando que o regime instituído pela Constituição de 1988 consiste em seguro social.

   III – A pensão por morte é devida a contar da data do óbito, ao conjunto de dependentes, que se estrutura em três classes. Na primeira classe, estão o cônjuge, companheira(o) e filhos; na segunda classe, os pais; e, na terceira, os irmãos, que são dependentes preferenciais. O valor da pensão será rateado em partes iguais entre todos os dependentes do segurado.

IV – O salário-maternidade, por se revestir de natureza de direito trabalhista, é benefício previdenciário concedido apenas às seguradas empregadas.

V – A contagem recíproca de tempo de contribuição diz respeito ao aproveitamento das contribuições recolhidas para diferentes regimes de Previdência Social. No entanto, é vedada a contagem do tempo de contribuição no regime público com o de contribuição na atividade privada, quando concomitantes.

Assinale:

a) Se apenas a afirmativa I estiver correta.
b) Se apenas as afirmativas III e IV estiverem corretas.
c) Se apenas as afirmativas II e III estiverem corretas.
d) Se apenas as afirmativas I e V estiverem corretas.
e) Se todas as afirmativas estiverem corretas.

7. Para efeito de contagem de tempo de serviço, é **incorreto** afirmar que: (X Concurso Magistratura Federal da 3ª Região)

a) É vedada a contagem de tempo de serviço público com o de atividade privada, quando concomitantes.

b) Para efeito dos benefícios previstos no regime geral de Previdência Social ou no serviço público é assegurada a contagem recíproca do tempo de contribuição na atividade privada, rural e urbana, e do tempo de contribuição ou de serviço na administração pública, hipótese em que os diferentes sistemas de previdência social se compensarão financeiramente.

c) Não será contado por um sistema o tempo de serviço utilizado para concessão de aposentadoria pelo outro.

d) O tempo de serviço militar, bem como aquele em que o segurado esteve em gozo de auxílio-doença ou aposentadoria por invalidez não podem ser computados para efeito de contagem de tempo de serviço, visando à obtenção de aposentadoria por tempo de serviço.

17

Aspectos Constitucionais do Financiamento da Seguridade Social

A Constituição Federal disciplinou o custeio da Seguridade Social nos artigos 194 e 195. O artigo 194 estabelece que a Seguridade Social será financiada por toda a sociedade, inovando em relação aos textos constitucionais anteriores, uma vez que ampliou significativamente seu papel, alcançando pessoas antes não beneficiadas pelo sistema anterior, em que somente os contribuintes poderiam beneficiar-se e sem qualquer previsão acerca da Assistência Social e Saúde, que se destina a todos, independentemente de contribuição direta. Na Previdência Social, a cobertura é restrita aos contribuintes e seus beneficiários, como já visto. A ampliação da cobertura da Seguridade teve como consequência a alteração da forma de participação da sociedade no financiamento da proteção, com estabelecimento de regras próprias, inclusive os princípios da equidade na participação do custeio e diversidade na base de financiamento, já estudados no Capítulo 4, seções 4.4 e 4.5, às quais remetemos o leitor.

O artigo 195, por seu turno, contempla duas formas de financiamento da sociedade: *direta*, por meio de contribuições sociais a serem pagas pelos participantes e *indireta*, que diz respeito aos recursos orçamentários destinados pelas pessoas políticas enunciadas no dispositivo, ou seja, a União, os Estados, os Municípios e o Distrito Federal, sem que exista percentual fixo estabelecido no texto constitucional. Porém, o artigo 165, § 5º, III, estabelece que a lei orçamentária anual estabelecerá "o orçamento da seguridade social, abrangendo todas as entidades e órgãos a ela vinculados, da administração direta ou indireta, bem como os fundos e fundações instituídos e mantidos pelo Poder Público". A Lei Orçamentária, por sua vez, deverá ser orientada pela Lei de Diretrizes Orçamentárias, prevista no artigo 165, II, da Constituição Federal. A União é responsável pela cobertura de eventuais insuficiências financeiras da Seguridade Social, quando decorrentes do pagamento de benefícios de prestação continuada da Previdência Social, na forma da Lei Orçamentária Anual (art. 16 da Lei nº 8.212/91).

Para pagamento dos encargos previdenciários da União, poderão contribuir os recursos da Seguridade Social referidos na alínea d do parágrafo único do artigo 11 da Lei nº 8.212/91, na forma da Lei Orçamentária anual, assegurada a destinação de recursos para as ações de Saúde e Assistência Social. Além disso, os recursos da Seguridade Social poderão contribuir, a partir do exercício de 1992, para o financiamento das despesas com pessoal e administração geral apenas do Instituto Nacional do Seguro Social (INSS) (arts. 17 e 18 da Lei nº 8.212/91).

No tocante ao orçamento destinado à Saúde, os percentuais a serem destinados são aqueles previstos no artigo 77 do ADCT, até que seja editada lei complementar a que se refere o artigo 198 da Constituição Federal. No caso da União, o artigo 77, I, b, estabelece que do ano de 2001 ao ano de 2004 deverá ser destinado "o valor apurado no ano anterior, corrigido pela variação nominal do PIB – Produto Interno Bruto".

Para os Estados e Distrito Federal, o percentual destinado à saúde deverá corresponder a 12% do produto da arrecadação dos impostos de sua competência a que se refere o artigo 155 da Constituição, sobre os recursos decorrentes de sua participação em impostos da União, conforme prevê o artigo 157; e dos recursos do Fundo de Participação dos Estados nos termos do artigo 159, I, a, e sobre o Fundo de Compensação do IPI, na forma disposta no artigo 159, inciso II, da Constituição Federal, deduzidas as parcelas que forem transferidas aos respectivos Municípios.

No caso dos Municípios e do Distrito Federal, o artigo 77, III, estabelece que os recursos mínimos a serem destinados às ações e aos serviços públicos de saúde deverão corresponder a 15% do produto dos impostos de sua competência, nos moldes previstos no artigo 156 da Constituição Federal; de sua participação em impostos dos Estados e da União, conforme disciplina o artigo 158 e, por fim, do Fundo de Participação dos Municípios, conforme artigo 159, I, b, § 3º, da Constituição Federal.

Resta assinalar ainda que, dos recursos da União, 15%, no mínimo, serão aplicados nos Municípios, segundo o critério populacional, em ações e serviços básicos de saúde, na forma da lei. Todos os recursos dos Estados, Distrito Federal e Municípios serão aplicados por meio de Fundo de Saúde que será acompanhado e fiscalizado por Conselho de Saúde. A partir de 2005, na ausência da lei complementar a que se refere o artigo 198, § 3º, passará vigorar a regra do artigo 77 de forma definitiva.

A forma de financiamento direta consiste naquela que se manifesta por meio de contribuições sociais de Seguridade Social, previstas nos artigos 195, 239 da Constituição Federal e artigo 88, do ADCT, com redação dada pela EC nº 37, de 12.6.2002, que será analisada na seção 17.2.9.

17.1 Natureza jurídica das contribuições previdenciárias

Trata-se, a contribuição previdenciária, de obrigação tributária, ou seja, uma obrigação pecuniária compulsória paga ao ente público, com a finalidade de constituir um fundo econômico para financiar serviço público, qual seja, a concessão e a manutenção dos benefícios previdenciários.

Em função de sua qualidade de prestação compulsória, criada por lei, a maioria dos tratadistas sempre viu a contribuição previdenciária como uma forma de tributo, embora houvesse várias divergências no que se refere ao seu enquadramento em uma das espécies tributárias existentes.

Afirmavam alguns doutrinadores que a parcela recolhida pelo empregador corresponderia a um imposto, por não haver qualquer contraprestação por parte do Estado, mas um imposto com destinação especial. No que se refere à parcela recolhida pelo empregado, corresponderia a uma taxa, em razão da vinculação a um futuro benefício previdenciário ou serviço prestado pelo Estado, ou colocado à disposição do beneficiário.

Embora houvesse consenso quanto à natureza jurídica tributária das contribuições previdenciárias, o mesmo não ocorria quanto ao enquadramento entre as espécies tributárias (imposto, taxa e contribuição de melhoria).

Não se trata de imposto, que pressupõe que a prestação da seguridade depende de uma atividade específica relativa ao contribuinte, principalmente quando se trata de assistência médica, o que contraria o artigo 16 do CTN, que dispõe que o imposto é uma espécie tributária "cuja obrigação tem por fato gerador uma situação independente de qualquer atividade estatal específica, relativa ao contribuinte".

Também não pode ser qualificada como taxa, que tem por fato gerador "o exercício regular do poder de polícia, ou a utilização efetiva ou potencial do serviço público específico e divisível, prestado ao contribuinte ou posto à sua disposição (art. 77 do CTN)". Nesta espécie tributária, o contribuinte poderia utilizar-se do serviço a qualquer momento, o que não ocorre no caso da prestação previdenciária, sujeita a requisitos previstos em lei. É de ser lembrado, também, que os dependentes fazem jus às prestações embora não contribuam diretamente para o sistema.

De contribuição de melhoria não se cogita, uma vez que esta espécie é instituída para fazer face ao custo de obras públicas de que decorra valorização imobiliária, nos moldes preconizados pelo artigo 81 do CTN, sendo que a contribuição previdenciária não guarda tais características, porque não decorre de obra pública.

Surge, então, nova corrente que enquadra as contribuições previdenciárias entre as contribuições parafiscais. A contribuição parafiscal seria aquela que iria sustentar encargos do Estado, que não lhe seriam próprios, como ocorre com a Seguridade Social. Não sendo imposto, taxa ou contribuição de melhoria, a exação destinada à Seguridade Social seria uma contribuição parafiscal, destinada a custear uma necessidade social da comunidade, consistente no futuro benefício previdenciário.

As contribuições parafiscais são assim denominadas tendo em vista a natureza da pessoa em cujo favor são criadas e o especial regime da contabilização financeira. Representam tais contribuições as finanças paralelas, isto é, as finanças que se situam ao lado das finanças do Estado.

Nesse contexto, estaria a contribuição à Seguridade Social, cuja administração seria feita pelo INSS, incumbida de promover sua arrecadação, descentralizando a atividade do Estado, com vistas ao pagamento do futuro benefício previdenciário.

Esta teoria acaba confundindo-se com a própria teoria fiscal, uma vez que o fato de o sujeito ativo não ser a própria entidade estatal não lhe retira a natureza tributária.

Os tribunais vinham reconhecendo a natureza jurídica tributária da contribuição previdenciária até a edição da Emenda Constitucional nº 8, de 1977, que acrescentou o inciso X do artigo 43 à Emenda Constitucional nº 1, de 1969, e deu nova redação ao inciso I do § 2º do artigo 21 da emenda.

Com as alterações da referida emenda, passou-se a entender que a expressão *contribuições sociais* prevista no artigo 43, X, tinha significado diverso da palavra *tributos,* contida no inciso I do mesmo artigo. O inciso I do § 2º do artigo 21 da Emenda nº 9, com a redação da Emenda nº 8, não mais se referia a interesse da Previdência Social. A partir de então, passou-se a entender que a contribuição previdenciária perdeu seu caráter tributário, pois foi retirada do capítulo constitucional que versava sobre o sistema tributário.

Em poucas palavras, após a Emenda Constitucional nº 8/77, a contribuição previdenciária foi retirada do capítulo constitucional que versava sobre o sistema tributário, e a partir de então o STF passou a entender que a natureza jurídica da contribuição não era tributo.

Para Sergio Pinto Martins (2004, p. 98) e Feijó Coimbra (1996), a contribuição à Seguridade Social é tributo, pelos argumentos seguintes:

1. a competência da União disciplinada no art. 149 da Constituição está inserida em capítulo da Constituição que trata do Sistema Tributário Nacional;

2. o artigo 149 determina que seja observado o disposto nos artigos 146, III, e 150, I e III, sem prejuízo das previsões do § 6º, do artigo 195, da Lei Magna para as contribuições da Seguridade Social (exigência de lei complementar para a edição de normas gerais; proibição de que sejam instituídas sem lei; proibição de cobrança em relação a fatos geradores ocorridos antes da vigência da lei que as houver instituído ou aumentado e vedação de sua exigência antes de decorridos 90 dias). Segundo esta teoria, as contribuições seriam uma quarta espécie tributária, sendo que o fato de o artigo 149 fazer remissão aos artigos 146, III, e 150, I e II, e § 6º do artigo 195 seria mera redundância.

Informam ainda os referidos autores que

"a corrente adversa, entende que as contribuições sociais não se revestem de natureza tributária, pois, se tivessem, não haveria necessidade do artigo 149 fazer remissão ao art. 146, visto que estariam de plano incluídas entre as normas gerais da legislação tributária".

Argumenta-se, ainda, que a Constituição somente prevê três espécies tributárias: imposto, taxa e contribuição de melhoria. Como a lei não contém palavras inúteis, a remissão feita pelo artigo 149 da Constituição Federal estaria a mostrar que realmente não têm natureza tributária as contribuições referidas.

Para os defensores desta corrente, as contribuições que têm por base o artigo 149 da Constituição Federal só poderiam ser exigidas por lei complementar (art. 146, III), respeitando os princípios da irretroatividade da lei e da anterioridade (art. 150, III, *a* e *b*).

17.1.1 O entendimento do Supremo Tribunal Federal

O STF, ao decidir sobre a Contribuição Social Sobre o Lucro (CSSL), entendeu que aquela exação pode ser instituída por lei ordinária (STF Pleno, RE 138.281, j. 1º.7.1992, *DJU* I, 28.8.1992, p. 13.456).

No RE-138.284-8-CE observou o Min. Carlos Velloso:

> "A norma matriz das contribuições sociais é o artigo 149 da Constituição Federal. O artigo 149 sujeita tais contribuições à lei complementar de normas gerais (art. 146, III). Isto, no entanto, não quer dizer que somente a lei complementar pode instituir tais contribuições. Elas se sujeitam, é certo, à lei complementar de normas gerais (art. 146, III). Todavia, porque não são impostos, não há necessidade de que a lei complementar defina seus fatos geradores, bases de cálculo e contribuintes (art. 146, II, *a*). Somente para aqueles que entendem que a contribuição é imposto é que a exigência teria cabimento."

As contribuições de seguridade social que exigem, para a sua instituição, lei complementar são as denominadas outras de seguridade social, previstas no § 4º do artigo 195 da Constituição Federal, cuja criação está condicionada à observância da técnica da competência residual da União (CF, art. 154, I, *ex vi* do § 4º do art. 195).

No mesmo sentido, pronunciou-se o Min. Moreira Alves do STF, conforme acórdão do RE 146.733-9-SP, entendendo que inexiste bitributação na contribuição sobre o lucro das pessoas jurídicas e o IR, por terem o mesmo fato gerador, uma vez que a própria Constituição autoriza a existência de duas contribuições sobre a mesma base de cálculo, nos artigos 195, I, e 239.

Em resumo, o STF considera que as contribuições sociais possuem natureza tributária, uma função de sua qualidade de prestação instituída por lei. Contudo, a Constituição Federal de 1988 admite a divisão quinquipartida dos tributos: impostos, taxas, contribuições de melhoria, contribuições especiais e empréstimos compulsórios; não se trata de imposto e possuem regras próprias ditadas pela própria Constituição Federal.

17.2 Tratamento constitucional das contribuições de Seguridade Social

A definição da natureza jurídica da contribuição previdenciária traz consequências importantes do ponto de vista do tratamento constitucional para a sua instituição. Para a criação de contribuições previdenciárias, deverá ser observado o regramento constitucional específico do tema e não as regras destinadas aos impostos e taxas. Assim, as contribuições previdenciárias: (a) estão sujeitas ao princípio da anterioridade nonagesimal (art. 195, § 6º); (b) possuem destinação constitucional específica, vinculadas suas receitas à Seguridade Social e ao pagamento de benefícios (art. 167, XI, da CF); (c) não dependem de lei complementar, exceto na hipótese do artigo 195, § 4º, da Constituição Federal; e (d) têm regras especiais de imunidade (art. 195, § 7º, da CF).

Em outro dizer, o regramento das contribuições previdenciárias deverá observar as disposições do sistema tributário interpretadas sistematicamente com as disposições que lhes são próprias, previstas no artigo 195 da Constituição Federal, que passamos a analisar.

17.2.1 Anterioridade nonagesimal

Diferentemente dos impostos, as contribuições de Seguridade Social podem ser exigidas no mesmo exercício em que forem instituídas, desde que observem o prazo de

90 dias entre a publicação da lei que as houver instituído ou modificado, não se lhes aplicando o disposto no artigo 150, III, *b*, da Constituição Federal. Assim, qualquer que seja a data de publicação da lei instituidora ou que aumente a contribuição previdenciária, a exigência respectiva somente poderá ocorrer 90 dias após sua publicação.

No tocante à instituição de contribuições por meio de medidas provisórias, o STF já decidiu que,

> "quando a lei de conversão tiver de observar o prazo fixado no artigo 195, § 6º, da Constituição Federal, esse prazo, se se tratar de conversão total, se conta a partir da edição da medida provisória; se se tratar, porém, de conversão parcial, essa contagem se fará a partir da edição da medida provisória naquilo em que ela não foi modificada, ao passo que se fará a partir da publicação da lei de conversão parcial naquilo em que a medida provisória tiver sido alterada" (RE 169.740-7/PR, Rel. Min. Moreira Alves, j. 27.9.1995, *DJ* 17.11.1995).

17.2.2 Vinculação constitucional das receitas decorrentes das contribuições previdenciárias

A Constituição Federal estabelece vedação expressa quanto à vinculação de impostos a órgão, fundo ou despesa, conforme se verifica no artigo 167, IV, salvo as exceções que menciona. Trata-se de instrumentos de geração de recursos orçamentários sem qualquer vinculação específica. As contribuições sociais de seguridade social, ao contrário, têm sua competência institutiva qualificada pela finalidade. Marco Aurélio Greco (2000, p. 138), ao distinguir os impostos das contribuições sociais em geral, defende que a

> "Constituição Federal ao discriminar competências impositivas e atribuir às entidades políticas a aptidão de instituir e cobrar exigências compulsórias adota dois critérios distintos de qualificação, que implicam dois modos diversos de validação das leis que forem editadas com base em tais competências. Um primeiro modelo corresponde à indicação da matéria (eventos pressupostos de fato, etc.) aos quais a lei, mediante a indicação dos fatos tributáveis específicos, pode atrelar a exigência de recolhimento da exação. É o que ocorre em se tratando de impostos, taxas e contribuição de melhoria, pois nestes encontramos a referência constitucional expressa quanto a dados da realidade, que servirão para tal fim (...). O Direito também pode disciplinar as relações humanas pondo a tônica não mais no 'por que' se paga mas sim no 'para que' se paga; ou seja, na finalidade que se quer atingir, no objetivo a alcançar, num determinado resultado visado, e assim por diante. Se, no primeiro modelo pagam-se impostos, taxas e contribuições de melhoria 'porque' existem, ou existirão, certos fatos, neste segundo modelo pagam contribuições e empréstimos compulsórios 'para que' certas finalidades sejam atendidas."

É o que se passa com as contribuições sociais, que, diferentemente dos impostos, estão vinculadas a uma destinação específica, que é a de proporcionar os recursos para o financiamento da Seguridade Social. Em relação à Previdência Social, o regramento constitucional é ainda mais preciso, vinculando expressamente as contribuições sociais previstas no artigo 195, inciso I, alínea *a* e inciso II ao pagamento dos benefícios previstos no Regime Geral de Previdência Social. O critério finalístico é que servirá de parâmetro para aferir a validade da instituição de uma contribuição social. Em outras palavras, a contribuição social de seguridade social somente será válida se o produto de sua receita se destinar ao custeio da Seguridade Social.

17.2.3 Criação mediante lei ordinária, salvo na hipótese do artigo 195, § 4º, da Constituição Federal

O artigo 195 da Constituição Federal indica as fontes de recursos da Seguridade Social. A regulamentação das contribuições previstas na referida norma independe de lei complementar, bastando lei ordinária para a sua instituição.

Somente será exigida lei complementar, quando se tratar de contribuições outras, não previstas no artigo 195, que se destinem a garantir a manutenção ou expansão da seguridade social, como se verifica no § 4º do artigo 195, uma vez que o artigo 146, III, *a*, da Constituição Federal somente se destina aos impostos (STF, RE 138.284/CE). Verifica-se, nesse caso, a competência residual da União para a instituição de novas fontes de custeio da Seguridade, mediante lei complementar, obedecido o artigo 154, I.

Considerando que o artigo 154, I, faz menção à exigência de nova base de cálculo e ao novo fato gerador, discute-se a aplicação dessas exigências também às contribuições sociais de seguridade. O STF pacificou o tema, entendendo que não se aplicam os requisitos citados, mas tão somente o requisito formal de instituição por lei complementar.

17.2.4 Regras de imunidade distintas dos impostos

As contribuições sociais possuem, ainda, tratamento diferenciado dos impostos no que se refere à imunidade. A propósito do tema, o artigo 195, § 7º, estabelece que "são isentas de contribuição para a seguridade social as entidades beneficentes de assistência social que atendam as exigências estabelecidas em lei". Embora o texto constitucional faça referência à isenção, a doutrina majoritária entende que se trata de imunidade. Assim, não se aplicam às contribuições as regras de imunidade previstas para os impostos, contempladas no artigo 150, VI, da Constituição Federal.

Encontram-se imunes, também, as aposentadorias e pensões mantidas pelo Regime Geral de Previdência Social tratadas no artigo 201, ao contrário dos benefícios concedidos e mantidos pelo Regime dos Servidores Públicos, que estão sujeitos às contribuições como prevê o artigo 40, *caput*, e § 18, com redação dada pela Emenda Constitucional nº 41, de 19.12.2003.

O mesmo se verifica em relação às contribuições incidentes sobre as receitas decorrentes de exportação, conforme prevê o artigo 149, § 2º, da Constituição Federal, que estabelece que "as contribuições sociais e de intervenção no domínio econômico de que trata o *caput* deste artigo; I – não incidirão sobre as receitas decorrentes de exportação".

17.2.5 Preexistência de custeio em relação ao benefício

O artigo 195, § 5º, estabelece que "nenhum benefício ou serviço da seguridade social poderá ser criado, majorado ou estendido, sem a correspondente fonte de custeio total". Considerado pelos doutrinadores como um princípio constitucional, a exigência de previsão de custeio para a criação de benefícios encontra-se em nossos textos constitucionais desde a Emenda Constitucional nº 11 de 1965, adaptada à nova realidade trazida pela Constituição de 1988, que instituiu a Seguridade Social. Aplicável anteriormente à Constituição Federal de 1988 somente à previdência, atualmente o princípio alcança também a assistência social e a saúde, que integram a Seguridade.

Trata-se de regra dirigida principalmente ao legislador ordinário, que deverá indicar as fontes de recursos que irão dar suporte ao novo benefício ou ao aumento neste verificado.

17.2.6 Remissão e anistia

Considerando a vinculação da receita das contribuições previdenciárias previstas no artigo 195, I, *a* e *b* ao pagamento de benefícios previdenciários, o § 11 do artigo 195 da Constituição Federal vedou expressamente a concessão de remissão ou anistia das contribuições sociais, devidas pelas empresas em geral e dos trabalhadores, acima de determinado valor a ser fixado por lei complementar. A proibição não atinge as demais contribuições sociais previstas no artigo 195 da Constituição Federal. No entanto, a Medida Provisória nº 449, de 3.12.2008, em seu artigo 14 estabeleceu remissão dos débitos com a Fazenda Nacional que estejam vencidos há cinco anos ou mais e cujo valor consolidado, nessa data, seja igual ou inferior a R$ 10.000,00 (dez mil reais), incluindo as contribuições previdenciárias.

17.2.7 Regras constitucionais de distribuição equitativa do custeio da seguridade social

Desde a Emenda Constitucional nº 20/98, existe previsão expressa no sentido de autorizar a diferenciação de alíquotas da contribuição das empresas e entidades equiparadas, considerando, além da capacidade contributiva, a atividade econômica ou utilização intensiva de mão de obra. Trata-se de autorização constitucional para equacionar o custeio da seguridade e melhor distribuir os encargos tributários, visando a desonerar a folha de salários, uma vez que tal fonte de financiamento apresenta sinais de esgotamento.

No mesmo sentido, a Emenda Constitucional nº 42, de 19.12.2003, instituiu os §§ 12 e 13. O primeiro autoriza o legislador a definir os setores de atividade econômica para os quais as contribuições sobre a receita ou faturamento e a incidente sobre a importação de bens ou serviços do exterior não serão cumulativas. Já o § 13 estende o alcance do parágrafo anterior para a hipótese de substituição gradual, total ou parcial, da contribuição sobre a folha de salários pela incidente sobre a receita ou o faturamento.

17.2.8 Financiamento diferenciado dos benefícios dos segurados especiais

Para a figura do segurado especial, assim considerados o produtor, o parceiro, o meeiro e o arrendatário rurais e o pescador artesanal, bem como os respectivos cônjuges, que exerçam suas atividades em regime de economia familiar, sem empregados permanentes, o artigo 195, § 8º, determina o estabelecimento de regime contributivo diferenciado, mediante a aplicação de uma alíquota sobre o resultado da comercialização de sua produção. Considerando a natureza das atividades exercidas por tais trabalhadores, foram denominados pelo legislador ordinário de "segurado especial". Levando em consideração sua capacidade contributiva, o legislador poderá estabelecer contribuição previdenciária em percentual diferenciado dos demais trabalhadores e estabelecer benefícios compatíveis com os recolhimentos efetuados, sem com isso transferir o ônus do financiamento das prestações a outras categorias de trabalhadores. De outro lado, os benefícios devidos aos segurados especiais poderão observar critérios distintos das demais categorias de trabalhadores, sem ofensa ao princípio da igualdade, ante a autorização expressa prevista na Constituição.

O texto constitucional predefine o sujeito passivo, o fato gerador e a base de cálculo da contribuição, relegando ao legislador ordinário apenas o percentual a ser aplicado sobre o resultado da comercialização da produção dos trabalhadores em questão.

17.2.9 Contribuições previstas no artigo 195 da Constituição Federal

A forma direta de financiamento da seguridade social encontra-se prevista no artigo 195 da Constituição Federal, que atribui à União competência para fixar as seguintes contribuições sociais:

I – Do empregador, da empresa e da entidade a ela equiparada na forma da lei, incidentes sobre:

a) Folha de salários e demais rendimentos do trabalho pagos ou creditados a qualquer título, à pessoa física que lhe preste serviço, mesmo sem vínculo empregatício.

A redação do dispositivo em comento foi modificada pela Emenda Constitucional nº 20/98, que ampliou o universo de contribuintes, assim como a base de cálculo das contribuições. Com efeito, a redação anterior compreendia apenas os empregadores e folha de salários. O texto atual adequou o dispositivo ao *caput* do artigo 195 da Constituição Federal, que determina que o financiamento da seguridade recaia sobre toda a sociedade e não somente sobre os assalariados com subordinação.

O regramento das contribuições previstas no dispositivo encontra-se na Lei nº 8.212/91 e será examinado mais adiante.

b) Receita ou faturamento

A contribuição sobre a receita ou faturamento, primeiramente denominada de Finsocial, encontrava previsão no Decreto-lei nº 1.940/82, recepcionado pela Constituição de 1988. Posteriormente, foi substituída pela Contribuição para o Financiamento da Seguridade Social (Cofins), regulada pela Lei Complementar nº 70/91, modificada pelas Leis nºs 9.718/98, 10.833/03, 10.865/04, 11.196/05 e 11.452/07 e 11.727/08.

A Cofins, com a incidência não cumulativa, tem como fato gerador o faturamento mensal, assim entendido o total das receitas auferidas pela pessoa jurídica, independentemente de sua denominação ou classificação contábil. Considera-se o total das receitas a receita bruta da venda de bens e serviços nas operações em conta própria ou alheia e todas as demais receitas auferidas pela pessoa jurídica.

A respeito do tema, a jurisprudência do Supremo, ante a redação do artigo 195 da Carta Federal anterior à Emenda Constitucional nº 20/98, consolidou-se no sentido de tomar as expressões *receita bruta* e *faturamento* como sinônimas, jungindo-se à venda de mercadorias, de serviços ou de mercadorias e serviços. É inconstitucional o § 1º do artigo 3º da Lei nº 9.718/98, no que ampliou o conceito de receita bruta para envolver a totalidade das receitas auferidas por pessoas jurídicas, independentemente da atividade por elas desenvolvida e da classificação contábil adotada (RE 346084/PR – Rel. Min. ILMAR GALVÃO, Rel. p/ Acórdão: Min. MARCO AURÉLIO, Tribunal Pleno, *DJ* 1.9.2006, p. 19).

Permanecem sujeitas à Lei nº 9.718/98 as pessoas jurídicas referidas no artigo 3º, §§ 6º, 8º e 9º, do referido Diploma Legal e as previstas na Lei nº 7.102, de 20.6.1983; as pessoas jurídicas tributadas pelo Imposto de Renda com base no lucro presumido ou arbitrado; as pessoas jurídicas optantes do Simples; as pessoas jurídicas imunes a impostos; órgãos públicos, autarquias e fundações públicas federais, estaduais e municipais e as fundações cuja criação tenha sido autorizada por lei, referidas no artigo 61 do Ato das Disposições Constitucionais Transitórias da Constituição; e as sociedades cooperativas, exceto as de produção agropecuária, e outras receitas. Nessas hipóteses, a Cofins será cumulativa, porém o percentual será menor, correspondendo a 3%.

São sujeitos passivos da Cofins as pessoas jurídicas em geral e as que lhes são equiparadas pela legislação do Imposto de Renda e a alíquota é de 3% (três por cento) sobre a receita bruta mensal. Pela ADC 18/07 foi deferida a medida cautelar relativamente à possibilidade de incluir o valor do ICMS na base de cálculo da Cofins e do PIS/PASEP para suspender o julgamento das demandas que envolvam a aplicação do art. 3º, § 2º, inciso I, da Lei nº 9.718/98 (*DDJ* 24.10.2008).

c) **Lucro**

A Contribuição Social Sobre o Lucro (CSLL)[1] foi instituída pela Lei nº 7.689/88 e incide sobre o lucro líquido, assim considerado o resultado do exercício, antes da provisão para o Imposto de Renda. O percentual aplicável de 8% foi majorado para 9% pela Lei nº 10.637, de 30.12.2002.

Aplicam-se à CSLL as mesmas normas de apuração e de pagamento estabelecidas para o Imposto de Renda das pessoas jurídicas por força da Lei nº 8.542/92, mantidas a base de cálculo e as alíquotas previstas na legislação em vigor.

---

[1] Foi aprovado na Câmara dos Deputados o projeto substitutivo à reforma tributária que prevê, entre outras, as seguintes modificações nas contribuições sociais previdenciárias: 1. Criação do Imposto sobre Valor Adicionado Federal (IVA-F), que substituirá a Contribuição para o Financiamento da Seguridade Social (Cofins), a Contribuição para o Programa de Integração Social (PIS) e o Salário-Educação, que incide sobre a folha de pagamentos; 2. A Contribuição Social sobre o Lucro Líquido (CSLL) será incorporada ao Imposto de Renda; 3. A receita a ser distribuída entre a União, os Estados e os Municípios será composta pelas receitas do IVA federal, do Imposto sobre Produtos Industrializados (IPI) e do Imposto de Renda acrescido pela CSLL. Hoje, a partilha inclui apenas o IR e o IPI, sem a CSLL. Essa mudança não resultará em mais receita para os Estados e municípios, pois eles terão um porcentual do todo que corresponderá exatamente ao que recebem atualmente; 4. Os investimentos produtivos serão isentos do IVA federal e do ICMS; 5. A reforma prevê a redução de um ponto porcentual por ano, durante seis anos, da alíquota da contribuição patronal ao INSS, de 20% para 14%.

A contribuição em comento já foi objeto de análise pelo STF, que entendeu que a cobrança da contribuição é inconstitucional para o período-base de 1988, conforme ementa no RE 146.733-9-SP, *DJU* 6.9.1992, Rel. Min. Moreira Alves, v. u., pleno:

"CONTRIBUIÇÃO SOCIAL SOBRE O LUCRO DAS PESSOAS JURÍDICAS. LEI Nº 7.689/88. – Não é inconstitucional a instituição da contribuição social sobre o lucro das pessoas jurídicas, cuja natureza é tributária. Constitucionalidade dos artigos 1º, 2º e 3º da Lei nº 7.689/88. Refutação dos diferentes argumentos com que se pretende sustentar a inconstitucionalidade desses dispositivos legais. Ao determinar, porém o artigo 8º da Lei nº 7.689/88 que a contribuição em causa já seria devida a partir do lucro apurado no período-base a ser encerrado em 31 de dezembro de 1988, violou ele o princípio da irretroatividade contido no artigo 150, III, *a*, da Constituição Federal, que proíbe que a lei que institui o tributo tenha, como fato gerador deste, fato ocorrido antes do início da vigência dela. Recurso Extraordinário conhecido com base na letra *b* do inciso III do artigo 102 da Constituição Federal, mas a que se nega provimento porque o mandado de segurança foi concedido para impedir a cobrança das parcelas da contribuição social cujo fato gerador seria o lucro apurado no período-base que se encerrou em 31 de dezembro de 1988. Declaração de inconstitucionalidade do artigo 8º da Lei nº 7.689/88."

Atualmente, encontra-se pendente de julgamento pelo STF o Recurso Extraordinário 344.994/PR, em que se discute a constitucionalidade da referida exação.

A administração e a fiscalização da contribuição social sobre o lucro são realizadas pela Secretaria da Receita Federal Brasil.

II – Trabalhadores

A contribuição dos trabalhadores encontra previsão no artigo 195, II, da Constituição Federal e não está restrita aos trabalhadores subordinados. A norma constitucional faz referência a todos os segurados da Previdência Social, coerente com o *caput* do artigo 195 e com o inciso I, que define como base de cálculo não somente a folha de salários, mas também os rendimentos do trabalho pagos a qualquer título. A regulamentação da contribuição dos trabalhadores encontra-se regulada na Lei nº 8.212/91 e será examinada mais adiante.

III – Sobre a receita de concurso de prognósticos

A definição de concurso de prognósticos encontra-se no artigo 26, § 1º, da Lei nº 8.212/91: "Consideram-se concursos de prognósticos, todos e quaisquer concursos de sorteios, números, loterias, apostas, inclusive as realizadas em reuniões hípicas, nos âmbitos federal, estadual e municipal." O Decreto nº 3.048/99 estende o conceito para abranger, além dos concursos promovidos pelo Poder Público, os promovidos por sociedades comerciais ou civis.

Quando se tratar de concursos promovidos pelo Poder Público, constitui receita da seguridade social a renda líquida dos concursos de prognósticos promovidos pelos poderes públicos, excetuando-se os valores destinados ao Programa de Crédito Educativo (Lei nº 8.436/92).

O artigo 212, §§ 2º e 3º, do Decreto nº 3.048/99, *in verbis* disciplina o tema e estabelece que "a renda líquida consiste no total da arrecadação, deduzidos os valores destinados a pagamento de prêmios, impostos, despesas de administração. § 2º A contribuição de que trata este artigo constitui-se de: I – renda líquida dos concursos de prognósticos realizados pelos órgãos do Poder Público destinada à seguridade social de sua esfera de governo; II – cinco por cento sobre o movimento global de apostas em prado de corridas; e III – cinco por cento sobre o movimento global de sorteio de números ou de quaisquer modalidades de símbolos. § 3º Para o efeito do disposto no parágrafo anterior, entende-se como: I – renda líquida – o total da arrecadação, deduzidos os valores destinados ao pagamento de prêmios, de impostos e de despesas com administração; II – movimento global das apostas – total das importâncias relativas às várias modalidades de jogos, inclusive o de acumulada, apregoadas para o público no prado de corrida, subsede ou outra dependência da entidade; e III – movimento global de sorteio de números – o total da receita bruta, apurada com a venda de cartelas, cartões ou quaisquer outras modalidades, para sorteio realizado em qualquer condição".

Os recursos dos concursos referidos são destinados também ao FIES, conforme estabelece o artigo 2º da Lei nº 10.620, de 12.7.2001:

"Constituem receitas do FIES – Fundo de Financiamento ao Estudante de Ensino Superior, trinta por cento da renda líquida dos concursos de prognósticos administrados pela Caixa Econômica Federal, bem como a totalidade dos recursos de premiação não procurados pelos contemplados dentro do prazo de prescrição."

A Lei nº 9.615/98 (Lei Pelé) estabelece que 20% da receita dos concursos da Loteria Esportiva serão destinados à Caixa Econômica Federal (CEF) para o custeio total da administração dos recursos e prognósticos desportivos; 45% para o pagamento dos prêmios; 10% para as entidades de práticas desportivas constantes do teste, pelo uso de suas denominações, marcas e símbolos; 15% para o Instituto Nacional do Desenvolvimento do Desporto (Indesp). Os 10% restantes do total da arrecadação serão destinados à seguridade social.

A Lei nº 11.345/06 instituiu concurso de prognóstico destinado ao desenvolvimento da prática desportiva de futebol designado Timemania e alterou a redação do artigo 22 da Lei nº 8.212/91, incluindo o § 11, que teve a redação modificada pela MP nº 358/07, convertida na Lei nº 11.505/07. A Lei nº 11.941/09 reabriu prazo para o parcelamento de dívidas das entidades desportivas indicadas na Lei nº 11.345/06.

IV – Do importador de bens ou serviços do exterior

O inciso IV do artigo 195 foi introduzido pela Emenda Constitucional nº 42, de 19.12.2003. A regulamentação do inciso operou-se pela Medida Provisória nº 164, de 29.1.2004, convertida na Lei nº 10.865, de 30.4.2004, que dispõe sobre a Contribuição para os Programas de Integração Social e de Formação do Patrimônio do Servidor Público e a Contribuição para o Financiamento da Seguridade Social incidentes sobre a importação de bens e serviços. As contribuições em comento foram denominadas, respectivamente, de Cofins Importação e PIS/PASEP Importação e sofreram modificações pela Medida Provisória nº 255/05, convertida na Lei nº 11.196/05 e alterada pela Lei nº 11.774/08.

O fato gerador das novas contribuições sociais, nos termos do artigo 3º do referido diploma legal, será:

"I – a entrada de bens estrangeiros no território nacional; ou

II – o pagamento, o crédito, a entrega, o emprego ou a remessa de valores a residentes ou domiciliados no exterior como contraprestação por serviço prestado."

São contribuintes nos termos do artigo 5º da Lei nº 10.865/04:

"I – o importador, assim considerada a pessoa física ou jurídica que promova a entrada de bens estrangeiros no território nacional;

II – a pessoa física ou jurídica contratante de serviços de residente ou domiciliado no exterior;

III – o beneficiário do serviço, na hipótese em que o contratante também seja residente ou domiciliado no exterior. Equiparam-se ao importador o destinatário de remessa postal internacional indicado pelo respectivo remetente e o adquirente de mercadoria entrepostada."

A referida legislação, no artigo 6º, indica, ainda, como responsáveis solidários:

"I – o adquirente de bens estrangeiros, no caso de importação realizada por sua conta e ordem, por intermédio de pessoa jurídica importadora;

II – o transportador, quando transportar bens procedentes do exterior ou sob controle aduaneiro, inclusive em percurso interno;

III – o representante, no País, do transportador estrangeiro;

IV – o depositário, assim considerado qualquer pessoa incumbida da custódia de bem sob controle aduaneiro; e

V – o expedidor, o operador de transporte multimodal ou qualquer subcontratado para a realização do transporte multimodal."

A base de cálculo da contribuição será:

"I – o valor aduaneiro, assim entendido, para os efeitos desta Lei, o valor que servir ou que serviria de base para o cálculo do Imposto de Importação, acrescido do valor do Imposto sobre Operações Relativas à Circulação de Mercadorias e sobre Prestação de Serviços de Transporte Interestadual e Intermunicipal e de Comunicação – ICMS incidente no desembaraço aduaneiro e do valor das próprias contribuições, na hipótese do inciso I do *caput* do artigo 3º desta Lei; ou

II – o valor pago, creditado, entregue, empregado ou remetido para o exterior, antes da retenção do Imposto de Renda, acrescido do Imposto sobre Serviços de qualquer Natureza (ISS) e do valor das próprias contribuições, na hipótese do inciso II do *caput* do artigo 3º desta Lei (art. 7º)."

Sobre a referida base de cálculo incidirão as alíquotas básicas de:

"I – 1,65% (um inteiro e sessenta e cinco centésimos por cento), para o PIS/PASEP – Importação; e

II – 7,6% (sete inteiros e seis décimos por cento), para a COFINS – Importação."

17.3 PIS/PASEP

O Programa de Integração Social (PIS) foi criado pela Lei Complementar nº 7, de 1970, e o Programa de Formação do Patrimônio do Servidor Público (PASEP) foi instituído pela Lei Complementar nº 8 de 3.12.1970. Tais programas foram instituídos com o objetivo de integrar os trabalhadores na vida das empresas e as contribuições foram unificadas pela Lei Complementar nº 26, de 11.9.1975.

A Constituição de 1988 recepcionou a legislação existente, mas alterou a destinação do PIS/PASEP no artigo 239, determinando que as contribuições passassem a financiar o programa do seguro-desemprego e do abono anual de um salário-mínimo pago aos trabalhadores que tenham recebido no ano anterior, em média, até dois salários-mínimos mensais.

Embora a base de cálculo do PIS/PASEP seja a mesma da COFINS, ou seja, o faturamento das empresas, o fundamento de validade da contribuição não está no artigo 195, I, da Constituição Federal, mas no artigo 239 combinado com o artigo 195, § 6º, da Constituição.

O regramento legal das contribuições em análise encontra previsão nas Leis nºs 9.701/98 e 9.718/98, modificadas pela Lei nº 10.637, de 30.12.2002, modificada pelas Leis nºs 10.684/03, 10.865/04; 11.196/05; 11.448/07; 11.941/09 e 11.945/09.

A contribuição para o PIS/PASEP tem como fato gerador o faturamento mensal, assim entendido o total das receitas auferidas pela pessoa jurídica, sendo irrelevantes o tipo de atividade por ela exercida e a classificação contábil adotada para as receitas (art. 1º da Lei nº 11.941/09). Considera-se o total das receitas, a receita bruta da venda de bens e serviços nas operações em conta própria ou alheia e todas as demais receitas auferidas pela pessoa jurídica. A legislação citada exclui da base de cálculo algumas receitas para tornar a contribuição não cumulativa, mas eleva a alíquota para 1,65%.

Permanecem sujeitas às normas da legislação da contribuição para o PIS/PASEP, vigentes anteriormente à Lei nº 10.637/02, ou seja, incidirá a contribuição de forma cumulativa e com a alíquota de 0,65%:

> "I – as pessoas jurídicas referidas nos §§ 6º, 8º e 9º do artigo 3º da Lei nº 9.718, de 27.11.1998 (parágrafos introduzidos pela Medida Provisória nº 2.158-35, de 24.8.2001, e Lei nº 7.102, de 20.6.1983; II – as pessoas jurídicas tributadas pelo Imposto de Renda com base no lucro presumido ou arbitrado; III – as pessoas jurídicas optantes pelo Simples; IV – as pessoas jurídicas imunes a impostos; V – os órgãos públicos, as autarquias e fundações públicas federais, estaduais e municipais, e as fundações cuja criação tenha sido autorizada por lei, referidas no artigo 61 do Ato das Disposições Constitucionais Transitórias da Constituição de 1988; e as receitas decorrentes das operações referidas no inciso IV do § 3º do artigo 1º; as sujeitas à substituição tributária da contribuição para o PIS/PASEP; aquelas referidas no artigo 5º da Lei nº 9.716, de 26.11.1998; as receitas decorrentes de prestação de serviços de telecomunicações; as sociedades cooperativas; as receitas decorrentes de prestação de serviços das empresas jornalísticas e de radiodifusão sonora e de sons e imagens."

Para as entidades sem fins lucrativos, fundações e condomínios, incidirá o percentual de 1% sobre a folha de salários, e para as demais pessoas jurídicas de direito público interno incidirá o percentual de 1% sobre o valor das receitas correntes arrecadadas e das transferências correntes e de capital recebidas.

A Medida Provisória nº 447/08, convertida na Lei nº 11.933/09, em seus artigos 1º a 3º, ampliou o prazo de pagamento da Contribuição para o PIS/PASEP e da Contribuição para o Financiamento da Seguridade Social (COFINS), que poderá ser efetuado até o 25º (vigésimo quinto) dia do mês subsequente ao de ocorrência dos fatos geradores e, na hipótese de recair em dia não útil, antecipar-se-á o prazo para o primeiro dia útil que o anteceder.

Quadro esquemático

FINANCIAMENTO DA SEGURIDADE SOCIAL:

Artigos 194 e 195 da CF: Forma direta: contribuições sociais e indireta: recursos orçamentários dos entes políticos.

– **Natureza jurídica das contribuições previdenciárias**: tributária – contribuições parafiscais. Segundo o STF são contribuições sociais. **Consequências:** aplicação do princípio da anterioridade nonagesimal, destinação constitucional específica, vinculada à Seguridade Social e ao pagamento de benefícios; não dependem de lei complementar a não ser que se trate de outras fontes não previstas no artigo 195 da CF e tem regime de imunidade previsto no artigo 195, § 7º, da CF.

– **Outros aspectos constitucionais**: preexistência de custeio em relação ao benefício previdenciário ou assistencial; remissão ou anistia a serem fixados por lei complementar; distribuição equitativa do custeio da seguridade social; financiamento diferenciado dos benefícios dos segurados especiais.

CONTRIBUIÇÕES SOCIAIS – ARTIGO 195 DA CF

I – Empregador, empresa ou entidade a ela equiparada na forma da lei, incidente sobre: a folha de salários e demais rendimentos do trabalho pagos a qualquer título, à pessoa física que lhe preste serviço, mesmo sem vínculo empregatício.

– **Receita ou Faturamento – Cofins**: Lei Complementar nº 70/91 a alterações posteriores. Hipótese de incidência: o faturamento mensal, total das receitas auferidas pela pessoa jurídica, independentemente de sua classificação contábil ou denominação.

– **Alíquota**: 3% sobre a receita bruta mensal.

– **Lucro – CSSL:** Lei nº 7.689/88 e alterações posteriores incide sobre o lucro líquido, assim considerado o resultado do exercício, antes da provisão para o Imposto de Renda.

– **Alíquota**: 9%.

II – **Contribuição social dos trabalhadores**: todos os trabalhadores, mesmo sem subordinação.

III – **Receita sobre o concurso de prognósticos** do âmbito federal, estadual e municipal. Renda líquida dos concursos, descontadas as importâncias do programa de crédito educativo, ao Fies. Ver artigo 212, §§ 2º e 3º, Lei Pelé (nº 9.615/98) e Timemania (Lei nº 11.345/06).

IV – Importação de bens ou serviços do exterior: Lei nº 10.865/2004. Cofins Importação e PIS/PASEP Importação. Fato gerador: o pagamento de bens estrangeiros no território nacional ou pagamento ou crédito a residentes ou domiciliados no exterior por contraprestação a serviços prestados.

- **Base de cálculo** – valor aduaneiro ou valor pago ou creditado antes da retenção do IR, mais ISS e do valor das próprias contribuições.
- **Alíquotas:** 1,65% – PIS/Pasep Importação e 7,6% para a Cofins Importação.
- **PIS/PASEP** – Artigo 239, CF – destinou as contribuições para o financiamento do seguro-desemprego.
- **Base de cálculo:** a mesma da Cofins – faturamento das empresas.
- **Fato gerador:** faturamento mensal.
- **Alíquota:** 1,65% não cumulativa ou 0,65% se cumulativa, nos termos da Lei nº 10.637/2002.
- **Prazo de pagamento ampliado** para o dia 25 do mês subsequente ao fato gerador, antecipado o pagamento se não se tratar de dia útil.

Questões

1. Em se tratando de financiamento da seguridade social, assinale a alternativa incorreta: (X Concurso Magistratura – TRF – 3ª Região)

   a) As contribuições sociais do empregador, da empresa e da entidade a ela equiparada poderão incidir sobre a folha de salários e demais rendimentos do trabalho pagos ou creditados, a qualquer título, à pessoa física que lhe preste serviço, mesmo sem vínculo empregatício, bem como sobre a receita ou o faturamento e o lucro.

   b) As contribuições sociais destinadas ao financiamento da seguridade social não poderão ser exigidas no mesmo exercício financeiro em que haja sido publicada a lei que as instituiu ou modificou.

   c) As contribuições sociais do trabalhador e dos demais segurados da previdência social não incidirão sobre a aposentadoria e pensão concedidas pelo regime geral de previdência social.

   d) A diversidade de bases de financiamento está prevista na Constituição Federal e significa que a seguridade social será financiada por toda a sociedade, de forma direta e indireta, nos termos da lei, mediante recursos provenientes dos orçamentos da União, dos Estados, do Distrito Federal e dos Municípios, além das contribuições sociais dos empregadores, trabalhadores e sobre a receita de concursos de prognósticos.

2. A respeito das contribuições para a Seguridade Social, assinale a afirmativa incorreta. (FGV – 2008 – TCM-RJ – Auditor)

   a) O princípio da distributividade da Seguridade Social significa que, independente do montante arrecadado em determinada região, os benefícios serão concedidos e os serviços prestados, se devidos. Assim, ainda que uma região do país não arrecade receita suficiente para o pagamento de benefícios ali devidos, esses serão concedidos, na forma da lei.

b) Poderão ser isentas das contribuições para a Seguridade Social, uma vez atendidas as exigências da lei, as organizações da sociedade civil de interesse público, as entidades filantrópicas e beneficentes de assistência social, as organizações não governamentais e os partidos políticos.

c) Com vistas a preservar seu equilíbrio financeiro, nenhum benefício ou serviço da Seguridade Social poderá ser criado, estendido ou majorado sem a correspondente fonte de custeio total.

d) A exigência de nova contribuição para a Seguridade Social, ou sua modificação, se sujeita à anterioridade nonagesimal, a contar da data da publicação da lei que a houver instituído ou modificado.

e) As contribuições incidentes sobre a folha de salário poderão ser substituídas gradualmente, de forma parcial ou total, pela incidente sobre a receita ou faturamento.

3. A respeito do conceito e financiamento da Seguridade Social, assinale a afirmativa incorreta. (FGV – 2008 – TCM-RJ – Procurador)

a) A Seguridade Social compreende um conjunto integrado de ações de iniciativa dos Poderes Públicos e da sociedade, destinadas a assegurar os direitos relativos à saúde, previdência e assistência social.

b) O princípio da equidade na participação do custeio da seguridade social se expressa, entre outros, pelas alíquotas de contribuição diferentes para as empresas e para os trabalhadores.

c) No âmbito federal, o orçamento da Seguridade Social é composto das receitas da União, das contribuições sociais e receitas de outras fontes. Entre estas e as vinculadas às ações de saúde, estão as provenientes do seguro contra Danos Pessoais causados por Veículos Automotores de Vias Terrestres – DPVAT.

d) Contribuição social incidente sobre a receita de concursos de prognósticos refere-se, exclusivamente, às loterias administradas pela Caixa Econômica Federal.

e) As receitas dos Municípios destinadas ao financiamento da seguridade social constarão de seus respectivos orçamentos, não integrando o orçamento da União.

4. No que se refere ao custeio da seguridade social, assinale a opção correta. (Cespe – 2009 – Bacen – Procurador)

a) O segurado aposentado pela previdência social, maior de 60 anos de idade, que retorne ao mercado formal de trabalho não necessita contribuir para o custeio do sistema, uma vez que tal contribuição teria efeito confiscatório.

b) De acordo com a jurisprudência dos tribunais superiores, é legítima a incidência da contribuição previdenciária sobre o 13º salário e sobre o adicional de férias.

c) Apesar de a cobrança de tributos poder incidir, em tese, sobre atividades ilícitas, o STF firmou o entendimento de que a possibilidade de a seguridade social ser financiada por receitas de concursos de prognóstico não inclui a incidência de contribuição previdenciária sobre a exploração de jogos de azar.

d) Segundo a jurisprudência do STF, a cobrança da contribuição ao seguro de acidente de trabalho incidente sobre o total das remunerações pagas tanto aos empregados quanto aos trabalhadores avulsos é ilegítima.

e) De acordo com norma constitucional, nenhum benefício ou serviço da seguridade social poderá ser criado, majorado ou estendido sem a correspondente fonte de custeio total. Tal regra aplica-se à previdência social e aos planos privados.

5. O financiamento da Seguridade Social, incluindo a assistência social. (FCC – 2006 – PGE-RR – Procurador de Estado)

    a) é tripartite, a cargo do Poder Público, das empresas e dos trabalhadores;

    b) compete às empresas e aos trabalhadores, mediante as contribuições obrigatórias ao Regime Geral de Previdência Social;

    c) consiste nas contribuições das empresas, dos segurados e na renda líquida das loterias federais;

    d) compete à União, com recursos do respectivo orçamento fiscal;

    e) cabe a toda a sociedade, direta e indiretamente.

6. Considerando o conceito, organização e princípios constitucionais da seguridade social na Constituição Federal, julgue os itens abaixo. (Esaf – 2003 – PGFN – Procurador)

    I – Seguridade social vincula-se a um conjunto de ações independentes e estanques na área de saúde, previdência e assistência social.

    II – Não há previsão constitucional de recursos financeiros para a seguridade social.

    III – A contribuição social não constitui exação fiscal vinculada.

    IV – Só as empresas contribuem para o financiamento da seguridade social.

    a) Todos estão incorretos.

    b) Somente I está incorreto.

    c) II e IV estão corretos.

    d) I e II estão corretos.

    e) III e IV estão corretos.

7. Publicada lei modificando a contribuição social sobre a receita ou faturamento: (FCC – 2010 – TRF – 4ª Região – Técnico Judiciário – Área Administrativa)

    a) só poderá ser exigida tal contribuição após decorridos noventa dias da data da publicação da referida lei;

    b) só poderá ser exigida tal contribuição após decorridos cento e oitenta dias da data da publicação da referida lei;

    c) não poderá ser exigida tal contribuição no mesmo exercício financeiro em que haja sido publicada a referida lei, independentemente da data de sua publicação;

    d) poderá ser exigida tal contribuição imediatamente após a data da publicação da referida lei;

    e) só poderá ser exigida tal contribuição após decorridos cento e vinte dias da data da publicação da referida lei.

8. Quanto ao financiamento da seguridade social, de acordo com o estabelecido na CF/88 e na legislação do respectivo custeio, assinale a opção correta. (Esaf – 2005 – Receita Federal – Auditor Fiscal da Receita Federal – Área Tributária e Aduaneira – Prova 3)

    a) A lei não pode instituir outras fontes de custeio além daquelas previstas na Constituição Federal.

    b) São isentas de contribuição para a seguridade social as entidades beneficentes de assistência social que atendam às exigências estabelecidas em lei.

    c) As contribuições sociais criadas podem ser exigidas no ano seguinte à publicação da respectiva lei.

d) Há possibilidade de criar benefício previdenciário sem prévio custeio.

e) Mesmo em débito com o sistema da seguridade social, pode a pessoa jurídica contratar com o poder público.

9. De acordo com a Constituição Federal brasileira, as contribuições sociais do empregador, da empresa e da entidade a ela equiparada na forma da lei, incidirão, dentre outras, sobre: (FCC – 2007 – TRF-3R – Analista Judiciário – Área Judiciária – Execução de Mandados)

   a) os rendimentos do trabalho pagos ou creditados somente a título salarial, à pessoa física que lhe preste serviço exclusivamente com vínculo empregatício;

   b) a folha de salários pagos à pessoa física que lhe preste serviço exclusivamente com vínculo empregatício;

   c) todo e qualquer rendimento do trabalho com natureza salarial pagos à pessoa física que lhe preste serviço exclusivamente com vínculo empregatício;

   d) todo e qualquer rendimento do trabalho pagos ou creditados a título exclusivamente salarial, à pessoa física ou jurídica que lhe preste serviço, mesmo sem vínculo empregatício;

   e) a folha de salários e demais rendimentos do trabalho pagos ou creditados, a qualquer título, à pessoa física que lhe preste serviço, mesmo sem vínculo empregatício.

10. São contribuições que têm porcentuais destinados ao custeio da Seguridade Social: (PGT – 2007 – PGT – Procurador do Trabalho)

    a) CPMF, concurso de prognóstico específico sobre o resultado de sorteio de números ou símbolos;

    b) Senar, receita de concursos de prognósticos;

    c) Cofins, salário-educação;

    d) sobre o lucro, Sescoop;

    e) não respondida.

11. A respeito das contribuições sociais, é correto afirmar que: (Esaf – 2009 – Receita Federal – Técnico Administrativo – Agente Técnico Administrativo (ATA))

    a) A contribuição do empregador incide só sobre a folha de salários.

    b) A contribuição da empresa pode ser feita em função do tipo de produto que ela vende.

    c) O trabalhador não contribui para a Seguridade Social.

    d) Os concursos de prognósticos não estão sujeitos à incidência de contribuições sociais.

    e) Pode haver incidência de contribuição social sobre a importação de bens do exterior.

12. Além das inúmeras contribuições sociais instituídas no texto da Constituição Federal, há possibilidade de instituição de novas espécies de contribuição social? Assinale a assertiva que responde incorretamente à pergunta formulada. (Esaf – 2009 – Receita Federal – Técnico Administrativo – Agente Técnico Administrativo (ATA))

    a) Pode haver contribuição social com o mesmo fato gerador de outra já existente.

    b) O rol de contribuições sociais não é taxativo.

    c) Há previsão constitucional de competência residual.

    d) A diversidade da base de financiamento permite outras contribuições sociais.

    e) A União pode instituir outras contribuições sociais.

13. Questiona-se atualmente, perante o Poder Judiciário, a incidência da Contribuição Social sobre o Lucro Líquido (CSLL) sobre as receitas decorrentes de exportação. Embora seja o tema polêmico e existam decisões judiciais díspares, não é correto afirmar que: (FGV – 2010 – SEA-AP – Auditor da Receita do Estado – Prova 2)

    a) A diferença entre os conceitos de lucro, receita e faturamento não tem relevância para o tema.

    b) Há quem defenda, neste caso, ser aplicável à CSLL o instituto da imunidade.

    c) A Emenda Constitucional nº 33/01 introduziu um novo parágrafo (§ 2º) ao artigo 149 da Constituição Federal que, nos termos de seu inciso I, estabelece a não incidência de contribuições sociais e de intervenção no domínio econômico sobre as receitas decorrentes de exportação.

    d) Um ponto importante para o deslinde da questão é o reconhecimento da CSLL como contribuição social genérica.

    e) Por força do § 2º do artigo 149, inciso I, da Constituição Federal, a contribuição para o PIS e a Cofins não poderão incidir sobre as receitas provenientes de exportação.

14. Sobre a Contribuição Social para o Lucro Líquido (CSLL), instituída pela Lei nº 7.689/88, julgue os itens abaixo, classificando-os como verdadeiros (V) ou falsos (F). Em seguida, escolha a opção adequada às suas respostas: (ESAF – 2009 – Receita Federal – Auditor Fiscal da Receita Federal – Prova 2)

    I – a sua base de cálculo é a mesma do imposto de renda das pessoas físicas, sendo que as deduções e compensações admissíveis para a apuração de um correspondem àquelas admitidas para fins de apuração da base de cálculo do outro;

    II – a sua base de cálculo é o valor do resultado do exercício antes da provisão para o imposto de renda;

    III – a CSLL poderá incidir sobre o resultado presumido ou arbitrado, quando tal seja o regime de apuração a que a pessoa jurídica se submete relativamente ao imposto de renda.

    a) Estão corretos os itens I e II.

    b) Estão corretos os itens I e III.

    c) Estão corretos os itens II e III.

    d) Todos os itens estão corretos.

    e) Todos os itens estão errados.

15. Relativamente aos fatos geradores ocorridos a partir de 1º de janeiro de 2002, foram isentas da Contribuição Social sobre o Lucro Líquido (CSLL): (Esaf – 2005 – Receita Federal – Auditor Fiscal da Receita Federal – Área Tributária e Aduaneira – Prova 3)

    a) as pessoas físicas que perceberam apenas rendimentos do trabalho;

    b) as pessoas jurídicas que participarem do programa do primeiro emprego;

    c) as pessoas jurídicas que aplicarem em títulos e valores mobiliários a favor de seus empregados;

    d) as entidades fechadas de previdência complementar;

    e) as organizações não governamentais dedicadas à proteção do meio ambiente.

16. A respeito do financiamento da Seguridade Social, nos termos da Constituição Federal e da legislação de custeio previdenciária, assinale a opção correta. (Esaf – 2009 – Receita Federal – Auditor Fiscal da Receita Federal – Prova 2. Disciplina: Direito Previdenciário – Assuntos: Custeio)

a) A pessoa jurídica em débito com o sistema de seguridade social pode contratar com o poder público federal.

b) Lei ordinária pode instituir outras fontes de custeio além das previstas na Constituição Federal.

c) Podem-se criar benefícios previdenciários para inativos por meio de decreto legislativo.

d) As contribuições sociais criadas podem ser exigidas noventa dias após a publicação da lei.

e) São isentas de contribuição para a seguridade social todas entidades beneficentes de utilidade pública distrital e municipal.

Entendimento dos Tribunais Superiores

Súmula 423 – STJ – A Contribuição para Financiamento da Seguridade Social – Cofins incide sobre as receitas provenientes das operações de locação de bens móveis.

TRIBUTÁRIO. PIS E COFINS. BASE DE CÁLCULO. LOCAÇÃO DE MÃO DE OBRA. SALÁRIOS E ENCARGOS PAGOS AOS TRABALHADORES CEDIDOS. INCIDÊNCIA.

1. O faturamento, entendido como receita bruta obtida por meio das vendas de mercadorias e de serviços de qualquer natureza, constitui a base de cálculo do PIS e da Cofins.

2. No caso de empresas de intermediação de mão de obra, os valores recebidos dos tomadores de serviços ingressam no caixa do empresário, por direito próprio, em face do exercício do seu objeto social (locação de mão de obra), correspondendo ao seu faturamento.

3. Diante da ausência de previsão legal, os salários e os encargos sociais que a empresa locadora de mão de obra desembolsa em razão das pessoas que coloca à disposição do tomador de serviços não podem ser excluídos do âmbito de incidência das Contribuições Sociais sobre o faturamento.

4. Recurso Especial provido. RECURSO ESPECIAL Nº 954.719 – SC – (2007/0118111-9) – RELATOR: MINISTRO HERMAN BENJAMIN – *Dje* 25.10.2010.

18

Contribuições Previdenciárias na Lei nº 8.212/91

Analisadas as disposições constitucionais do financiamento da Seguridade Social, passaremos a considerar o tratamento dispensado pela Lei nº 8.212/91 às chamadas contribuições previdenciárias propriamente ditas, que são aquelas vinculadas ao pagamento de benefícios previdenciários, conforme dispõe o artigo 167, XII, da Constituição Federal.

Considerando a natureza jurídica tributária das contribuições em exame, são aplicáveis as normas gerais de direito tributário previstas no CTN subsidiariamente ao direito previdenciário, observando-se, claro, o regramento constitucional específico do tema, já examinado no Capítulo 17.

Estabelece o artigo 11 da Lei nº 8.212/91, que:

> "No âmbito federal, o orçamento da Seguridade Social é composto das seguintes receitas: I – receitas da União; II – receitas das contribuições sociais; III – receitas de outras fontes. Parágrafo único. Constituem contribuições sociais: a) as das empresas, incidentes sobre a remuneração paga ou creditada aos segurados a seu serviço; b) as dos empregadores domésticos; c) as dos trabalhadores, incidentes sobre o seu salário de contribuição; d) as das empresas, incidentes sobre faturamento e lucro; e) as incidentes sobre a receita de concursos de prognósticos."

Já mencionamos que as receitas da Seguridade Social decorrem do orçamento da União, dos concursos de prognósticos e das contribuições sobre o faturamento e o lucro. As receitas das contribuições sociais devidas pelas empresas e trabalhadores serão analisadas nos itens 18.1 a 18.4.2. No tocante às receitas de outras fontes, a Lei nº 8.212/91 as especifica no artigo 27 da Lei nº 8.212/91, que estabelece:

> "Art. 27. Constituem outras receitas da Seguridade Social:
> I – as multas, a atualização monetária e os juros moratórios;

II – a remuneração recebida por serviços de arrecadação, fiscalização e cobrança prestados a terceiros;

III – as receitas provenientes de prestação de outros serviços e de fornecimento ou arrendamento de bens;

IV – as demais receitas patrimoniais, industriais e financeiras;

V – as doações, legados, subvenções e outras receitas eventuais;

VI – 50% (cinquenta por cento) dos valores obtidos e aplicados na forma do parágrafo único do art. 243 da Constituição Federal;

VII – 40% (quarenta por cento) do resultado dos leilões dos bens apreendidos pelo Departamento da Receita Federal;

VIII – outras receitas previstas em legislação específica. Parágrafo único. As companhias seguradoras que mantêm o seguro obrigatório de danos pessoais causados por veículos automotores de vias terrestres, de que trata a Lei nº 6.194, de dezembro de 1974 (DPVAT), deverão repassar à Seguridade Social 50% (cinquenta por cento) do valor total do prêmio recolhido e destinado ao Sistema Único de Saúde – SUS, para custeio da assistência médico-hospitalar dos segurados vitimados em acidentes de trânsito."

Até a edição da Lei nº 11.098/05, o INSS era o sujeito ativo da relação jurídica tributária, sendo responsável pelas funções de fiscalização e arrecadação e execução de leis, serviços e decisões administrativas referentes às contribuições previstas no artigo 195, I, *a* e II, da Constituição Federal. As demais contribuições são administradas pela própria União.

Com o novo regramento legal, o Ministério da Previdência Social centralizou todas as ações de recuperação de créditos e de arrecadação previdenciária, permanecendo a cargo do INSS o atendimento aos segurados e o pagamento de benefícios.

A Medida Provisória nº 222/04 convertida na Lei nº 11.098/05 e regulamentada pelo Decreto nº 5.256/04 criou a Secretaria da Receita Previdenciária, vinculada diretamente ao Ministério da Previdência Social. A Secretaria é composta por 56 Delegacias em todo o país, que substituíram os serviços de arrecadação, que eram ligados às respectivas gerências executivas do INSS, que foram extintos pela Lei nº 11.457/07.

A Lei nº 11.457, de 16.3.07, criou a Secretaria da Receita Federal do Brasil, que além das competências atribuídas pela legislação vigente à Secretaria da Receita Federal, deverá planejar, executar, acompanhar e avaliar as atividades relativas a tributação, fiscalização, arrecadação, cobrança e recolhimento das contribuições sociais previstas nas alíneas *a*, *b* e *c* do parágrafo único do art. 11 da Lei nº 8.212, de 24 de julho de 1991, e das contribuições instituídas a título de substituição.

A alteração é importante, pois modifica o sujeito ativo na relação jurídica previdenciária, que passa a ser a Secretaria da Receita Federal do Brasil, que passou a ser responsável por toda a arrecadação tributária federal. A cobrança de dívida ativa ou defesa da legalidade, em se tratando de contribuições previdenciárias, será elaborada pela Procuradoria da Fazenda Nacional, e não mais pela Procuradoria Geral Federal, que somente atuará na cobrança das contribuições previdenciárias nas reclamações trabalhistas, por meio de delegação de competência.

18.1 Contribuintes da previdência social

São contribuintes da Previdência Social, além dos segurados obrigatórios descritos no Capítulo 6, seção 6.2.1, ao qual remetemos o leitor, a empresa e o empregador doméstico.

O conceito de empresa para fins previdenciários é bem mais amplo do que nos demais ramos do direito, pois decorre diretamente do artigo 195 da Constituição Federal, que alcança o empregador, a empresa ou entidade a ela equiparada na forma da lei.

Ao regulamentar o tema, o artigo 15 da Lei nº 8.212/91 estabeleceu o seguinte conceito de empresa:

> "I – empresa – a firma individual ou sociedade que assume o risco de atividade econômica urbana ou rural, com fins lucrativos ou não, bem como os órgãos e entidades da administração pública direta, indireta e fundacional;
>
> II – empregador doméstico – a pessoa ou família que admite a seu serviço, sem finalidade lucrativa, empregado doméstico. Parágrafo único. Equipara-se a empresa, para os efeitos desta Lei, o contribuinte individual em relação a segurado que lhe presta serviço, bem como a cooperativa, a associação ou entidade de qualquer natureza ou finalidade, a missão diplomática e a repartição consular de carreira estrangeiras."

Verifica-se que a pessoa física que tem empregados prestando-lhe serviços tem as mesmas obrigações da pessoa jurídica em relação às contribuições previdenciárias. Extrai-se do referido conceito que o traço determinante que caracteriza a empresa é o fato de a entidade ter **segurados** lhe prestando serviços.

Ressalte-se que a filiação ao Regime Geral de Previdência Social é obrigatória e decorre do simples exercício da atividade descrita na norma previdenciária, para os segurados obrigatórios. Conclui-se, portanto, que o fato gerador da contribuição previdenciária é o exercício da atividade laborativa, que faz nascer a relação jurídica previdenciária e não o pagamento dos salários, que apenas estabelece a base da cálculo das contribuições. De outro modo, poder-se-ia chegar à conclusão absurda de que o não pagamento dos salários pelo empregador o desobrigaria de recolher as contribuições à Previdência Social. A questão não é pacífica, havendo autores que sustentam que o fato gerador é o pagamento dos salários ou importâncias referentes a serviços prestados. A Medida Provisória nº 449, de 3.12.2008, convertida na Lei nº 11.491/09, eliminou a controvérsia, dispondo expressamente no artigo 43, § 2º, que "considera-se ocorrido o fato gerador das contribuições sociais na data da prestação do serviço".

Anteriormente à edição da medida provisória, o INSS já considerava como fato gerador das contribuições, nos termos do artigo 66 da Instrução Normativa MPS/SRP nº 3, de 14.7.2005 (*DOU* 15.7.2005):

> "Art. 66. Salvo disposição de lei em contrário, considera-se ocorrido o fato gerador da obrigação previdenciária principal e existentes seus efeitos:
>
> I – em relação ao segurado:
>
> a) empregado e trabalhador avulso, quando for paga, devida ou creditada a remuneração, o que ocorrer primeiro, quando do pagamento ou crédito da última parcela do décimo-terceiro salário, observado o disposto nos arts. 122 e 123, e no mês a que se referirem as férias, mesmo quando recebidas antecipadamente na forma da legislação trabalhista;

b) contribuinte individual, no mês em que lhe for paga ou creditada remuneração;

c) empregado doméstico, quando for paga ou devida a remuneração, o que ocorrer primeiro, quando do pagamento da última parcela do décimo-terceiro salário, observado o disposto nos arts. 122 e 123, e no mês a que se referirem as férias, mesmo quando recebidas antecipadamente na forma da legislação trabalhista;

II – em relação ao empregador doméstico, quando for paga ou devida a remuneração ao segurado empregado doméstico, o que ocorrer primeiro, quando do pagamento da última parcela do décimo-terceiro salário, observado o disposto nos arts. 122 e 123, e no mês a que se referirem as férias, mesmo quando recebidas antecipadamente na forma da legislação trabalhista;

III – em relação à empresa:

a) no mês em que for paga, devida ou creditada a remuneração, o que ocorrer primeiro, a segurado empregado ou a trabalhador avulso em decorrência da prestação de serviço;

b) no mês em que for paga ou creditada a remuneração, o que ocorrer primeiro, ao segurado contribuinte individual que lhe presta serviços;

c) no mês da emissão da nota fiscal ou da fatura de prestação de serviços por cooperativa de trabalho;

d) no mês da entrada da mercadoria no seu estabelecimento, quando transportada por cooperados intermediados por cooperativa de trabalho de transportadores autônomos;

e) no mês em que ocorrer a comercialização da produção rural, nos termos do Capítulo I do Título IV;

f) no dia da realização de espetáculo desportivo gerador de receita, quando se tratar de associação desportiva que mantenha equipe de futebol profissional;

g) no mês em que auferir receita a título de patrocínio, de licenciamento de uso de marcas e símbolos, de publicidade, de propaganda e de transmissão de espetáculos desportivos, quando se tratar de associação desportiva que mantenha equipe de futebol profissional;

h) no mês do pagamento ou crédito da última parcela do décimo-terceiro salário, observado o disposto nos arts. 122 e 123;

i) no mês a que se referirem as férias, mesmo quando pagas antecipadamente na forma da legislação trabalhista;

IV – em relação ao segurado especial e ao produtor rural pessoa física, no mês em que ocorrer a comercialização da sua produção rural, nos termos do art. 241;

V – em relação à obra de construção civil de responsabilidade de pessoa física, no mês em que ocorrer a prestação de serviços remunerados pelos segurados que edificam a obra, ressalvado o disposto no § 3º do art. 435.

§ 1º Considera-se creditada a remuneração na competência em que a empresa contratante for obrigada a reconhecer contabilmente a despesa ou o dispêndio ou, no caso de equiparado ou empresa legalmente dispensada da escrituração contábil regular, na data da emissão do documento comprobatório da prestação de serviços.

§ 2º Para os órgãos do Poder Público considera-se creditada a remuneração na competência da liquidação do empenho, entendendo-se como tal, o momento do reconhecimento da despesa."

Tanto a cooperativa quanto o empregador doméstico receberam tratamento diferenciado pela legislação. No primeiro caso, o tratamento especial decorre da Constituição

Federal, que, no artigo 174, § 2º, estabelece que "a lei apoiará e estimulará o cooperativismo e outras formas de associativismo".

A cooperativa distribui o que pelos serviços prestados pelo cooperado foi pago pelas tomadoras de serviços; portanto, o § 19 do artigo 201 do Decreto nº 3.048/99, com redação dada pelo Decreto nº 3.265, de 29.11.1999, dispõe:

> "§ 19. A cooperativa de trabalho não está sujeita à contribuição de que trata o inciso II, em relação às importâncias por ela pagas, distribuídas ou creditadas aos respectivos cooperados, a título de remuneração ou retribuição pelos serviços que, por seu intermédio, tenham prestado a empresas."

Assim, a cooperativa não é atingida pela obrigação tributária criada pelo inciso IV do artigo 22 da Lei nº 8.212/91. Nessa hipótese, portanto, a cooperativa não é contribuinte do sistema.

Ressalte-se, desde logo, que não foi concedida imunidade às cooperativas. O empregador doméstico também requer tratamento especial, considerando o princípio da equidade na participação do custeio, que restaria desatendido se a lei estabelecesse para este obrigações iguais às das empresas em geral, considerando que trabalho doméstico não tem finalidade lucrativa.

É importante ressaltar que, no termos do § 2º do artigo 12 da Lei de Custeio, todo aquele que exercer, concomitantemente, mais de uma atividade remunerada sujeita ao Regime Geral de Previdência Social é obrigatoriamente filiado em relação a cada uma delas. Vale dizer que, se um professor lecionar em várias universidades privadas, deverá recolher a contribuição previdenciária sobre todas elas, respeitado o teto das contribuições previdenciárias para os empregados (dez salários de contribuição). Para fins de aposentadoria, serão somados os salários de contribuição para fins de cálculo de um único benefício.

Se houver o exercício de duas ou mais atividades vinculadas a regimes previdenciários diferentes, poderá haver acumulação de benefícios. Se o professor do nosso exemplo lecionasse em uma universidade particular e em outra federal, estaria obrigado a recolher contribuições para dois regimes previdenciários distintos, podendo receber duas aposentadorias, caso preenchesse os requisitos legais.

A Lei nº 8.212/91 estabelece a obrigatoriedade de contribuição do aposentado pelo Regime Geral de Previdência Social (RGPS) que estiver exercendo ou voltar a exercer atividade abrangida pelo RGPS. Será segurado obrigatório em relação a essa atividade, ficando sujeito às contribuições para fins de custeio da Seguridade Social, embora não faça jus a novos benefícios, como já fizemos referência no Capítulo 6.

O dirigente sindical mantém, durante o exercício do mandato eletivo, o mesmo enquadramento no RGPS de antes da investidura.

O servidor civil ou militar da União, dos Estados, do Distrito Federal ou dos Municípios, bem como o das respectivas autarquias e fundações, é excluído do RGPS, desde que esteja sujeito a sistema próprio de previdência social, sendo vedada a sua filiação ao RGPS como segurado facultativo. Caso este servidor venha a exercer, concomitantemente, uma ou mais atividades abrangidas pelo RGPS, tornar-se-á segurado obrigatório em relação a essas atividades.

Se o servidor civil ou o militar, amparados por regime próprio de previdência social, forem requisitados para outro órgão ou entidade cujo regime previdenciário não permita a filiação nessa condição, permanecerão vinculados ao regime de origem, obedecidas as regras que cada ente estabeleça acerca de sua contribuição.

18.2 Contribuições dos segurados

Os segurados da Previdência Social são também contribuintes do sistema. A relação jurídica previdenciária exige a participação direta dos interessados na proteção. Assim, estabelece obrigações e expectativa de direito de receber benefícios previdenciários, caso se verifiquem as hipóteses previstas na legislação previdenciária.

O artigo 195 da Constituição Federal, em seu inciso II, impõe o dever aos trabalhadores em geral, segurados da Previdência Social, de participar diretamente do financiamento do sistema previdenciário. Existem exceções, como, por exemplo, o segurado facultativo. Para essa espécie de segurados, a legislação permite a opção de ingresso no sistema; uma vez realizada a opção, submete-se o interessado às regras dos demais contribuintes, com as exceções indicadas pela legislação. A regulamentação do dispositivo constitucional encontra previsão nos artigos 20, 21 e 25 da Lei nº 8.212/91, que estabelece o regramento das contribuições previdenciárias, fixando as alíquotas e as hipóteses de incidência das contribuições.

A Emenda Constitucional nº 47/05 inseriu o § 13 ao artigo 201 da CF, possibilitando o estabelecimento de alíquotas diferenciadas para ampliar o universo de contribuintes da previdência social com a inclusão da população de baixa renda e aqueles que se dediquem ao serviço doméstico. A regulamentação do referido dispositivo operou-se pelo artigo 199-A do Decreto nº 3.048/99, com redação dada pelo Decreto nº 6.042/07, que permite ao segurado, que fizer a opção pela exclusão do direito ao benefício de aposentadoria por tempo de contribuição, recolher com a alíquota de 11%, sobre o valor correspondente ao limite mínimo mensal do salário de contribuição. Podem beneficiar-se da alíquota reduzida: I – do segurado contribuinte individual, que trabalhe por conta própria, sem relação de trabalho com empresa ou equiparado; II – do segurado facultativo; e III – especificamente quanto às contribuições relativas à sua participação na sociedade, do sócio de sociedade empresária que tenha tido receita bruta anual, no ano-calendário anterior, de até R$ 36.000,00 (trinta e seis mil reais).

O segurado que tenha contribuído com a alíquota reduzida e pretenda contar o tempo de contribuição correspondente, para fins de obtenção da aposentadoria por tempo de contribuição ou de contagem recíproca do tempo de contribuição, deverá complementar a contribuição mensal mediante o recolhimento de mais 9%, acrescido de juros, podendo a diferença ser exigida a qualquer tempo, sob pena de indeferimento ou cancelamento do benefício.

18.2.1 Salário de contribuição – base de cálculo das contribuições previdenciárias

O conceito de salário de contribuição já foi examinado na seção 7.3.1, considerando a repercussão dos valores nas contribuições do valor de benefício, que retomaremos agora do ponto de vista contributivo. Trata-se da base de cálculo das contribuições previdenciárias, sobre a qual incidirão as alíquotas variáveis conforme a espécie de segurados, nos termos do artigo 28 da Lei nº 8.212/91, que define salário de contribuição da seguinte forma:

> "I – para o *empregado e trabalhador avulso*: a remuneração auferida em uma ou mais empresas, assim entendida a totalidade dos rendimentos pagos, devidos ou creditados a qualquer título, durante o mês, destinados a retribuir o trabalho, qualquer que seja a sua forma, inclusive as gorjetas, os ganhos habituais sob a forma de utilidades e os adiantamentos decorrentes de reajuste salarial, quer pelos serviços efetivamente prestados, quer pelo tempo à disposição do empregador ou tomador de serviços nos termos da lei ou do contrato ou, ainda, de convenção ou acordo coletivo de trabalho ou sentença normativa. Quando a admissão, a dispensa, o afastamento ou a falta do empregado ocorrer no curso do mês, o salário de contribuição será proporcional ao número de dias de trabalho efetivo, na forma estabelecida em regulamento;
>
> II – para o *empregado doméstico*: a remuneração registrada na Carteira de Trabalho e Previdência Social, observadas as normas a serem estabelecidas em regulamento para comprovação do vínculo empregatício e do valor da remuneração.
>
> Considera-se salário de contribuição, para o segurado empregado e trabalhador avulso, na condição de dirigente sindical, durante o exercício do mandato eletivo, a remuneração efetivamente auferida na entidade sindical ou empresa de origem;
>
> III – *para o contribuinte individual*: a remuneração auferida em uma ou mais empresas ou pelo exercício de sua atividade por conta própria, durante o mês, observado o limite máximo do salário de contribuição;
>
> IV – para o *segurado facultativo*: o valor por ele declarado, observado o limite mínimo e máximo do salário de contribuição."

O salário-maternidade é considerado salário de contribuição, assim como o décimo-terceiro salário (gratificação natalina) integra o salário de contribuição, exceto para o cálculo de benefício, no último caso. É de ser notado que a contribuição incidente sobre o décimo-terceiro destina-se ao financiamento do abono anual.

O salário de contribuição possui limites mínimo e máximo. O limite mínimo do salário de contribuição corresponde ao piso salarial, legal ou normativo, da categoria ou, inexistindo este, ao salário-mínimo, tomado no seu valor mensal, diário ou horário, conforme o ajustado e o tempo de trabalho efetivo durante o mês. Em relação ao menor aprendiz, o limite mínimo do salário de contribuição corresponde à sua remuneração mínima definida em lei.

O limite máximo do salário de contribuição é de dez salários de contribuição reajustado na mesma época e com os mesmos índices que os do reajustamento dos benefícios de prestação continuada da Previdência Social. A Emenda Constitucional nº 41/03 atualizou o limite máximo do salário de contribuição para R$ 2.400,00 (dois mil e quatrocentos reais). O limite máximo fixado em 1º.2.2009 corresponde a R$ 3.218,90 (três mil e duzentos e dezoito reais e noventa centavos).

O total das diárias pagas ao trabalhador integra o salário de contribuição pelo seu valor total, quando excedentes a 50% da remuneração mensal.

Para o *segurado especial*, o valor a ser recolhido é de 2,0% acrescido de 0,1% para o financiamento dos acidentes do trabalho sobre o excedente de sua produção. Em outros termos, o que não se destinar à subsistência dessa espécie de segurados e for comercializado estará sujeito à incidência da contribuição previdenciária, sendo responsável tributário a empresa adquirente, consumidora, consignatária ou cooperativa, salvo se o segurado especial comercializar sua produção no exterior; diretamente, no varejo, ao consumidor pessoa física, a outro segurado especial ou a produtor rural pessoa física.

O segurado especial, para fazer jus a benefícios previdenciários de forma equivalente aos trabalhadores urbanos, poderá contribuir como segurado facultativo.

18.2.2 Parcelas isentas ou não integrantes do salário de contribuição

De outro lado, deve ser observado que a Lei nº 8.212/91 confere isenção a algumas parcelas pagas juntamente com o salário, como se verifica no § 9º do artigo 28 *in verbis*, que expressamente exclui do salário de contribuição os benefícios da Previdência Social; verbas de caráter indenizatório e não salarial; algumas previstas em legislação especial. É de se notar que, em se tratando de isenções, o dispositivo deve ser interpretado restritivamente. Em outros termos, as hipóteses do parágrafo são taxativas.

> "Art. 28. [...]
>
> § 9º *Não integram o salário de contribuição para os fins desta Lei, exclusivamente*:
>
> a) os benefícios da previdência social, nos termos e limites legais, salvo o salário-maternidade;
>
> b) as ajudas de custo e o adicional mensal recebidos pelo aeronauta nos termos da *Lei nº 5.929, de 30 de outubro de 1973*;
>
> c) a parcela *'in natura'* recebida de acordo com os programas de alimentação aprovados pelo Ministério do Trabalho e da Previdência Social, nos termos da *Lei nº 6.321, de 14 de abril de 1976*;
>
> d) as importâncias recebidas a título de férias indenizadas e respectivo adicional constitucional, inclusive o valor correspondente à dobra da remuneração de férias de que trata o art. 137 da Consolidação das Leis do Trabalho – CLT;
>
> e) as importâncias:
>
> 1. previstas no inciso I do art. 10 do Ato das Disposições Constitucionais Transitórias;
>
> 2. relativas à indenização por tempo de serviço, anterior a 5 de outubro de 1988, do empregado não optante pelo Fundo de Garantia do Tempo de Serviço – FGTS;
>
> 3. recebidas a título da indenização de que trata o art. 479 da CLT;
>
> 4. recebidas a título da indenização de que trata o art. 14 da Lei nº 5.889, de 8 de junho de 1973;
>
> 5. recebidas a título de incentivo à demissão;
>
> 6. recebidas a título de abono de férias na forma dos arts. 143 e 144 da CLT;
>
> 7. recebidas a título de ganhos eventuais e os abonos expressamente desvinculados do salário;
>
> 8. recebidas a título de licença-prêmio indenizada;
>
> 9. recebidas a título da indenização de que trata o art. 9º da Lei nº 7.238, de 29 de outubro de 1984;

f) a parcela recebida a título de vale-transporte, na forma da legislação própria;

g) a ajuda de custo, em parcela única, recebida exclusivamente em decorrência de mudança de local de trabalho do empregado, na forma do art. 470 da CLT;

h) as diárias para viagens, desde que não excedam a 50% (cinquenta por cento) da remuneração mensal;

i) a importância recebida a título de bolsa de complementação educacional de estagiário, quando paga nos termos da Lei nº 6.494, de 7 de dezembro de 1977;

j) a participação nos lucros ou resultados da empresa, quando paga ou creditada de acordo com lei específica;

l) o abono do Programa de Integração Social – PIS e do Programa de Assistência ao Servidor Público – PASEP;

m) os valores correspondentes a transporte, alimentação e habitação fornecidos pela empresa ao empregado contratado para trabalhar em localidade distante da de sua residência, em canteiro de obras ou local que, por força da atividade, exija deslocamento e estada, observadas as normas de proteção estabelecidas pelo Ministério do Trabalho;

n) a importância paga ao empregado a título de complementação ao valor do auxílio-doença, desde que este direito seja extensivo à totalidade dos empregados da empresa;

o) as parcelas destinadas à assistência ao trabalhador da agroindústria canavieira, de que trata o art. 36 da Lei nº 4.870, de 1º de dezembro de 1965;

p) o valor das contribuições efetivamente pago pela pessoa jurídica relativo a programa de previdência complementar, aberto ou fechado, desde que disponível à totalidade de seus empregados e dirigentes, observados, no que couber, os arts. 9º e 468 da CLT;

q) o valor relativo à assistência prestada por serviço médico ou odontológico, próprio da empresa ou por ela conveniado, inclusive o reembolso de despesas com medicamentos, óculos, aparelhos ortopédicos, despesas médico-hospitalares e outras similares, desde que a cobertura abranja a totalidade dos empregados e dirigentes da empresa;

r) o valor correspondente a vestuários, equipamentos e outros acessórios fornecidos ao empregado e utilizados no local do trabalho para prestação dos respectivos serviços;

s) o ressarcimento de despesas pelo uso de veículo do empregado e o reembolso creche pago em conformidade com a legislação trabalhista, observado o limite máximo de seis anos de idade, quando devidamente comprovadas as despesas realizadas;

t) o valor relativo a plano educacional que vise à educação básica, nos termos do art. 21 da Lei nº 9.394, de 20 de dezembro de 1996, e a cursos de capacitação e qualificação profissionais vinculados às atividades desenvolvidas pela empresa, desde que não seja utilizado em substituição de parcela salarial e que todos os empregados e dirigentes tenham acesso ao mesmo;

u) a importância recebida a título de bolsa de aprendizagem garantida ao adolescente até quatorze anos de idade, de acordo com o disposto no art. 64 da Lei nº 8.069, de 13 de julho de 1990;

v) os valores recebidos em decorrência da cessão de direitos autorais;

x) o valor da multa prevista no § 8º do art. 477 da CLT."

18.2.3 Alíquotas aplicáveis aos salários de contribuição

Verificada a base de cálculo das contribuições previdenciárias, para apuração do *quantum* devido à Previdência Social, a legislação fixa alíquotas variáveis, levando em conta a capacidade contributiva dos segurados.

Para os empregados, inclusive o doméstico, e para os avulsos, incidirão de forma não cumulativa os índices previstos na Tabela 18.1 seguinte:

Tabela 18.1   *Segurados empregados, inclusive domésticos e trabalhadores avulsos.*

TABELA DE CONTRIBUIÇÃO DOS SEGURADOS EMPREGADO, EMPREGADO DOMÉSTICO E TRABALHADOR AVULSO, PARA PAGAMENTO DE REMUNERAÇÃO A PARTIR DE 1º DE JANEIRO DE 2010	
Salário de contribuição (R$)	Alíquota para fins de recolhimento ao INSS (%)
Até R$ 1.040,22	8,00
de R$ 1.040,23 até R$ 1.733,70	9,00
de R$ 1.733,71 até R$ 3.467,40	11,00

Os valores do salário de contribuição serão reajustados na mesma época e com os mesmos índices que os do reajustamento dos benefícios de prestação continuada da Previdência Social. Os segurados empregados e trabalhadores avulsos que prestem serviços a microempresas estão sujeitos às mesmas regras.

Para os contribuintes individuais e segurados facultativos, a alíquota de contribuição dos segurados contribuinte individual e facultativo será de 20% sobre o respectivo salário de contribuição.

Quem tem dois empregos deve ficar atento para não ultrapassar o limite de contribuição da Previdência Social. Esse limite para o trabalhador empregado corresponde a 11% do teto do salário de contribuição e de benefícios da Previdência. Para evitar o recolhimento superior ao teto máximo, o empregado deve comunicar esse fato às empresas em que trabalha. Existem duas opções: uma é a diminuição proporcional do recolhimento nas duas empresas; outra é o recolhimento normal em uma delas e somente a diferença na outra, devendo as empresas documentarem a situação. Se ocorrer pagamento superior ao devido, o segurado poderá pleitear a restituição junto à Secretaria da Receita Federal do Brasil.

Aquele que exerce atividade de empregado cumulativamente à de autônomo deverá observar os dois rendimentos, que, somados, não poderão ultrapassar o teto máximo dos salários de contribuição. Isso porque as alíquotas são diferentes: 8 a 11% para o empregado, 11% para o autônomo que presta serviço para empresas e 20% para o autônomo que presta serviço para pessoas físicas.

Por exemplo, se o trabalhador recebe R$ 2.000,00 como empregado e R$ 1.000,00 como autônomo que presta serviço a pessoas físicas, ele deverá contribuir com R$ 220,00 (11% sobre R$ 2.000,00), o que é descontado pela empresa, e recolher, em guia, mais R$ 133,63 (20% sobre R$ 668,15).

Na hipótese de o contribuinte individual prestar serviço a uma ou mais empresas, poderá deduzir da sua contribuição mensal 45% da contribuição da empresa, efetivamente recolhida ou declarada, incidente sobre a remuneração que esta lhe tenha pago ou creditado, limitada a dedução a 9% do respectivo salário de contribuição, desde que:
I – no período de 1º.3.2000 a 31.3.2003, os serviços tenham sido prestados à empresa

ou equiparado, exceto a entidade beneficente de assistência social isenta; II – a partir de 1º.4.2003, os serviços tenham sido prestados a outro contribuinte individual, a produtor rural pessoa física, a missão diplomática ou repartição consular de carreira estrangeiras; III – a contribuição a cargo do contratante tenha sido efetivamente recolhida ou declarada em GFIP ou no comprovante de remuneração.

A mesma regra aplica-se ao cooperado que prestar serviço a empresa por intermédio de cooperativa de trabalho.

18.3 Contribuição do empregador doméstico

A contribuição do empregador doméstico é de 12% do salário de contribuição do empregado doméstico a seu serviço. Verifica-se que o legislador fixou percentual diferenciado em relação às empresas, em atendimento ao princípio da equidade na participação do custeio.

18.4 Contribuição da empresa

O fundamento constitucional das contribuições das empresas encontra-se no artigo 195, I, *a*, da Constituição Federal, regulamentado nos artigos 22 e seguintes da Lei nº 8.212/91, que estabelece:

"Art. 22. A contribuição a cargo da empresa, destinada à Seguridade Social, além do disposto no art. 23, é de:

I – vinte por cento sobre o total das remunerações pagas, devidas ou creditadas a qualquer título, durante o mês, aos segurados empregados e trabalhadores avulsos que lhe prestem serviços, destinadas a retribuir o trabalho, qualquer que seja a sua forma, inclusive as gorjetas, os ganhos habituais sob a forma de utilidades e os adiantamentos decorrentes de reajuste salarial, quer pelos serviços efetivamente prestados, quer pelo tempo à disposição do empregador ou tomador de serviços, nos termos da lei ou do contrato ou, ainda, de convenção ou acordo coletivo de trabalho ou sentença normativa. Aplicam-se à empresa as isenções previstas no § 9º do artigo 28.

II – para o financiamento do benefício previsto nos arts. 57 e 58 da Lei nº 8.213, de 24 de julho de 1991, e daqueles concedidos em razão do grau de incidência de incapacidade laborativa decorrente dos riscos ambientais do trabalho, sobre o total das remunerações pagas ou creditadas, no decorrer do mês, aos segurados empregados e trabalhadores avulsos:

a) 1% (um por cento) para as empresas em cuja atividade preponderante o risco de acidentes do trabalho seja considerado leve;

b) 2% (dois por cento) para as empresas em cuja atividade preponderante esse risco seja considerado médio;

c) 3% (três por cento) para as empresas em cuja atividade preponderante esse risco seja considerado grave;

III – vinte por cento sobre o total das remunerações pagas ou creditadas a qualquer título, no decorrer do mês, aos segurados contribuintes individuais que lhe prestem serviços; (Incluído pela Lei nº 9.876, de 26.11.99)

IV – quinze por cento sobre o valor bruto da nota fiscal ou fatura de prestação de serviços, relativamente a serviços que lhe são prestados por cooperados por intermédio de cooperativas de trabalho (Incluído pela Lei nº 9.876, de 26.11.99)

§ 1º No caso de bancos comerciais, bancos de investimentos, bancos de desenvolvimento, caixas econômicas, sociedades de crédito, financiamento e investimento, sociedades de crédito imobiliário, sociedades corretoras, distribuidoras de títulos e valores mobiliários, empresas de arrendamento mercantil, cooperativas de crédito, empresas de seguros privados e de capitalização, agentes autônomos de seguros privados e de crédito e entidades de previdência privada abertas e fechadas, além das contribuições referidas neste artigo e no art. 23, é devida a contribuição adicional de dois vírgula cinco por cento sobre a base de cálculo definida nos incisos I e III deste artigo."

As contribuições referidas no dispositivo são devidas pelas empresas ou entidades equiparadas sobre a *folha de salários e demais rendimentos pagos a qualquer título a pessoa física que lhe preste serviços*. É importante assinalar que a alteração trazida pela Emenda Constitucional nº 20/98 modificou a redação do artigo 195 da Constituição Federal/88, que mencionava apenas que as contribuições seriam devidas pelos *empregadores* sobre a *folha de salários*. A Lei nº 7.787/89, que regulamentou a Constituição de 1988, previa que a contribuição das empresas deveria incidir sobre os rendimentos pagos a qualquer título e foi declarada inconstitucional pelo STF (ADIn nº 1.102-DF, *DJ* 17.11.1995), o que ensejou milhares de ações de repetição de indébito ou compensação das importâncias recolhidas a esse título. Foi editada a Lei Complementar nº 84/96, considerando que o STF entendeu que para a cobrança das contribuições sobre os pagamentos feitos a autônomos, administradores e avulsos havia necessidade de lei complementar. Após a Emenda Constitucional nº 20/98, a Lei nº 9.876/99 revogou a lei complementar e deu nova redação à Lei nº 8.212/91, que trata do tema, não mais se discute a constitucionalidade da exação.

A contribuição para o financiamento do RAT – Riscos do Ambiente de Trabalho e Aposentadoria Especial – prevista no inciso II do dispositivo incide juntamente com a contribuição prevista no inciso I.

O enquadramento nos correspondentes graus de risco é de responsabilidade da empresa, devendo ser feito mensalmente, de acordo com a sua atividade econômica preponderante, conforme a Relação de Atividades Preponderantes e correspondentes Graus de Risco prevista no Anexo V do Regulamento da Previdência Social (RPS), podendo ser revisto pela Secretaria da Receita Federal do Brasil a qualquer tempo.

Considera-se preponderante a atividade econômica que ocupa, na empresa, o maior número de segurados empregados e trabalhadores avulsos. Verificado erro no autoenquadramento, o INSS adotará as medidas necessárias à sua correção, orientando o responsável pela empresa em caso de recolhimento indevido e procedendo ao lançamento do crédito relativo a valores porventura devidos.

A Lei nº 11.430/06, regulamentada pelo Decreto nº 6.042/07, possibilitou a redução das alíquotas em até 50% ou o aumento em até 100% em razão do desempenho da empresa em relação a sua respectiva atividade, aferido pelo Fator Acidentário de Prevenção, índice que levará em consideração a quantidade de benefícios incapacitantes, a duração e os valores dos benefícios concedidos em razão de acidente do trabalho.

Exercendo os segurados atividades em condições especiais que possam ensejar aposentadoria especial após 15, 20 ou 25 anos de trabalho sob exposição a agentes nocivos prejudiciais à sua saúde e integridade física, é devida pela empresa ou equiparada a contribuição adicional destinada ao financiamento das aposentadorias especiais, que incide sobre a remuneração paga, devida ou creditada ao segurado empregado e trabalhador avulso; ao contribuinte individual filiado à cooperativa de produção; sobre o valor bruto da nota fiscal ou fatura de prestação de serviços emitida por cooperativa de trabalho em relação aos serviços prestados por cooperados a ela filiados, conforme o tempo exigido para a aposentadoria especial seja de 15, 20 ou 25 anos, respectivamente, nos percentuais de 12%, 9% e 6%.

A empresa contratante de serviços mediante cessão de mão de obra, inclusive em regime de trabalho temporário, quando submeter os trabalhadores cedidos a condições especiais de trabalho, deverá efetuar a retenção prevista no artigo 31 da Lei nº 8.212/91, acrescida de quatro, três ou dois pontos percentuais relativamente ao valor dos serviços prestados pelos segurados empregados cuja atividade permita a concessão de aposentadoria após 15, 20 ou 25 anos de contribuição, respectivamente.

A contribuição adicional em comento também é devida em relação ao trabalhador aposentado de qualquer regime que retornar à atividade abrangida pelo RGPS e que enseje a aposentadoria especial.

Verifica-se que o percentual para o financiamento de acidentes do trabalho incide sobre toda a folha da empresa, enquanto o adicional para o financiamento da aposentadoria especial recairá somente sobre a remuneração dos segurados que estiverem sujeitos aos agentes nocivos que ensejem a concessão do benefício.

Discute-se judicialmente se o artigo 22, II, da Lei nº 8.213/91 ofende o princípio da legalidade tributária previsto no artigo 150, I, da Constituição Federal ao remeter ao regulamento a classificação das empresas em relação aos riscos ambientais do trabalho. O entendimento do STJ é favorável ao INSS, como se verifica na ementa seguinte, no processo STJ RESP – 512488, 2ª Turma, DJ 24.5.2004, p. 240, Rel. Min. Eliana Calmon:

> "TRIBUTÁRIO – CONTRIBUIÇÃO – SEGURO DE ACIDENTE DO TRABALHO – SAT.1. O STF, no RE 343.446/SC, concluiu pela constitucionalidade da exação, nos termos das Leis nºs 7.787/89 (art. 3º, II) e 8.219/91 (art. 22, II). 2. Os Decretos 612/92, 2.173/97 e 3.048/94, nos quais se estabeleceram os graus de risco, foram considerados pelo STJ de plena legalidade. 3. A Lei nº 9.732/98, alterando o art. 22 da Lei nº 8.212/91, destinou parte da contribuição do SAT para o financiamento das aposentadorias especiais. 4. A Lei nº 9.732/98 anulou a alíquota da contribuição para o SAT sem macular o sistema, sendo de absoluta legalidade a majoração. 5. Recurso especial improvido."

O § 1º do artigo 22 aplica-se tão somente às instituições financeiras em geral; que além da contribuição prevista nos incisos I e II, devem recolher o adicional de 2,5%. A constitucionalidade do percentual foi proclamada pelo STF na ADIn 1433-DF.

No caso de sociedade civil de prestação de serviços profissionais relativos a exercício de profissões legalmente regulamentadas, a contribuição da empresa referente aos sócios em geral e do associado eleito para cargo de direção em cooperativa ou associação e ainda do síndico observará: I – a remuneração paga ou creditada aos sócios em decorrência de seu trabalho, de acordo com a escrituração contábil da empresa; ou os valores totais pagos ou creditados, ainda que a título de antecipação de lucro da pessoa jurídica, quando não houver discriminação entre a remuneração decorrente do trabalho e a proveniente do capital social ou tratar-se de adiantamento de resultado ainda não apurado por meio de demonstração de resultado do exercício.

18.4.1 Contribuições das associações desportivas que mantêm equipe de futebol profissional

A contribuição empresarial da associação desportiva que mantém equipe de futebol profissional destinada à Seguridade Social, em substituição à contribuição sobre a remuneração dos empregados e avulsos e do adicional previsto para o RAT e Aposentadoria Especial (incisos I e II do art. 22), corresponde a 5% da receita bruta, decorrente dos espetáculos desportivos de que participem em todo o território nacional em qualquer modalidade desportiva, inclusive jogos internacionais, e de qualquer forma de patrocínio, licenciamento de uso de marcas e símbolos, publicidade, propaganda e de transmissão de espetáculos desportivos.

O tratamento diferenciado estende-se às associações desportivas que mantêm equipe de futebol profissional e que se organizem na forma da Lei Pelé – nº 9.615, de 26.3.1998.

Caberá à entidade promotora do espetáculo a responsabilidade de efetuar o desconto de 5% da receita bruta decorrente dos espetáculos desportivos e o respectivo recolhimento ao Instituto Nacional do Seguro Social, no prazo de até dois dias úteis após a realização do evento, e à associação desportiva que mantém equipe de futebol profissional informar à entidade promotora do espetáculo desportivo todas as receitas auferidas no evento, discriminando-as detalhadamente.

No caso de a associação desportiva que mantém equipe de futebol profissional receber recursos de empresa ou entidade, a título de patrocínio, licenciamento de uso de marcas e símbolos, publicidade, propaganda e transmissão de espetáculos, esta última ficará com a responsabilidade de reter e recolher o percentual de 5% da receita bruta decorrente do evento, inadmitida qualquer dedução, até o dia dois do mês seguinte à competência.

A forma diferenciada de contribuição que substitui a contribuição sobre a folha de salários não se aplica às demais associações desportivas, que devem contribuir na forma dos incisos I e II deste artigo e do artigo 23 da Lei nº 8.212/91.

Como já referido no Capítulo 17, a Lei nº 11.345/06 instituiu a Timemania, modalidade de concurso de prognóstico para desenvolvimento da prática esportiva do futebol e autorizou a participação de entidades desportivas da modalidade de futebol nesse concurso.

18.4.2 Contribuições da agroindústria, empregador rural pessoa física, do segurado especial e do empregador rural pessoa jurídica

A legislação de custeio estabelece um tratamento diferenciado quanto às atividades rurais.

A contribuição devida pela *agroindústria*, definida como sendo o produtor rural pessoa jurídica cuja atividade econômica seja a industrialização de produção própria ou de produção própria e adquirida de terceiros, incide sobre o valor da receita bruta proveniente da comercialização da produção, em substituição às previstas nos incisos I e II do artigo 22 da Lei nº 8.212/91, é de 2,5% destinados à Seguridade Social, acrescidos de 0,1% para o financiamento da aposentadoria especial e RAT.

As contribuições relativas às operações sobre a prestação de serviços a terceiros são regidas pelo artigo 22 da Lei nº 8.212/91. Nessa hipótese, a receita bruta correspondente aos serviços prestados a terceiros será excluída da base de cálculo da contribuição de que trata o *caput* do artigo 22-A da Lei nº 8.212/91.

Não se aplica a forma diferenciada de financiamento das agroindústrias às sociedades cooperativas e às agroindústrias de piscicultura, carcinicultura, suinocultura e avicultura.

A agroindústria recolherá, ainda, 0,25% da receita bruta proveniente da comercialização da produção ao Serviço Nacional de Aprendizagem Rural (Senar).

Não se aplica o regime substitutivo de que trata este artigo à pessoa jurídica que, relativamente à atividade rural, se dedique apenas ao florestamento e reflorestamento como fonte de matéria-prima para industrialização própria mediante a utilização de processo industrial que modifique a natureza química da madeira ou a transforme em pasta celulósica.

As contribuições de que tratam os incisos I e II do artigo 22 da Lei nº 8.212/91 são substituídas, em relação à remuneração paga, devida ou creditada ao trabalhador rural contratado pelo consórcio simplificado de produtores rurais de que trata o artigo 25-A, pela contribuição dos respectivos produtores rurais, calculada na forma do artigo 25 da Lei nº 8.212/91.

A contribuição da agroindústria foi instituída pela Lei nº 8.870/94, que introduziu o artigo 22-A na Lei nº 8.212/91. O Supremo Tribunal Federal declarou inconstitucional a referida contribuição na ADIn nº 1.103-1/6000, considerando que houve inovação da base de cálculo não autorizada pelo artigo 195, I, da Constituição Federal que determina que a contribuição incida sobre a folha de salários, não havendo previsão para a incidência sobre a produção industrializada por meio de lei ordinária. Concluiu a Corte Constitucional que a hipótese tratada requer lei complementar, por se tratar de nova fonte de custeio. Por força da decisão proferida na ADIn nº 1.103-1/6000, foi restabelecida a obrigação das agroindústrias recolherem as contribuições patronais sobre a folha de salários, como as demais empresas.

Posteriormente, para disciplinar o tema foi editada a Lei nº 10.736/03, que concedeu remissão (perdão) do débito previdenciário das agroindústrias no período de abril de 1994 a abril de 1997 e autorizou o INSS a cobrar as diferenças entre os recolhimentos de 2,5% e o percentual de 20% e o adicional do SAT, incidente sobre a folha de salários.

As contribuições devidas pelo empregador rural *pessoa física* e a do *segurado especial*, que trabalha em regime de economia familiar sem empregados, são iguais, conforme dispõe o artigo 25, da Lei nº 8.212/91, que estabelece o percentual de 2% da receita bruta proveniente da comercialização da sua produção, acrescido de 0,1% para o financiamento das prestações por acidente do trabalho. Para o empregador rural pessoa física, a referida contribuição substitui aquela prevista no artigo 22, incisos I e II, da Lei nº 8.212/91.

O segurado especial, além da contribuição obrigatória referida no *caput*, poderá contribuir, facultativamente. Como já visto, os segurados especiais têm tratamento diferenciado, autorizado pela Constituição Federal, com benefícios no valor de um salário-mínimo. Não são ainda contemplados com a aposentadoria por tempo de contribuição. Para que possam obter os mesmos benefícios dos demais segurados, podem recolher facultativamente à Previdência Social. O empregador rural pessoa física, no entanto, é contribuinte individual, segurado obrigatório da previdência.

A Lei nº 11.718/08 revogou o § 4º do artigo 25, que excluía da base de cálculo da contribuição do produtor rural pessoa física, do pescador e do segurado especial a produção rural destinada ao plantio ou reflorestamento, o produto animal destinado à reprodução pecuária ou granjeira e a utilização como cobaias para pesquisas científicas, quando vendidas pelo próprio produtor e quem as utilize diretamente com essas finalidades e, no caso de produto vegetal, por pessoa ou entidade que, registrada no Ministério da Agricultura, do Abastecimento e da Reforma Agrária, se dedique ao comércio de sementes e mudas no País.

Por outro lado, o mesmo diploma legal especificou que integram a receita bruta para fins de cálculo da contribuição previdenciária: a receita proveniente da comercialização da produção obtida em razão de contrato de parceria ou meação de parte do imóvel rural; da comercialização de artigos de artesanato; de serviços prestados, de equipamentos utilizados e de produtos comercializados no imóvel rural, desde que em atividades turísticas e de entretenimento desenvolvidas no imóvel, inclusive hospedagem, alimentação, recepção, recreação e atividades pedagógicas etc.

A legislação equipara ao empregador rural pessoa física o consórcio simplificado de produtores rurais, formado pela união de produtores rurais pessoas físicas, que outorgar a um deles poderes para contratar, gerir e demitir trabalhadores para prestação de serviços, exclusivamente, aos seus integrantes, mediante documento registrado em cartório de títulos e documentos.

O referido documento deverá conter a identificação de cada produtor, seu endereço pessoal e o de sua propriedade rural, bem como o respectivo registro no Instituto Nacional de Colonização e Reforma Agrária (Incra) ou informações relativas a parceria, arrendamento ou equivalente e a matrícula no Instituto Nacional do Seguro Social (INSS) de cada um dos produtores rurais.

O consórcio deverá ser matriculado no INSS em nome do empregador a quem tenham sido outorgados poderes. Os produtores rurais integrantes do consórcio serão responsáveis solidários em relação às obrigações previdenciárias.

Em relação ao *produtor rural pessoa jurídica*, a previsão legal de suas contribuições encontra previsão na Lei nº 8.870/94 e artigo 201, IV, do Decreto nº 3.048/99, que estabelece o percentual de 2,5%, acrescido de 0,1% para o financiamento de acidentes do trabalho, sobre o total da receita bruta proveniente da comercialização da produção rural, em substituição às contribuições do artigo 22, I e II, da Lei nº 8.212/91. Ressalte-se que a Medida Provisória nº 255, convertida na Lei nº 11.196, de 21.11.2005, dispunha em seus artigos 106 a 108 a redução da alíquota da contribuição previdenciária para os produtores rurais e foram vetados.

18.4.3 Entidades beneficentes e Simples

A Constituição Federal estabelece no artigo 195, § 7º, "que são isentas de contribuição para a seguridade social as entidades beneficentes de assistência social que atendam as exigências estabelecidas em lei". Embora a Constituição Federal faça referência a isenção, em verdade trata-se de imunidade tributária. Os dois institutos não se confundem, como preleciona Aliomar Baleeiro (1995, p. 584):

> "A isenção não se confunde com a imunidade nem com a não incidência. A imunidade é de ordem constitucional e dirige-se ao legislador tributário, impedindo-o de decretar tributos, geralmente impostos, nos casos expressos. [...] A imunidade veda que a lei determine, em certo caso, o nascimento da obrigação tributária. A isenção decorre da lei e dirige-se à autoridade administrativa, excluindo do tributo decretado determinadas situações pessoais ou reais. A isenção veda a constituição do crédito mas deixa de pé as obrigações acessórias."

A regulamentação da imunidade constitucionalmente prevista encontrava-se no artigo 55 da Lei nº 8.212/91, que foi revogado pela Lei nº 12.101, de 27.11.2009, que estabeleceu diversos requisitos para a obtenção da imunidade constitucional.

A nova legislação contempla como possíveis beneficiárias da imunidade as entidades beneficentes de assistência social constituídas por pessoas jurídicas de direito privado, sem fins lucrativos reconhecidas como entidades beneficentes de assistência social com a finalidade de prestação de serviços nas áreas de assistência social, *saúde* e *educação*. Para fazer jus à certificação ou renovação as entidades deverão demonstrar no exercício anterior ao do requerimento, observado o período de doze meses de constituição, cumulativamente: seja constituída como pessoa jurídica de direito privado sem fins lucrativos conforme define o artigo 1º; preveja em seus atos constitutivos, em caso de dissolução ou extinção, a destinação do eventual patrimônio remanescente a entidades sem fins lucrativos ou congêneres ou a entidades públicas. O período mínimo de doze meses poderá ser reduzido para as entidades da Saúde e de Assistência Social em caso de necessidade local atestada pelo gestor do respectivo sistema.

As entidades de saúde deverão comprovar também o cumprimento das metas estabelecidas em convênio ou instrumento congênere celebrado com o gestor local do SUS; a oferta da prestação de seus serviços ao SUS no percentual mínimo de 60% (sessenta por cento); e, anualmente, a prestação dos serviços no percentual anteriormente referido, com base no somatório das internações realizadas e dos atendimentos ambulatoriais prestados.

O atendimento do percentual mínimo de 60% pode ser individualizado por estabelecimento ou pelo conjunto de estabelecimentos de saúde da pessoa jurídica, desde que não abranja outra entidade com personalidade jurídica própria que seja por ela mantida, e para tal fim, no conjunto de estabelecimentos de saúde da pessoa jurídica, poderá ser incorporado aquele vinculado por força de contrato de gestão, na forma do regulamento.

No que se refere à Educação, os artigos 12 e seguintes da Lei nº 12.101/2009 dispõe que:

> Art. 12. A certificação ou sua renovação será concedida à entidade de educação que atenda ao disposto nesta Seção e na legislação aplicável.
>
> Art. 13. Para os fins da concessão da certificação de que trata esta Lei, a entidade de educação deverá aplicar anualmente em gratuidade, na forma do § 1º, pelo menos 20% (vinte por cento) da receita anual efetivamente recebida nos termos da *Lei nº 9.870, de 23 de novembro de 1999*.
>
> § 1º Para o cumprimento do disposto no **caput**, a entidade deverá:

I – demonstrar adequação às diretrizes e metas estabelecidas no Plano Nacional de Educação – PNE, na forma do *art. 214 da Constituição Federal*;

II – atender a padrões mínimos de qualidade, aferidos pelos processos de avaliação conduzidos pelo Ministério da Educação; e

III – oferecer bolsas de estudo nas seguintes proporções:

a) no mínimo, uma bolsa de estudo integral para cada 9 (nove) alunos pagantes da educação básica;

b) bolsas parciais de 50% (cinquenta por cento), quando necessário para o alcance do número mínimo exigido.

§ 2º As proporções previstas no inciso III do § 1º poderão ser cumpridas considerando-se diferentes etapas e modalidades da educação básica presencial.

§ 3º Complementarmente, para o cumprimento das proporções previstas no inciso III do § 1º, a entidade poderá contabilizar o montante destinado a ações assistenciais, bem como o ensino gratuito da educação básica em unidades específicas, programas de apoio a alunos bolsistas, tais como transporte, uniforme, material didático, além de outros, definidos em regulamento, até o montante de 25% (vinte e cinco por cento) da gratuidade prevista no **caput**.

§ 4º Para alcançar a condição prevista no § 3º, a entidade poderá observar a escala de adequação sucessiva, em conformidade com o exercício financeiro de vigência desta Lei:

I – até 75% (setenta e cinco por cento) no primeiro ano;

II – até 50% (cinquenta por cento) no segundo ano;

III – 25% (vinte e cinco por cento) a partir do terceiro ano.

§ 5º Consideram-se ações assistenciais aquelas previstas na *Lei nº 8.742, de 7 de dezembro de 1993*.

§ 6º Para a entidade que, além de atuar na educação básica ou em área distinta da educação, também atue na educação superior, aplica-se o disposto no *art. 10 da Lei nº 11.096, de 13 de janeiro de 2005*.

Art. 14. Para os efeitos desta Lei, a bolsa de estudo refere-se às semestralidades ou anuidades escolares fixadas na forma da lei, vedada a cobrança de taxa de matrícula e de custeio de material didático.

§ 1º A bolsa de estudo integral será concedida a aluno cuja renda familiar mensal **per capita** não exceda o valor de 1 1/2 (um e meio) salário-mínimo.

§ 2º A bolsa de estudo parcial será concedida a aluno cuja renda familiar mensal **per capita** não exceda o valor de 3 (três) salários-mínimos.

Art. 15. Para fins da certificação a que se refere esta Lei, o aluno a ser beneficiado será pré-selecionado pelo perfil socioeconômico e, cumulativamente, por outros critérios definidos pelo Ministério da Educação.

§ 1º Os alunos beneficiários das bolsas de estudo de que trata esta Lei ou seus pais ou responsáveis, quando for o caso, respondem legalmente pela veracidade e autenticidade das informações socioeconômicas por eles prestadas.

Finalmente, nos termos do artigo 18 da Lei nº 12.101/09 "a certificação ou sua renovação será concedida à entidade de assistência social que presta serviços ou realiza ações assistenciais, de forma gratuita, continuada e planejada, para os usuários e a quem deles necessitar, sem qualquer discriminação, observada a *Lei nº 8.742, de 7.12.1993*."

Considera-se entidade de assistência social aquela que presta, sem fins lucrativos, atendimento e assessoramento aos beneficiários, bem como as que atuam na defesa e garantia de seus direitos.

As entidades que prestam serviços com objetivo de habilitação e reabilitação de pessoa com deficiência e de promoção da sua integração à vida comunitária e aquelas abrangidas pelo disposto no *artigo 35 da Lei nº 10.741, de 1º.10.2003*, poderão ser certificadas, desde que comprovem a oferta de, no mínimo, 60% (sessenta por cento) de sua capacidade de atendimento ao sistema de assistência social.

Constituem ainda requisitos para a certificação de uma entidade de assistência social: I – estar inscrita no respectivo Conselho Municipal de Assistência Social ou no Conselho de Assistência Social do Distrito Federal, conforme o caso, nos termos do *artigo 9º da Lei nº 8.742, de 7.12.1993*; e II – integrar o cadastro nacional de entidades e organizações de assistência social de que trata o *inciso XI do artigo 19 da Lei nº 8.742, de 7.12.1993*.

Quando a entidade de assistência social atuar em mais de um Município ou Estado, ou em quaisquer destes e no Distrito Federal, deverá inscrever suas atividades no Conselho de Assistência Social do respectivo Município de atuação ou do Distrito Federal, mediante a apresentação de seu plano ou relatório de atividades e do comprovante de inscrição no Conselho de sua sede ou de onde desenvolva suas principais atividades.

Se não houver Conselho de Assistência Social no Município, as entidades de assistência social dever-se-ão inscrever nos respectivos Conselhos Estaduais.

A comprovação do vínculo da entidade de assistência social à rede socioassistencial privada no âmbito do Suas é condição suficiente para a concessão da certificação, no prazo e na forma a serem definidos em regulamento.

A imunidade abrangerá as contribuições previdenciárias patronais, previstas nos artigos 22 e 23 da Lei nº 8.212/91 desde que atenda cumulativamente aos seguintes requisitos:

> "I – não percebam seus diretores, conselheiros, sócios, instituidores ou benfeitores, remuneração, vantagens ou benefícios, direta ou indiretamente, por qualquer forma ou título, em razão das competências, funções ou atividades que lhes sejam atribuídas pelos respectivos atos constitutivos;
>
> II – aplique suas rendas, seus recursos e eventual superávit integralmente no território nacional, na manutenção e desenvolvimento de seus objetivos institucionais;
>
> III – apresente certidão negativa ou certidão positiva com efeito de negativa de débitos relativos aos tributos administrados pela Secretaria da Receita Federal do Brasil e certificado de regularidade do Fundo de Garantia do Tempo de Serviço – FGTS;
>
> IV – mantenha escrituração contábil regular que registre as receitas e despesas, bem como a aplicação em gratuidade de forma segregada, em consonância com as normas emanadas do Conselho Federal de Contabilidade;
>
> V – não distribua resultados, dividendos, bonificações, participações ou parcelas do seu patrimônio, sob qualquer forma ou pretexto;
>
> VI – conserve em boa ordem, pelo prazo de 10 (dez) anos, contado da data da emissão, os documentos que comprovem a origem e a aplicação de seus recursos e os relativos a atos ou operações realizados que impliquem modificação da situação patrimonial;
>
> VII – cumpra as obrigações acessórias estabelecidas na legislação tributária;

VIII – apresente as demonstrações contábeis e financeiras devidamente auditadas por auditor independente legalmente habilitado nos Conselhos Regionais de Contabilidade quando a receita bruta anual auferida for superior ao limite fixado pela *Lei Complementar nº 123, de 14 de dezembro de 2006.*

Art. 30. A isenção de que trata esta Lei não se estende a entidade com personalidade jurídica própria constituída e mantida pela entidade à qual a isenção foi concedida."

A Constituição Federal, no artigo 146 remeteu à lei complementar a disciplina da isenção das contribuições previdenciárias.

As microempresas poderão ser beneficiadas pelo Sistema Integrado de Pagamento de Impostos e Contribuições das Microempresas e Empresas de Pequeno Porte (SIMPLES). A seguir, verificaremos quais os reflexos da adesão ao programa relacionados às contribuições de Seguridade Social.

Poderão aderir ao Simples microempresa, assim considerada a pessoa jurídica que tenha auferido, no ano-calendário, receita bruta igual ou inferior a R$ 240.000,00 (duzentos e quarenta mil reais), e empresa de pequeno porte, a pessoa jurídica que tenha auferido, no ano-calendário, receita bruta superior a R$ 240.000,00 (duzentos e quarenta mil reais) e igual ou inferior a R$ 2.400.000,00 (dois milhões e quatrocentos mil reais), nos termos da Lei nº 11.196/05 e Medida Provisória nº 275/05, e, *atualmente, pela Lei Complementar nº 123/06, alterada pelas Leis Complementares nºs 127/07 e 128/08.*

A inscrição no SIMPLES implica pagamento mensal unificado dos seguintes impostos e contribuições: "(a) Imposto de Renda das Pessoas Jurídicas (IRPJ); (b) Contribuição para os Programas de Integração Social e de Formação do Patrimônio do Servidor Público (PIS/PASEP); (c) Contribuição Social sobre o Lucro Líquido (CSLL); (d) Contribuição para Financiamento da Seguridade Social (Cofins); (e) Imposto sobre Produtos Industrializados (IPI); (f) Contribuições para a Seguridade Social, a cargo da pessoa jurídica, de que trata o artigo 22 da Lei nº 8.212, de 24.7.1991, Imposto sobre Operações Relativas à Circulação de Mercadorias e sobre Prestação de Serviço de Transporte Interestadual e Intermunicipal e de Comunicação (ICMS) e Imposto por Serviço de Qualquer Natureza – ISS.

A adesão ao SIMPLES não exclui a incidência dos seguintes impostos ou contribuições, devidos na qualidade de contribuinte ou responsável, em relação aos quais será observada a legislação aplicável às demais pessoas jurídicas: (a) Imposto sobre Operações de Crédito, Câmbio e Seguro, ou Relativas a Títulos ou Valores Mobiliários (IOF); (b) Imposto sobre Importação de Produtos Estrangeiros (II); (c) Imposto sobre Exportação, para o Exterior, de Produtos Nacionais ou Nacionalizados (IE); (d) Imposto de Renda, relativo aos pagamentos ou créditos efetuados pela pessoa jurídica e aos rendimentos ou ganhos líquidos auferidos em aplicações de renda fixa ou variável, bem assim relativo aos ganhos de capital obtidos na alienação de ativos; (e) Imposto sobre a Propriedade Territorial Rural (ITR); (f) Contribuição Provisória sobre a Movimentação Financeira (CPMF); (g) Contribuição para o Fundo de Garantia do Tempo de Serviço (FGTS); (h) Contribuição para a Seguridade Social, relativa ao empregado, e ICMS e ISS nas hipóteses que especifica o artigo 13, XIII e XIV, da LC 123/06.

O valor devido mensalmente pela microempresa e empresa de pequeno porte, inscritas no SIMPLES, será determinado mediante a aplicação de percentuais variáveis de 4% a 17,42%, conforme a receita bruta anualmente auferida. O pagamento unificado de impostos e contribuições devidos pela microempresa e pela empresa de pequeno porte inscritas no SIMPLES será feito até o último dia útil da primeira quinzena do mês subsequente àquele em que houver sido auferida a receita bruta.

A legislação citada exclui do programa os profissionais liberais em geral que exerçam profissões regulamentadas, as sociedades anônimas, as instituições financeiras, entre outros, conforme previsão do artigo 17 da Lei Complementar nº 123/06.

A competência para a arrecadação das contribuições passa a ser da União, por meio da Receita Federal do Brasil, que transferirá os percentuais fixados na legislação ao INSS, Estados e Municípios, na forma prevista no artigo 22 da Lei nº 123/06.

Não é demais relembrar que a imunidade das entidades beneficentes e das microempresas e empresas de pequeno porte não alcança as contribuições descontadas dos empregados.

Salienta-se que foi instituído o Estatuto Nacional da Microempresa e Empresa de Pequeno Porte por meio da Lei Complementar nº 123/06, Simples Nacional, a partir de 1º de julho de 2007, ficam revogadas as Leis nºs 9.317/96 e 9.841/99.

18.4.4 Contribuições de terceiros

A Secretaria da Receita Federal do Brasil está obrigada a arrecadar e a fiscalizar as contribuições sociais previstas em lei e devidas a terceiros, desde que provenham de empresa, segurado, aposentado ou pensionista a ele vinculado, aplicando-se a essas contribuições, no que couber, o disposto na Lei nº 8.212/81.

A competência estabelecida no artigo 94 da Lei nº 8.212/91 aplica-se, exclusivamente, às contribuições que tenham a mesma base utilizada para o cálculo das contribuições incidentes sobre a remuneração paga ou creditada a segurados, ficando sujeitas aos mesmos prazos, condições, sanções e privilégios, inclusive no que se refere à cobrança judicial.

São consideradas contribuições de terceiros as destinadas às entidades privadas de serviço social e de formação profissional vinculadas ao sistema sindical, conforme previsão contida no artigo 240 da Constituição Federal. Trata-se das contribuições sociais de interesse de categorias profissionais ou outras, previstas no artigo 149 da Constituição Federal, como, por exemplo, as contribuições destinadas ao Sesc, Sesi, Senai, Sebrae e Salário-educação.

A lei estabelece um percentual de 3,5% sobre o volume arrecadado a título de remuneração pelos serviços prestados pelo Estado às entidades destinatárias das contribuições, salvo percentual diverso estabelecido em lei específica.

A Secretaria da Receita Federal do Brasil, nessa hipótese, atuará como prestadora de serviços, valendo-se da estrutura administrativa de fiscalização e arrecadação para a cobrança de contribuições que não se destinam à União Federal ou à Seguridade Social.

Quadro esquemático

FINANCIAMENTO DA SEGURIDADE SOCIAL

Além das contribuições do artigo 195 da CF, outras receitas previstas artigo 27 da Lei nº 8.212/91.

- **Contribuintes**: segurados obrigatórios, empregador doméstico e empresas. A pessoa física que tem empregados, equipara-se a empresa. A cooperativa *de trabalho não é considerada empresa no tocante aos pagamentos realizados aos cooperados.*
  - Aposentado que retorna às atividades, volta a contribuir mesmo sem direito a novos benefícios.
  - Segurados que exercem mais de uma atividade devem contribuir em relação a cada uma delas.
  - Dirigente sindical mantém o mesmo enquadramento previdenciário que detinha antes da investidura.
  - Servidor civil ou militar vinculado a regime próprio da União, Estados e Municípios e DF, bem como de suas autarquias e fundações só devem contribuir se exercerem outra atividade sujeita ao RGPS e não podem inscrever-se como segurados facultativos.
- **Fato gerador**: ocorre na data da prestação do serviço.
- Contribuição dos segurados.
- **Base de cálculo**: salário de contribuição conceituado no artigo 28 da Lei nº 8.212/91. As hipóteses de isenção estão previstas no § 9º do artigo citado.
- **Alíquotas aplicáveis**:

  Empregados: 8%; 9% e 11%, conforme tabela, cujos valores são reajustados na mesma época e com os mesmos índices dos benefícios da Previdência Social.
- **Contribuintes individuais e segurados facultativos**: 20% sobre o respectivo salário de contribuição, respeitado o teto máximo de dez salários de contribuição.

  Empregado que exerce cumulativamente a atividade de autônomo deve observar os dois rendimentos, que somados não poderão ultrapassar o teto máximo. Alíquotas diferenciadas de 8 a 11% para o empregado, 11% para o autônomo que presta serviço para empresas e 20% para o autônomo que presta serviço para pessoas físicas.
- **Contribuição do segurado especial:** o valor a ser recolhido é de 2,0% acrescido de 0,1% para o financiamento dos acidentes do trabalho sobre o excedente de sua produção.
- **Responsável tributário**: adquirente, consumidora, consignatária ou cooperativa que adquire a produção, salvo quando a Produtora Rural Pessoa Física vender sua produção no exterior; diretamente no varejo ou a consumidor pessoa física, a outro Produtor Rural Pessoa Física ou segurado especial.
- **Contribuição do empregado doméstico**: igual a dos trabalhadores em geral.

- **Contribuição do empregador doméstico:** 12% do salário de contribuição do empregado doméstico a seu serviço.
- **Contribuição da empresa: art. 22 da Lei nº 8.212/91**

   I – 20% sobre o total da remuneração paga ou creditada a qualquer título aos empregados e avulsos destinadas a retribuir o trabalho qualquer que seja sua forma.

   II – contribuição destinada ao financiamento da aposentadoria especial e dos benefícios concedidos em função dos Riscos Ambientais do Trabalho – RAT, no percentual variável de 1 a 3%. Considera-se preponderante a atividade que ocupa o maior número de segurados empregados e avulsos. Para os segurados que exerçam atividade em condições especiais, incidirá a alíquota de 12%, 9% e 6% conforme o tempo exigido para a concessão da aposentadoria especial.

   III – 20% sobre o total das remunerações pagas ou creditadas aos contribuintes individuais que prestem serviços à empresa.

   IV – 15% sobre o faturamento, no caso das cooperativas de trabalho.

   Bancos comerciais e entidades afins além da contribuição de 20% sobre os rendimentos pagam o adicional de 2,5% sobre a mesma base de cálculo.

- **Contribuições das associações desportivas que mantêm equipe de futebol profissional:** substitui a contribuição sobre e remuneração dos empregados e avulsos e o adicional do RAT (art. 22, I e II).
- **Fato gerador e alíquota:** 5% da receita bruta dos espetáculos desportivos de que participem em todo o território nacional em qualquer modalidade desportiva, inclusive jogos internacionais, e de qualquer forma de patrocínio, licenciamento do uso de marcas e símbolos, publicidade, propaganda e de transmissão de espetáculos desportivos.

   Caberá à entidade promotora do espetáculo ou à empresa que efetuar pagamento a título de patrocínio e licenciamento de uso de marcas e símbolos, conforme o caso, a responsabilidade de efetuar o desconto de 5% da receita bruta e o recolhimento ao INSS.

- **Contribuições da agroindústria, empregador rural pessoa física e do empregador rural pessoa jurídica**
- **Agroindústria:** produtor rural pessoa jurídica que industrializa produção própria ou adquirida de terceiros. Na segunda hipótese, recebe o mesmo tratamento das empresas em geral.
- **Fator gerador e alíquotas: 2,5% acrescido de 0,1%** para financiar acidente do trabalho e aposentadoria especial incidentes sobre a receita bruta da comercialização da produção.
- **Empregador Rural Pessoa Física**
- **Fator gerador e alíquotas:** além da contribuição como segurado contribuinte individual, definido no artigo 12, V, "a", da Lei nº 8.212/91, deve recolher 2,0%, acrescido de 0,1% para financiar acidente do trabalho e aposentadoria especial incidentes sobre a receita bruta da comercialização da produção.

- **Responsável tributário:** adquirente, consumidora, consignatária ou cooperativa que adquire a produção, salvo quando a Produtora Rural Pessoa Física vender sua produção no exterior; diretamente no varejo ou a consumidor pessoa física, a outro Produtor Rural Pessoa Física ou segurado especial.

   O consórcio simplificado de trabalhadores rural foi equiparado ao Produtor Rural Pessoa Física pela Lei nº 10.256/01.

- **Empregador Rural Pessoa Jurídica:**
- **Fato gerador e alíquotas: 2,5% acrescido de 0,1%** para financiar acidente do trabalho e aposentadoria especial incidentes sobre a receita bruta da comercialização da produção.
- **Responsável tributário:** a própria empresa.

SIMPLES – LEI COMPLEMENTAR Nº 123/06

- Microempresa: Pessoa jurídica que tenha auferido no ano-calendário receita bruta igual ou inferior a R$ 240.000,00. Empresa de Pequeno Porte: receita bruta anual superior a R$ 240.000,00 e inferior a R$ 2.400.000,00.
- Receita bruta: soma do produto de bens e serviços nas operações por conta própria, do preço dos serviços e do resultado nas operações em conta alheia, não incluídas as vendas canceladas e os descontos incondicionais concedidos.
- Vedações ao ingresso no SIMPLES – artigo 17 da lei Complementar nº 123/06.
- Alíquotas e base de cálculo: 2% a 17,42% sobre a receita bruta mensal, de acordo com a atividade econômica e com a receita bruta acumulada dentro do ano-calendário.
- Tributos e contribuições substituídos com o ingresso no SIMPLES: artigo 13 da Lei nº 123/06.
- Tributos e contribuições não incluídos no Simples: artigo 13, § 1º, da Lei nº 123/06.

IMUNIDADE DAS CONTRIBUIÇÕES PREVIDENCIÁRIAS:

Podem ser beneficiárias da imunidade das contribuições previdenciárias as entidades de direito privado constituídas sob a forma de pessoa jurídica, sem fins lucrativos, reconhecidas como entidades de beneficência social com finalidade de prestação de serviços nas áreas de assistência social, saúde e educação. Devem prever em seus atos constitutivos que em caso de dissolução ou extinção a destinação do eventual patrimônio remanescente a entidades sem fins lucrativos ou a entidades congêneres.

As entidades de saúde devem ofertar 60% dos seus serviços ao SUS entre outros requisitos, as de educação deverá aplicar anualmente em gratuidade 20% da receita anual efetivamente recebida de acordo com a Lei nº 9.780/99. Para as entidades de assistência social exige-se que realize ações assistenciais, de forma gratuita, continuada, planejada, para ou usuários deles necessitar, sem discriminação, observada a Lei Orgânica de Assistência Social.

A entidade beneficente certificada fará jus à isenção do pagamento das contribuições de que tratam os *artigos 22 e 23 da Lei nº 8.212, de 24 de julho de 1991*, desde que atenda, cumulativamente, aos requisitos: previstos no artigo 29 da Lei nº 12.101/09

CONTRIBUIÇÕES DE TERCEIROS

São consideradas contribuições de terceiros as destinadas às entidades privadas de serviço social e de formação profissional vinculadas ao sistema sindical, conforme previsão contida no artigo 240 da Constituição Federal. Trata-se das contribuições sociais de interesse de categorias profissionais ou outras, previstas no artigo 149 da Constituição Federal, como, por exemplo, as contribuições destinadas ao Sesc, Sesi, Senai, Sebrae e Salário-educação.

Questões

1. Constituem contribuições sociais, de acordo com a Lei nº 8.212/91, **exceto**: (Esaf – 2005 – Receita Federal – Auditor Fiscal da Receita Federal – Área Tecnologia da Informação – Prova 2)

    a) As das empresas, incidentes sobre a remuneração paga ou creditada aos segurados a seu serviço.

    b) As dos empregados domésticos.

    c) As dos trabalhadores, incidentes sobre o seu salário de contribuição.

    d) As das empresas, incidentes sobre faturamento e lucro.

    e) As dos proprietários rurais, incidentes sobre o seu faturamento.

2. Leia cada um dos assertos abaixo e assinale (**V**) ou (**F**), conforme seja verdadeiro ou falso. Depois, marque a opção que contenha a exata sequência. (Esaf – 2005 – Receita Federal – Auditor Fiscal da Receita Federal – Área Tributária e Aduaneira – Prova 3)

    ( ) A contribuição social previdenciária dos segurados empregado, empregado doméstico e trabalhador avulso é calculada mediante a aplicação da alíquota de oito, nove ou onze por cento sobre o seu salário de contribuição, de acordo com a faixa salarial constante da tabela publicada periodicamente pelo MPS.

    ( ) O segurado empregado, inclusive o doméstico, que possuir mais de um vínculo, deverá comunicar mensalmente ao primeiro empregador a remuneração recebida até o limite máximo do salário de contribuição, envolvendo os vínculos adicionais.

    ( ) No que couberem, as obrigações de comunicar a existência de pluralidade de fontes pagadoras aplicam-se ao trabalhador avulso que, concomitantemente, exerça atividade de empregado.

    a) V, F, V.

    b) V, V, F.

    c) V, V, V.

    d) V, F, F.

    e) F, F, F.

3. Com relação ao custeio da Seguridade Social, é CORRETO afirmar que: (Procurador do Trabalho – 2006)

a) A lei federal que dispõe sobre os benefícios do Regime Geral de Previdência Social também regula o custeio da Previdência Social.

b) O segurado especial, além da sua contribuição obrigatória, pode contribuir como segurado facultativo.

c) Todo contribuinte da Previdência Social é, por tal motivo, segurado do sistema previdenciário em razão de seu caráter contributivo.

d) Na jurisprudência do Supremo Tribunal Federal, para efeito de base de cálculo de contribuições para a Seguridade Social, a expressão "folha de salários" sempre foi interpretada no sentido de alcançar todos os rendimentos pagos pela empresa à pessoa física que lhe preste serviços, mesmo sem vínculo empregatício;

e) Não respondida.

4. Não integram o salário de contribuição: (Juiz do Trabalho – 1ª Região – 2004)

a) gorjetas;

b) adiantamentos salariais;

c) salário-maternidade;

d) salário do menor aprendiz;

e) bolsa aprendizagem.

5. Dadas as proposições, aponte abaixo a alternativa CORRETA: (Juiz do Trabalho – 14ª Região – 2006)

I – O salário de contribuição relativo ao contribuinte individual é a remuneração auferida em uma ou mais empresas ou pelo exercício de sua atividade por conta própria, durante o mês, observados os limites mínimos e máximos previstos na legislação.

II – O salário-maternidade não é considerado salário de contribuição.

III – São isentas de contribuição para a Seguridade Social as entidades beneficentes de assistência social que atendam às exigências estabelecidas em lei.

IV – É segurado facultativo o menor de quatorze anos de idade que se filia ao Regime Geral de Previdência Social, mediante contribuição.

a) Todas as proposições estão corretas.

b) Apenas as proposições I e IV estão corretas.

c) Apenas as proposições II e III estão corretas.

d) Apenas as proposições I e III estão corretas.

e) Apenas as proposições II e IV estão corretas.

6. O artigo 28 da Lei nº 8.212/91 define o salário de contribuição de cada categoria específica de segurado, aduzindo que "Entende-se por salário de contribuição ... a remuneração auferida em uma ou mais empresas, assim entendida a totalidade dos rendimentos pagos, devidos ou creditados a qualquer título, durante o mês, destinados a retribuir o trabalho, qualquer que seja a sua forma, inclusive as gorjetas, os ganhos habituais sob a forma de utilidades e os adiantamentos decorrentes de ajuste salarial, quer pelos serviços efetivamente prestados, quer pelo tempo à disposição do empregador ou tomador de serviços nos termos da lei ou do contrato ou, ainda, de convenção ou acordo coletivo de trabalho ou sentença normativa." Tal definição refere-se: (TRT 2R (SP) – 2009 – TRT – 2ª Região (SP) – Juiz)

a) ao trabalhador eventual;

b) ao empregado;

c) ao trabalhador avulso;

d) ao empregado e ao trabalhador avulso;

e) ao empregado e ao trabalhador eventual.

7. Em se tratando de ação que tenha no polo passivo uma entidade beneficente de assistência social, advindo a condenação ao pagamento de verbas de natureza salarial, a mesma deve recolher a parcela previdenciária: (TRT 2R (SP) – 2009 – TRT – 2ª Região (SP) – Juiz)

   a) De vinte por cento sobre o total das parcelas de natureza salarial.

   b) De vinte por cento sobre o total das parcelas de natureza salarial e de 1%, 2% ou 3% para o financiamento do benefício previsto nos artigos 57 e 58 da Lei nº 8.213, de 24 de julho de 1991, e daqueles concedidos em razão do grau de incidência de incapacidade laborativa decorrente dos riscos ambientais do trabalho.

   c) De vinte por cento sobre o total das parcelas de natureza salarial e os valores destinados ao sistema "S" (Terceiros).

   d) De 1%, 2% ou 3% para o financiamento do benefício previsto nos artigos 57 e 58 da Lei nº 8.213, de 24 de julho de 1991, e daqueles concedidos em razão do grau de incidência de incapacidade laborativa decorrente dos riscos ambientais do trabalho e os valores destinados ao sistema "S" (Terceiros).

   e) Nenhuma das anteriores.

8. Das alternativas abaixo, indique aquela que contém parcela que integra o salário de contribuição: (PUC-PR – 2007 – TRT – 9ª Região (PR) – Juiz – 1ª Prova – 2ª Etapa)

   a) Licença-prêmio indenizada.

   b) Décimo-terceiro salário.

   c) A parcela recebida a título de vale-transporte, na forma da legislação pertinente.

   d) A indenização adicional prevista pelo art. 9º, da Lei nº 7.238, de 29.10.1984.

   e) Aviso-prévio indenizado.

9. A respeito da incidência de contribuição previdenciária sobre parcelas pagas ao trabalhador, em razão do trabalho com vínculo empregatício, é correto afirmar que não integra o salário de contribuição: (TRT 21R (RN) – 2010 – TRT – 21ª Região (RN) – Juiz – Caderno 2)

   a) gorjeta;

   b) salário-maternidade;

   c) as diárias pagas, quando o valor exceder a 50% da remuneração mensal;

   d) as férias vencidas gozadas;

   e) a parcela de abono pecuniário de férias, desde que limitada a 20 dias.

10. Considere as seguintes proposições: (MS Concursos – 2009 – TRT – 9ª Região (PR) – Juiz – 1ª Prova – 1ª Etapa)

    I – O salário-maternidade é considerado salário de contribuição.

    II – O 13º salário integra o salário de contribuição, exceto para o cálculo de benefício.

    III – Não integram o salário de contribuição, dentre outras, as seguintes verbas: a parcela recebida a título de vale-transporte, a participação nos lucros ou resultados da empresa, importâncias recebidas a título de férias + 1/3, valores recebidos em decorrência de direitos autorais.

IV – O empregador doméstico está obrigado a arrecadar as contribuições incidentes sobre o salário mensal do segurado empregado a seu serviço e a recolhê-la, assim como a parcela a seu cargo, até o dia 15 do mês seguinte ao da competência.

   a) Somente as proposições III e IV são corretas.
   b) Somente as proposições II e III são corretas.
   c) Somente as proposições I, II e IV são corretas.
   d) Todas as proposições são corretas.
   e) Somente as proposições I e IV são corretas

11. Com referência ao salário de contribuição, cada uma das opções a seguir apresenta uma situação hipotética, seguida de uma assertiva a ser julgada. Assinale a opção que apresenta a assertiva correta. (Cespe – 2008 – PGE-CE – Procurador de Estado)

   a) Gilmar, em 2007, inscreveu-se facultativamente no RGPS. Nessa situação, o salário de contribuição de Gilmar deve seguir as faixas de salário-base, a exemplo do que ocorre com os contribuintes individuais.
   b) Telma é empregada doméstica e segurada da previdência social. Nessa situação, o salário de contribuição de Telma é o valor total recebido, incluindo os ganhos habituais na forma de utilidade, tais como alimentação e moradia.
   c) Genival foi demitido sem justa causa, tendo recebido da empresa todos os seus direitos. Nessa situação, em relação aos valores recebidos a título de aviso prévio, férias proporcionais e 13º salário, também proporcional, não incide a contribuição previdenciária.
   d) Marcos trabalha em uma empresa que, entre outras vantagens, oferece programa de previdência complementar aberta, disponível a todos os empregados e dirigentes. Nessa situação, pelo fato de esses valores serem dedutíveis do imposto de renda da pessoa física beneficiária, a legislação previdenciária considera tais rubricas como salário de contribuição.
   e) Jéssica trabalha em uma empresa que paga vale-transporte em dinheiro. Nessa situação, os valores recebidos na condição de vale-transporte são considerados salário de contribuição.

12. A respeito da base de cálculo e contribuintes das contribuições sociais, analise as assertivas abaixo, assinalando a **incorreta**. (Esaf – 2009 – Receita Federal – Técnico Administrativo – Agente Técnico Administrativo (ATA))

   a) Remuneração paga, devida ou creditada aos segurados e demais pessoas físicas a seu serviço, mesmo sem vínculo empregatício – Empresa.
   b) Receita bruta decorrente dos espetáculos desportivos de que participem em todo território nacional – Produtor Rural Pessoa Jurídica.
   c) Incidentes sobre a receita bruta proveniente da comercialização da produção rural – Segurado Especial.
   d) Salário de contribuição dos empregados domésticos a seu serviço – Empregadores Domésticos.
   e) Incidentes sobre seu salário de contribuição – Trabalhadores.

13. Além das contribuições sociais, a seguridade social conta com outras receitas. Não constituem outras receitas da seguridade social: (Esaf – 2009 – Receita Federal – Auditor Fiscal da Receita Federal – Prova 2)

   a) as multas;

b) receitas patrimoniais;

c) doações;

d) juros moratórios;

e) sessenta por cento do resultado dos leilões dos bens apreendidos pela Secretaria da Receita Federal do Brasil.

14. Julgue os itens subsequentes, relativos ao RGPS. (CESPE – 2007 – DPE – CE – Defensor Público)

Caso um aposentado pelo RGPS, por questões econômicas, tiver de retornar ao trabalho, nessa situação, apesar de continuar sendo segurado obrigatório, ele não recolherá qualquer contribuição, pois a Constituição Federal lhe dá imunidade.

Certo ( )   Errado ( )

Entendimento dos Tribunais Superiores

Súmula 351 – STJ – A alíquota de contribuição para o Seguro de Acidente do Trabalho (SAT) é aferida pelo grau de risco desenvolvido em cada empresa, individualizada pelo seu CNPJ, ou pelo grau de risco da atividade preponderante quando houver apenas um registro.

Súmula 458 – STJ – A contribuição previdenciária incide sobre a comissão paga ao corretor de seguros.

AgRg no Ag 787684/RJ

AGRAVO REGIMENTAL NO AGRAVO DE INSTRUMENTO 2006/0138204-0

Rel. Ministro LUIZ FUX 1ª TURMA

Data do Julgamento 27/03/2007

Data da Publicação/Fonte DJ 07/05/2007, p. 281

TRIBUTÁRIO. CONTRIBUIÇÕES AO SESC E AO SENAC. PRESTADORAS DE SERVIÇOS. ALTERAÇÃO NO POSICIONAMENTO DA PRIMEIRA SEÇÃO DO STJ. RESP. Nº 431347 – SC, UNÂNIME. EXIGIBILIDADE DA CONTRIBUIÇÃO AO SEBRAE PELAS PRESTADORAS DE SERVIÇOS. CONTRIBUIÇÃO DESTINADA AO INCRA. ADICIONAL DE 0,2%. NÃO EXTINÇÃO PELAS LEIS 7.787/89, 8.212/91 E 8.213/91.

1. As empresas prestadoras de serviços estão incluídas dentre aquelas que devem recolher, a título obrigatório, contribuição para o SESC e para o SENAC, porquanto enquadradas no plano sindical da Confederação Nacional do Comércio, consoante a classificação do artigo 577 da CLT e seu anexo, recepcionados pela Constituição Federal (art. 240) e confirmada pelo seu guardião, o STF, a assimilação no organismo da Carta Maior.

2. As Contribuições referidas visam a concretizar a promessa constitucional insculpida no princípio pétreo da "valorização do trabalho humano" encartado no artigo 170 da Carta Magna ("A ordem econômica, fundada na valorização do trabalho humano e na livre iniciativa, tem por fim assegurar a todos existência digna, conforme os ditames da justiça social, [...]")

3. As prestadoras de serviços que auferem lucros são, inequivocamente estabelecimentos comerciais, quer por força do seu ato constitutivo, oportunidade em que elegeram o regime jurídico próprio a que pretendiam se submeter, quer em função da novel categorização desses estabelecimentos, à luz do conceito moderno de empresa.

4. O SESC e o SENAC têm como escopo contribuir para o bem-estar social do empregado e a melhoria do padrão de vida do mesmo e de sua família, bem como implementar o aprimoramento moral e cívico da sociedade, beneficiando todos os seus associados, independentemente da categoria a que pertençam.

5. À luz da regra do art. 5º, da LICC – norma supralegal que informa o direito tributário, a aplicação da lei, e nesse contexto a verificação se houve sua violação passa por esse aspecto teleológico-sistêmico – impondo-se considerar que o acesso aos serviços sociais, tal como preconizado pela Constituição, é um "direito universal do trabalhador", cujo dever correspectivo é do empregador no custeio dos referidos benefícios.

6. Consectariamente, a natureza constitucional e de cunho social e protetivo do empregado, das exações *sub judice*, implica que o empregador contribuinte somente se exonere do tributo, quando integrado noutro serviço social, visando a evitar relegar ao desabrigo os trabalhadores do seu segmento, em desigualdade com os demais, gerando situação anti-isonômica e injusta.

7. A pretensão de exoneração dos empregadores quanto à contribuição compulsória em exame, recepcionada constitucionalmente, em benefício dos empregados, encerra arbítrio patronal, mercê de gerar privilégio abominável aos que através da via judicial pretendem dispor daquilo que pertence aos empregados, deixando à calva a ilegitimidade da pretensão deduzida.

8. É cediço que o adicional destinado ao SEBRAE (Lei nº 8.029/90, na redação dada pela Lei nº 8.154/90), constitui simples majoração das alíquotas previstas no DL nº 2.318/86 (SENAI, SENAC, SESI E SESC).

9. Em se tratando de contribuição de intervenção no domínio econômico, que dispensa seja o contribuinte virtualmente beneficiado, deve ser paga pelas empresas prestadoras de serviços à vista do princípio da solidariedade social (CF/88, art. 195, *caput*).

10. A exegese Pós-Positivista, imposta pelo atual estágio da ciência jurídica, impõe na análise da legislação infraconstitucional o crivo da principiologia da Carta Maior, que lhe revela a denominada "vontade constitucional", cunhada por Konrad Hesse na justificativa da força normativa da Constituição.

11. Sob esse ângulo, assume relevo a colocação topográfica da matéria constitucional no afã de aferir a que vetor principiológico pertence, para que, observando o princípio maior, a partir dele, transitar pelos princípios específicos, até o alcance da norma infraconstitucional. Nesse segmento, a Política Agrária encarta-se na Ordem Econômica (art. 184 da CF/1988) por isso que a exação que lhe custeia tem inequívoca natureza de Contribuição de Intervenção Estatal no Domínio Econômico. Deveras, coexistente com aquela, a Ordem Social, onde se insere a Seguridade Social custeada pela contribuição que lhe ostenta o mesmo *nomen juris*.

12. A hermenêutica, que fornece os critérios ora eleitos, revela que a contribuição para o Incra e a Contribuição para a Seguridade Social são amazonicamente distintas, e *a fortiori*, infungíveis para fins de compensação tributária.

13. Nada obstante, a revelação da nítida natureza tributária das contribuições sobre as quais gravita o *thema iudicandum*, impõe ao aplicador da lei a obediência aos cânones constitucionais e complementares atinentes ao sistema tributário.

14. Nesse segmento, como consectário do princípio da legalidade, não há tributo sem lei que o institua, bem como não há exclusão tributária sem obediência à legalidade (art. 150, I, da CF/1988 c.c art. 97 do CTN).

15. A observância da evolução histórica legislativa das contribuições rurais denota que o Funrural (Prorural) fez as vezes da seguridade do homem do campo até o advento da Carta neoliberal de 1988, por isso que, inaugurada a solidariedade genérica entre os mais diversos segmentos da atividade econômica e social, aquela exação restou extinta pela Lei 7.787/89.

16. Diversamente, sob o pálio da interpretação histórica, restou hígida a contribuição para o Incra cujo desígnio em nada se equipara à contribuição securitária social.

17. Consequentemente, resta inequívoca dessa evolução, constante do teor do voto, que: (a) a Lei 7.787/89 só suprimiu a parcela de custeio do Prorural; (b) a Previdência Rural só foi extinta pela Lei 8.213/91, com a unificação dos regimes de previdência; (c) entretanto, a parcela de 0,2% (zero, dois por cento) – destinada ao Incra – não foi extinta pela Lei 7.787/89 e tampouco pela Lei 8.213/91, como vinha sendo proclamado pela jurisprudência desta Corte.

18. Sob essa ótica, à míngua de revogação expressa e inconciliável, a adoção da revogação tácita por incompatibilidade, porquanto distintas as razões que ditaram as exações *sub judice*, ressoa inequívoca a conclusão de que resta hígida a contribuição para o Incra.

19. Interpretação que se coaduna não só com a literalidade e a história da exação, como também converge para a aplicação axiológica do Direito no caso concreto, viabilizando as promessas constitucionais pétreas e que distinguem o ideário da nossa nação, qual o de constituir uma sociedade justa e solidária, com erradicação das desigualdades regionais.

20. Agravo regimental desprovido.

TST Súmulas

Súmula 367

Utilidades "in natura". Habitação. Energia elétrica. Veículo. Cigarro. Não integração ao salário.

I – A habitação, a energia elétrica e veículo fornecidos pelo empregador ao empregado, quando dispensáveis para a realização do trabalho, não têm natureza salarial, ainda que, no caso do veículo, seja ele utilizado pelo empregado também em atividades particulares.

II – O cigarro não se considera salário utilidade em face de sua nocividade à saúde.

Súmula 368

Descontos previdenciários e fiscais. Competência. Responsabilidade pelo pagamento. Forma de cálculo.

I – A Justiça do Trabalho é competente para determinar o recolhimento das contribuições previdenciárias e fiscais provenientes das sentenças que proferir. A competência da Justiça do Trabalho para execução das contribuições previdenciárias alcança as parcelas integrantes do salário de contribuição, pagas em virtude de contrato de emprego reconhecido em juízo, ou decorrentes de anotação da Carteira de Trabalho e Previdência Social – CTPS, objeto de acordo homologado em juízo.

II – É do empregador a responsabilidade pelo recolhimento das contribuições previdenciárias e fiscais, resultante de crédito do empregado oriundo de condenação judicial, devendo incidir, em relação aos descontos fiscais, sobre o valor total da condenação.

III – Em se tratando de descontos previdenciários, o critério de apuração encontra-se disciplinado no art. 276, § 4º, do Decreto 3.048/99 que regulamentou a Lei 8.212/91 e determina que a contribuição do empregado, no caso de ações trabalhistas, seja calculado mês a mês, aplicando-se as alíquotas previstas no art. 198, observado o limite máximo do salário de contribuição.

Súmula 354

Gorjetas. Natureza Jurídica. Repercussões.

As gorjetas, cobradas pelo empregador na nota de serviço ou oferecidas espontaneamente pelos clientes, integram a remuneração do empregado, não servindo de base de cálculo para as parcelas de aviso-prévio, adicional noturno, horas extras e repouso semanal remunerado.

Súmula 101 – TST

Diárias de viagem. Salário

Integram o salário, pelo seu valor total e para efeitos indenizatórios, as diárias de viagem que excedam 50% (cinquenta por cento) do salário do empregado, enquanto perdurarem as viagens.

Súmula 203 – TST

Gratificação por tempo de serviço. Natureza salarial.

A gratificação por tempo de serviço integra o salário para todos os efeitos legais.

STJ

Súmula 310

O auxílio-creche não integra o salário de contribuição.

Súmula 688

É legítima a incidência da contribuição previdenciária sobre o 13º salário.

STF

Súmula 546

Cabe a restituição do tributo pago indevidamente, quando reconhecido por decisão, que o contribuinte "de jure" não recuperou do contribuinte "de facto" o "quantum" respectivo.

Súmula 466

Não é inconstitucional a inclusão de sócios e administradores de sociedades e titulares individuais como contribuintes obrigatórios da previdência social.

Súmula 207

As gratificações habituais, inclusive a de natal, consideram-se tacitamente convencionadas, integrando o salário.

Súmula 732

É constitucional a cobrança da contribuição do salário-educação, seja sob a Carta de 1969, seja sob a Constituição Federal de 1988, e no regime da Lei 9.424/96.

RMS 27093/DF – DISTRITO FEDERAL
RECURSO EM MANDADO DE SEGURANÇA

Relator(a): Min. EROS GRAU

Julgamento: 2/9/2008   Órgão Julgador: Segunda Turma

Publicação

DJe-216 DIVULG. 13/11/2008 PUBLIC. 14/11/2008

EMENTA: RECURSO ORDINÁRIO EM MANDADO DE SEGURANÇA. CONSTITUCIONAL. TRIBUTÁRIO. CONTRIBUIÇÕES SOCIAIS. IMUNIDADE. CERTIFICADO DE ENTIDADE BENEFICENTE DE ASSISTÊNCIA SOCIAL – CEBAS. RENOVAÇÃO PERIÓDICA. CONSTITUCIONALIDADE. DIREITO ADQUIRIDO. INEXISTÊNCIA. OFENSA AOS ARTIGOS 146, II e 195, § 7º DA CB/88. INOCORRÊNCIA. 1. A imunidade das entidades beneficentes de assistência social às contribuições sociais obedece a regime jurídico definido na Constituição. 2. O inciso II do art. 55 da Lei nº 8.212/91 estabelece como uma das condições da isenção tributária das entidades filantrópicas, a exigência de que possuam o Certificado de Entidade Beneficente de Assistência Social – CEBAS, renovável a cada três anos. 3. A jurisprudência desta Corte é firme no sentido de afirmar a inexistência de direito adquirido a regime jurídico, razão motivo pelo qual não há razão para falar-se em direito à imunidade por prazo indeterminado. 4. A exigência de renovação periódica do CEBAS não ofende os artigos 146, II, e 195, § 7º, da Constituição. Precedente [RE nº 428.815, Relator o Ministro SEPÚLVEDA PERTENCE, DJ de 24.6.05]. 5. Hipótese em que a recorrente não cumpriu os requisitos legais de renovação do certificado. Recurso não provido.

Decisão

A Turma, por votação unânime, negou provimento ao recurso ordinário, nos termos do voto do Relator. Ausentes, justificadamente, neste julgamento, os Senhores Ministros Joaquim Barbosa e Eros Grau. 2ª Turma, 2.9.08. Indexação.

19

Arrecadação e Recolhimento das Contribuições Previdenciárias

A legislação previdenciária estabelece normas de arrecadação e recolhimento das contribuições previdenciárias, impondo aos contribuintes deveres quanto ao recolhimento, como o desconto de contribuições devidas aos empregados e contribuintes individuais, prazos de pagamento, obrigações acessórias, hipóteses de substituição tributária e regras de solidariedade. As regras são variáveis conforme a espécie de contribuinte. As mais importantes são:

1. segurado facultativo: recolher sua contribuição até o dia 15 do mês seguinte à competência. A *Lei nº 9.676/98* permitiu o recolhimento trimestral, tendo o seu regulamento – Decreto nº 2.664/98 – limitado a aplicabilidade para o contribuinte individual que contribua sobre o salário-mínimo e para o empregador doméstico em relação a seu empregado cuja remuneração seja igual ao salário-mínimo;

2. segurado contribuinte individual: recolher a contribuição social previdenciária incidente sobre a remuneração auferida por serviços prestados por conta própria a pessoas físicas, a outro contribuinte individual equiparado a empresa, a produtor rural pessoa física, a missão diplomática ou a repartição consular de carreira estrangeira, exceto quando se tratar de contribuinte individual brasileiro civil que trabalha no exterior para organismo oficial internacional do qual o Brasil é membro efetivo;

3. empregador doméstico: arrecadar, mediante desconto no pagamento da remuneração, da contribuição social previdenciária do segurado empregado doméstico a seu serviço, e pagar a contribuição descontada juntamente com a contribuição a seu cargo até o dia 15 do mês seguinte à competência.

4. empresas:

a) recolher as contribuições previstas no artigo 22 da Lei nº 8.212/91 até o dia 20 do mês seguinte ao da competência ou no dia útil imediatamente anterior caso o vencimento não se dê em dia útil;

b) arrecadar, mediante desconto na remuneração paga, devida ou creditada, e pelo recolhimento da contribuição dos segurados empregado e trabalhador avulso a seu serviço;

c) arrecadar, mediante desconto no respectivo salário de contribuição, e recolher a contribuição do segurado contribuinte individual que lhe presta serviços, exceto quando houver contratação de contribuinte individual por outro contribuinte individual equiparado a empresa, ou por produtor rural pessoa física ou por missão diplomática e repartição consular de carreira estrangeiras, bem como quando houver contratação de brasileiro civil que trabalha para a União no exterior, em organismo oficial internacional do qual o Brasil é membro efetivo;

d) arrecadar, mediante desconto no respectivo salário de contribuição, e recolher a contribuição ao Sest e ao Senat, devida pelo segurado contribuinte individual transportador autônomo de veículo rodoviário (inclusive o taxista) que lhe presta serviços;

e) arrecadar, mediante desconto, e recolher a contribuição do produtor rural pessoa física e do segurado especial incidente sobre a comercialização da produção, quando adquirir ou comercializar o produto rural recebido em consignação, independentemente de essas operações terem sido realizadas diretamente com o produtor ou com o intermediário pessoa física;

f) efetuar a retenção de 11% sobre o valor bruto da nota fiscal, da fatura ou do recibo de prestação de serviços executados, mediante cessão de mão de obra ou empreitada, inclusive em regime de trabalho temporário, e pelo recolhimento do valor retido em nome da empresa contratada;

g) arrecadar, mediante desconto, e recolher a contribuição incidente sobre a receita bruta decorrente de qualquer forma de patrocínio, de licenciamento de uso de marcas e símbolos, de publicidade, de propaganda e transmissão de espetáculos desportivos, devida pela associação desportiva que mantém equipe de futebol profissional;

h) arrecadar, mediante desconto, e recolher a contribuição incidente sobre a receita bruta da realização de evento desportivo, devida pela associação desportiva que mantém equipe de futebol profissional, quando se tratar de entidade promotora de espetáculo desportivo;

5. a empresa adquirente, consumidora ou consignatária ou a cooperativa: recolher a contribuição devida pelo produtor rural pessoa física e pelo segurado especial incidente sobre a receita bruta da comercialização de sua produção, até o dia 20 do mês seguinte ao da venda ou consignação, independentemente de estas operações terem sido realizadas diretamente com o produtor ou com o intermediário pessoa física;

6. o produtor rural pessoa jurídica é obrigado a recolher a contribuição de 2,5% sobre a receita bruta proveniente da comercialização de sua produção, acrescida

de 0,1% para o financiamento do SAT até o dia 20 do mês subsequente ao da operação de venda;

A partir de 14.10.1996, as contribuições do produtor rural são de sua responsabilidade, não sendo admitida a sub-rogação ao adquirente, consignatário ou cooperativa.

7. o produtor rural pessoa física e o segurado especial: recolher a contribuição incidente sobre a comercialização de sua produção até o dia 20 do mês subsequente ao da operação de venda, caso comercializem a sua produção com adquirente domiciliado no exterior, diretamente, no varejo, a consumidor pessoa física, a outro produtor rural pessoa física ou a outro segurado especial.

A Medida Provisória nº 447/08, convertida na Lei nº 11.933/09, alterou os prazos de recolhimento das contribuições previdenciárias patronais em seus artigos 6º e 7º para até o 20º dia do mês subsequente ao da competência, ou até o dia útil imediatamente anterior, se aquele dia não for útil, contemplando as empresas e equiparados em relação à contribuição patronal e aos recolhimentos relativos aos seus segurados, assim como à contratação de serviços executados mediante cessão de mão de obra e à aquisição de produtos rurais.

A cooperativa de trabalho é obrigada a descontar 11% da quota distribuída ao cooperado por serviços por ele prestados, por seu intermédio, a empresas e 20% em relação aos serviços prestados a pessoas físicas, e recolher o produto dessa arrecadação no dia 20 do mês seguinte ao da competência a que se referir, antecipando-se o vencimento para o dia útil imediatamente anterior quando não houver expediente bancário no dia 20.

A Lei nº 8.212/91 estabelece no artigo 33, § 5º, que

"o desconto da contribuição e de consignação legalmente autorizadas sempre se presume feito oportuna e regularmente pela empresa a isso obrigada, não lhe sendo lícito alegar omissão para se eximir do recolhimento, ficando diretamente responsável pela importância que deixou de receber ou arrecadou em desacordo com o disposto nesta Lei".

Trata-se do *princípio da presunção do desconto*, que dispensa os empregados e avulsos de comprovarem o recolhimento das contribuições previdenciárias perante a Previdência Social. A regra não se aplica aos domésticos e contribuintes individuais por ausência de previsão legal. Os empregados e os avulsos não poderão ser penalizados pela ausência de recolhimento das contribuições previdenciárias na concessão de seus benefícios, uma vez que a lei impõe o dever legal para o recolhimento às empresas.

A empresa que remunerar contribuinte individual deverá fornecer a este comprovante de pagamento pelo serviço prestado, consignando, além do valor da remuneração e do desconto feito a título de contribuição social previdenciária, a sua identificação completa, inclusive com o número no Cadastro Nacional de Pessoa Jurídica (CNPJ) e o número de inscrição do contribuinte individual no INSS (NIT).

19.1 Da retenção

A Lei nº 9.711/98 deu nova redação ao artigo 31 da Lei de Custeio da Previdência Social, estabelecendo:

> "Art. 31. A empresa contratante de serviços executados mediante cessão de mão de obra, inclusive em regime de trabalho temporário, deverá reter onze por cento do valor bruto da nota fiscal ou fatura de prestação de serviços e recolher a importância retida até o dia dois do mês subsequente ao da emissão da respectiva nota fiscal ou fatura, em nome da empresa cedente da mão de obra, observado o disposto no § 5º do art. 33.
>
> § 1º O valor retido de que trata o *caput*, que deverá ser destacado na nota fiscal ou fatura de prestação de serviços, será compensado pelo respectivo estabelecimento da empresa cedente da mão de obra, quando do recolhimento das contribuições destinadas à Seguridade Social devidas sobre a folha de pagamento dos segurados a seu serviço.
>
> § 2º Na impossibilidade de haver compensação integral na forma do parágrafo anterior, o saldo remanescente será objeto de restituição.
>
> § 3º Para os fins desta Lei, entende-se como cessão de mão de obra a colocação à disposição do contratante, em suas dependências ou nas de terceiros, de segurados que realizem serviços contínuos, relacionados ou não com a atividade-fim da empresa, quaisquer que sejam a natureza e a forma de contratação.
>
> § 4º Enquadram-se na situação prevista no parágrafo anterior, além de outros estabelecidos em regulamento, os seguintes serviços:
>
> I – limpeza, conservação e zeladoria;
>
> II – vigilância e segurança;
>
> III – empreitada de mão de obra;
>
> IV – contratação de trabalho temporário na forma da Lei nº 6.019, de 3 de janeiro de 1974.
>
> § 5º O cedente da mão de obra deverá elaborar folhas de pagamento distintas para cada contratante."

A redação conferida ao dispositivo instituiu uma nova sistemática de arrecadação das contribuições sobre a folha de salários prevista no artigo 195, I, *a*, regulamentada no artigo 22, I e II, da Lei nº 8.212/91 para as prestadoras de serviços executados mediante cessão ou empreitada de mão de obra.

A partir do novo diploma legal, transferiu-se a responsabilidade pelo recolhimento das contribuições às tomadoras de serviço, após o desconto de 11% da nota fiscal ou fatura devidos em razão da prestação dos serviços realizados pelas empresas prestadoras de serviços mediante cessão de mão de obra, de forma a facilitar a arrecadação e a fiscalização.

Não se trata, portanto, de nova contribuição previdenciária, permanecendo o mesmo sujeito passivo da contribuição (empresa prestadora de serviço), a mesma base de cálculo (folha de salários) e o mesmo fato gerador. O valor efetivo a ser pago a título de contribuição sobre a folha de pagamento deverá ser calculado com base no artigo 22 da Lei nº 8.212/91, compensando-se o valor retido ou, ainda, restituindo-se eventual retenção superior às contribuições devidas, conforme deflui dos §§ 1º e 2º do aludido artigo 31.

A nova redação do artigo 31 da Lei nº 8.212/91 *criou um responsável tributário*, nos termos do artigo 121, II, c/c o artigo 128 do CTN, e artigo 150, § 7º, da Constituição Federal, acrescentado pela Emenda Constitucional nº 3, *verbis*:

> "§ 7º A lei poderá atribuir a sujeito passivo de obrigação tributária a condição de responsável pelo pagamento de imposto ou contribuição, cujo fato gerador deva ocorrer posteriormente, assegurada a imediata e preferencial restituição da quantia paga, caso não se realize o fato gerador presumido."

É importante assinalar que, se a empresa tomadora de serviços deixar de efetuar a retenção de 11% sobre a nota fiscal ou fatura, assumirá o ônus, tornando-se responsável pelos recolhimentos a própria prestadora de serviços.

19.2 Solidariedade

A solidariedade é um instituto do direito civil. A propósito do tema, o artigo 264 do estatuto civil estabelece que: "há solidariedade, quando na mesma obrigação concorre mais de um credor, ou mais de um devedor, cada um com direito, ou obrigado à dívida toda". A solidariedade pode ser ativa e passiva. A solidariedade passiva, que nos interessa no presente estudo, encontra previsão no artigo 275 do CC, que prevê que "o credor tem direito a exigir e receber de um ou de alguns dos devedores, parcial ou totalmente, a dívida comum; se o pagamento tiver sido parcial, todos os demais devedores continuam obrigados solidariamente pelo resto".

Do ponto de vista tributário, a solidariedade diz respeito à responsabilidade de pessoas chamadas à obrigação fiscal, impostas por lei. Até a edição da Lei nº 9.711/99, a legislação previdenciária contemplava as seguintes hipóteses de solidariedade passiva: (1) construção civil; (2) grupo econômico e (3) cessão de mão de obra.

Atualmente, são responsáveis solidários pelo cumprimento da obrigação previdenciária principal: I – o proprietário, o incorporador definido na *Lei nº 4.591*, de 16.12.1964, o dono da obra ou condômino da unidade imobiliária, qualquer que seja a forma de contratação da construção, reforma ou acréscimo, são solidários com o construtor, e estes com a subempreiteira, pelo cumprimento das obrigações para com a Seguridade Social; II – as empresas que integram grupo econômico de qualquer natureza, entre si; III – o operador portuário e o órgão gestor de mão de obra, entre si, relativamente à requisição de mão de obra de trabalhador avulso, ressalvado o disposto no § 1º deste artigo; IV – os produtores rurais, entre si, integrantes de consórcio simplificado de produtores rurais; V – a empresa tomadora de serviços com a empresa prestadora de serviços mediante cessão de mão de obra, inclusive em regime de trabalho temporário, até janeiro de 1999; VI – o titular da firma individual e os sócios das empresas por quotas de responsabilidade limitada, com a firma individual e a sociedade, respectivamente, conforme previsto no artigo 13 da *Lei nº 8.620, de 5.1.1993*.

No caso do proprietário e incorporador, fica ressalvado o seu direito regressivo contra o executor ou contratante da obra e admitida a retenção de importância a este devida para garantia do cumprimento dessas obrigações, não se aplicando, em qualquer hipótese, o benefício de ordem.

A solidariedade não se aplica aos trabalhadores portuários avulsos cedidos em caráter permanente, na forma estabelecida pela *Lei nº 8.630, de 25.2.1993*.

Os acionistas controladores, os administradores, os gerentes e os diretores respondem solidariamente e subsidiariamente, com seus bens pessoais, quanto ao inadimplemento das obrigações para com a Previdência Social, por dolo ou culpa, conforme *Lei nº 8.620, de 1993*.

Os administradores de autarquias e fundações criadas e mantidas pelo Poder Público, de empresas públicas e de sociedades de economia mista sujeitas ao controle da União, dos Estados, do Distrito Federal ou dos Municípios, que se encontrem em mora por mais de 30 dias, quanto ao recolhimento das contribuições sociais previdenciárias, tornam-se solidariamente responsáveis pelo respectivo pagamento, ficando ainda sujeitos às proibições do artigo 1º e às sanções dos artigos 4º e 7º, todos do *Decreto-lei nº 368, de 19.12.1968*.

Exclui-se da responsabilidade solidária o adquirente de prédio ou unidade imobiliária que realizar a operação com empresa de comercialização ou incorporador de imóveis, ficando estes solidariamente responsáveis com a empresa construtora.

Havendo repasse integral do contrato, fica estabelecida a responsabilidade solidária com a empresa construtora responsável pela execução integral da obra.

No contrato de empreitada total de obra a ser realizada por consórcio, o contratante responde solidariamente com as empresas consorciadas pelo cumprimento das obrigações para com a Previdência Social. Não desfigura a responsabilidade solidária o fato de cada uma das consorciadas executar partes distintas do projeto total, bem como realizar faturamento direta e isoladamente para a contratante.

Há responsabilidade solidária dos integrantes do consórcio pelos atos praticados em consórcio, quando da contratação com a Administração Pública, tanto na fase de licitação quanto na de execução do contrato, nos termos do artigo 71 da *Lei nº 8.666, de 1993*.[1]

A responsabilidade solidária poderá, entretanto, ser elidida, nas seguintes hipóteses: I – pela comprovação, por meio de folha de pagamento distinta para cada obra ou estabelecimento e da GFIP do recolhimento das contribuições incidentes sobre a remuneração dos segurados, elaboradas pelo executor da obra ou serviço, que deverá ser exigida pela empresa contratante, incluída em nota fiscal ou fatura correspondente aos serviços executados, quando corroborada por escrituração contábil; II – pela comprovação do recolhimento das contribuições incidentes sobre a remuneração dos segurados, aferidas indiretamente nos termos, forma e percentuais previstos pelo Instituto Nacional do Seguro Social; e III – pela comprovação do recolhimento da retenção permitida no *caput* do artigo 31 da Lei nº 8.212/91.

19.3 Obrigações acessórias

A legislação previdenciária estabelece, além das obrigações principais já analisadas, as obrigações acessórias para os contribuintes. Segundo o artigo 113, §§ 1º, 2º e 3º, do

---

[1] Ver Enunciado 331 do TST.

CTN, "a obrigação principal surge com a ocorrência do fato gerador, tem por objeto o pagamento do tributo ou penalidade pecuniária e extingue-se juntamente com o crédito dela decorrente". Já a obrigação acessória "decorre da legislação tributária e tem por objeto as prestações, positivas ou negativas nela previstas no interesse da arrecadação e fiscalização dos tributos". Finalmente, a consequência do descumprimento da obrigação acessória, nos termos do § 3º, é relevante, pois, "pelo simples fato da sua inobservância, converte-se em obrigação principal relativamente à penalidade pecuniária". Assim, a inobservância das obrigações principais e acessórias previstas na legislação previdenciária acarreta penalidades que podem variar de restrições, como suspensão de empréstimos e financiamentos, por exemplo, a penalidades pecuniárias, a multas variáveis, conforme a gravidade da infração e da verificação de circunstâncias agravantes e atenuantes previstas nos artigos 279 a 292 do Decreto nº 3.048/99. Há também tipificação penal para hipóteses capituladas nos artigos 168-A, 297, 313-A e B, do Código Penal, que tratam de apropriação indébita previdenciária; falsidade de documento público, inserção de dados falsos em sistema de informática, ou alteração não autorizada de sistema de informação, entre outras regras penais.

São obrigações acessórias das empresas:

I – preparar folha de pagamento da remuneração paga, devida ou creditada a todos os segurados a seu serviço, devendo manter, em cada estabelecimento, uma via da respectiva folha e dos recibos de pagamentos;

II – lançar mensalmente em títulos próprios de sua contabilidade, de forma discriminada, os fatos geradores de todas as contribuições, o montante das quantias descontadas, as contribuições da empresa e os totais recolhidos;

III – prestar à Secretaria da Receita Federal do Brasil todas as informações cadastrais, financeiras e contábeis de seu interesse, na forma por ela estabelecida, bem como os esclarecimentos necessários à fiscalização;

IV – declarar à Secretaria da Receita Federal do Brasil e ao Conselho Curador do Fundo de Garantia do Tempo de Serviço (FGTS), na forma, prazo e condições estabelecidos por esses órgãos, dados relacionados a fatos geradores, base de cálculo e valores devidos da contribuição previdenciária e outras informações de interesse do INSS ou do Conselho Curador do FGTS.

A declaração referida no inciso IV constitui confissão de dívida e instrumento hábil e suficiente para a exigência do crédito tributário, e suas informações comporão a base de dados para fins de cálculo e concessão dos benefícios previdenciários.

A empresa deverá apresentar a declaração a que se refere o inciso IV ainda que não ocorram fatos geradores de contribuição previdenciária, aplicando-se, quando couber, a penalidade prevista no artigo 32-A da Lei nº 8.212/91, com a redação que lhe foi dada pela Medida Provisória nº 449/08 convertida na Lei nº 11.941/09, e a ausência de entrega da declaração impede a expedição da certidão de regularidade fiscal perante a Fazenda Nacional.

Os documentos comprobatórios do cumprimento das obrigações acessórias aos créditos tributários devem ficar arquivados na empresa até que ocorra a prescrição relativa aos créditos decorrentes das operações a que se refiram.

A Lei nº 11.941/09 estabeleceu nova penalidade para a hipótese de falta de apresentação da declaração de que trata o inciso IV do art. 32 no prazo fixado ou se for apresentada com incorreções ou omissões. O contribuinte será intimado a apresentá-la ou a prestar esclarecimentos e sujeitar-se-á às seguintes multas:

"I – de dois por cento ao mês-calendário ou fração, incidente sobre o montante das contribuições informadas, ainda que integralmente pagas, no caso de falta de entrega da declaração ou entrega após o prazo, limitada a vinte por cento, observado o disposto no § 3º; e

II – de R$ 20,00 (vinte reais) para cada grupo de dez informações incorretas ou omitidas.

§ 1º Para efeito de aplicação da multa prevista no inciso I do *caput*, será considerado como termo inicial o dia seguinte ao término do prazo fixado para entrega da declaração e como termo final a data da efetiva entrega ou, no caso de não apresentação, a data da lavratura do auto de infração ou da notificação de lançamento.

§ 2º Observado o disposto no § 3º, as multas serão reduzidas:

I – à metade, quando a declaração for apresentada após o prazo, mas antes de qualquer procedimento de ofício; ou

II – a setenta e cinco por cento, se houver apresentação da declaração no prazo fixado em intimação.

§ 3º A multa mínima a ser aplicada será de:

I – R$ 200,00 (duzentos reais), tratando-se de omissão de declaração sem ocorrência de fatos geradores de contribuição previdenciária; e

II – R$ 500,00 (quinhentos reais), nos demais casos."

O Instituto Nacional do Seguro Social e a Caixa Econômica Federal estabelecerão normas para disciplinar a entrega da Guia de Recolhimento do Fundo de Garantia do Tempo de Serviço e Informações à Previdência Social, nos casos de rescisão contratual.

As obrigações acessórias aplicam-se, no que couber, aos demais contribuintes e ao adquirente, consignatário ou cooperativa, sub-rogados na forma do Decreto nº 3.048/99.

A folha de pagamento elaborada mensalmente, de forma coletiva por estabelecimento da empresa, por obra de construção civil e por tomador de serviços, com a correspondente totalização, deverá:

I – discriminar o nome dos segurados, indicando cargo, função ou serviço prestado;

II – agrupar os segurados por categoria, assim entendido: segurado empregado, trabalhador avulso, contribuinte individual;

III – destacar o nome das seguradas em gozo de salário-maternidade;

IV – destacar as parcelas integrantes e não integrantes da remuneração e os descontos legais; e

V – indicar o número de quotas de salário-família atribuídas a cada segurado empregado ou trabalhador avulso.

No que se refere ao trabalhador portuário avulso, o órgão gestor de mão de obra elaborará a folha de pagamento por navio, mantendo-a disponível para uso da fiscalização do Instituto Nacional do Seguro Social, indicando o operador portuário e os trabalhadores que participaram da operação, detalhando, com relação aos últimos:

I – os correspondentes números de registro ou cadastro no órgão gestor de mão de obra;

II – o cargo, função ou serviço prestado;

III – os turnos em que trabalharam; e

IV – as remunerações pagas, devidas ou creditadas a cada um dos trabalhadores e a correspondente totalização.

O órgão gestor de mão de obra consolidará as folhas de pagamento relativas às operações concluídas no mês anterior por operador portuário e por trabalhador portuário avulso, indicando, com relação a estes, os respectivos números de registro ou cadastro, as datas dos turnos trabalhados, as importâncias pagas e os valores das contribuições previdenciárias retidas.

Para efeito de observância do limite máximo da contribuição do segurado trabalhador avulso, o órgão gestor de mão de obra manterá resumo mensal e acumulado, por trabalhador portuário avulso, dos valores totais das férias, do décimo-terceiro salário e das contribuições previdenciárias retidas.

Os lançamentos dos fatos geradores das contribuições, o montante das quantias descontadas, as contribuições das empresas e os totais recolhidos deverão ser devidamente escriturados nos livros Diário e Razão e poderão ser exigidos pela fiscalização após 90 dias contados da ocorrência dos fatos geradores das contribuições, devendo, obrigatoriamente: I – atender ao princípio contábil do regime de competência; e II – registrar, em contas individualizadas, todos os fatos geradores de contribuições previdenciárias de forma a identificar, clara e precisamente, as rubricas integrantes e não integrantes do salário de contribuição, bem como as contribuições descontadas do segurado, as da empresa e os totais recolhidos, por estabelecimento da empresa, por obra de construção civil e por tomador de serviços.

A empresa deverá manter à disposição da fiscalização os códigos ou abreviaturas que identifiquem as respectivas rubricas utilizadas na elaboração da folha de pagamento, bem como os utilizados na escrituração contábil.

São desobrigados de apresentação de escrituração contábil:

I – o pequeno comerciante, nas condições estabelecidas pelo Decreto-lei nº 486, de 3.3.1969, e seu Regulamento;

II – a pessoa jurídica tributada com base no lucro presumido, de acordo com a legislação tributária federal, desde que mantenha a escrituração do Livro Caixa e Livro de Registro de Inventário; e

III – a pessoa jurídica que optar pela inscrição no Sistema Integrado de Pagamento de Impostos e Contribuições das Microempresas e Empresas de Pequeno Porte, desde que mantenha escrituração no Livro Caixa e Livro de Registro de Inventário.

A empresa, agência ou sucursal estabelecida no exterior deverá apresentar os documentos comprobatórios do cumprimento das obrigações acessórias à sua congênere no Brasil, observada a solidariedade na legislação.

O órgão gestor de mão de obra deverá, quando exigido pela fiscalização da Receita Federal do Brasil, exibir as listas de escalação diária dos trabalhadores portuários avulsos, por operador portuário e por navio, cabendo-lhe a responsabilidade pela exatidão dos dados lançados nas referidas listas.

O Município, por intermédio do órgão competente, fornecerá ao Instituto Nacional do Seguro Social, para fins de fiscalização, mensalmente, relação de todos os alvarás para construção civil e documentos de habite-se concedidos, de acordo com critérios estabelecidos pelo referido Instituto. A relação mencionada será encaminhada ao INSS até o dia 10 do mês seguinte àquele a que se referirem os documentos.

O descumprimento do prazo de encaminhamento da relação ou a sua falta e a apresentação com incorreções ou omissões sujeitarão o dirigente do órgão municipal à multa.

As instituições financeiras ficam obrigadas a verificar por meio da Internet a autenticidade da Certidão Negativa de Débito (CND) apresentada pelas empresas com as quais tenham efetuado operações de crédito, conforme especificação técnica a ser definida pela Receita Federal do Brasil.

O titular de cartório de registro civil e de pessoas naturais fica obrigado a comunicar, até o dia 10 de cada mês, na forma estabelecida pelo INSS, o registro dos óbitos ocorridos no mês imediatamente anterior, devendo da comunicação constar o nome, a filiação, a data e o local de nascimento da pessoa falecida. No caso de não haver sido registrado nenhum óbito, deverá o titular do cartório comunicar esse fato ao INSS, no mesmo prazo.

Quadro esquemático

OBRIGAÇÕES DA EMPRESA, DO CONTRIBUINTE INDIVIDUAL E FACULTATIVO; EMPRESA ADQUIRENTE; EMPREGADOR DOMÉSTICO; SEGURADO ESPECIAL E PRODUTOR RURAL, PESSOA FÍSICA E SINDICATO OU EMPRESA DE ORIGEM: artigo 30 da Lei nº 8.212/91 e Lei nº 10.666/03

- **Presunção de desconto** das contribuições do empregado e trabalhador avulso. Não se aplica do doméstico e aos contribuintes individuais, salvo quando este último presta serviço a pessoa jurídica.
- **Retenção: art. 31** – técnica de arrecadação das contribuições sobre a folha de salários para prestadoras de serviços executados mediante cessão ou empreitada de mão de obra. As tomadoras de serviço deverão recolher 11% da nota fiscal ou fatura devidos em razão da prestação de serviços.
- **Responsabilidade solidária**: pessoa expressamente designadas por lei, a saber: empresas pertencentes ao mesmo grupo econômico; entre produtores rurais pessoa física reunidos em consórcio simplificado; entre o proprietário e construtor, nas obras de construção civil; entre administradores de autarquias, fundações públicas, empresas públicas e sociedades de economia mista que se encontrem em mora no recolhimento das contribuições. Ver também, artigo 30, VI, da Lei nº 8.212/91.

Responsabilidade do sócio em sociedade por quotas artigo 13 da Lei nº 8.620/93.
Recolhimento fora do prazo: multa moratória.

Questões

1. Leia cada um dos assertos abaixo e assinale (**V**) ou (**F**), conforme seja verdadeiro ou falso. Depois, marque a opção que contenha a exata sequência. (Esaf – 2005 – Receita Federal – Auditor Fiscal da Receita Federal – Área Tributária e Aduaneira – Prova 3)

    ( ) O tratamento dado às empresas concordatárias é idêntico ao dispensado às empresas em situação regular, inclusive quanto à identificação dos corresponsáveis e à cobrança dos encargos legais, mas não incidirão multas de qualquer espécie.

    ( ) Segundo a tradição da fiscalização da receita previdenciária, NFLD distingue-se de Auto de Infração, porque aquela diz respeito à obrigação principal e este às obrigações acessórias e à respectiva penalidade pecuniária.

    ( ) O desconto da contribuição social previdenciária, por parte do responsável pelo recolhimento, sempre se presumirão feitos, oportuna e regularmente, mesmo que provada a omissão na sua realização.

    a) V, V, V.
    b) F, F, F.
    c) V, V, F.
    d) V, F, F.
    e) F, V, V.

2. No campo da responsabilidade dos sócios pelos débitos da Seguridade Social, é verdade afirmar que: (Esaf – 2005 – Receita Federal – Auditor Fiscal da Receita Federal – Área Tributária e Aduaneira – Prova 3)

    a) A responsabilidade solidária dos sócios comporta benefício de ordem, se a sociedade, indiscutivelmente, possuir patrimônio mais do que suficiente para arcar com dívida.

    b) A responsabilidade solidária não inclui os sócios das sociedades de responsabilidade limitada.

    c) A responsabilidade solidária dos sócios não fica limitada ao pagamento do débito da sociedade no período posterior à Lei nº 8.620/93, que, pela relevância social do débito para com a Seguridade Social, retroage para alcançar o patrimônio dos sócios para pagamentos anteriores à sua entrada em vigor.

    d) A responsabilidade dos sócios por dívidas contraídas pela sociedade para com a Seguridade Social, decorrentes do descumprimento das obrigações previdenciárias, é solidária e encontra respaldo no artigo 13 da Lei nº 8.620/93 e no artigo 124 do Código Tributário Nacional.

    e) A Lei nº 8.620/93 não trouxe inovação ao ordenamento jurídico vigente, permanecendo a responsabilidade dos sócios pelos débitos da Seguridade Social como subsidiária e regulada pelo artigo 135 do Código Tributário Nacional, que exige a comprovação de que o não recolhimento da exação decorreu de ato praticado com violação à lei, ao contrato social ou ao estatuto da empresa pelo sócio-gerente.

3. Com base na disciplina referente a arrecadação e recolhimento das contribuições previdenciárias, assinale a opção correta. (Cespe – 2010 – TRT – 1ª Região (RJ) – Juiz – Parte I)

a) A empresa é obrigada a recolher as contribuições a seu cargo incidentes sobre as remunerações pagas, devidas ou creditadas – a qualquer título, excluídos os adiantamentos decorrentes de reajuste salarial, acordo ou convenção coletiva – ao segurado contribuinte individual a seu serviço.

b) O empregador doméstico é obrigado a arrecadar a contribuição do segurado empregado doméstico a seu serviço e a recolhê-la, assim como a parcela a seu cargo, salvo durante o período da licença-maternidade da empregada doméstica.

c) A pessoa jurídica de direito privado beneficente de assistência social que atenda aos requisitos legais e seja beneficiada pela isenção das contribuições previdenciárias fica desobrigada de arrecadar e recolher a contribuição do segurado empregado e do trabalhador avulso a seu serviço.

d) A missão diplomática está excluída da obrigação de arrecadar a contribuição do contribuinte individual, cabendo ao contribuinte recolher a própria contribuição.

e) O desconto da contribuição do segurado incidente sobre o valor bruto da gratificação natalina é devido quando do pagamento ou do crédito de cada parcela e deverá ser calculado em separado.

4. Assinale a assertiva que não contém uma obrigação acessória das contribuições destinadas à Seguridade Social. (Esaf – 2009 – Receita Federal – Técnico Administrativo – Agente Técnico Administrativo (ATA))

   a) Elaboração da folha de pagamento.
   b) Dever de prestar informações.
   c) Lançamento dos fatos geradores das contribuições.
   d) Pagamento da contribuição social.
   e) Dever do Cartório de comunicar óbitos.

5. Nos termos do Regulamento da Previdência Social, analise as assertivas a respeito das obrigações acessórias de retenção e responsabilidade solidária da contribuição social, assinalando a incorreta. (Esaf – 2009 – Receita Federal – Auditor Fiscal da Receita Federal – Prova 2)

   a) As empresas que integram grupo econômico cuja matriz tem sede em Brasília respondem entre si, solidariamente, pelas obrigações decorrentes do disposto no Regulamento da Previdência Social.

   b) A empresa contratante de serviços executados mediante cessão ou empreitada de mão de obra deverá reter onze por cento do valor bruto da nota fiscal, fatura ou recibo de prestação de serviços e recolher a importância retida em nome da empresa contratada.

   c) Considera-se construtor, para os efeitos do Regulamento da Previdência Social, a pessoa física ou jurídica que executa obra sob sua responsabilidade, no todo ou em parte.

   d) O proprietário, o incorporador definido na Lei nº 4.591, de 1964, o dono da obra ou condômino da unidade imobiliária cuja contratação da construção, reforma ou acréscimo não envolva cessão de mão de obra, são solidários com o construtor.

   e) Exclui-se da responsabilidade solidária perante a seguridade social o adquirente de prédio ou unidade imobiliária que realize a operação com empresa de comercialização.

6. Além do pagamento das contribuições sociais, as empresas tem outras obrigações para com o fisco. Antônio José, empresário contribuinte individual, desejando cumprir com todas as suas obrigações fiscais, pede ao contador que seja elaborada a folha de pagamento das remunerações pagas ou creditadas por sua empresa. De acordo com a situação-problema apresentada acima e das obrigações acessórias da empresa, é correto afirmar que: (Esaf – 2009 – Receita Federal – Analista Tributário da Receita Federal – Prova 2)

a) A referida folha de pagamento pode ser feita com qualquer padrão.

b) A referida folha de pagamento deve incluir só os empregados da empresa.

c) Não há necessidade de elaboração de folha de pagamento, sendo necessário somente os depósitos bancários realizados no Livro de Caixa da empresa.

d) A referida folha de pagamento deve incluir só os sócios da empresa.

e) A referida folha de pagamento deve incluir todas as remunerações pagas ou creditadas a todos os segurados a serviço da empresa.

7. Assinale a assertiva que não contém uma obrigação acessória das contribuições destinadas à Seguridade Social. (Esaf – 2009 – Receita Federal – Técnico Administrativo – Agente Técnico Administrativo (ATA))

a) Elaboração da folha de pagamento.

b) Dever de prestar informações.

c) Lançamento dos fatos geradores das contribuições.

d) Pagamento da contribuição social.

e) Dever do Cartório de comunicar óbitos.

8. Com base na disciplina referente a arrecadação e recolhimento das contribuições previdenciárias, assinale a opção correta. (CESPE – 2010 – TRT – 1ª Região (RJ) – Juiz – Parte I)

a) A empresa é obrigada a recolher as contribuições a seu cargo incidentes sobre as remunerações pagas, devidas ou creditadas – a qualquer título, excluídos os adiantamentos decorrentes de reajuste salarial, acordo ou convenção coletiva – ao segurado contribuinte individual a seu serviço.

b) O empregador doméstico é obrigado a arrecadar a contribuição do segurado empregado doméstico a seu serviço e a recolhê-la, assim como a parcela a seu cargo, salvo durante o período da licença-maternidade da empregada doméstica.

c) A pessoa jurídica de direito privado beneficente de assistência social que atenda aos requisitos legais e seja beneficiada pela isenção das contribuições previdenciárias fica desobrigada de arrecadar e recolher a contribuição do segurado empregado e do trabalhador avulso a seu serviço.

d) A missão diplomática está excluída da obrigação de arrecadar a contribuição do contribuinte individual, cabendo ao contribuinte recolher a própria contribuição.

e) O desconto da contribuição do segurado incidente sobre o valor bruto da gratificação natalina é devido quando do pagamento ou do crédito de cada parcela e deverá ser calculado em separado.

9. A empresa contratante de serviços executados mediante cessão ou empreitada de mão de obra, inclusive em regime de trabalho temporário, deverá reter determinado valor e recolher a importância retida. Assinale a assertiva correta com relação a qual o valor a ser retido e em nome de quem será recolhido. (Esaf – 2009 – Receita Federal – Analista Tributário da Receita Federal – Prova 2)

a) Onze por cento do valor líquido da nota fiscal ou fatura de prestação de serviço; em nome da empresa cedente da mão de obra.

b) Onze por cento do valor bruto dos salários pagos aos autônomos ou fatura de prestação de serviço; em nome da empresa contratante.

c) Onze por cento do valor líquido da nota fiscal ou fatura de prestação de serviço; em nome da empresa contratada.

d) Onze por cento do valor bruto da nota fiscal ou fatura de prestação de serviço; em nome da empresa cedente da mão de obra.

e) Onze por cento do valor bruto dos salários pagos aos autônomos ou fatura de prestação de serviço; em nome do INSS.

10. A arrecadação e recolhimento das contribuições destinadas à Seguridade Social devem ser feitos com a cooperação dos entes e pessoas envolvidos com o fato gerador da contribuição social. A respeito dessa cooperação imposta pela lei, assinale a assertiva incorreta, nos termos da legislação de custeio previdenciário em vigor.

a) A empresa é obrigada a arrecadar as contribuições dos segurados empregados e trabalhadores avulsos a seu serviço, descontando-as da respectiva remuneração.

b) A empresa é obrigada a recolher os valores arrecadados dos segurados empregados até o dia 20 (vinte) do mês subsequente ao da competência.

c) Se não houver expediente bancário nas datas legais de recolhimento da contribuição, o recolhimento deverá ser efetuado no dia útil imediatamente posterior.

d) O empregador doméstico está obrigado a arrecadar a contribuição do segurado empregado a seu serviço e a recolhê-la, assim como a parcela a seu cargo.

e) Os segurados, contribuinte individual e facultativo, estão obrigados a recolher sua contribuição por iniciativa própria, até o dia 20 (vinte) do mês seguinte ao da competência.

Entendimento dos Tribunais Superiores

RECURSO ESPECIAL – TRIBUTÁRIO – CONTRIBUIÇÃO PREVIDENCIÁRIA – LEI Nº 9.711/98 – RETENÇÃO DE 11% SOBRE O VALOR DA FATURA OU DA NOTA FISCAL – NOVO PROCEDIMENTO – RECOLHIMENTO – LEGITIMIDADE *AD CAUSAM* DA EMPRESA TOMADORA DE SERVIÇOS OU DA EMPRESA CEDENTE DE MÃO DE OBRA.

1. Preliminar de impropriedade da via mandamental não examinada ante a ausência de prequestionamento. Incidênciada Súmula 282.

2. A controvérsia gravita em torno da retenção de 11% incidente sobre o valor bruto das notas fiscais, nos termos do art. 23 da Lei nº 9.711/98, a qual, segundo a recorrida, seria inconstitucional e ilegal.

3. É pacífica a jurisprudência do Superior Tribunal de Justiça no sentido de que a Lei nº 9.711/98, ao alterar o art. 31 da Lei nº 8.212/91, apenas modificou a sistemática de recolhimento da contribuição previdenciária, atribuindo à empresa contratante dos serviços de mão de obra a responsabilidade pela retenção antecipada da contribuição em nome da empresa cedente. Não houve, portanto, a criação de fonte de custeio diversa, tampouco foi eleito novo contribuinte.

Agravo regimental improvido. Clique no número do processo para buscar o Inteiro Teor do Acórdão ou clique na peça desejada:

Selecione o formato dos documentos: AgRg no REsp. 962550 (2007/0142626-5 – 26/03/2008) Rel. Min. Humberto Martins.

Súmula 565 – STF

A multa fiscal moratória constitui pena administrativa, não se incluindo no crédito habilitado em falência.

Súmula Vinculante 21 – STF

É inconstitucional a exigência de depósito ou arrolamento prévios de dinheiro ou bens para admissibilidade de recurso administrativo.

Súmula Vinculante 28 – STF

É inconstitucional a exigência de depósito prévio como requisito de admissibilidade de ação judicial na qual se pretenda discutir a exigibilidade de crédito tributário.

RECURSO REPETITIVO. SIMPLES. SUBSTITUIÇÃO TRIBUTÁRIA. INFORMATIVO STJ 402

A Lei nº 9.317/96 veio a instituir tratamento diferenciado às microempresas e às de pequeno porte, ao simplificar sobremaneira o adimplemento de suas obrigações administrativas, tributárias e previdenciárias, isso mediante a opção pelo Sistema Integrado de Pagamento de Impostos e Contribuições (SIMPLES). Nesse regime, faz-se um pagamento único relativo a vários tributos federais que tem por base de cálculo o faturamento, sobre o qual incide alíquota única. A empresa, então, fica dispensada do pagamento das demais contribuições instituídas pela União. Sucede que esse sistema de arrecadação é incompatível com o regime de substituição tributária contido no art. 31 da Lei nº 8.212/91 (com as alterações da Lei nº 9.711/98), que trouxe nova sistemática de recolhimento da contribuição destinada à seguridade social. Assim, se o tomador de serviço retém a contribuição sobre o mesmo título e com a mesma finalidade, na forma prevista no citado artigo 31, fica suprimido seu benefício ao referido pagamento unificado. Cuida-se, pois, da aplicação do princípio da especialidade, visto que existe incompatibilidade técnica entre o regime do Simples da Lei nº 9.317/96 e o sistema de arrecadação da contribuição previdenciária criado pela Lei nº 9.711/98 (as empresas tomadoras de serviço são as responsáveis tributárias pela retenção de 11% sobre o valor bruto da nota fiscal). Com o entendimento acima exposto, a Seção negou provimento ao especial submetido ao regime do art. 543-C do CPC e Res. nº 8/2008-STJ. Precedentes citados: EREsp 511.001-MG, *DJ* 11.4.2005; REsp 974.707-PE, *DJe* 17.12.2008; REsp 826.180-MG, *DJ* 28.2.2007, e EDcl no REsp 806.226-RJ, *DJe* 26.3.2008. REsp 1.112.467-DF, Rel. Min. Teori Albino Zavascki, julgado em 12.8.2009.

20

Fiscalização e Cobrança das Contribuições Previdenciárias

Para a fiscalização e a cobrança das contribuições previdenciárias, atualmente a cargo da Receita Federal do Brasil, a legislação atribui uma série de prerrogativas aos auditores fiscais, que terão acesso a todas as dependências da empresa para a verificação física dos segurados em serviço e confronto com os documentos da empresa, podendo descaracterizar situações que busquem mascarar relações empregatícias, desconsiderando a situação formal existente e promovendo o novo enquadramento do segurado, na qualidade de empregado.

Além disso, os auditores poderão verificar a contabilidade das empresas, que deverão prestar todos os esclarecimentos e informações solicitadas, sob pena de serem lançados de ofício os valores que a fiscalização quer reputar devidos, cabendo ao contribuinte o ônus da prova contrária.

Em se tratando de execução de obra de construção civil, a ausência de prova regular e formalizada dos salários pagos autoriza o lançamento por meio de aferição indireta que pode ser obtida mediante cálculo da mão de obra empregada, proporcional à área construída e ao padrão de execução da obra, de acordo com os critérios estabelecidos pelo INSS, cabendo ao contribuinte o ônus da prova em contrário.

20.1 Contribuições não recolhidas até o vencimento – acréscimos legais incidentes

Entre as obrigações dos contribuintes, verificamos que as empresas e entidades equiparadas devem recolher as contribuições previdenciárias até o dia 20 do mês seguinte ao da competência, antecipando-se o recolhimento caso não se trate de dia útil (MP 447/08, convertida na Lei nº 11.933/09), e os contribuintes individuais, segurados facultativos e empregadores domésticos devem fazê-lo até o dia 15 do mês seguinte à competência.

No último caso, se não houver expediente bancário nas datas indicadas, o recolhimento poderá ser efetuado no dia útil imediatamente posterior.

A falta de recolhimento das contribuições no prazo indicado acarreta a aplicação de juros de mora e multa moratória, nos termos do artigo 61 da Lei nº 9.430, de 1996.

A legislação previdenciária determinava a Selic como critério da atualização monetária dos débitos em atraso a partir de 1/95. O percentual fixado a título de juros moratórios visa compensar o INSS pela indisponibilidade da receita retida, evitando o enriquecimento injusto ou sem causa do devedor que, de outra forma, mesmo dispondo do montante para saldar o débito, deixaria de efetuar os pagamentos, a fim de se locupletar com a aplicação deste capital, que comportaria a correção monetária e juros a seu favor. O STJ entendeu que a Selic é constitucional. A jurisprudência é no sentido de que não há ilegalidade na cobrança de taxa Selic, juntamente com juros e multa.

A multa moratória encontra previsão no artigo 35 da Lei nº 8.212/91,com a redação que lhe foi dada pela Lei nº 11.941/09, que dispõe:

"Art. 35. Os débitos com a União decorrentes das contribuições sociais previstas nas alíneas *a, b* e *c* do parágrafo único do art. 11 desta Lei, das contribuições instituídas a título de substituição e das contribuições devidas a terceiros, assim entendidas outras entidades e fundos, não pagos nos prazos previstos em legislação, serão acrescidos de multa de mora e juros de mora, nos termos do art. 61 da Lei nº 9.430, de 27 de dezembro de 1996, que dispõe:

'Art. 61. Os débitos para com a União, decorrentes de tributos e contribuições administrados pela Secretaria da Receita Federal, cujos fatos geradores ocorrerem a partir de 1º de janeiro de 1997, não pagos nos prazos previstos na legislação específica, serão acrescidos de multa de mora, *calculada à taxa de trinta e três centésimos por cento, por dia de atraso.*

§ 1º A multa de que trata este artigo será calculada a partir do primeiro dia subsequente ao do vencimento do prazo previsto para o pagamento do tributo ou da contribuição até o dia em que ocorrer o seu pagamento.

§ 2º O percentual de multa a ser aplicado fica limitado a vinte por cento.

§ 3º Sobre os débitos a que se refere este artigo incidirão juros de mora calculados à taxa a que se refere o § 3º do art. 5º, a partir do primeiro dia do mês subsequente ao vencimento do prazo até o mês anterior ao do pagamento e de um por cento no mês de pagamento. (*Vide Lei nº 9.716, de 1998)'"*

Nos casos de lançamento de ofício relativos às contribuições referidas no artigo 35, aplica-se o disposto no artigo 44 da Lei nº 9.430, de 27 de dezembro de 1996, que reza:

"Art. 44. Nos casos de lançamento de ofício, serão aplicadas as seguintes multas:

I – de 75% (setenta e cinco por cento) sobre a totalidade ou diferença de imposto ou contribuição nos casos de falta de pagamento ou recolhimento, de falta de declaração e nos de declaração inexata;

II – de 50% (cinquenta por cento), exigida isoladamente, sobre o valor do pagamento mensal:

a) na forma do art. 8º da Lei nº 7.713, de 22 de dezembro de 1988, que deixar de ser efetuado, ainda que não tenha sido apurado imposto a pagar na declaração de ajuste, no caso de pessoa física;

b) na forma do art. 2º desta Lei, que deixar de ser efetuado, ainda que tenha sido apurado prejuízo fiscal ou base de cálculo negativa para a contribuição social sobre o lucro líquido, no ano-calendário correspondente, no caso de pessoa jurídica.

§ 1º O percentual de multa de que trata o inciso I do *caput* deste artigo será duplicado nos casos previstos nos arts. 71, 72 e 73 da Lei nº 4.502, de 30 de novembro de 1964, independentemente de outras penalidades administrativas ou criminais cabíveis.

§ 2º Os percentuais de multa a que se referem o inciso I do *caput* e o § 1º deste artigo serão aumentados de metade, nos casos de não atendimento pelo sujeito passivo, no prazo marcado, de intimação para:

I – prestar esclarecimentos;

II – apresentar os arquivos ou sistemas de que tratam os *arts. 11 a 13 da Lei nº 8.218, de 29 de agosto de 1991*;

III – apresentar a documentação técnica de que trata o art. 38 desta Lei.

§ 3º Aplicam-se às multas de que trata este artigo as reduções previstas no *art. 6º da Lei nº 8.218, de 29 de agosto de 1991*, e no *art. 60 da Lei nº 8.383, de 30 de dezembro de 1991*.

§ 4º As disposições deste artigo aplicam-se, inclusive, aos contribuintes que derem causa a ressarcimento indevido de tributo ou contribuição decorrente de qualquer incentivo ou benefício fiscal."

20.2 Parcelamento do crédito previdenciário

O crédito previdenciário admite parcelamento na forma preconizada na Lei nº 11.941/09, resultante da conversão da Medida Provisória nº 449/08, que revogou o artigo 38 da Lei nº 8.212/91. A referida legislação possibilitou o pagamento ou o parcelamento das dívidas fiscais de pequeno valor com a Fazenda Nacional, vencidas até 31.12.05, consolidadas por sujeito passivo, com exigibilidade suspensa ou não, cujo valor não seja superior ao limite estabelecido no *caput* do artigo 20 da Lei nº 10.522, de 19.7.02, R$ 10.000,00, considerados isoladamente os créditos da Fazenda, os da Previdência e de outros administrados pela Receita Federal do Brasil, com as reduções de multa, juros e encargos que especifica.

O parcelamento poderá ser feito em até 180 (cento e oitenta) meses, e abrangerá os débitos administrados pela Secretaria da Receita Federal do Brasil e os débitos para com a Procuradoria-Geral da Fazenda Nacional, inclusive o saldo remanescente dos débitos consolidados no Programa de Recuperação Fiscal (Refis), de que trata a *Lei nº 9.964, de 10 de abril de 2000*, no Parcelamento Especial (Paes), de que trata a *Lei nº 10.684, de 30 de maio de 2003*, no Parcelamento Excepcional (Paex), de que trata a *Medida Provisória nº 303, de 29 de junho de 2006*, no parcelamento previsto no *artigo 38 da Lei nº 8.212, de 24 de julho de 1991*, e no parcelamento previsto no *artigo 10 da Lei nº 10.522, de 19 de julho de 2002*, mesmo que tenham sido excluídos dos respectivos programas e parcelamentos, bem como os débitos decorrentes do aproveitamento indevido de créditos do Imposto sobre Produtos Industrializados (IPI) oriundos da aquisição de matérias-primas, material de embalagem e produtos intermediários relacionados na Tabela de Incidência do Imposto sobre Produtos Industrializados (Tipi), aprovada pelo *Decreto nº 6.006, de 28 de dezembro de 2006*, com incidência de alíquota 0 (zero) ou como não tributados.

O parcelamento aplica-se aos créditos constituídos ou não, inscritos ou não em Dívida Ativa da União, mesmo em fase de execução fiscal já ajuizada, inclusive os que foram indevidamente aproveitados na apuração do IPI referidos no *caput* deste artigo.

Poderão ser pagas ou parceladas as dívidas vencidas até 30.11.08, de pessoas físicas ou jurídicas, consolidadas pelo sujeito passivo, com exigibilidade suspensa ou não, inscritas ou não em dívida ativa, consideradas isoladamente, mesmo em fase de execução fiscal já ajuizada, ou que tenham sido objeto de parcelamento anterior, não integralmente quitado, ainda que cancelado por falta de pagamento, assim considerados:

I – os débitos inscritos em Dívida Ativa da União, no âmbito da Procuradoria-Geral da Fazenda Nacional;

II – os débitos relativos ao aproveitamento indevido de crédito de IPI referido no *caput* deste artigo;

III – os débitos decorrentes das contribuições sociais previstas nas *alíneas a, b e c do parágrafo único do art. 11 da Lei nº 8.212, de 24 de julho de 1991*, das contribuições instituídas a título de substituição e das contribuições devidas a terceiros, assim entendidas outras entidades e fundos, administrados pela Secretaria da Receita Federal do Brasil; e

IV – os demais débitos administrados pela Secretaria da Receita Federal do Brasil.

O pedido de parcelamento deferido constitui confissão de dívida e instrumento hábil e suficiente para a exigência do crédito tributário, podendo a exatidão dos valores parcelados ser objeto de verificação, e será consolidado na data do pedido e considerado automaticamente deferido quando decorrido o prazo de 90 (noventa) dias, contado da data do pedido de parcelamento sem que a Fazenda Nacional tenha se pronunciado.

As parcelas serão acrescidas de juros equivalentes à Taxa Referencial do Sistema Especial de Liquidação e Custódia (Selic) e de 1% ao mês no mês do pagamento.

Em se tratando de parcelamento de dívidas previdenciárias dos Estados e Distrito Federal, o parcelamento deverá conter cláusula que autorize a retenção do Fundo de Participação dos Estados e o repasse ao INSS do valor mensal devido por ocasião do vencimento de cada parcela. Em caso de atraso superior a 60 dias, o acordo deverá conter previsão para a retenção do Fundo de Participação e o repasse do valor correspondente à mora por ocasião da primeira transferência que ocorrer após a comunicação da autarquia previdenciária ao Ministério da Fazenda.

No tocante aos Municípios e Fundações Municipais, a Lei nº 11.196/05, alterada pela Lei nº 11.960/09 estabeleceu reduções de 100% (cem por cento) das Multas Moratórias e as de Ofício, e de 50% (cinquenta por cento) dos Juros de Mora. Os prazos são:

- em 120 (cento e vinte) até 240 (duzentos e quarenta) prestações mensais e consecutivas para parcelamento de débitos relativos à contribuição patronal;
- em 60 (sessenta) prestações mensais e consecutivas para parcelamento de débitos relativos à contribuição passível de retenção na fonte, de desconto de terceiros ou de sub-rogação.

20.3 Constituição do crédito previdenciário

As noções de direito tributário sobre os conceitos de obrigação tributária e crédito tributário são perfeitamente aplicáveis ao direito previdenciário. A Lei nº 11.941/09 também dispõe sobre o tema. O nascimento do crédito tributário ocorre com o fato gerador, que dá origem à obrigação tributária, que, no entanto, não é imediatamente exigível. Torna-se necessária a constituição do crédito que no âmbito previdenciário opera-se das seguintes formas:

I – por meio de lançamento por homologação expressa ou tácita, quando o sujeito passivo antecipar o recolhimento da importância devida, nos termos da legislação aplicável;

II – por meio de confissão de dívida tributária, quando o sujeito passivo: (a) apresentar a Guia de Recolhimento do Fundo de Garantia do Tempo de Serviço e Informações à Previdência Social (GFIP) e não efetuar o pagamento integral do valor confessado; (b) reconhecer espontaneamente a obrigação tributária, inclusive valores levantados durante a ação fiscal; (c) reconhecer espontaneamente obrigação tributária que já tenha sido objeto de confissão em GFIP, ainda que parcialmente, mediante nova confissão de débito, a partir da declaração anterior;

III – de ofício, quando for constatada a falta de recolhimento de qualquer contribuição ou outra importância devida nos termos da legislação aplicável, bem como quando houver o descumprimento de obrigação acessória.

O não pagamento ou atraso no recolhimento das contribuições previdenciárias enseja a constituição do crédito previdenciário que ocorre com o lançamento, definido no artigo 142 do CTN, como

> "o procedimento administrativo tendente a verificar a ocorrência do fato gerador da obrigação correspondente, determinar a matéria tributável, calcular o montante do tributo devido, identificar o sujeito passivo e, sendo o caso, propor a penalidade cabível".

O lançamento se aperfeiçoa com a notificação ao contribuinte, por meio da Notificação Fiscal de Lançamento de Débito (NFDL). O auto de infração também constitui o crédito previdenciário.

Nessas hipóteses, pode o contribuinte discutir administrativamente o lançamento na forma prevista no Decreto nº 70.235, de 6.3.1972.

Existe ainda a possibilidade do lançamento por homologação, efetuado com base na declaração do próprio contribuinte, que presta as informações de fato indispensáveis à sua efetivação. É o que se passa com a Guia de Recolhimento do FGTS e Informações Previdenciárias (GFIP), que é documento elaborado pelo próprio sujeito passivo da obrigação previdenciária e consiste em obrigação acessória. O referido documento é uma confissão de dívida, dispensando o contencioso administrativo previsto nas normas previdenciárias.

O parcelamento do débito e a denúncia espontânea também não se submetem ao contencioso administrativo, uma vez que o próprio contribuinte confessa a dívida.

Esgotada a discussão administrativa do crédito com decisão desfavorável ao contribuinte, descumprido o parcelamento ou ainda elaborada a GFIP sem o correspondente pagamento das contribuições devidas, o crédito será inscrito em Dívida Ativa. A inscrição consiste na verificação da legalidade do procedimento fiscal.

Há, também, uma cobrança amigável que se resultar infrutífera, acarretará o ajuizamento da competente execução fiscal, instruída com a Certidão da Dívida Ativa (CDA), que indicará os fundamentos legais da cobrança e que goza da presunção de certeza e liquidez, que somente será elidida mediante robusta prova em contrário.

O crédito relativo a contribuições, cotas e respectivos adicionais ou acréscimos de qualquer natureza arrecadados pelos órgãos competentes, bem como a atualização monetária e os juros de mora, estão sujeitos, nos processos de falência, concordata ou concurso de credores, às disposições atinentes aos créditos da União, aos quais são equiparados. O INSS reivindicará os valores descontados pela empresa de seus empregados e ainda não recolhidos.

Convém destacar que a alteração promovida pela Emenda Constitucional nº 20/98 no artigo 114, § 3º, alargou a competência da Justiça do Trabalho para a cobrança das contribuições previdenciárias decorrentes das sentenças que proferir. Nessa hipótese, não se exige o lançamento, sendo que a própria sentença que reconhecer a relação de emprego ou determinar o pagamento, a qualquer título, em razão de serviços prestados ou homologar acordos, é título hábil para a execução. Nesse caso, ficam dispensadas a inscrição em Dívida Ativa, a emissão de CDA e os demais procedimentos administrativos para a cobrança das contribuições. A regulamentação do dispositivo constitucional operou-se pela Lei nº 10.035/00 que modificou a CLT. Com a criação da Receita Federal do Brasil, a União deverá ser intimada nas Reclamações Trabalhistas. Ressalta-se que foram modificados os procedimentos da cobrança tendo em vista a alteração dos artigos 832, 876, 879, 880 e 889-A da CLT.

20.4 Restituição e compensação das contribuições previdenciárias

Se o contribuinte pagar contribuições a maior ou indevidamente à Previdência Social, poderá valer-se da compensação ou do pedido de restituição. A compensação tem origem no direito civil e tem sua definição prevista no artigo 368 do CC que prevê: "se duas pessoas forem ao mesmo tempo credor e devedor uma da outra, as duas obrigações extinguem-se, até onde se compensarem". No direito tributário, assume novos contornos e é forma de extinção do crédito tributário (art. 156, II). O artigo 170 do CTN estabelece que

> "a lei pode, nas condições e sob garantias que estipular, ou cuja estipulação em cada caso atribuir à autoridade administrativa, autorizar a compensação de créditos tributários com créditos líquidos e certos, vencidos ou vincendos, do sujeito passivo contra a Fazenda Pública".

O legislador determinou, à luz das disposições contidas no CTN, algumas condicionantes para deferir administrativamente o pedido de compensação dos créditos do contribuinte com as contribuições devidas. Primeiramente, tanto a restituição como a compensação somente serão admitidas se o contribuinte comprovar que não transferiu ao custo do bem ou serviço a contribuição que pretende compensar. Tal requisito, conhecido como princípio da repercussão, foi afastado pelo STJ ao argumento de que, em se tratando a contribuição previdenciária de tributo de natureza direta, não há necessidade da comprovação da não repercussão financeira das contribuições (REsp 602535/PE, 2003/0198433-5. Decisão: 8.6.04, *DJ* 30.8.04, p. 267, REsp 416840/SP, 2002/0023053-4. Decisão: 8.6.04, *DJ* 30.8.04, p. 240).

Além disso, somente poderão ser compensadas contribuições da mesma espécie, destinadas ao mesmo orçamento e arrecadadas pelo mesmo ente público. As contribuições previdenciárias não poderão ser compensadas com as demais contribuições federais, pois não pertencem ao mesmo orçamento. Nesse sentido, dispõe a Lei nº 8.383/91

> "Art. 66. Nos casos de pagamento indevido ou a maior de tributos, contribuições federais, inclusive previdenciárias, e receitas patrimoniais, mesmo quando resultante de reforma, anulação, revogação ou rescisão de decisão condenatória, o contribuinte poderá efetuar a compensação desse valor no recolhimento de importância correspondente a período subsequente. (Redação dada pela Lei nº 9.069, de 29.6.99) (Vide Lei nº 9.250, de 1995)
>
> § 1º A compensação só poderá ser efetuada entre tributos, contribuições e receitas da mesma espécie. (Redação dada pela Lei nº 9.069, de 29.6.99)
>
> § 2º É facultado ao contribuinte optar pelo pedido de restituição. (Redação dada pela Lei nº 9.069, de 29.6.99)

É relevante notar que a Lei nº 11.457/07 determina que o valor referente à compensação dos débitos relativos às contribuições previdenciárias deverá ser repassado ao Fundo do Regime Geral de Previdência Social em 2 dias úteis contados da data em que for promovida de ofício ou em que for deferido o requerimento, o que reforça a impossibilidade de contribuições previdenciárias com outras contribuições federais.

O artigo 89, § 3º, fixou limites para a compensação, que não poderá ser superior a 30% do valor a ser recolhido em cada competência. Os limites somente poderão ser aplicados após a vigência da lei que o instituiu (Leis nºs 9.032/95 e 9.129/95). Este limite foi revogado pela Lei nº 11.941/09 e deverá ser aplicado somente até a edição da Medida Provisória nº 449/08, conforme dispõe a Instrução Normativa nº 900/08 da Receita Federal do Brasil.

A respeito do tema, a 1ª Seção, no julgamento do EREsp nº 189.052/SP, concluiu que, em se tratando de créditos advindos de recolhimento de contribuição declarada inconstitucional pela Suprema Corte, ficam afastadas as limitações impostas pelas Leis nºs 9.032/95 e 9.129/95 à compensação tributária. E isto porque, com a declaração de inconstitucionalidade, surge o direito à restituição *in totum* ante à ineficácia plena da lei que instituiu o tributo. Fixou, também, o entendimento de que a lei que rege a compensação é aquela vigente no momento em que se realiza o encontro de contas e não aquela em vigor na data em que se efetiva o pagamento indevido.

Na hipótese de recolhimento indevido, as contribuições serão restituídas ou compensadas, atualizadas monetariamente. A atualização monetária deverá observar os mesmos critérios utilizados na cobrança da própria contribuição.

No pedido de restituição, não se aplicam os limites de 30% previstos para a compensação.

20.5 Da prova de inexistência de débito

A Constituição Federal estabeleceu no artigo 195, § 3º, "que a pessoa jurídica em débito com o sistema de Seguridade Social, como estabelecido em lei, não poderá contratar com o Poder Público nem dele receber benefícios ou incentivos fiscais". Além da proibição de contratar com o Poder Público e as demais sanções previstas na Lei Maior, alguns atos da vida comercial também exigem a comprovação de regularidade perante a Seguridade Social. São eles:

I – da empresa:
   a) na contratação com o Poder Público e no recebimento de benefícios ou incentivo fiscal ou creditício concedido por ele;
   b) na alienação ou oneração, a qualquer título, de bem imóvel ou direito a ele relativo;
   c) na alienação ou oneração, a qualquer título, de bem móvel de valor superior a Cr$ 2.500.000,00[1] (dois milhões e quinhentos mil cruzeiros) incorporado ao ativo permanente da empresa (valor reajustável mediante portaria do MPAS);
   d) no registro ou arquivamento, no órgão próprio, de ato relativo a baixa ou redução de capital de firma individual, redução de capital social, cisão total ou parcial, transformação ou extinção de entidade ou sociedade comercial ou civil e transferência de controle de cotas de sociedades de responsabilidade limitada;

II – do proprietário, pessoa física ou jurídica, de obra de construção civil, quando de sua averbação no registro de imóveis, salvo no caso do inciso VIII do artigo 30.

A prova de inexistência de débito deve ser exigida da empresa em relação a todas as suas dependências, estabelecimentos e obras de construção civil, independentemente do local onde se encontrem, ressalvado aos órgãos competentes o direito de cobrança de qualquer débito apurado posteriormente.

A prova de inexistência de débito, quando exigível ao incorporador, independe da apresentada no registro de imóveis por ocasião da inscrição do memorial de incorporação.

As hipóteses de dispensa de apresentação de CND encontram-se no artigo 47, § 6º que dispõe:

"§ 6º Independe de prova de inexistência de débito:

a) a lavratura ou assinatura de instrumento, ato ou contrato que constitua retificação, ratificação ou efetivação de outro anterior para o qual já foi feita a prova;

b) a constituição de garantia para concessão de crédito rural, em qualquer de suas modalidades, por instituição de crédito pública ou privada, desde que o contribuinte referido

---

[1] Valor atualizado por ocasião do reajuste do salário-mínimo. Atualmente é de R$ 35.794,15, nos termos da Portaria dos Ministros de Estado da Fazenda e da Presidência e Assistência Social nº 333, de 29.6.10 (*DOU* 30.6.10).

no art. 25, não seja responsável direto pelo recolhimento de contribuições sobre a sua produção para a Seguridade Social;

c) a averbação prevista no inciso II deste artigo, relativa a imóvel cuja construção tenha sido concluída antes de 22 de novembro de 1966.

d) o recebimento pelos Municípios de transferência de recursos destinados a ações de assistência social, educação, saúde e em caso de calamidade pública. (Incluído pela Lei nº 11.960, de 2009)

§ 7º O condômino adquirente de unidades imobiliárias de obra de construção civil não incorporada na forma da Lei nº 4.591, de 16 de dezembro de 1964, poderá obter documento comprobatório de inexistência de débito, desde que comprove o pagamento das contribuições relativas à sua unidade, conforme dispuser o regulamento."

O prazo de validade da Certidão Negativa de Débito (CND) é de 60 dias, contados da sua emissão, podendo ser ampliado por regulamento para até 180 dias. Nesse sentido, o artigo 257, § 7º, do Decreto nº 3.049/99 modificou o prazo para 180 dias, contados da data de sua emissão.

O condômino adquirente de unidades imobiliárias de obra de construção civil não incorporada na forma da Lei nº 4.591, de 16.12.64, poderá obter documento comprobatório de inexistência de débito, desde que comprove o pagamento das contribuições relativas à sua unidade, conforme dispuser o regulamento.

Embora a Lei nº 8.212/91 contenha previsão de que, em sede de parcelamento, a Certidão Negativa de Débito (CND) somente será emitida mediante a apresentação de garantia, a exigência não é mais aplicável, considerando que a Lei Complementar nº 104, de 10.1.01, que modificou o CTN, incluiu o parcelamento entre as hipóteses de suspensão de exigibilidade do crédito tributário.

Dispõe o artigo 48, da Lei nº 8.212/91, que a prática de ato sem a exigência da CND ou o seu registro acarretará a responsabilidade solidária dos contratantes e do oficial que lavrar ou registrar o instrumento, sendo o ato nulo para todos os efeitos.

Para a venda de imóveis de pessoa jurídica com a existência de débitos previdenciários, o INSS poderá intervir em instrumento que depender de CND, a fim de autorizar sua lavratura, desde que o débito seja pago no ato ou o seu pagamento fique assegurado mediante confissão de dívida fiscal com o oferecimento de garantias reais suficientes, na forma estabelecida em regulamento.

Em se tratando de alienação de bens do ativo de empresa em regime de liquidação extrajudicial, visando à obtenção de recursos necessários ao pagamento dos credores, independentemente do pagamento ou da confissão de dívida fiscal, a Receita Federal do Brasil poderá autorizar a lavratura do respectivo instrumento, desde que o valor do crédito previdenciário conste, regularmente, do quadro geral de credores, observada a ordem de preferência legal. Nessa hipótese, o servidor, o serventuário da Justiça, o titular de serventia extrajudicial e a autoridade ou órgão que descumprirem a exigência incorrerão em multa aplicada na forma estabelecida no artigo 92 da Lei nº 8.212/91, sem prejuízo da responsabilidade administrativa e penal cabível.

Aplicam-se os artigos 151 do CTN e 38 da Lei de Execuções Fiscais (LEF) no que se refere à suspensão da exigibilidade do crédito previdenciário, autorizando a expedição de Certidão Positiva de Débito com efeito de Negativa (CPD-EN).

Quadro esquemático

- **Prerrogativas da fiscalização:** verificação física dos segurados em serviço e descaracterização de situações constituídas em fraude à lei, exame da contabilidade, aferição indireta.

- **Multa moratória:** os débitos não pagos nos prazos previstos na legislação específica, serão acrescidos de multa de mora, *calculada à taxa de trinta e três centésimos por cento, por dia de atraso.*

- **Parcelamento do crédito previdenciário:** regras previstas na Lei nº 11.941/09.

- **Constituição do crédito previdenciário:**

    I – por meio de lançamento por homologação expressa ou tácita;

    II – por meio de confissão de dívida tributária, quando o sujeito passivo: (a) apresentar a Guia de Recolhimento do Fundo de Garantia do Tempo de Serviço e Informações à Previdência Social (GFIP) e não efetuar o pagamento integral do valor confessado; (b) reconhecer espontaneamente a obrigação tributária, inclusive valores levantados durante a ação fiscal; (c) reconhecer espontaneamente obrigação tributária que já tenha sido objeto de confissão em GFIP, ainda que parcialmente, mediante nova confissão de débito, a partir da declaração anterior;

    III – de ofício, quando for constatada a falta de recolhimento de qualquer contribuição ou outra importância devida nos termos da legislação aplicável, bem como quando houver o descumprimento de obrigação acessória.

- **Restituição e compensação das contribuições previdenciárias:**

    Artigo 170 do CTN e artigo 89 da Lei nº 8.212/91 com redação dada pela Lei nº 11.941/09 e artigo 66 da Lei nº 8.383/91.

- **Prova de inexistência de débito**

    Artigos 47 e 48 da Lei nº 8.212/91 e 206 da CTN. Prazo de validade da CND 180 dias.

Questões

1. A empresa em débito com a Seguridade Social fica: (XI Concurso Magistratura – TRF – 3ª Região)
    a) proibida de distribuir bonificações ou dividendos aos acionistas;
    b) autorizada a atribuir cota ou participação nos lucros a sócio cotista, diretor ou outro membro de órgão dirigente, fiscal ou consultivo, ainda que a título de adiantamento;
    c) autorizada a atribuir cota ou participação nos lucros a sócio cotista, diretor ou outro membro de órgão dirigente, fiscal ou consultivo, salvo se a título de adiantamento;
    d) autorizada a requerer concordata, desde que não ultrapassado o limite legal de seis meses em mora.

2. É permitido ao contribuinte ressarcir-se de valores pagos indevidamente, deduzindo-os das contribuições devidas à Previdência Social, se atender a diversas condições, entre as quais as

seguintes: (Esaf – 2005 – Receita Federal – Auditor Fiscal da Receita Federal – Área Tecnologia da Informação – Prova 2)

a) estar em situação regular, relativamente à sua sede ou estabelecimento principal, enquanto às contribuições objeto de Notificação Fiscal de Lançamento de Débito – NFLD e débito decorrente de Auto de Infração – AI, cuja exigibilidade não esteja suspensa, de Lançamento de Débito Confessado – LDC, de Lançamento de Débito Confessado em GFIP – LDCG, de Débito Confessado em GFIP – DCG;

b) não haver débitos vincendos relativamente ao parcelamento de contribuições;

c) a compensação somente poderá ser realizada em recolhimento de importância correspondente a períodos antecedentes àqueles a que se referem os valores pagos indevidamente;

d) não referir-se a acréscimos legais, como de atualização monetária, de multa ou de juros de mora;

e) referir-se a compensação de valores que não tenham sido alcançados pela prescrição.

3. Quanto ao prazo legal para fornecimento de certidão negativa de débitos tributários, é correto afirmar que: (FCC – 2010 – PGE-AM – Procurador)

a) O prazo é de até 90 dias, de acordo com o Código Tributário Nacional.

b) A repartição possui o prazo de 30 dias para sua emissão, se não for constatado nenhum débito tributário.

c) A repartição possui o prazo de 10 dias para sua emissão, contados da data da entrada do requerimento na repartição.

d) Não existe prazo legal para o fornecimento, devendo, contudo, ser observada a ordem de chegada dos pedidos formulados.

e) O prazo de 30 dias para emissão é contado a partir da quitação do último débito tributário inscrito na dívida ativa.

4. NÃO será expedida a certidão positiva de débitos com efeitos de negativa quando: (FCC – 2006 – PGE-RR – Procurador de Estado)

a) os débitos forem objeto de execução fiscal na qual foi apresentada apenas exceção de pré-executividade;

b) o auto de infração que constituiu o crédito tributário foi impugnado pelo contribuinte, nos termos das leis reguladoras do processo administrativo tributário;

c) os débitos estiverem incluídos no parcelamento;

d) o contribuinte efetuou o depósito do montante integral dos débitos;

e) os débitos forem objeto de ação anulatória na qual foi concedida a tutela antecipada.

5. A Empresa Delta Ltda. sofreu penhora em parte de seus bens (maquinário) em função de execução fiscal. A dívida é de R$ 1 milhão. Os bens penhorados, à época em que adquiridos (há 2 anos), custaram R$ 1.250 mil. A Delta quer participar de uma licitação e necessita de certidão positiva com efeitos de negativa. (FGV – 2009 – TJ-PA – Juiz)

A esse respeito é correto afirmar que:

a) será impossível emitir a certidão, já que, com a passagem do tempo, provavelmente o débito não está garantido;

b) a certidão deve ser emitida, visto que a eventual insuficiência da penhora não lhe retira os efeitos próprios, dentre os quais o de suspender a exigibilidade do débito;

c) é possível negar a emissão da certidão, pois a penhora não incorreu sobre depósito em dinheiro;

d) efetivada a penhora, está suspensa a exigibilidade do crédito, entretanto deve a constrição garantir a execução;

e) a certidão deve ser emitida, condicionada à penhora de bens suficientes, cabendo a prova da suficiência ao interessado.

6. Obra de construção civil realizada em grande *shopping* da cidade não contém prova regular e formalizada do montante dos salários pagos durante a sua execução. Assim, pode-se concluir que: (Esaf – 2009 – Receita Federal – Analista Tributário da Receita Federal – Prova 2)

a) o montante dos salários pagos pela execução de obra de construção civil pode ser obtido mediante cálculo da mão de obra empregada, proporcional à área construída;

b) poderá haver cobrança de contribuição social só sobre os salários pagos aos dirigentes da construtora;

c) poderá haver cobrança sobre o valor total de empréstimos bancários usados na obra;

d) não poderá haver cobrança de contribuição social pela Secretaria da Receita Federal do Brasil;

e) poderá haver a cobrança de uma sobretaxa de imposto de renda sobre o lucro da construtora.

7. Hermano, advogado autônomo, possui escritório no qual mantém relação de vínculo empregatício com Lia (advogada e assistente de Hermano) e Léa (secretária). A construtora ABC Empreendimentos, pessoa jurídica cadastrada na Junta Comercial, possui na sua folha de pagamentos 10 empregados e 20 autônomos que prestam serviços para distintas construtoras na área de assentamento de mármore e granito.

De acordo com a situação-problema apresentada acima e do conceito previdenciário de empresa, é correto afirmar que: (Esaf – 2009 – Receita Federal – Auditor Fiscal da Receita Federal – Prova 2)

a) Hermano deve contribuir só como contribuinte individual.

b) A construtora ABC pode contribuir como contribuinte individual autônomo.

c) Hermano e a construtora ABC devem contribuir sobre a folha de pagamento de seus empregados.

d) Hermano não pode contribuir como empresa, pois é pessoa natural.

e) A construtora ABC não deve contribuir sobre a folha de pagamento de seus empregados, pois eles prestam serviços a terceiros.

Entendimento dos Tribunais Superiores

Súmula 213 – STJ – O mandado de segurança constitui ação adequada para a declaração do direito à compensação tributária.

Súmula 460 – STJ – com a seguinte redação: "É incabível o mandado de segurança para convalidar a compensação tributária realizada pelo contribuinte."

Súmula 461 – STJ – O contribuinte pode optar por receber, por meio de precatório ou por compensação, o indébito tributário certificado por sentença declaratória transitada em julgado.

Súmula 464 – STJ – A regra de imputação de pagamentos estabelecida no artigo 354 do Código Civil não se aplica às hipóteses de compensação tributária.

COMPENSAÇÃO – EMBARGOS DE DIVERGÊNCIA EM RECURSO ESPECIAL – CONTRIBUIÇÃO PARA O INCRA – CONTRIBUIÇÕES PREVIDENCIÁRIAS DEVIDAS AO INSS. COMPENSAÇÃO – IMPOSSIBILIDADE – DESTINAÇÃO DIVERSA – INAPLICABILIDADE DO ART. 66, § 1º DA LEI Nº 8.383/91.

1. A contribuição para o INCRA não se destina a financiar a Seguridade Social.

Os valores recolhidos indevidamente a este título não podem ser compensados com outras contribuições arrecadadas pelo INSS que se destinam ao custeio da Seguridade Social. Não se aplica, portanto, o § 1º do art. 66 da Lei nº 8.383/91. O encontro de contas só pode ser efetuado com prestações vincendas da mesma espécie, ou seja, destinadas ao mesmo orçamento.

2. Embargos de divergência provido.

Súmula 439 – STJ – Estão sujeitos a fiscalização tributária ou previdenciária quaisquer livros comerciais, limitado o exame aos pontos objeto da investigação.

Data da Publicação/Fonte

DJe 28.9.2010

Ementa

PROCESSUAL CIVIL E TRIBUTÁRIO – AGRAVO REGIMENTAL – INOVAÇÃO RECURSAL. IMPOSSIBILIDADE – EXECUÇÃO FISCAL – REDIRECIONAMENTO CONTRA SÓCIO – NECESSIDADE DE COMPROVAÇÃO DA RESPONSABILIDADE PREVISTA NO ART. 135, INCISO III, DO CTN – POSIÇÃO CONSOLIDADA DA PRIMEIRA SEÇÃO DO STJ – RECURSO REPETITIVO N. 1.101.728/SP – INVIABILIDADE DE ALTERAÇÃO DO ACÓRDÃO – ÓBICE NA SÚMULA N. 7/STJ.

1. O questionamento a respeito do ônus da prova não foi objeto de discussão nas razões do apelo especial, caracterizando inovação do pedido recursal, sendo inviável a sua apreciação por esta Corte.

2. O entendimento desta Corte é de que o encerramento da empresa sem baixa nos órgãos de registro competentes, bem como a comprovação mediante certidão do oficial de justiça de que esta não funciona mais no endereço indicado, são indícios de que houve dissolução irregular de suas atividades, o que autoriza o redirecionamento aos sócios-gerentes.

3. Apesar da existência de certidão do oficial de justiça atestando a não localização da empresa no endereço fiscal, o Tribunal *a quo* fazendo referência a esta certidão e, após apreciação de toda documentação acostada aos autos, decidiu, com base nos fatos e provas, que não há qualquer indício de dissipação dos bens.

4. Constata-se que o Tribunal *a quo* entendeu que o redirecionamento contra o sócio somente é possível se comprovada a prática de atos com excesso de poderes ou infração à lei, aos estatutos ou ao contrato social, o que não ocorreu na hipótese. Para rever tal fundamentação, todavia, é necessário o reexame do conjunto fático-probatório dos autos, o que, em face do entendimento consagrado na Súmula nº 7 do Superior Tribunal de Justiça, não é possível em sede de recurso especial.

5. Agravo regimental a que se nega provimento.

PROCESSUAL CIVIL – TRIBUTÁRIO – AGRAVO REGIMENTAL NO RECURSO ESPECIAL – EXECUÇÃO FISCAL – RESPONSABILIDADE DO SÓCIO CUJO NOME NÃO CONSTA DA CDA. REDIRECIONAMENTO – IMPOSSIBILIDADE – ÔNUS DE PROVA DO EXEQUENTE.

AGRAVO IMPROVIDO.

1. É impossível o redirecionamento da execução fiscal ao sócio cujo nome não consta da CDA, a fim de se viabilizar sua responsabilização pela dívida do executado, sem a prova de que se tenha agido com excesso de poderes ou infração à lei, ao contrato social ou ao estatuto da empresa. A simples falta de pagamento do tributo não configura, por si, circunstância que acarreta referida responsabilidade.

2. Agravo regimental improvido.

DJe 27.8.2010

21

Prescrição e Decadência e Acumulação de Benefícios

Os institutos da prescrição e da decadência originam-se no direito civil. Atualmente, afirma-se que a prescrição e a decadência decorrem da necessidade de segurança jurídica, que busca dar estabilidade às relações jurídicas estabelecidas, após um lapso de tempo fixado em lei. Transcorrido o prazo, tornam-se imutáveis e consolidam-se definitivamente as situações erigidas.

A legislação previdenciária prevê a decadência e a prescrição, tanto para os créditos previdenciários, quanto para os benefícios previdenciários.

21.1 Prescrição e decadência dos créditos previdenciários

Em matéria tributária, o instituto da decadência tem características distintas dos demais ramos do direito, uma vez que o divisor de águas para a contagem do prazo decadencial é o lançamento. O artigo 173 do CTN estabelece:

> "O direito de a Fazenda Pública constituir o crédito tributário extingue-se em 5 (cinco) anos contados: I – do primeiro dia do exercício seguinte àquele em que o lançamento poderia ter sido efetuado; II – da data em que se tornar definitiva a decisão que houver anulado, por vício formal, o lançamento anteriormente efetuado."

Na mesma esteira, a legislação previdenciária, no artigo 45 da Lei nº 8.212/91, estabelece que:

> "o direito da Seguridade Social apurar e constituir seus créditos, extingue-se após dez (anos) anos contados:
>
> I – do primeiro dia do exercício seguinte àquele em que o crédito poderia ter sido constituído;

II – da data que em se tornar definitiva a decisão que houver anulado, por vício formal, a constituição do crédito anteriormente efetuada".

O prazo de decadência, ou seja, o prazo para a Previdência constituir seus créditos é de dez anos, enquanto a norma tributária estabelece o prazo de cinco anos. A forma da contagem do prazo é a mesma prevista na legislação tributária. Assim, temos que, se o fato gerador da contribuição previdenciária ocorrer em março de 2000, o início da contagem do prazo decadencial iniciar-se-á em janeiro de 2001, escoando-se em dezembro de 2010.

A hipótese do inciso II prevê a anulação do crédito por vício formal. Nesse caso, se tiver sido anulado o crédito, a decadência tem como termo inicial a decisão definitiva que o anulou e não o exercício seguinte à ocorrência do fato gerador em que o lançamento poderia ser sido efetuado.

O artigo 46 da Lei nº 8.212/91 estabelece o prazo decenal para a cobrança das contribuições, contados a partir da constituição definitiva do crédito. Efetuado o lançamento, inicia-se a contagem do prazo prescricional para a propositura da execução fiscal referente ao crédito previdenciário. O prazo de prescrição, ao contrário do prazo decadencial, poderá ser interrompido pela citação pessoal do devedor; pelo protesto judicial; por qualquer ato que constitua em mora o devedor; por qualquer ato inequívoco, ainda que extrajudicial, que importe o reconhecimento do débito pelo devedor (parcelamento, por exemplo).

A legislação previdenciária prevê também que, para comprovar o exercício de atividade remunerada, com vistas à concessão de benefícios, será exigido do contribuinte individual, a qualquer tempo, o recolhimento das correspondentes contribuições. A questão é bastante discutível, pois, embora o pagamento das contribuições esteja vinculado ao pagamento dos benefícios e a Previdência Social seja contributiva, não parece razoável excluir a aplicação da decadência e a prescrição e admitir inércia da administração fazendária em efetuar o lançamento dos contribuintes individuais, havendo decisões judiciais que aplicam o prazo decadencial também nessa hipótese.

Os prazos diferenciados de decadência e prescrição contidos na legislação previdenciária têm sido objeto de crítica pela doutrina, considerando que em matéria de prescrição e decadência a Constituição Federal exige lei complementar, como se verifica no artigo 146, III, b.

Nesse sentido, foi editada a Súmula Vinculante nº 8, cujo verbete é o seguinte:

"São inconstitucionais o parágrafo único do artigo 5º do Decreto-Lei nº 1.569/1977 e os artigos 45 e 46 da Lei nº 8.212/1991, que tratam de prescrição e decadência de crédito tributário."

Fonte de Publicação:

DJe nº 112/2008, p. 1, em 20.6.2008.

DO de 20.6.2008, p. 1.

Os prazos do contribuinte, para pleitear a compensação ou a restituição das contribuições, são de cinco anos, contados da ocorrência do fato gerador. No entanto, o STJ pacificou o entendimento de que, em se tratando de lançamento por homologação, o prazo de cinco anos inicia-se a contar da homologação tácita do lançamento, nos termos do artigo 150, § 4º, do CTN (cf. AgRg/REsp 205.410/DF, Rel. Min. Paulo Gallotti,

DJU 11.6.01, e REsp 266.889/SP, Rel. Min. Humberto Gomes de Barros, DJU 4.12.00). Contudo, a jurisprudência é anterior à Lei Complementar nº 118, de 9.2.05, que dispôs que, para efeito de interpretação do inciso I do artigo 168 do Código Tributário Nacional, a extinção do crédito tributário ocorre, no caso de tributo sujeito a lançamento por homologação, no momento do pagamento antecipado de que trata o § 1º do art. 150 da referida lei.

21.2 Prescrição e decadência dos benefícios previdenciários

Os prazos de prescrição e decadência previstos para o segurado da Previdência encontram previsão nos artigos 103 e 104 da Lei nº 8.213/91. A redação confunde os conceitos de prescrição e decadência. Como se sabe, a prescrição refere-se à cobrança de parcelas e a decadência atinge o próprio direito reclamado. Ocorre que os benefícios previdenciários são imprescritíveis, somente prescrevem as prestações que dele decorrem pelo não exercício do direito, após o lapso temporal previsto na lei, e a legislação faz referência a todo e qualquer direito ou ação, estabelecendo prazo decadencial. A seguir:

> "Art. 103. É de dez anos o prazo de decadência de todo e qualquer direito ou ação do segurado ou beneficiário para a revisão do ato de concessão de benefício, a contar do dia primeiro do mês seguinte ao do recebimento da primeira prestação ou, quando for o caso, do dia em que tomar conhecimento da decisão indeferitória definitiva no âmbito administrativo.
>
> Parágrafo único. Prescreve em cinco anos, a contar da data em que deveriam ter sido pagas, todas e qualquer ação para haver prestações vencidas ou quaisquer restituições ou diferenças devidas pela Previdência Social, salvo o direito dos menores, incapazes e ausentes, na forma do Código Civil."

Verifica-se que o dispositivo menciona a expressão *decadência* para os atos de concessão do benefício, isto é, os atos tendentes à verificação do direito ao benefício, inclusive quanto à renda mensal inicial. O prazo decadencial inicia-se no primeiro dia após o recebimento da primeira prestação, quando o segurado tomará ciência inequívoca do valor de sua renda mensal. Assim, o prazo decadencial diz respeito à revisão da renda mensal do benefício. Em caso de indeferimento, o prazo decadencial inicia-se no dia seguinte em que o segurado tomar ciência de decisão que indeferir o pedido de benefício formulado.

Quando se tratar de diferenças verificadas no valor do benefício em manutenção, como, por exemplo, um índice de reajustamento aplicado no benefício de forma incorreta, a lei estabeleceu o prazo prescricional de cinco anos.

Por outro lado, o prazo para a administração previdenciária anular os atos de concessão dos benefícios decai em dez anos, como se verifica da redação do artigo 103-A da Lei nº 8.213/91, *in verbis*. Se a administração previdenciária concluir que concedeu o benefício com erro, poderá revê-lo, assegurando o devido processo legal, no prazo de dez anos, contados da data em que foram praticados os referidos atos. Em caso de má-fé, o benefício poderá ser revisto a qualquer tempo.

> "Art. 103-A. O direito da Previdência Social de anular os atos administrativos de que decorram efeitos favoráveis para os seus beneficiários decai em dez anos, contados da data em que foram praticados, salvo nos casos de fraude ou comprovada má-fé do beneficiário.

§ 1º No caso de efeitos patrimoniais contínuos, o prazo decadencial contar-se-á da percepção do primeiro pagamento.

§ 2º Considera-se exercício do direito de anular qualquer medida de autoridade administrativa que importe impugnação à validade do ato."

O artigo retrocitado teve sua redação alterada pela Medida Provisória nº 242, de 24.3.05, que introduziu mudanças importantes no prazo decadencial para que a Previdência Social possa rever seus próprios atos. Com a rejeição da MP 242, prevalece a redação primitiva conferida pela Lei nº 10.839/04.

O artigo 104 da Lei nº 8.213/91, por sua vez, traça regras de prescrição próprias para as ações decorrentes de acidentes de trabalho, estabelecendo o prazo de cinco anos, determinando a observância do artigo 103, dispondo que:

"Art. 104. As ações referentes à prestação por acidente do trabalho prescrevem em 5(cinco) anos, observado o disposto no artigo 103 desta Lei, contados da data:

I – do acidente, quando dele resultar a morte ou a incapacidade temporária, verificada esta em perícia médica a cargo da Previdência Social; ou

II – em que for reconhecida, pela Previdência Social, a incapacidade permanente ou o agravamento das sequelas do acidente."

Proibição de acumular benefícios

Finalmente, o artigo 124 da Lei nº 8.213/91 prevê as hipóteses de proibição de recebimento conjunto de benefícios previdenciários, a saber: I – aposentadoria e auxílio-doença; II – mais de uma aposentadoria; III – aposentadoria e abono de permanência em serviço; IV – salário-maternidade e auxílio-doença; V – mais de um auxílio-doença; VI – mais de uma pensão deixada por cônjuge ou companheiro, ressalvado o direito de opção, pela mais vantajosa; e, finalmente, no parágrafo único; seguro-desemprego com qualquer benefício de prestação continuada da Previdência Social, exceto pensão por morte e auxílio-acidente.

Quadro esquemático

CUSTEIO: Súmula Vinculante nº 08

– Prazo de decadência: 5 anos, contados na forma prevista no artigo 173 CTN e no artigo 45 da Lei nº 8.212/91.

– Prazo de prescrição: 5 anos contados do lançamento definitivo do crédito. Para fins de compensação e restituição e homologação, serão contado somados o prazo para a Fazenda homologar o tributo e o prazo de prescrição, conforme entendimento do STJ.

BENEFÍCIO – Prazos de decadência e prescrição para o segurado: artigos 103 e 104 da Lei nº 8.213/91.

Decadência do pedido de revisão de benefício: 10 anos a contar do primeiro recebimento a contar do dia primeiro do mês seguinte ao do recebimento da primeira prestação ou, quando for o caso, do dia em que tomar conhecimento da decisão indeferitória definitiva no âmbito administrativo.

– **Prescrição:** 5 anos contados da data em que deveriam ter sido pagas as parcelas.
– A Administração tem o prazo de 10 anos para anular os benefícios.
– **Hipóteses de proibição de recebimento conjunto de benefícios:** artigo 124 da Lei nº 8.213/91.

Questões

1. Segundo a letra da legislação previdenciária: (Esaf – 2005 – Receita Federal – Auditor Fiscal da Receita Federal – Área Tecnologia da Informação – Prova 2)
   a) o direito de apurar e constituir os créditos previdenciários extingue-se após 10 anos, contados do primeiro dia do exercício seguinte àquele em que o crédito poderia ter sido constituído, ou da data em que se tornar definitiva a decisão que anulou, por vício formal, a constituição de crédito anteriormente efetuado;
   b) o prazo decadencial a ser aplicado é aquele vigente à época do fato gerador (565, § 1º);
   c) nos casos de dolo, fraude ou simulação, o prazo decadencial será de vinte anos, contados do primeiro dia do exercício seguinte àquele em que for constatado o evento doloso, fraudulento ou simulado, ou, tendo havido anulação em razão desses vícios, da data da publicação desta;
   d) a ação para cobrança do crédito tributário prescreve em cinco anos, contados da data da sua constituição definitiva;
   e) a prescrição se suspende pela citação pessoal feita ao devedor.

2. Quanto à prescrição e à decadência em matéria previdenciária, assinale a opção correta. (Cespe – 2010 – TRT – 1ª Região (RJ) – Juiz – Parte II)
   a) O prazo de decadência de todo e qualquer direito ou ação do segurado para a revisão do ato de concessão de benefício é de dez anos, a contar do dia primeiro do mês seguinte ao do recebimento da primeira prestação.
   b) A ação para haver prestações devidas pela previdência social prescreve em dez anos, a contar da data em que deveriam ter sido pagas.
   c) O direito da seguridade social de apurar e constituir seus créditos extingue-se após dez anos, contados da data em que se tornar definitiva a decisão que houver anulado, por vício formal, a constituição de crédito anteriormente efetuado.
   d) Adequadamente constituído, o direito de cobrar o crédito apurado devido à seguridade social expirará em quinze anos.
   e) Apenas na hipótese de ocorrência de dolo, a seguridade social poderá apurar e constituir seus créditos nos prazos de prescrição estabelecidos na legislação penal para o crime correspondente.

3. O Supremo Tribunal Federal, em vários julgados recentes, já entendeu que o prazo de prescrição da contribuição previdenciária é de: (PGT – 2007 – PGT – Procurador do Trabalho)
   a) 5 anos;
   b) 10 anos;
   c) 20 anos;

d) 30 anos;

e) não respondida.

4. A arrecadação e o recolhimento das contribuições destinadas à seguridade social constituem uma das principais tarefas de gestão tributária. Sobre elas o tempo decorrido mostra-se importante, considerando a jurisprudência dos Tribunais Superiores sobre a legislação previdenciária de custeio. Entre as assertivas a seguir indicadas, assinale a correta. (Esaf – 2009 – Receita Federal – Auditor Fiscal da Receita Federal – Prova 2)

    a) Prazos de prescrição e decadência podem ser definidos em lei ordinária.

    b) O prazo decadencial das contribuições da seguridade social é de 5 anos.

    c) A arrecadação e o recolhimento das contribuições podem ser feitos em qualquer momento.

    d) Valores recolhidos pelo fisco antes do julgamento de recursos extraordinários que discutiam o prazo de prescrição deverão ser devolvidos se forem superiores ao prazo de 5 anos do lançamento.

    e) A ação de cobrança do crédito tributário oriundo de contribuição social pode ser impetrada em qualquer momento.

5. Acerca dos institutos de direito previdenciário e da jurisprudência relacionada ao tema, assinale a opção correta. (Cespe – 2010 – MPE – ES – Promotor de Justiça)

    a) Ao indivíduo que tenha sofrido acidente de trabalho e implementado todos os requisitos necessários à concessão de aposentadoria por invalidez, mas não possua salários de contribuição no período básico de cálculo, será concedida aposentadoria por invalidez com renda mensal no valor de um salário-mínimo.

    b) Antes do Decreto Legislativo nº 4.682, de 24.1.1923, conhecido como Lei Eloy Chaves, não existia nenhuma legislação em matéria previdenciária no Brasil. Por esse motivo, o dia 24 de janeiro é considerado oficialmente o dia da previdência social.

    c) trabalhador rural, na condição de segurado especial, está sujeito à contribuição obrigatória sobre a produção rural comercializada, que lhe garante, entre outros benefícios, aposentadoria por invalidez, aposentadoria por idade e aposentadoria por tempo de contribuição.

    d) A partir da Lei nº 10.839/2004, que deu nova redação ao art. 103 da Lei nº 8.213/1991, prescreve em dez anos, a contar da data em que deveria ter sido paga, toda e qualquer ação para haver prestações vencidas ou quaisquer restituições ou diferenças devidas pela previdência social.

    e) É vedada a filiação ao RGPS, na qualidade de segurado obrigatório, de pessoa participante de regime próprio de previdência, ainda que servidor ocupante exclusivamente de cargo em comissão declarado em lei de livre nomeação e exoneração.

6. No que se refere às questões previdenciárias atinentes aos juizados especiais federais e à jurisprudência aplicável à espécie, assinale a opção correta. (Cespe – 2009 – TRF – 5ª Região – Juiz)

    a) É vedada a cumulação do recebimento de pensão por morte de trabalhador rural com o de benefício de aposentadoria por invalidez.

    b) Exceto para efeito de carência, o tempo de serviço de segurados trabalhadores rurais anterior ao advento da Lei nº 8.213/1991, sem o recolhimento de contribuições previdenciárias, pode ser considerado para a concessão de benefício previdenciário do RGPS.

c) Em respeito ao critério objetivo, o simples fato de um imóvel ser superior a um módulo rural afasta a qualificação do proprietário desse imóvel como segurado especial, ainda que ele o explore em regime de economia familiar.

d) Para fins de competência, o simples fato de a demanda ter sido ajuizada no juizado especial federal presume a renúncia tácita dos valores excedentes à quantia de sessenta salários-mínimos.

e) A justificação judicial destinada a instruir pedido perante órgãos da União deve ser processada e julgada perante juizado especial federal da capital do estado quando a comarca não for sede de vara federal.

7. Em cada um dos itens subsequentes, é apresentada uma situação hipotética que trata de cumulação de benefícios, seguida de uma assertiva a ser julgada. (Cespe – 2008 – INSS – Técnico do Seguro Social)

Tereza encontra-se afastada de suas atividades laborais e recebe o auxílio-doença. Nessa situação, caso engravide e tenha um filho, Tereza não poderá receber, ao mesmo tempo, o auxílio-doença e o salário-maternidade.

8. Em cada um dos itens subsequentes, é apresentada uma situação hipotética que trata de cumulação de benefícios, seguida de uma assertiva a ser julgada. (Cespe – 2008 – INSS – Técnico do Seguro Social)

Fábio recebe auxílio-acidente decorrente da consolidação de lesões que o deixaram com sequelas definitivas. Nessa situação, Fábio poderá cumular o benefício que atualmente recebe com o auxílio-doença decorrente de outro evento.

9. Em cada um dos itens subsequentes, é apresentada uma situação hipotética que trata de cumulação de benefícios, seguida de uma assertiva a ser julgada. (Cespe – 2008 – INSS – Técnico do Seguro Social)

Sofia, pensionista da previdência social em decorrência da morte de seu primeiro marido, João, resolveu casar-se com Eduardo, segurado empregado. Seis meses após o casamento, Eduardo faleceu em trágico acidente. Nessa situação, Sofia poderá acumular as duas pensões, caso o total recebido não ultrapasse o teto determinado pela previdência social.

Entendimento dos Tribunais Superiores

Súmula 433 – STF – A prescrição das prestações anteriores ao período previsto em lei não ocorrem quando não tiver sido negado, antes daquele prazo, o próprio direito reclamado, ou situação jurídica de que ele resulta.

Súmula 230 – STF – A prescrição da ação de acidente do trabalho conta-se do exame pericial que comprovar a enfermidade ou verificar a natureza da incapacidade.

Súmula Vinculante 8 – STF – São inconstitucionais o parágrafo único do artigo 5º do Decreto-lei nº 1.569/77 e os artigos 45 e 46 da Lei nº 8.212/91, que tratam de prescrição e decadência de crédito tributário.

Bibliografia

ALLY, Raimundo Cerqueira. *Normas previdenciárias no direito do trabalho*. 5. ed. São Paulo: IOB, 2002.

BALEEIRO, Aliomar. *Direito tributário brasileiro*. 10. ed. Rio de Janeiro: Forense, 1995.

BOBBIO, Norberto. *A era dos direitos*. Tradução de Carlos Nelson Coutinho. Rio de Janeiro: Campus, 1992.

BONAVIDES, Paulo. *Curso de direito constitucional*. São Paulo: Malheiros, 1997.

CANOTILHO, J. J. Gomes; MOREIRA, Vital. *Fundamentos da Constituição*. Coimbra: Coimbra Editora, 1991.

CARDONE, Marly A. *Previdência, assistência, saúde*: o não trabalho na Constituição de 1988. São Paulo: LTr, 1990.

CARRAZZA, Roque Antonio. *Curso de direito constitucional tributário*. 11. ed. São Paulo: Malheiros, 1998.

CARRION, Valentim. *Comentários à Consolidação das Leis do Trabalho*. São Paulo: Saraiva, 2002.

COIMBRA, Feijó. *Direito previdenciário brasileiro*. 6. ed. Rio de Janeiro: Edições Trabalhistas, 1996.

CONCEIÇÃO, Eva Regina Turano da. *Aposentadoria do trabalhador rural*. São Paulo: TRF 3ª Região, 2003. Apostila.

EDUARDO, Ítalo Romano; EDUARDO, Jeane Aragão; TEIXEIRA, Amauri Santos. *Direito previdenciário*: custeio, teoria, jurisprudência e 200 questões. Rio de Janeiro: Ímpetus, 2002.

GALANTE, Marina. *Salário de benefício*. São Paulo: TRF 3ª Região, 2003. Apostila.

GONÇALVES, Ionas Deda. *Direito previdenciário*. (Coordenação BONFIM, Edílson Mougenot.) São Paulo: Saraiva, 2005. (Série Curso & Concurso).

GRECO, Marco Aurélio. *Contribuições (uma figura "sui generis")*. São Paulo: Dialética, 2000.

HORVATH JÚNIOR, Miguel. *Direito previdenciário*. 4. ed. São Paulo: Quartier Latin, 2004.

_____. *Salário maternidade*. São Paulo: Quartier Latin, 2004.

LAFER, Celso. *A reconstrução dos direitos humanos*: um diálogo com o pensamento de Hannah Arendt. São Paulo: Companhia das Letras, 1991.

MARTINEZ, Wladimir Novaes. *A seguridade social na Constituição Federal*. 2. ed. São Paulo: LTr, 1992.

_____. *Princípios do Direito Previdenciário*. São Paulo: LTr, 1995.

_____. *Curso de direito previdenciário*. São Paulo: LTr, 1997. t. 1, 2 e 3.

_____. *Novas contribuições de seguridade social*. São Paulo: LTr, 1997.

_____. *Comentários à lei básica da previdência social*. 2. ed. São Paulo: LTr, 1996. t. 1 e 2.

_____. *Contribuição previdenciária – Retenção*: alguns aspectos fiscais da Lei nº 9.711/98. São Paulo: Dialética, 1999.

MARTINS, Sergio Pinto. *Direito da seguridade social*. 19. ed. São Paulo: Atlas, 2003.

_____. *Legislação previdenciária*. 6. ed. São Paulo: Atlas, 2004.

MELGAR, Alfredo Montoya. *Derecho del trabajo*. Madri: Tecnos, 1996.

Ministério da Previdência e Assistência Social. *Estatísticas*. Disponível em: <http//www.mpas.gov.br>. Acesso em: 29 jan. 2000.

MIRANDA, Jorge. *Manual de direito constitucional*. Coimbra: Coimbra Editora, 1988. v. 4.

MORAES, Alexandre de. *Direito constitucional*. 3. ed. São Paulo: Atlas, 1998.

MORAES FILHO, Evaristo. *O direito e a ordem democrática*. São Paulo: LTr, 1984.

MUSSI, Cristiane Miziara. O auxílio-doença: as inovações trazidas pelo Decreto nº 5.545/2005 e as distorções referentes ao benefício. *Jus Navigandi*, Teresina, ano 10, nº 879, 29 nov. 2005. Disponível em: <http://jus2.uol.com.br/doutrina/texto.asp?id=7637>. Acesso em: 10 jan. 2006.

NASCIMENTO, Amauri Mascaro. *Iniciação ao direito do trabalho*. São Paulo: LTr, 1995.

PASTOR, José Manuel Almansa. *Derecho de la seguridad social*. Madri: Tecnos, 1989. v. 1 e 2.

ROCHA, Daniel Machado da; BALTAZAR JUNIOR, José Paulo. *Comentários à Lei de Benefícios da Previdência Social*. Porto Alegre: Livraria do Advogado, 2004.

RUSSOMANO, Mozart Victor. *Curso de Previdência Social*. Rio de Janeiro: Forense, 1979.

SILVA, José Afonso. *Curso de direito constitucional positivo*. São Paulo: Malheiros, 1997.

SOUZA, Lilian Castro de. Os direitos previdenciários como direitos fundamentais da pessoa humana. In: MONTEIRO, Meire Lúcia Gomes (Coord.). *Introdução ao direito previdenciário*. São Paulo: LTr, 1998.

_____. A constitucionalidade do depósito prévio para fins de recurso administrativo previdenciário. *Revista da Procuradoria Geral do INSS*, v. 4, 1999.

_____. Recurso especial: ilegitimidade do Ministério Público nas ações coletivas objetivando benefício ao portador de deficiência. *Revista da Procuradoria Geral do INSS*, v. 4, 1999.

_____. Contribuições previdenciárias nas ações trabalhistas: Emenda Constitucional nº 20/98. In: FREDIANI, Yone (Coord.). *Tendências do direito material e processual do trabalho*. Escola da Magistratura do Trabalho da 2ª Região. São Paulo: LTr, 2000.

TAVARES, Marcelo Leonardo. *Direito previdenciário*. 4. ed. Rio de Janeiro: Lumen Júris, 2002.

TEIXEIRA, Sálvio de Figueiredo. *As garantias do cidadão na justiça*. São Paulo: Saraiva, 1993.

Índice Remissivo

A

Abono anual, 8.1
Acidente do trabalho, 14
   hipóteses de equiparação a, 14.2
Aposentadoria compulsória, 10.4
Aposentadoria do professor, 11.2
Aposentadoria especial, 11, 11.3
   cálculo da, 11.3.2
Aposentadoria por idade, 10
   cálculo da, 10.2
   carência da, 10.1
   reflexos no contrato de trabalho da aposentadoria voluntária, 10.3
Aposentadoria por invalidez, 9
   cessação da, 9.12.3
   período de carência, 9.7, 9.12
   reflexos no contrato de trabalho da, 9.12.4
   transitoriedade, 9.12.1
   valor da, 9.12.2
Aposentadoria por tempo de comprovação do tempo de serviço, 11.1.1, 11.1.3
   contribuição, 11, 11.1, 11.1.4
Aposentadoria voluntária, 10.3
   reflexos no contrato de trabalho da, 10.3
Assistência social, 3.3
   auxílio-funeral, 3.3.6
   auxílio-natalidade, 3.3.6
   benefícios e serviços da, 3.3.5
   financiamento da, 3.3.4
   lei orgânica da, 3.3.4
   objetivos da, 3.3.1
   organização e gestão da, 3.3.3
   princípios da, 3.3.2

Associações desportivas que mantêm equipe de futebol profissional, 18.4.1
   contribuições das, 18.4.1
Atividade insalubre
   proibição de retorno à, 11.3.2
Auxílio-acidente, 9, 9.11
Auxílio-doença, 9, 9.1
   cancelamento do, 9.9
   ônus da prova da incapacidade, 9.3
   período de carência do, 9.7
   prazo de espera, 9.2
   reflexos no contrato de trabalho decorrentes do, 9.10
   valor do, 9.8
Auxílio-reclusão, 13, 13.5

B

Benefícios
   renda mensal dos, 7.4
Benefícios previdenciários, 7
   período de carência, 7.1
   período de graça, 7.2
   reajuste dos, 7.6

C

Cadastro Nacional de Informações Sociais (CNIS), 7.5
CNAS (Conselho Nacional de Assistência Social), 3.3.6
CNIS (Cadastro Nacional de Informações Sociais), 7.5
Comunicação do Acidente do Trabalho (CAT), 14.3

Conselho Nacional de Assistência Social (CNAS), 3.3.6
Contribuição Provisória sobre Movimentação ou Transmissão de Valores e de Créditos e Contribuição Social Sobre o Lucro (CSSL), o entendimento do STF, 17.1.1
Contribuições da agroindústria, 18.4.2
Contribuições das associações desportivas que mantêm equipe de futebol profissional, 18.4.1
Contribuições de terceiros, 18.4.4
Contribuições do empregador rural pessoa física, 18.4.2
Contribuições do empregador rural pessoa jurídica, 18.4.2
Contribuições do segurado especial, 18.4.2
Contribuições previdenciárias na Lei nº 8.212/91, 18
Contribuições previdenciárias
  arrecadação e recolhimento das, 19
  contribuições não recolhidas até o vencimento, 20.1
  fiscalização e cobrança das, 20
  natureza jurídica das, 17.1
  restituição e compensação das, 20.4
  vinculação constitucional das receitas decorrentes das, 17.2.2
Contribuinte individual, 6.3.1III
CPMF (Contribuição Provisória sobre Movimentação ou Transmissão de Valores e de Crédito previdenciário)
  constituição do, 20.3
  parcelamento, 20.2
Créditos e Direitos de Natureza financeira), 17.4
Custeio da Previdência Social, 19.1
Custeio da seguridade social, 17.2.7
  regras constitucionais de distribuição equitativa do, 17.2.7

D

Dependente, 6.4.1
  perda da qualidade de, 6.4.1
Direitos de Natureza financeira (CPMF), 17.4
Direitos sociais previdenciários como direitos fundamentais, 3.1

E

Empregado, 6.3.1a
Empregado doméstico, 6.3.1II
  contribuição do, 18.3
Entidades beneficentes, 18.4.3

F

FUNAC (Fundo de Ação Comunitária), 3.3.4
Fundo de Ação Comunitária (FUNAC), 3.3.4
Fundo Nacional de Assistência Social (ex-FUNAC – Fundo de Ação Comunitária), 3.3.4

I

Invalidez
  aposentadoria por, 9, 9.12

L

Lei Orgânica da Assistência Social (LOAS), 3.3.5
Lei Pelé, 18.4.1
LOAS (Lei Orgânica da Assistência Social), 3.3.5

P

Pensão por morte, 13
  beneficiários e termo inicial do pagamento, 13.3
  cálculo do benefício, 13.3
  efeitos da habilitação, 13.2
  extinção do benefício, 13.4
PIS/PASEP, 17.3
Poor law, 1.1
Prescrição e decadência, 21
  dos benefícios previdenciários, 21.2
  dos créditos previdenciários, 21
Prestações previdenciárias, 8
Previdência complementar, 5.1
  aberta e fechada, 5.3
  disposições legais referentes às entidades de, 5.3
  na Constituição de 1988, 5.2
  planos de, 5.3
Previdência social, 1,3
  beneficiários do regime geral da, 6
  conceito, 3.5
  contribuintes da, 18.1
  dependentes da, 6.4
  previdência complementar, 5.1
  reconhecimento da filiação à, 16.1
  regime geral de, 6.1

regimes de, 5
segurados da, 6.3
transformação da, 1.3
Previdência social no Brasil, 2
evolução legislativa da, 2

S

Salário de benefício, 7.3, 7.3.2
em caso de atividades concomitantes, 7.3.3
Salário de contribuição, 7.3, 7.3.1
alíquotas aplicáveis ao, 18.2.3
base de cálculo das contribuições previdenciárias, 18.2.1
parcelas isentas ou não integrantes do, 18.2.2
Seguro-desemprego, 8.2
beneficiários, 8.2.2
conceito, 8.2.1
hipóteses de cancelamento, 8.2.6
hipóteses de suspensão, 8.2.5
requisitos, 8.2.3
valor do benefício, 8.2.4
Salário-família, 12, 12.1
beneficiários do, 12.1.2
requisitos e generalidades do, 12.1.3
Salário-maternidade, 12, 12.2
Segurado especial, 6.3.1
Segurado facultativo, 6.3.3
Segurados
contribuições dos, 18.2
Segurados especiais
financiamento diferenciado dos benefícios dos, 17.2.8
Segurados obrigatórios, 6.3.1
contribuinte individual, 6.3.1iii
empregado doméstico, 6.3.1ii
o empregado, 6.3.1a

trabalhador avulso, 6.3.1iv
trabalhador eventual, 6.3.1g
trabalhador temporário, 6.3.1b
Seguridade social, 1
aspectos constitucionais do financiamento da, 17
conceitos e finalidades, 3.2
na Constituição de 1988, 3
objetivos da, 4
origens da, 1
reformulação da, 1.3
regras constitucionais de distribuição equitativa do custeio da, 17.2.7
tratamento constitucional das contribuições de, 17.2
Seguros privados, 1.2
Seguros sociais, 1.3
Serviço social e reabilitação profissional, 15
Simples, 18.4.3
SUS
competência do, 3.4.1
recursos do, 3.4.2

T

Tempo de contribuição,
valor da aposentadoria integral por, 11.14
Tempo de contribuição e reconhecimento de filiação, 16
contagem recíproca por, 16
Tempo de serviço, 11.1.2
comprovação do, 11.1.1, 11.1.3
conceito do, 11.1.2
conversão de, 11.3.1
Trabalhador avulso, 6.3.1IV
Trabalhador eventual, 6.3.1g
Trabalhador temporário, 6.3.1b

Gabarito

Capítulo 2

1. errado
2. errado
3. errado
4. errado
5. f
6. v
7. v
8. f
9. b
10. d
11. errado

Capítulo 3

1. a
2. b
3. d
4. d
5. b
6. a
7. d
8. d
9. a
10. c
11. b
12. c

Capítulo 4

1. b
2. d
3. b
4. c
5. d
6. b
7. c
8. b

Capítulo 5

1. a) errado
   b) certo
   c) certo
   d) certo
   e) errado
   f) errado
   g) errado
2. d
3. b
4. c
5. a
6. e
7. a

Capítulo 6

1. d
2. a
3. b
4. a
5. a
6. c
7. a
8. d
9. d
10. d

Capítulo 7

1. e
2. c
3. a
4. b
5. c
6. a
7. e
8. b
9. certo
10. errado
11. certo
12. e

Capítulo 8

1. b
2. c
3. c
4. d
5. d
6. b
7. c
8. b
9. certo
10. c

Capítulo 9

1. c
2. c
3. a
4. e
5. c
6. b
7. e
8. d
9. certo
10. certo
11. errado
12. certo
13. e
14. certo
15. errado

Capítulo 10

1. c
2. c
3. c
4. e
5. d
6. errado
7. b
8. c
9. a
10. d
11. d

Capítulo 11

1. a
2. errado
3. errado
4. errado
5. certo
6. b
7. b
8. d
9. e
10. errado
11. errado

Capítulo 12

1. e
2. b
3. e
4. d
5. d
6. a
7. b
8. d
9. d
10. e
11. b
12. d
13. a

Capítulo 13

1. e
2. c
3. c
4. b
5. d
6. c
7. errado
8. certo
9. errado
10. errado

Capítulo 14

1. errada
2. a
3. a
4. d
5. a
6. a
7. a
8. b
9. d
10. d
11. c
12. c
13. b
14. c
15. c
16. c
17. certo

Capítulo 15

1. certo
2. d
3. c
4. certo
5. c
6. a

Capítulo 16

1. b
2. c
3. certo
4. c
5. b
6. d
7. d

Capítulo 17

1. b
2. b
3. d
4. c
5. e
6. a
7. a
8. b
9. e
10. a (obs.: a CPMF foi extinta)
11. e
12. a
13. a
14. c
15. d
16. d

Capítulo 18

1. e
2. a
3. b
4. e
5. d
6. d
7. e
8. b
9. e
10. d
11. e
12. b
13. e
14. errado

Capítulo 19

1. e
2. d
3. d
4. d
5. a
6. e
7. d
8. d
9. d
10. e

Capítulo 20

1. a
2. e
3. c
4. a
5. b
6. a
7. c

Capítulo 21

1. a (obs.: a questão foi formulada antes da edição da Súmula Vinculante 8 do STF)
2. a
3. a
4. b
5. a
6. b
7. certo
8. certo
9. errado

Formato	17 x 24 cm
Tipologia	Iowan 10/12
Papel	Alta Alvura 63 g/m² (miolo)
	Supremo 250 g/m² (capa)
Número de páginas	304
Impressão	Editora Santuário

Sim. Quero fazer parte do banco de dados seletivo da Editora Atlas para receber informações sobre lançamentos na(s) área(s) de meu interesse.

Nome: _____
_____ CPF: _____ Sexo: ○ Masc. ○ Fem.
Data de Nascimento: _____ Est. Civil: ○ Solteiro ○ Casado

End. Residencial: _____
Cidade: _____ CEP: _____
Tel. Res.: _____ Fax: _____ E-mail: _____

End. Comercial: _____
Cidade: _____ CEP: _____
Tel. Com.: _____ Fax: _____ E-mail: _____

De que forma tomou conhecimento deste livro?
☐ Jornal   ☐ Revista   ☐ Internet   ☐ Rádio   ☐ TV   ☐ Mala Direta
☐ Indicação de Professores   ☐ Outros: _____

Remeter correspondência para o endereço: ○ Residencial   ○ Comercial

Indique sua(s) área(s) de interesse:

○ Direito Civil / Processual Civil
○ Direito Penal / Processual Penal
○ Direito do Trabalho / Processual do Trabalho
○ Direito Financeiro Tributário / Processual Tributário
○ Direito Comercial
○ Direito Administrativo
○ Direito Constitucional
○ Direito Difusos e Coletivos
○ Outras Áreas _____

Comentários

_____
_____
_____

ISR-40-2373/83

U.P.A.C Bom Retiro

DR / São Paulo

CARTA - RESPOSTA
Não é necessário selar

O selo será pago por:

editora atlas

01216-999 - São Paulo - SP

REMETENTE:
ENDEREÇO: